Christiane zu Salm

# WEITERLEBEN

GOLDMANN
Lesen erleben

Christiane zu Salm

# WEITERLEBEN

## Nach dem Verlust eines geliebten Menschen

GOLDMANN

Originalausgabe

Der Verlag weist ausdrücklich darauf hin, dass im Text enthaltene externe Links vom Verlag nur bis zum Zeitpunkt der Buchveröffentlichung eingesehen werden konnten. Auf spätere Veränderungen hat der Verlag keinerlei Einfluss. Eine Haftung des Verlags ist daher ausgeschlossen.

Dieses Buch ist auch als E-Book erhältlich.

MIX
Papier aus verantwortungsvollen Quellen
FSC® C014496

Verlagsgruppe Random House FSC® N001967

1. Auflage

Umschlaggestaltung: Hermann Hülsenberg Studio, Berlin
Satz: Buch-Werkstatt GmbH, Bad Aibling
Druck und Bindung: GGP Media GmbH, Pößneck
Printed in Germany
ISBN: 978-3-442-31382-2
www.goldmann-verlag.de

Nur Liebe und Tod ändern alle Dinge.

*Khalil Gibran*

Dem Nicht-Verstehenmüssen gewidmet

## *Aufstehen und Weiterleben*

Was fühlt ein Mensch, wenn er einen geliebten Menschen verliert? Was geht in ihm vor, wenn von heute auf morgen sein Partner, sein Kind, seine Eltern oder Geschwister sterben, ein geliebter Familienangehöriger plötzlich nicht mehr da ist? Wie kann er danach überhaupt weiterleben?

Der Tod eines geliebten Menschen verändert das eigene Leben für immer. Nicht nur das eigene, sondern auch das von ganzen Familien. Als ich sechs Jahre alt war, starb mein kleiner Bruder vor meinen Augen. Es war bei uns zu Hause, und es war ein Unfall. Ich weiß noch heute, über vierzig Jahre danach, wie das Wetter war, erinnere, dass ich ein blau-weiß gestreiftes Sommerkleid trug, sehe die rote Farbe meiner Schuhe vor mir und die langen Zöpfe, die meine Mutter mir an jenem Sonntagmorgen geflochten hatte. Ich habe die versteinerten Gesichter meiner Eltern vor Augen, glasklar, bis heute. Dieses traurige Ereignis hat das Leben unserer gesamten Familie für immer verändert.

Tod und Trauer beschäftigen mich seither. Vor einigen Jahren machte ich eine Ausbildung zur Sterbebegleiterin in einem Berliner Hospiz. Ich lernte, wie für Menschen, die um ihr baldiges Sterben wissen, am Ende noch ein würdiger Raum entstehen kann, zu sich selber zu finden, mit sich ins Reine zu kommen. Viele Sterbende erzählten mir, wie sie ihr Leben im Rückblick betrachteten. Jede einzelne Lebensgeschichte hat mich tief berührt. Darüber habe ich mein erstes Buch geschrieben.

Bei meiner Hospiz-Arbeit bin ich auch mit vielen Angehörigen ins Gespräch gekommen. Zu manchen habe ich noch Jahre nach dem Verlust ihrer geliebten Frau, ihres Kindes, des Vaters oder des Bruders Kontakt. Wie haben sie es geschafft, sich dem Leben wieder zu öffnen? Wie haben sie nach oft langen Jahren der Trauer dem Leben wieder etwas Positives abgewinnen können?

Darum geht es in diesem Buch. Hinterbliebene haben mir erzählt, wie sie einen oder sogar mehrere große Verluste verschmerzt haben. Wie sie zunächst unter Schock standen, dann trauerten, und irgendwann mit dem Weiterleben begonnen haben.

So, wie jeder Mensch anders liebt, trauert jeder anders. Jeder Verlust ist ein anderer und mit keinem weiteren vergleichbar. Es gibt auch keinen leichteren oder schwereren Schicksalsschlag, selbst wenn das von außen manchmal so erscheinen mag.

Was hilft es einem schon, wenn es heißt: »Es war besser so für ihn«? Ein Verlust wiegt genauso schwer, wie er von dem trauernden Menschen empfunden wird. Ganz gleich, ob Eltern ihr Kind verloren oder die Ehefrau ihren geliebten Ehemann. Während aller Gespräche habe ich gespürt: Man kann seine Seele nicht vor dem Gefühl der Trauer schützen. Ich kann mir keine größere emotionale Wucht im Leben vorstellen als die, mit der der Mensch im Verlust eines geliebten Menschen auf sich selber zurückgeworfen wird.

Auch kann man sich auf Trauer nicht vorbereiten. (Vielleicht können es einige buddhistische Mönche, denen es auch gelingt, sich angstfrei auf das Sterben vorzubereiten, aber sie sind eine Ausnahme.) Es gibt keinen Maßstab, keinen Deal, keine Vermittlung, keinen Pakt, kein Ende, auf das man hinleiden könnte. Trauer fühlt sich so tief, weit und bodenlos an wie ein unendliches Meer. Kein Land in Sicht, keine Zukunft. Deswegen haben die allermeisten Menschen auch Angst vor diesem Gefühl. Ich gehöre sicher dazu.

Gerade in der Zeit, in der wir leben, findet die Trauer keinen angemessenen Platz. Trauern steht für Unglück, und das entspricht nicht dem Zeitgeist: Alles Forschen, Denken und Handeln ist auf das immer bessere, glücklichere Leben ausgerichtet. Auf das Wachsen und das Werden, auf das Sein – und auf den Erhalt des Seins.

Irgendwann auf den vielen Fortschrittswegen, die wir alle täglich gehen, haben wir aber verlernt, vergehen zu können. Und noch viel weniger können wir dieses Vergehenmüssen bewusst akzeptieren. Als Gesellschaft tun wir vielmehr alles dafür, dem Vergehen zu entgehen. Immer wieder. Wir tun unser Möglichstes, den Tod zu verhindern, und wenig, ihn als etwas ebenso Natürliches wie das Leben anzunehmen.

Genau das aber ist unsere Aufgabe, wenn wir einen geliebten Menschen verlieren. Und diese Aufgabe ist sehr groß. Vielleicht gehört sie sogar zu den größten und wichtigsten Aufgaben, die das Leben an uns stellt. Denn es geht um nichts Geringeres als um das Loslassen können. Wer jemals einen anderen Menschen geliebt hat, dem wird das Leben diese Aufgabe stellen, früher oder später. Und zwar, bevor er selber stirbt. Es gibt also kein Entkommen.

Deswegen bin ich den Menschen, die mir für dieses Buch von ihrer Verlusterfahrung erzählt haben, äußerst dankbar: für ihren Mut, über das traurigste, schmerzhafteste Kapitel ihres Lebens zu sprechen. Für ihre Bereitschaft, längst oder auch nur gerade eben geheilte Wunden wieder aufreißen zu lassen – durch das Sprechen über ihren Schmerz. Ganz gleich, ob der Verlust zehn, vierzig oder nur zwei Jahre her ist. Ohne ihren Mut, sich ihrem Schmerz erneut durch das Erzählen zu stellen, gäbe es dieses Buch nicht.

Viele haben dies vor allem getan, um anderen, die ihre Geschichte lesen, Mut zum Weiterleben zu machen – nachdem auch sie jemanden verloren haben oder noch verlieren werden. Fast alle erlebten es als heilsamen, wenn auch harten Prozess, ihre Verlustgeschichte in Worte zu fassen und sich das eigentlich Unsagbare von der Seele zu reden. Einige, die ich fragte, konnten einfach nicht darüber sprechen, weil es noch oder wieder zu schmerzhaft gewesen wäre. Auch ihnen möchte ich danken, dafür, dass sie sich genau das bewusst gemacht haben.

Wie schwer es ist, über den Tod eines geliebten Menschen innerhalb der Familie zu sprechen, ist für mich eine erschütternde Erkenntnis. Totale Sprachlosigkeit. Jahrzehntelang, manchmal für immer. Schockstarre der Seele. Zu groß ist für viele Menschen der Tod, um ihn zu begreifen. Zu groß der Schmerz, um Worte zu finden. Um darüber zu reden. Darüber, was dieser Verlust mit der hinterbliebenen Mutter, dem hinterbliebenen Ehemann, den zurückgelassenen Geschwistern und auch Freunden macht. Was sie fühlen, welche Gedanken ihnen kommen, was dieses Nichtmehrdasein eines Menschen für sie bedeutet. Darüber, wie sehr er oder sie fehlen. Über mögliche Schuldgefühle. Wie verzweifelt man ist. Wie wenig man es noch geschafft hat, diesen Verlust anzunehmen. Wie schwer es ist, morgens aufzustehen und weiterzuleben.

Nicht-Sprechen hat leider oft weiteres Unglück zur Folge. Vielleicht zerbräche manche Familie nicht, könnten ihre Mitglieder miteinander reden – über das, was am meisten weh tut.

Mich berührt zutiefst, wie die Erzählenden in diesem Buch es vermocht haben, nach dem Verlust eines oder mehrerer wichtiger, nahestehender Menschen Kraft zum Weiterleben zu schöpfen. Wie sie nach für mich unvorstellbaren

Tragödien, die viele erlebt haben, Schritt für Schritt wieder ins Leben zurückfanden. Denn während die Außenwelt schon kurz nach dem Begräbnis zur Tagesordnung übergeht, bleibt die Innenwelt der Hinterbliebenen für immer verändert, bis zu ihrem eigenen Tod. Die Erzählenden haben sich Hilfe von Psychologen geholt, haben Halt im Glauben gefunden, auch in der Arbeit, haben Familienzusammenhalt erfahren, oder sie haben ein Kind adoptiert. Sie haben es irgendwann geschafft, den Verlust als Teil ihres Lebens zu akzeptieren und auch zu integrieren. Selbst wenn das bedeutete, dass das bestehende Familiensystem zusammenbrach und sich ein neues zusammenfügte. Dass nach dem Tod eines gemeinsamen Kindes die Ehe auseinanderbrach oder, im Gegenteil, dieser Verlust ein Paar umso mehr zusammenschweißte. Sie haben sich helfen lassen – von Freunden, Verwandten, Therapeuten oder Seelsorgern.

Aus allen Lebensgeschichten erfahren wir, dass der Schmerz über den Verlust eine transformative Kraft hat oder selber ist: durch das Leiden und die Trauer sind die Erzählenden zu anderen Menschen geworden. Zu stärkeren, einfühlsameren und achtsameren Menschen. Der Verlust lehrt einen, das Wesentliche in sich selber zu sehen.

Das ist für mich die große und wichtige Botschaft dieses Buches: dass es möglich ist, nach einer gewissen Zeit, wie lange sie auch immer dauert, einen geliebten Menschen loszulassen. Dass man es schaffen kann, sich irgendwann wieder dem Leben zu öffnen, einem neuen Leben. Dass der Sinn des Lebens nicht in der immerwährenden Trauer liegen kann. Sondern irgendwo im Leben. Im Weiterleben.

Andrea Gunthert

## *Es gibt keinen Tag, an dem ich nicht daran denke*

Ich habe begonnen, Julian zu verlieren, nicht, als er starb, sondern, als ich ihn auf die Welt brachte. Das war die Zeit des Verlustes, und es war die allerschlimmste Zeit meines Lebens. Denn mir war von der ersten Sekunde an klar, was da Schreckliches auf uns zukommt. Das habe ich sofort gewusst.

Es war eine ganz normale Schwangerschaft, aber ich bin ja so ein Organisations- und Kontroll- und Sicherheitsfanatiker, also habe ich jede Art von Vorsorge gemacht, die der Mensch nur machen kann. Ich war auch nicht mehr die Jüngste, schon Mitte dreißig. Es war mein erstes Kind. Da habe ich einfach alle Vorsorgeuntersuchungen mitgemacht.

Drei Wochen vor dem errechneten Geburtstermin wachte ich morgens auf und bekam den Eindruck, dass da etwas nicht stimmte. Auch wenn es meine erste Schwangerschaft war und ich keine Gynäkologin bin, sondern Hautärztin, aber hier stimmte etwas nicht. Die Kindsbewegungen hatten stark nachgelassen. Daraufhin bin ich sofort in die Klinik gefahren. Ich war schon vom niedergelassenen Arzt an die Klinik überwiesen worden, damit die einen kennenlernen, bevor man zur Entbindung dort auftaucht.

Mein Arzt selber war noch im Urlaub. Er wäre zum errechneten Geburtstermin da gewesen. Ich wurde von einem Oberarzt untersucht, der mich zu beruhigen versuchte: »Machen Sie sich keine Gedanken, dieses Kind ist schon so groß, der kann sich gar nicht mehr bewegen, der liegt schon im kleinen Becken.« Und so weiter. Na ja, ich ging halbwegs beruhigt da weg. Ich bin auch jemand, der sich auf Fachleute verlässt. Dann war auch viel zu tun, es war unter der Woche, und ich arbeitete immer noch.

Zwei, drei Tage später kam das Wochenende, ich kam zur Ruhe und bemerkte: Mein Kind bewegt sich nicht nur nicht. Mein Gefühl war: Mein Sohn hängt da drin wie ein nasser Sack. Also bin ich wieder in die Klinik gefahren und habe gesagt: »Hören Sie mal, ich bin nicht angemeldet, tut mir leid, und jetzt ist auch noch Wochenende, aber ich glaube, da stimmt was nicht. Ich würde sagen, mein Kind hängt da in mir drin wie ein nasser Sack. Das kann doch nicht normal sein.« Diesmal haben die Ärzte die Notsituation erkannt. Es gab einen Notkaiserschnitt, eine Dreiviertelstunde dauerte das. Obwohl, wie ich später von den Anwälten hörte, das Baby bei einem Notkaiserschnitt in 13 Minuten draußen sein muss.

Es war an einem Sonntag. Ich lag noch in Narkose, als mein Kind zur Welt kam. Mit Apgar null. Apgar ist ein Punkteschema, in das man die Kinder nach der Geburt einteilt. Das besteht aus Punkten für Spontanatmung,

Muskelspannung, Herzschlag und Hautfarbe etc. Die Kinder, die man so kennt, haben fast immer zehn Punkte. Es gibt welche, die haben neun Punkte. Man mag auch das eine oder andere Kind kennen, das acht Apgar-Punkte hat. Mein Sohn hatte null. Wenn man das in die Umgangssprache übersetzt, heißt das: Totgeburt.

Als ich aufwachte, sah ich die Gesichter um mich herum und hörte: Apgar null. Da war mir alles klar. Mir war wirklich alles klar. Sofort. Ich weiß noch, am ersten Abend, wir saßen im Dunkeln, mein Mann Stefan und ich, und … furchtbar. Furchtbar! Es kamen dann auch die Schwestern und sagten: »Ach, warten Sie mal ab. Es hat sich schon so viel noch gewendet.« Aber mir war von Anfang an klar, was die Null bedeuten würde.

Wir hatten uns Julian so sehr gewünscht. Es hat jahrelang gedauert, bis es überhaupt zu dieser Schwangerschaft gekommen war. Die Schwangerschaft mit Julian war das Ergebnis von elf Inseminationen und dreimal Reagenzglas. Und jetzt lag er auf der Intensivstation, an alle Maschinen und Schläuche angeschlossen, die so ein Krankenhaus zu bieten hat. Wo war sein Leben?

Ich hatte gleich zu Stefan gesagt: »Also ich glaube, das Einzige, was uns hier je wieder rausführt, ist so schnell wie möglich so viele weitere Kinder wie möglich zu kriegen.« Aber das war natürlich alles Wunschdenken. Und nun kam die schlimmste Zeit, die ich mir je hatte vorstellen können. Ich war wirklich in der dunkelsten Ecke vom finstersten Jammertal. Zwei Jahre lang.

Bei so einem neugeborenen Baby kannst du natürlich alle möglichen Funktionen noch gar nicht testen. Du hast keine Ahnung vom Intellekt, vom Sehvermögen, vom Hörvermögen usw. Das geht nur schrittweise. Ist ja klar, je älter ein Baby wird, desto mehr Tests kannst du dann auch machen. Und so durftest du dich als eigentlich glückliche frischgeborene Mutter schrittweise verabschieden von deinem Kind, das einmal laufen wird, von einem Kind, das mal sprechen wird, von dem Kind, das überhaupt und ungefähr versteht, was du sagst, geschweige denn genau.

Und das war das Furchtbarste an dieser ganzen Geschichte. Der Tod nachher – aber jetzt greife ich schon vor –, der Tod meines geliebten Julian, das war wie eine Art Riesenpaukenschlag am Ende. Aber diese finsterste, schrecklichste, traurigste Zeit war vorher, denn man hat dann doch ein bisschen Hoffnung.

Eine schreckliche Zäsur kam ungefähr drei Wochen nach der Entbindung. Man gab sich furchtbare Mühe, alles für uns zu tun, sehr viele Ärzte halfen mit, überlegten mit, machten Vorschläge. Ich wurde von Pontius zu Pilatus geschickt mit meinem Neugeborenen, weil man irgendwie sehen wollte, wem kann hier in diesem schrecklichen Fall noch irgendwas einfallen. Ich wurde zu einer besonderen Ultraschalluntersuchung in ein spezialisiertes Krankenhaus geschickt. Die Schädigung von Julian war im Gehirn. Und vom Gehirn aus werden ja alle Funktionen gesteuert: Laufen, Sprechen, Denken, Fühlen, Sehen. Alles findet im Gehirn statt, der Zentrale sozusagen. Da war der Hauptschaden. Es war ein Sauerstoffschaden. Es wurde nie geklärt, was die Ursache seiner Krankheit war. Ob mein Kind sich selber mit der Schulter die Nabelschnur abgedrückt hatte? Man wusste es nicht. Und man wird es nie wissen. Die Frage nach dem Warum konnte nie beantwortet werden.

Nach drei Wochen wurde ich also in dieses Krankenhaus geschickt zu einer Ultraschall-Spezialistin. Ich war wie immer bei diesen vielen Besuchen ganz alleine. Ich fuhr mit dem Taxi dorthin, meinen kleinen Sohn in einer Wolldecke eingewickelt auf dem Arm. Ich war aufgelöst! Ich wusste genau, jetzt wird die Büchse der Pandora wieder geöffnet, und ich kriege irgendwelche Ausblicke auf die Zukunft, irgendwelche Ideen, wie dieses Gehirn wohl von innen genau aussieht. Die Frau war furchtbar nett. Sie sah, dass ich aufgelöst war. Ich konnte kaum sprechen. Sie war sehr warmherzig, sehr freundlich und sagte: »Kommen Sie doch erst mal rein.« Und lächelte mich an: »Jetzt warten Sie mal ab, jetzt wollen wir doch erst mal schauen.« Dann begann sie mit der Untersuchung. Sie sprach kein Wort. Sie sprach überhaupt kein Wort. Und als sie dann endlich fertig war, schaute sie in Unterlagen auf ihrem Schreibtisch nach.

Was war passiert? Ich glaube, ich habe die Szenerie genau richtig gedeutet: Sie rang mit ihrer eigenen Fassung, weil sie in dieses Gehirn reinschaute. Es hieß nachher, die ganzen Kavernen und Windungen wären mit Wasser gefüllt. Ich habe das Monate später noch wiederholt: »Mit was haben Sie gesagt? Mit Wasser gefüllt?« Es stellte sich heraus, dass da, wo sonst Gehirn ist, bei Julian nur Flüssigkeit war. Gewebewasser, vereinfacht ausgedrückt. Diese Frau war so fassungslos, dass sie sich gar nicht richtig verbalisieren konnte. Sie konnte mir weder sagen, es ist alles in Ordnung, oder, jetzt warten wir mal ab und schauen wir mal, da ist noch alles möglich und vielversprechend vielleicht. Nichts dergleichen! Ich sah in ihrem Gesicht, in ihren Gesichtszügen, was in ihrem Kopf vorging. Sie brauchte mir gar nichts zu sagen, ich habe alles in ihrem Gesicht gesehen. Das war die schrecklichste Zeit.

Und es war doppelt furchtbar. Erst bekam ich in regelmäßigen Abständen eine schlimme neue Nachricht, zum Beispiel die, dass Julian blind ist. Und die zweite schlimme Sache war: Bei solchen Nachrichten war ich immer alleine mit den Kollegen, die unseren geliebten Sohn untersuchten. Und dann musste ich es noch Stefan beibringen, das machte es doppelt schlimm. Denn mein Mann regte sich furchtbar auf und setzte in seiner Verbitterung dem Leben gegenüber immer noch einen obendrauf, so dass ich das schon gar nicht mehr ertragen konnte. Und dieses Zweizeitige, das war dann ein doppeltes Package, das ich irgendwie verarbeiten musste. Es war eine furchtbare Zeit.

Vor der Geburt dachte ich mir: Hach, so eine Mutter mit Baby, das wollen wir mal so richtig genießen. Deswegen hatte ich schon lange vorher eine Wochenbettpflegerin engagiert, die auch Kinderkrankenschwester war. Ohne zu wissen, wie wichtig diese Entscheidung werden würde. So kam es, dass ich in der Klinik nach vier Wochen sagen konnte: »Jetzt geben Sie mir doch endlich mein Baby nach Hause, ich habe dort doch eine Kinderkrankenschwester.« Und deswegen durfte er dann mit. Sonst hätte Julian noch viel länger in der Klinik sein müssen.

Ich war so fertig. Und daher war es natürlich viel schöner, als das Baby im Haus war und ich neben seinem Bettchen sitzen konnte. Stundenlang. Eine Mahlzeit mit meinem Sohn dauerte meistens eine Stunde und 45 Minuten, denn er entwickelte dann auch diese spastische Schluckstörung, und von jeder Nahrung, die er schlucken sollte, kam drei Viertel wieder raus.

Obwohl ich ein positiver und tatkräftiger Mensch bin, wollte ich morgens nicht mehr wach werden. Ich blieb einfach im Bett liegen. Ich bin ein Frühaufsteher mit guter Laune, jeden Morgen bin ich um sechs Uhr wach.

Irgendwann in dieser Zeit begann ich aufzuwachen, und dann war es so, als schlüge mich jemand mit einem nassen Tuch. Ich war noch im Halbschlaf, weil dieser ganze schreckliche Kummer mich sofort überfiel beim Aufwachen. Ich wollte gar nicht wach werden. Wach werden bedeutete ja weiterleben mit diesem Schmerz. Ich sagte mir vielmehr: Schlaf noch weiter, dann denkst du vielleicht nicht daran.

Und so kam es, dass ich an unheimlich vielen Tagen um Viertel vor zwölf morgens, also mittags, noch im Nachthemd aufgelöst durch meinen Haushalt geisterte. Denn als Mutter ist es natürlich dein natürlicher Trieb und auch deine Intention, dafür ist man ja als Mutter da, seinem Baby zu helfen, irgendwie. Ich steigerte mich da so sehr rein, dass ich mir nachher ernsthafte Gedanken machte, ob ich den Schnuller für mein Baby von links oder von rechts in dieses Mündchen stecke. Es kamen zahlreiche Therapeuten, Frühtherapeuten und Krankengymnasten, alle kamen und wollten helfen. Da gibt es viele gute Tipps. Aber innerlich übersteigerte ich das so dermaßen, dass ich überhaupt keine Lässigkeit hatte zu sagen: Komm, jetzt lassen wir heute mal den lieben Gott einen guten Mann sein. Sondern ich versuchte alles aufzunehmen und alles noch besser und noch genauer zu machen, immerzu. Und ich schaffte es bei dieser ganzen absoluten Überfürsorge, die das Kind wahrscheinlich fertiger gemacht hat, als wenn ich gar nichts gemacht hätte, noch nicht mal, mich anzuziehen.

Dann kam aber der Tag. Julian kam im August zur Welt, und ich hatte gesagt, okay, im neuen Jahr komme ich dann wieder zur Arbeit. Wir müssen mal sehen, wie es geht. Was man halt so sagt, bevor eine normale Mutter ein normales Kind gebärt. Meine Sprechstundenhilfe telefonierte immer wieder aufs Neue herum nach einem Praxisvertreter. Ein Riesendurcheinander in meiner Praxis. Aber der Tag kam näher, an dem ich wieder selber anfangen sollte und auch musste, schließlich verdiene ich mit der Praxis unseren Lebensunterhalt. Das war eine der wichtigen Triebfedern für mich, meine Arbeit als Hautärztin wieder aufzunehmen.

Dabei war ich überhaupt nicht in der Lage dazu. Ich war ja noch nicht mal in der Lage, mich bis zwölf Uhr mittags anzuziehen! Aber der Tag kam. Und dann habe ich mit etwas angefangen, was unglaublich banal ist, aber für mich die einzige Möglichkeit war weiterzuleben: Ich lag im Bett und habe zu mir gesagt: Andrea, nicht denken, sondern nur den ersten Schritt aus dem Bett raus machen. Aufstehen und ins Badezimmer gehen. Nur einen ersten Schritt. Nur diesen. Und als ich das dann irgendwann geschafft hatte und im Badezimmer stand, da habe ich gesagt: Okay, gar nicht weiterdenken, nur den zweiten Schritt tun, die Zähne putzen. Und dann habe ich die Zähne geputzt.

So habe ich mich wieder ins Leben reingekriegt, mit diesen lächerlichen, banalen Schritten. Nur so habe ich es geschafft, überhaupt zu einer ordentlichen Uhrzeit fertig angezogen zu sein. Und das habe ich gemacht mit einer eisernen Disziplin. Ich habe versucht, das Gehirn auszuschalten, habe nur den Weg überlegt, der jetzt zu gehen ist – vom Bett ins Badezimmer. Und dann bis zur Zahnbürste mit Zahnpasta. Und so weiter.

Irgendwann war ich fertig. Dann musste ich also in die Praxis fahren. Okay. Hier kam mir eine ganz wichtige Sache zu Hilfe, und das ist meine Botschaft: Wenn man einen halbwegs vernünftigen Beruf hat, muss man ihn machen. Es passierte dann Folgendes: Erstens musste ich mich unheimlich konzentrieren. Ich konnte ja nicht meinen schlimmen, desolaten Zustand an der Gesundheit von anderen Leuten auslassen, die vielleicht im schlimmsten

Fall – so etwas passiert nicht so schnell, aber trotzdem – noch kränker werden würden als vor ihrem Besuch in meiner Praxis. Das heißt, ich habe da gesessen und habe wirklich mein Äußerstes gegeben. Und zweitens fühlte ich mich durch die Begegnung mit meinen Patienten in meinem unendlichen Leid in einem menschlichen Umfeld, in dem so etwas nicht wirklich eine Seltenheit ist, sondern in dem andere auch mehr oder weniger und schlimmer oder weniger schlimm ihren Kummer haben. Mittags eilte ich nach Hause, schaute mir mein eigenes Elend an und ging nachmittags wieder in die Praxis.

Das ist etwas, was andere auch schaffen können, die Ähnliches erlebt haben wie ich: Man schafft es mit den denkbar kleinsten Schritten, morgens in den Tag zu gelangen, und man schafft es mit seiner Arbeit. So habe ich mir meine eigene Zukunft jeden Tag ein kleines Stück mehr erarbeitet. Nur so. Wenn Sie gesehen hätten, wie ich versucht habe, mich anzuziehen …

Dass ich dann tatsächlich noch mit zwei weiteren Söhnen schwanger wurde, die beide kerngesund sind, war, glaube ich, das Mutigste, was ich in meinem ganzen Leben gemacht habe. Weil ich natürlich auf meinem Weg durch die verschiedenen Institutionen, Behindertenheime und Fördereinrichtungen genügend Mütter gesehen habe, die nicht ein behindertes Kind hatten, sondern zwei oder drei behinderte Kinder. Das ist nämlich gar keine Seltenheit. Ob es ein Gendefekt ist, eine Plazentainsuffizienz ist, die dann auch beim zweiten und dritten

Mal zum Tragen kommt, wie auch immer. Von daher war das schon mutig.

Ich hatte einen Arzt, einen Kinder-Neurologen, der mir unheimlich Mut gemacht hat. Ein ganz erfahrener. Er empfing mich noch aus seinem Ruhestand heraus und gab mir Tipps. Er sagte jedes Mal als Erstes: »Na, Frau Gunthert, sind Sie schon wieder schwanger?« Und ich habe nachher schon gelacht und gesagt: »Herr Professor, ich werde doch nicht so schnell schwanger und kann noch keinen Erfolg melden, aber ja, ich bleibe am Ball.«

Constantin kam drei Jahre nach Julian zur Welt. Wieder nach 13 Inseminationen. Und er war quietschfidel. Ich hatte große Angst vor seiner Geburt. Schon sechs Wochen vor dem errechneten Geburtstermin bin ich ins Krankenhaus eingezogen. Ich habe gesagt, ich bin jetzt nicht hysterisch, aber ich überlasse gar nichts mehr dem Zufall. Hier bin ich.

Man hat mir ein nettes, kleines Zimmerchen gegeben neben dem Kreißsaal. »Bitte verstehen Sie mich nicht falsch, aber ich möchte, dass Sie mich jeden Morgen und jeden Abend untersuchen. Machen Sie jeden Test mit mir, und zwar nicht doppelt und dreifach, sondern alles, was wichtig ist, jeden Tag aufs Neue. Und wenn das Kind halbwegs groß genug ist, dann holen wir es einfach da raus.« Die Gynäkologen waren gar nicht begeistert. Das war drei Wochen vor dem Termin. Die haben mit mir um jeden Tag gerungen. Ich habe gesagt: »Okay, machen wir einen Kompromiss, Sie holen nachher den Kinderarzt, also morgen oder bei der Visite, und wenn der Kinderarzt sagt: Okay, von mir aus ja, dann machen wir das.« Und so haben wir es gemacht. Auch bei Valentin, der zwei Jahre später kam. Ich hatte ja kein normales Verhältnis mehr zu Geburten. Alle haben auf mich aufgepasst, und das war ein beruhigendes Gefühl.

Constantin und Valentin waren das Glück, das wieder ins Haus einzog. Julian lag immer auf einer Decke oder einem Kissen oder war auf dem Schoß, und er kriegte genau mit, wenn seine Brüder in seiner Nähe waren. Als seine beiden Brüder noch klein waren, habe ich sie neben Julian gelegt, und er gab glückliche Laute von sich: »Hmmmmm.« Egal, ob er vorher schlechte Laune hatte, wenn Constantin und Valentin dazukamen, durften die richtig auf ihn drauftreten und mit ihm spielen. Das war pures Glück. Ich habe da noch ganz rührende Fotos, wie er so »Hmmm« sagte, wie er dann da so lag und sich an seinen strampelnden, fröhlichen Baby-Brüdern erfreute. Dann war eine völlig andere Stimmung im Haus.

Trotzdem war ich natürlich überlastet mit dem kranken Jungen und zwei ganz kleinen. Stefan flüchtete sich in seine Arbeit, weil ihm das alles zu viel war. Aber es war trotzdem wunderbar. Ich hatte wieder ins Leben gefunden. Anders, als man gemeinhin denkt, ist es ja nicht so, dass Kummer ein Paar zusammenschweißt. Das ist ein Ammenmärchen. Ich weiß nicht, wer das mal irgendwann aufgebracht hat.

Stattdessen trauern Menschen, selbst wenn sie sich lieben, völlig unterschiedlich. Ich habe gehört, 85 Prozent der Eltern von schwerstkranken oder gestorbenen Kindern trennen sich über kurz oder lang. Ich weiß nicht, ob diese Zahl belastbar ist, aber die hat sich mir so eingeprägt. Und die anderen 15 Prozent, da weiß man natürlich auch nicht wirklich, aus welchen Gründen die zusammenbleiben. Vielleicht auch, weil sie sonst ihr Leben gar nicht mehr hinkriegen würden oder aus finanziellen Gründen. Bei uns war es so: Ich habe mich immer mehr in die Betreuung unseres kranken Kindes reingesteigert, und mein Mann hat immer mehr versucht, sich abzulenken. Das war dann so ungefähr der Anfang vom Ende.

Dass er eine Neue schon vor Constantins Geburt hatte, habe ich erst fünf Jahre später mitbekommen. Sehr merkwürdig, wieso ich das nicht vorher merkte. Fünf Jahre lang! Vielleicht, weil ich es nicht wollte? Das war so eine klassische Sache mit dem Handy. Irgendwie war hier zu Hause ein Durcheinander, das eine Kindermädchen wollte abgeholt werden, ich war aber gar nicht da oder wie auch immer. Unser drahtloses Festnetztelefon war wie immer verschwunden. Dann lag da Stefans Handy, und ich dachte: Ich rufe mal ganz schnell mit seinem Handy irgendwen an. In dem Moment war eine SMS eingetroffen.

Ich bin sonst überhaupt nicht eifersüchtig, aber irgendwie war ich in dieser Sekunde einfach einen Hauch neugierig und dachte: Ach, Sonntagnachmittag um fünf, wer meldet sich denn da? Und drückte da drauf. Dann stand da: »Ich vermisse Dich so und sehne mich unendlich nach Dir. Wann kommst Du endlich wieder zu mir?« Unterschrift: Monika. Ich kannte eine Monika, und in der Sekunde war mir alles klar. Ich fragte mich nicht: Oh, was ist das denn? Sondern ich wusste sofort Bescheid.

Danach war er wie Helmut Kohl in der Spendenaffäre, er gab die Sache nur scheibchenweise zu. Ich musste es ihm sozusagen erst nachweisen, ehe er mit der Wahrheit richtig rausrückte. Das war natürlich eine unglaubliche Enttäuschung. Aber es war auch ein Wendepunkt. Sechs Wochen danach habe ich fest beschlossen, alleine wieder komplett neu anzufangen. Und diese Entscheidung habe ich nicht eine Sekunde bereut, es fühlte sich sehr klar an.

Unser Julian war gerade ein paar Monate vorher gestorben. Es war in einer nebeligen Herbstnacht. Seit Monaten bis gefühlten Jahren war es der erste Abend, an dem Stefan und ich zusammen unser krankes Kind in sein Zimmerchen brachten, ins Bettchen legten, das Kopfkissen und noch ein anderes Kissen unter diesen armen Körper schoben, die Decke noch mal festklopften, die Heizung noch mal kontrollierten und Julian noch mal streichelten. Beide miteinander standen wir vor diesem Bettchen: »Schlaf schön, mein Schätzchen!« Und beide hatten wir über seinen Kopf gestreichelt. Ich glaube, so ein gemeinsamer Moment mit unserem Sohn hat anderthalb oder zwei Jahre vorher das letzte Mal stattgefunden, oder es hat ihn auch gar nicht vorher so gegeben. Es war jedenfalls sehr ungewöhnlich.

Und dann kam die Nacht. In der Nacht habe ich ein-, zweimal auf der Treppe gestanden und habe gelauscht, weil ich dachte, Julian weint. Und Stefan, der in einem anderen Zimmer schlief, hatte in derselben Nacht zu anderen Zeitpunkten auch auf der Treppe gestanden und gedacht, er weint. Julian war nicht krank gewesen, also ich meine, es gab keine neue zusätzliche Störung wie zum Beispiel eine Erkältung oder irgendetwas. Es war eigentlich alles wie immer.

Er hat diese Nacht nicht überlebt. Am nächsten Morgen wollte ich ihn wecken und anziehen. Ich ging alleine hoch, wollte ihn wie jeden Morgen für die Frühförderungseinrichtung fertig machen. Da lag er tot vor dem Bett. Auf dem Fußboden. Er hatte ja neben den ganzen anderen Sachen auch noch Epilepsie in verschiedenen Stufen durchlaufen. Vielleicht hatte er in der Nacht einen ersten großen Anfall, hatte sich aufgebäumt und war aus dem Bett gefallen. Es war ein ganz niedriges Bett, denn er konnte sich ja noch nicht mal selbst umdrehen. Insofern brauchte es auch kein großes Gitter wie bei anderen Kinderbetten. Er war sieben Jahre alt. Und weil er sich nicht drehen konnte, konnte er auch nicht rausfallen. Aber vielleicht hatte das mit diesem Krampfanfall zu tun. Wir wissen es nicht und werden es auch nie wissen.

Sein Tod kam so unglaublich plötzlich. Ich habe sofort den Notarzt gerufen, der Krankenwagen kam. Die Retter konnten aber nur noch den Tod feststellen. Zehn Minuten später stand die Kriminalpolizei vor der Tür. Sie kamen herein und verhörten Stefan und mich getrennt voneinander. Die beiden Herren waren sehr, sehr nett.

Und auch Stefan, der sonst immer meckerte, empfand das so. Ich hatte auch sofort zu den Herren gesagt: »Ich verstehe das. Da liegt ein Kind tot auf dem Fußboden, selbstverständlich müssen Sie kommen und sich das hier anschauen.«

Es war ein Riesendrama. Ich fand Julian oben, Constantin saß auf der Treppe. Du begreifst in dem Moment nicht genau, ist er nur bewusstlos oder ... Es ist so unverständlich. Ich habe ihn dann nur auf den Arm genommen, bin schreiend vom zweiten in den ersten Stock gelaufen, habe ihn da auf einen Teppich gelegt, habe versucht, mir zu überlegen, was ich jetzt mache. Ich rief sofort die Notrufnummer an.

Constantin saß die ganze Zeit daneben und starrte schweigend und wie hypnotisiert auf uns herunter. Plötzlich so viel Polizei im Haus. Glücklicherweise kam bald schon Anita, unser spanisches Kindermädchen. Sie fing ja morgens immer sehr früh an. Anita war ein ganz junges Mädchen, aber sie hat wunderbar reagiert. Valentin turnte oben in seinem Gitterbett herum, und Constantin saß wie angewurzelt auf der Treppe. Ich versuchte immerzu, ihn nach oben zu schicken, aber er ging nicht. Und dann kam Anita und hat sich mit den Kindern hingesetzt und war rührend. Sie hatte sich folgende Geschichte ausgedacht: Julian ist jetzt im Himmel, lieber Constantin und Valentin, und im Himmel kann euer Bruder sprechen, und er kann laufen und guckt jetzt auf uns runter. Jetzt geht es ihm gut!

Das war so tröstlich für die beiden Jungen, die natürlich immer, solange sie denken konnten, die Krankheit ihres Bruders so mitbekamen, wie sie eben war. Sie haben unheimlich zurückstecken müssen. Immer hatten sie den kranken Bruder erlebt. Das war natürlich auch für die zwei eine ganz, ganz große Einschränkung, muss man sagen.

Einschränkung ist nicht das richtige Wort, das ist so ein neutraler Begriff. Ich glaube, das Wort Ausnahmezustand trifft es besser. Nichts war normal in unserer Familie. Jeder Tag mit Julian war unberechenbar. Egal was wir vorhatten, egal was, wann und wie, plötzlich, und wir reden hier von allen drei Wochen, war wieder irgendetwas ganz Schlimmes passiert, und Julian musste wieder ins Krankenhaus. Man musste alles stehen und liegen lassen und sofort mit ihm dorthin fahren. Er kriegte nicht mehr richtig Luft, oder er kriegte neue epileptische Anfälle. Er war sehr krank. Immer wieder kam etwas Neues hinzu. Und die anderen Kinder, egal was war, ob einer Geburtstag hatte oder so etwas Schönes: nichts. Denn immer wieder war Julian dran und sonst niemand.

Ich hatte ja Gott sei Dank viel Hilfe, insofern habe ich es besser gehabt als viele andere. Teilweise haben mich auch Sprechstundenhilfen unterstützt. Ich habe dann eine Sprechstundenhilfe in der Praxis zur Seite genommen und gesagt: »Mein Sohn liegt jetzt im Krankenhaus, ich möchte nicht, dass er da alleine ist. Die Schwestern dort haben zu viel zu tun. Sie können nicht ständig bei Julian sein und ihm über den Kopf streicheln oder das Händchen halten. Die haben auch andere Patienten. Ich möchte, dass jemand von uns da ist und ihm die Hand hält.« Und so saß manchmal auch eine meiner Sprechstundenhilfen an seinem Bett. Es war mir wichtig, dass immerzu eine liebende, wärmende Hand unseren Sohn berührte.

Er starb, und das war wie ein Bogen, verstehen Sie? Er war vorher ja seit seiner Geburt sozusagen stückweise gestorben, über sieben Jahre hinweg. Und jetzt war er wirklich tot. Ich weiß noch genau, es war das Allerschrecklichste, denn wir hatten ihn abgöttisch geliebt.

Sie glauben nicht, wie das Herz gerade an so einem kranken Kind hängt. Auch Stefans. Das Einzige, was Julian hatte, waren sein Gehör und das ganze Emotionale. Ich habe nur mit ihm so gespürt, gefühlt, gekuschelt. Oder manchmal, wenn ich besonders traurig und verzweifelt war, hatte ich ihn auf dem Schoß, und er fing an, kleine Gesten zu machen und Folgendes auszudrücken: Mama, sei doch nicht so traurig, so schlimm ist es doch nicht. Er verstand nichts. Nichts! Ich erzähle hier von einem Kind, das noch nicht mal Mama sagen konnte. Aber er spürte sofort die Liebe und die Gefühle und versuchte dann, mich zu trösten. Das war zum Steinerweichen. Wir hatten ihn unendlich lieb. Sobald einer in der Nähe war, schnappten er oder sie sich gleich unser krankes Kind und liebkosten es auf dem Schoß.

Und dann war er tot, und es war schrecklich. Aber ich erinnere noch den Tag nach der Beerdigung, als ich mit einem Freund spazieren ging. Wir waren gar nicht besonders eng befreundet, aber da war einfach einer, der hier in der Nähe wohnte und sagte: »Komm, lass uns doch wenigstens mal ein paar Schritte an der frischen Luft gehen.« Ich fand das irgendwie tröstlich und wollte auch mal kurz frische Luft schnappen. Er sagte: »So, Andrea, und jetzt muss ich dir aber mal eines sagen: Jetzt ist der Junge tot, jetzt kannst du ihn nicht mehr pflegen. Aber jetzt ist es auch erlaubt, dass du weiterlebst und mit dir auch Constantin und Valentin, sodass ihr drei …«, von Stefan war da gar nicht die Rede, »… ihr drei auch mal in diesem Leben wieder zu eurem Recht kommt. Auch die kleinen Kinder, die immer zurückstecken mussten, und auch du. Über dir hing sieben Jahre so ein Trauerflor, eine Trauerwolke. Jetzt ist er tot, und jetzt dürft ihr weiterleben.«

Das haben wir dann auch in ziemlich schneller Zeit getan. Denn niemand hatte mich gefragt, niemand hatte auch im Grunde entschieden, dass dieses Kind so krank zur Welt kommt. Genau genommen hatte man dem Schicksal ins Handwerk gepfuscht, denn er wäre ja eigentlich tot gewesen. In den 60er-, 70er-Jahren wäre die Hebamme gekommen, hätte ihre Decke über das Kind geschlagen und hätte gesagt: »Frau Gunthert, es war nicht.« Aber keiner hatte uns gefragt. Und dass er dann doch bei all dieser Krankheit so plötzlich stirbt.

Ich wollte so schnell wie möglich wieder auf die Beine kommen, denn ich fand, das haben ja nun Constantin und Valentin gar nicht verdient: Erst haben sie eine aufgelöste Mutter, weil der Bruder krank war. Gut, daran konnte ich nur bedingt etwas ändern. Aber jetzt lebt der Bruder nicht mehr, und daran können wir nichts mehr ändern. Jetzt sind wir dran, die beiden Jungs, aber auch nicht zuletzt ich selber.

Ich habe seither einen anderen Blick auf das Leben. Früher dachte ich: Man kann alles erreichen, wenn man es nur will. Man kann an jeder Schraube drehen, an der man nur drehen will. Und man kann auch alles ändern, man muss nur richtig kämpfen oder die richtigen Dinge im richtigen Moment tun und darf sich nicht unterkriegen lassen. Gut, man muss auch tüchtig und klug an Dinge herangehen.

Diese Sicht der Dinge habe ich jetzt völlig abgelegt, denn du kannst nichts ändern. Alles, was du ändern kannst, sind absolute Nuancen. In so einem Moment sind die Würfel gefallen, und du kannst nur noch die Scherben auflesen und die rudimentärste Mängelverwaltung machen. Du kannst dich nicht gegen das Schicksal stemmen. Es geht einfach nicht.

Heute denke ich, egal, was passiert: Gott sei Dank, die Kinder sind gesund. Dann bin ich sofort über eine kleine störende Situation hinweg. Ich habe auch gelernt, den Moment als Glück zu genießen. Heute sind wir gesund, heute wird der Tag genossen. Das kann ich. Bedingungslos. Was ich auch daraus gelernt habe, ist: Die wesentlichen Dinge sind heute in Ordnung, und jetzt machen wir es uns heute richtig schön. Unwichtigen Ärgernissen gebe ich gar keinen Raum.

Da bin ich auch ganz anders als mein jetziger Lebenspartner. Er fragt eher: Wo steht geschrieben, dass der heutige Tag schön sein muss? Das wäre für mich der allergrößte Frevel, richtiggehender Frevel, wenn man gute Situationen als solche nicht wahrnimmt, nur weil eine Kleinigkeit nicht stimmt.

Ich hätte nie für möglich gehalten, dass ich nach so etwas Schrecklichem nochmal die Chance bekomme, dass das Leben wieder gut wird. Nachdem ich unendlich traurig war. Ich war so unglücklich, wie ein Mensch nur unglücklich sein kann. Unglücklicher geht es, glaube ich, nicht. Ich habe mir damals gar nicht vorstellen können, jemals wieder lächeln zu können, geschweige denn glücklich zu werden. Und trotzdem bin ich wieder richtig glücklich geworden. Weil die Dinge sich so entwickelt haben, alle miteinander. Weil man irgendwann auch akzeptiert, dass das ein furchtbar trauriges Kapitel ist, man aber die Chance hat, etwas zu finden, was es wert ist, auch wieder Freude daraus zu schöpfen. Dass ich das geschafft habe, das hätte ich nie gedacht. Die Gewissheit, dass Julian zeit seines Lebens immer schwerstbehindert gewesen wäre und sein lebenslanges Leiden vorprogrammiert war, wandelt seinen Tod in meinen Augen auch ein Stück weit zu einer Erlösung von seinem Schicksal. Das tröstet zwar eine Mutter nicht, aber es hilft mir doch, mit dem Verlust eines so kranken Menschen besser umgehen zu können.

Dabei hat mir auch unser furchtbar netter Freundeskreis geholfen. Stefan hat immer gemutmaßt, Leute mit behindertem Kind werden gar nicht mehr eingeladen. Das hätte etwas Störendes. Ganz im Gegenteil: Wir wurden ganz besonders viel eingeladen. Es gab keinen Kaffeeklatsch mehr, bei dem man nicht sagte: Wollen wir bitte auch auf jeden Fall die arme Andrea mit ihrem Baby anrufen, dass sie sich irgendwie dazwischensetzt, dann können wir uns doch ein kleines bisschen auch um sie hier in der Mitte kümmern.

Es ist so wichtig, sich helfen zu lassen. Auch wenn man sich dazu zwingen muss. Denn viele Verstorbene waren ja vorher Kranke. Die Pflege lastet nach wie vor sehr auf den Schultern der Angehörigen. Pflege ist etwas ganz, ganz Zehrendes, körperlich sowieso, aber es belastet einen umso mehr, weil die psychische Belastung so ungeheuer ist. Deswegen macht Pflege die Angehörigen fertig. Daher sind Freunde und Bekannte so wichtig, die das übernehmen.

Unsere Freunde haben sich allergrößte Mühe gegeben, das war wunderbar. Und wenn auch mal nur die Nachbarin kam oder irgendeine Tante und sich eine Stunde hinsetzte. Man muss sich dazu zwingen rauszugehen, wegzugehen, Tapetenwechsel, einen Moment auf andere Gedanken kommen, irgendetwas machen, was einem guttut, egal, was es ist, Hauptsache, man kommt einen Moment raus aus so einer Situation. Und wenn man wieder reinkommt, hat man ein kleines bisschen mehr innere Ruhe und Gelassenheit, um dieses Elend wieder zu ertragen. Wenn man nur in seinen vier Wänden sitzt, wird man verrückt.

Es gab auch merkwürdige Anteilnahme. Nach dem Tod von Julian kam eine Dame auf mich zu, die eigentlich einen sehr netten Eindruck machte. Sie sagte, sie habe einen Kreis um sich versammelt, der Kontakt mit den Toten aufnimmt. Darauf habe sie sich spezialisiert. Wenn ich wollte, könnte sie mir ermöglichen, mit meinem toten Sohn Kontakt aufzunehmen, damit ich mit ihm immer mal wieder sprechen könnte.

Ich weiß noch, dass ich richtiggehend wütend wurde und mich über dieses Angebot ärgerte. Als Ärztin bin ich ja durch und durch naturwissenschaftlich geprägt. Für so etwas habe ich überhaupt keinen Sinn. Natürlich ist es für eine Mutter immer das Allerschönste, das erste Mal zu hören, wenn das Kind Mama sagt. Noch nicht einmal das hatte mein armes krankes Kind gekonnt, auch nur einmal Mama sagen, geschweige denn richtig mit mir sprechen. Ein Gedankenaustausch wäre mit einem Siebenjährigen sowieso nur begrenzt möglich gewesen, aber mir mit meinem nicht sprechenden Kind auch noch vorzuschlagen, ich könnte jetzt doch nach seinem Tod mit ihm sprechen, das war mir unerträglich.

Es ist immer da, Teil meiner Wahrnehmung. Es ist immer da. Ich habe neulich mit einer sehr netten jungen Dame zu Mittag gegessen, und ganz kurz kamen wir drauf. Sie schrieb mir danach, sie möchte sich entschuldigen, sie habe von anderen vorher gehört, ich hätte da etwas Schlimmes erlebt, aber sie habe nichts dazu gesagt, denn sie habe mich nicht daran erinnern wollen. Ich habe nur gedacht: Was heißt nicht erinnern wollen? Als ob man so was vergisst? Wie will eine Mutter ein Kind vergessen? Es ist immer da. Ich brauche das Foto, das da drüben steht, nicht, um mich zu erinnern. Es ist alles immer da.

So ein Unglück ist so omnipräsent, es ist nicht zu verdrängen, selbst wenn ich es versuchte. Und es gibt keinen Tag, an dem ich nicht daran denke. Es gibt seit damals keine Sekunde, in der diese Situation nicht präsent war. Für so ein Gespräch wie dieses hier, zehn Jahre danach, hätte ich dieses traurige Kapitel meines Lebens nochmal aufgeschlagen, dafür bedankten Sie sich.

Aber ich muss Ihnen sagen: Bei mir musste das Kapitel nicht aufgeschlagen werden. Es ist immer da.

## Marianne Will

*Ratschläge lauten immer: Zeit heilt die Wunden. Aber ich habe so viel Zeit gar nicht mehr.*

Mein Mann und ich haben seit vielen Jahren ein Premierenabonnement für das Frankfurter Schauspiel. Seit er nicht mehr da ist, habe ich natürlich den Platz freigegeben. Wir sind immer mit einer lieben Freundin zu dritt hingegangen. Und dann ist beim ersten Mal ohne ihn der Platz neben mir frei geblieben.

Eigentlich ist das Haus bei Premieren immer ausgebucht, aber wer weiß, warum ausgerechnet Richards Platz neben mir frei blieb. Vom zweiten Teil des Stücks habe ich überhaupt nichts mehr mitgekriegt. Dieser leere Platz neben mir! Wenn da jemand gesessen hätte, gut, so ist das Leben, aber dieser leere Platz. Ich hoffe nur, dass bei der nächsten Premiere Richards Platz besetzt sein wird, sonst muss ich meine Freundin bitten, sie möge sich dort hinsetzen.

Mit der Trauer geht jeder ein bisschen anders um. Ich bin auf der Flucht. Vor dem leeren Haus. Zu Hause habe ich immer das Gefühl, ich müsste meinem Mann irgendwas sagen. Die einfachsten Sachen, die ich ihm während der letzten 55 Jahre gesagt habe. Wir sind Eintracht-Anhänger, und wenn die Eintracht gespielt hat, muss ich ihm das gleich erzählen. Oder irgendjemand ruft an und ist ein bisschen blöde, ein Handwerker oder so jemand. All dieses.

Mein Mann hatte Krebs. Mit Bluttransfusionen ging es ihm einigermaßen, bis zum Tag seines Todes. Am Morgen noch ging ich zu ihm, als ich hörte, dass er wach war, sagte ich: »Wie geht es dir? Wie hast du geschlafen?« Er antwortete: »Ausnahmsweise gut.«

»Was macht dein Kreislauf?«, fragte ich, und er erwiderte: »Ach, der geht eigentlich auch. Ich gehe jetzt duschen.«

Nach einer Weile dachte ich: Wo bleibt er denn?, und ging nach ihm schauen. Er lag regungslos auf dem Bett. Ich rüttelte ihn und sagte: »Jetzt musst du aber mal aufstehen.« Da war er tot.

Anfang März kam die Diagnose. Eigentlich ging es ihm gut. Er hatte aber überall rote Flecken am Körper. Unsere Tochter, die Ärztin ist, drängte ihn, eine Blutuntersuchung machen zu lassen. Ein paar Tage später kam die Diagnose: Knochenmarkkrebs. Erst hatten wir ein bisschen Hoffnung, dass er noch ein paar Jahre am Leben bleiben könne, weil so ein amerikanisches Wundermittel neu auf den Markt gekommen war. Dann hat sich aber herausgestellt, dass er das nicht verträgt. Es bestand die Gefahr von Gehirnblutungen. Wir haben immer noch gehofft, dass wir es mit Bluttransfusionen hinbekommen. Trotzdem wurde er immer schwächer. Und dann ist es halt passiert.

An seinem Bett habe ich gehorcht und seine Hände

angefasst. Es lag ein Wasserfilm über seinem Körper. Er war ein kräftiger Mann, und er fühlte sich noch warm an vom Duschen. Ich rüttelte besorgt an diesem Menschen rum, der da lag. Als ich merkte, er rührt sich nicht, bin ich auf die Straße gelaufen, zu einer Freundin, die 50 Meter entfernt wohnt. »Richard ist tot«, rief ich. Sie ging mit mir ins Haus zurück und blieb bei mir, bis meine Tochter kam.

Meine Tochter wohnt zwei Autostunden entfernt von uns. Das Ganze passierte an einem Samstagvormittag gegen zehn. Da ging erstmal keiner ans Telefon. Eigentlich will meine Tochter samstagvormittags ihre Ruhe haben, sie und ihr Mann sind unter der Woche in ihrem Beruf eingespannt, da braucht sie dann am Wochenende Zeit für sich und ihre Familie. Ich habe es über drei Handys und das Haustelefon versucht, bis ich endlich jemanden erreicht habe. Sie machte sich sofort auf den Weg.

Inzwischen hatte die Freundin den Notarzt angerufen. Immer wieder bin ich nach oben gelaufen und habe meinen Mann gerüttelt, weil ich es einfach nicht wahrhaben wollte. Der Arzt sagte zu mir: Es ist aber so. Er ist tot. Meine Freundin rief alle an. Und schon stand der Leichenbestatter vor der Tür. Das ist jetzt zweieinhalb Monate her. Seitdem habe ich dieses Zimmer nicht mehr betreten.

Nachdem mein toter Mann aus dem Haus getragen worden war, haben wir alles abgeschlossen, und ich habe das Haus sofort verlassen. Ich wollte da nicht mehr sein. Meine Tochter nahm mich mit zu sich, auch nach der Beerdigung. Dort war ich zwar auch alleine, weil sie und ihr Mann ja berufstätig sind, aber es kam überhaupt jemand, irgendwann. Und nicht wie zu Hause, wo keiner mehr kommt.

Wenn ich zurückblicke, denke ich: Ich konnte mich gar nicht in Ruhe von meinem Mann verabschieden, konnte gar nicht weinen. Ich war hektisch, ging immer wieder die Treppe rauf und runter. Ich wollte es einfach nicht wahrhaben.

Wissen Sie, was alle sagen? Welchen wunderbaren Tod er gehabt habe statt eines elenden, siechenden Sterbens. Aber ich kann darüber gar nicht erleichtert sein. Ich rüttele so an den Stäben und sage: Warum musste er diesen Krebs bekommen? Ich bin nur schlecht in der Lage, seinen schnellen Tod als guten Tod zu sehen. Gut für wen? Er wollte leben. Und ich als seine Frau war bereit, mit ihm seine Krankheit zu durchschreiten, ihn zu stützen und ihm seinen Schmerz erträglich zu machen.

Nach Richards Tod bin ich in ein dichtes Netz von Freundinnen und Freunden gefallen. In dieser Hinsicht geht es mir richtig gut. Wenn man lange irgendwo wohnt, ist das zwar ein bisschen langweilig, weil man wenig von der Welt sieht und keine neuen Eindrücke bekommt. Dafür kann man aus einem langjährigen Freundeskreis Kraft schöpfen.

Jeden Tag bietet mir irgendjemand an, ob er mich besuchen kommen kann oder ob ich irgendwohin mitkommen möchte. Mit dem einen bin ich an den Bodensee gefahren, der Nächste sagt, wir machen jetzt eine Fahrt nach Leipzig, oder wir fahren nach Kassel. Ich kann mich gar nicht beschweren. Gestern Abend war ich so erschlagen, dass ich gesagt habe, jetzt brauche ich mal eine Pause.

Ich habe mir erzählen lassen, wie unterschiedlich die Wege sind, wie Menschen einen solchen Verlust verkraften. Es gibt die, die trauern und sich vollkommen zurückziehen. Ich dagegen renne ganz viel raus. Vor zwei Wochen nahm mich meine Tochter auf eine berufliche Reise mit, inzwischen habe ich mich mit einer anderen Witwe angefreundet, die wiederum ganz andere Erfahrungen mit der Trauer um ihren Mann macht, und ich bekomme eben viele Angebote von Freunden, mit ihnen Zeit zu verbringen. Das ist das, was mich trägt. Ausflüge machen, zum Wandern gehen, irgendwohin reisen.

Ich kann nicht in Richards Zimmer gehen, kann nicht seine Kleidung, nicht seine Sachen berühren. Der Putzfrau habe ich gesagt, sie soll eine Decke über die Matratze legen, damit ich nicht in sein Zimmer gehen muss. Das kommt irgendwann. Ich habe neulich die Familie meiner Tochter gefragt, ob vielleicht einer von ihnen das Bett benutzen will, wenn sie bei uns schlafen. Das will aber auch keiner.

Und dann gibt es so scheinbar nebensächliche Dinge: dass ich noch nicht einmal Gulasch aus dem Gefrierschrank nehmen kann, auf dessen Tüte er »Gulasch.

15.3.2015« geschrieben hat, geschweige denn, dass ich das essen könnte. Ich konnte auch nicht sein Auto anfassen. Wir hatten einen ziemlich großen BMW. Acht Jahre lang bin ich nicht gefahren, es ist immer nur mein Mann gefahren. Und wenn er mal nicht fahren konnte, dann haben wir eben verschoben, was anstand.

Mit meinen 82 Jahren habe ich mir nun ein neues Auto gekauft. Ziemlich verrückt, oder? Erst hatte ich diese Theorie: Ich nehme das Geld, was ich noch für den BMW bekomme, rechne dieses und jenes drauf, Steuern und Versicherung, tue das in einen Topf, und das ist dann mein Taxi-Geld. Denn ich muss mich ja bewegen. Jetzt habe ich einen hübschen kleinen Opel Adam.

Ich bin ein bisschen unsicher, ob ich es richtig gemacht habe, ob ich nicht wirklich das Geld hätte nehmen sollen und damit Taxi fahren. Aber dann hat meine Tochter zu meinen Zweifeln gesagt: »Ach, wenn du nach ein, zwei Jahren das Auto nicht mehr willst, dann verkaufst du es eben wieder.« Ich habe noch mal ein paar Fahrstunden genommen und die Entscheidung ein bisschen von dem Urteil des Fahrlehrers abhängig gemacht. Wenn der gesagt hätte: »Das können Sie nicht mehr, lassen Sie das«, dann hätte ich es gelassen. Aber nach den Fahrstunden sagte der Lehrer: »Kaufen Sie sich doch noch mal ein Auto.« Da war ich ganz euphorisch.

Ich war lange Stadtverordnete für die FDP, mein Leben lang politisch interessiert. Wissen Sie, wenn ich jetzt etwas über Flüchtlinge lese, dann würde ich so gerne mit meinem Mann darüber reden. Und jetzt muss ich mir erst aussuchen, mit wem ich darüber reden kann. Ich will nämlich keine undifferenzierten Meinungen hören, sonst ärgere ich mich nur. Mit Richard habe ich mir gegenseitig etwas aus der Zeitung vorgelesen oder erzählt: »Hast du das schon gelesen?«

Das ist es, was mir so fehlt. Dieses Vermissen hört so schnell nicht auf. Meine Erkenntnis ist: man kann Freunden und Bekannten eigentlich nicht mit seiner Trauer kommen, das geht einfach nicht. Denn alle haben schon Anteil genommen, gesagt, wie schlimm das ist und wie sehr auch sie ihn vermissen. Aber dann geht das Leben für sie weiter. Freunde wollen nicht, dass ich ihnen ständig im Ohr hänge mit meinem Schmerz. Ich glaube, sie würden es zwar dulden, aber sie würden sich zurückziehen. Vermutlich würden sie sich dann über kurz oder lang auch nicht mehr um mich kümmern.

Ratschläge lauten immer: Zeit heilt die Wunden. Die Zeit. Das wird schon in einem oder in zwei Jahren besser werden. Aber ich bin 82. Ich habe so viel Zeit gar nicht mehr. Also, mich tröstet dieser Satz nicht. Ich weiß zwar, dass er stimmt. Natürlich stimmt er. Aber tröstend ist das nicht.

Was ich bei meinen Freunden und Bekannten am positivsten empfinde, ist die Zeit, die sie mir schenken. Das sage ich ihnen auch. Und mit meiner Tochter, meinem Schwiegersohn und Enkel ist es auch so. Ich fühle mich von ihnen getragen, ich bin dankbar für ihre Liebe. Mein Schwiegersohn wollte in den letzten Ferien mit meinem

Enkel zum Surfen in die Türkei fahren, aber der sagte: »Ich gehe lieber zur Oma.« Das ist ein schönes Gefühl.

Meine Tochter, die sich sehr um mich kümmert, konstatierte einmal, ich ließe ihr keine Zeit für ihre eigene Trauer, ich überdecke sie mit meiner. Denn manchmal tut sich der Boden unter mir auf, und ich falle in die Dunkelheit. Und in einer solchen Phase rufe ich sie an. Ich sage zwar nicht, wie es mir geht, aber sie spürt es natürlich. Ich habe mir jetzt vorgenommen, das nicht mehr zu tun. Ich kann sie nicht bei all dem beruflichen Stress, den sie hat, auch noch belasten. Das muss ich dann schon mit mir selbst ausmachen.

In einer Trauergruppe zu sprechen, das bringt mir auch nichts. Diese Gruppen sind wie Frauengruppen oder Elternabende. Es wird immer nur über sich selbst oder über seine eigenen Kinder geredet. Ich habe mal so einen Frauenring gegründet, wir waren nach ein paar Jahren über zweihundert Frauen. Nach und nach gründeten wir kleine Arbeitsgruppen zu bestimmten Themen. Aber eigentlich redete jeder nur über sich selbst. Haben Sie das nicht auch schon erlebt?

Deswegen gehe ich in keine Trauergruppe. Ich habe das als negativ empfunden, wenn jeder nur von sich redet. Ich möchte mir nicht anhören, wie die anderen trauern. Jeder muss mit seiner Trauer und seinem Verlust auf seine Art und Weise fertigwerden.

Seit mein Mann gestorben ist, quäle ich mich auch mit der Entscheidung, ob ich irgendwann mal in ein Heim gehe oder mir eine Hilfe ins Haus hole. Schließlich kann das mit meiner geistigen und körperlichen Gesundheit von heute auf morgen vorbei sein, zumal in meinem Alter.

Diese Frage ist eben auch so eine Folge des Alleinseins. Mein Mann sagte immer: »Ich gehe nicht ins Heim.« Dann habe ich genickt und gesagt: »Gut, dann werden wir halt zu Hause alt.« Er hatte in dieser Frage eine Entscheidung getroffen, die ich jetzt für mich revidieren muss oder auch nicht. Ich muss auch meiner Tochter dazu einen Anhalt geben. Ich weiß es einfach noch nicht.

Gerade heute Morgen habe ich eine Freundin im Heim besucht, die so stark Parkinson hat, dass sie völlig durch den Wind ist. Sie lebt auf der Pflegestation und redet nicht mehr klar. Dann geht man in dieses Heim, das sehr, sehr schön ist, von den Anthroposophen, alle Pflegerinnen und Pfleger sind ganz warmherzig. Aber ist es das, wenn man selber krank ist? Ich bin natürlich oft in Heimen gewesen. Solange man noch im betreuten Wohnbereich lebt, geht das ja, aber als Pflegefall ist das nicht so schön.

Wovor ich auch noch ein bisschen Angst habe, ist: Wir sind ja Jahre und Jahre auf die Insel Föhr gefahren, dieser Ort war unsere große Liebe. Die Familie fährt jetzt Weihnachten und Silvester wieder dorthin. Noch im Mai waren wir mit Richard zusammen dort. Und nun das erste Mal ohne ihn nach Föhr zu fahren, und dann auch noch zu Weihnachten, davor habe ich Angst.

Das ist überhaupt sehr schwierig: Es gibt so viele erste Male alleine. An all den Orten, an denen wir 55 Jahre lang gemeinsam waren. Das erste Mal im Theater ohne ihn, das erste Mal in irgendeinem Lokal ohne ihn oder wo auch immer. Allein.

Ich weiß noch, am Abend, ehe Richard gestorben ist, ging es ihm besonders schlecht, er hatte stärkste Rückenschmerzen. Das Bindegewebe löste sich auf, es muss ihm wahnsinnig wehgetan haben.

Er saß auf der Treppe im Haus und schaute auf den Boden.

Ich fragte ihn: »Hast du Angst?«

Er sagte leise: »Ja.«

»Ich auch«, antwortete ich.

Die Erinnerung an diesen Moment gibt mir ein bisschen Frieden. Wenn ich nicht an den Stäben rüttle, dass er überhaupt Krebs bekommen hat, sondern wenn ich akzeptiere, dass er diesen schweren Krebs und so viele Schmerzen hatte, dann muss ich an diesen Moment denken.

Vielleicht hätte ich zu ihm noch mehr verbal von der Liebe sprechen sollen. Manchmal wurde ihm mein Herumtutteln um ihn zu viel, aber ich habe meine Liebe nicht in Worte gefasst. Das ist das, was mir heute leidtut. Das hätte ich machen sollen. Und ich habe auch immer gedacht, ach, er schafft das schon, da noch hin und dort noch hin. Ich habe auch schon mal gesagt: »Jetzt machen wir das trotz deiner Krankheit.«

Im Nachhinein tut es mir leid, dass ich ihn manchmal gedrängt habe. Er hatte starke Schmerztabletten bekommen, wollte gar nicht mehr essen gehen, hatte auch keinen Appetit mehr. Und ich gehe so gerne aus. So wurde auch ich schon mal ungeduldig: »Na ja, komm doch mit. Dann isst du halt nichts«, sagte ich.

Das würde ich heute nicht mehr sagen. Bis zwei Tage vor seinem Tod hatte er auch nie gejammert, hat mir nie gesagt, wie stark die Schmerzen sind. Deswegen habe ich das auch nicht so verinnerlicht. Ich bin mir sicher, er wollte mich nicht belasten.

Jetzt habe ich aber genug geredet. Wenn ich das mit meinen Freundinnen machen würde, hätte ich keine mehr.

## Jasper Sörte

## *Ich war oft traurig, aber glücklich, weil ich traurig sein konnte*

Es war an einem heißen Sommernachmittag, bald nach dem Mittagessen. Mein Bruder Manuel und ich waren zu Hause, im ersten Stock oben in unseren Zimmern. Ich glaube, die Mami hatte gesagt, draußen im Garten wären die Kirschen zu pflücken. Entweder hatten wir aber keine Lust, das zu tun, oder ich sollte für die Abschlussprüfung der Mittelschule lernen, weswegen ich im Haus blieb. Denn hinter meinen Schularbeiten war meine Mutter immer sehr hinterher. Wir turnten also oben ein bisschen herum.

Manuel und ich hatten auch immer wegen Kleinigkeiten zu streiten, wie halt üblich unter Geschwistern. Ich weiß noch, dass ich nebenbei den Rettungswagen vorbeifahren hörte und mir erst nichts dabei dachte, ich nur kurz aus dem Fenster herunterschaute. Dann aber schoss mir in den Kopf: Oje, ist dem Alexander was passiert? Er schrie nämlich wie am Spieß unten im Garten. Alexander ist mein kleiner Bruder, er war damals zwei Jahre alt, der jüngste von uns dreien, und ich bin der älteste.

Ich rannte die Treppe herunter, zur Tür hinaus. Schon sah ich die Nachbarn im Garten herumstehen und die

Mama drüben auf der Wiese liegen, ein Stück entfernt vom Kirschbaum. Also nicht da, wo sie heruntergefallen war. Wahrscheinlich haben die Rettungshelfer sie etwas weggetragen. Ich lief sofort zu ihr rüber. Der Notarzt kniete neben ihr. Dann sah ich, dass sie leblos war. In diesem Moment stülpte sich eine Art Filter über mich, oder viele Filter, besser gesagt. Ich habe nichts mehr bewusst wahrgenommen oder getan. Wenn so etwas passiert, wird man irgendwie von Schock-Hormonen gesteuert. Fassungslos ist man einfach.

Ich bin zum Haus gerannt, zur Mauer, und habe einfach auf dem Boden gesessen. Die Polizei kam, fragte mich irgendetwas. Ich antwortete irgendetwas. Ansonsten war ich nur wie weggetreten.

Die Ärzte haben die längste Weile noch versucht, Mami zu reanimieren. Aber als ich hingelaufen bin und sie gesehen habe, war schon gar kein Ausdruck mehr da, von ihr ging kein Lebenszeichen mehr aus. Sie war sofort tot, haben sie danach gesagt, weil sie mit dem Hinterkopf auf ein kleines Mäuerchen draufgefallen ist, das sich hinter dem Kirschbaum entlangzog. Es war auch ein bisschen Blut in ihrem Gesicht.

Dann ist der Papa gekommen, der erst aus der Stadt rauffahren musste, weil er dort arbeitete. Wahrscheinlich haben ihn die Nachbarn informiert. Er war natürlich auch unter Schock. Ich erinnere die vielen Verwandten und Nachbarn, die gekommen waren. Irgendwann gingen wir ins Haus. Vom Notarzt wurde uns mitgeteilt, dass mit der Reanimation aufgehört wurde, der Tod meiner Mutter sei jetzt eingetreten. Als es dann Gewissheit wurde. Davor hatten wir immer noch ein ganz kleines bisschen gehofft.

Ein Nachbar hatte eine gute Idee. Wenn ich jetzt darüber nachdenke, war es schon fantastisch, in so einer Situation so würdevoll reagiert zu haben. Zusammen mit anderen legte er die Mami auf ein großes weißes Leinentuch, und sie trugen sie ins Wohnzimmer auf das Sofa. Zusammen mit den Nachbarn haben wir aus dem Garten alle Blumen gepflückt, die wir finden konnten. Wir legten die vielen bunten Blüten um Mami herum auf das weiße Tuch auf dem Sofa. Der Nachbar sagte, wenn die Leute sterben, sei die Seele noch eine Weile da. Wir könnten jetzt noch mit ihr reden. Jeder für sich sind wir dann noch einmal zu ihr gegangen. Ich habe meine Mama berührt und mich von ihr verabschiedet. Das war sehr schön. Ich schätze es hoch, dass ich noch eine Weile mit ihr im Wohnzimmer gewesen sein konnte. Dieser Moment hat mich getröstet. Und auch zu merken, dass es Leute gibt, denen so etwas einfällt in dieser Situation.

Die Tage danach sind in meiner Erinnerung verschwommen. Ich war traurig, aber auch abgelenkt, weil das Haus die ganze Zeit voll war. Meine Oma kam mit meinen Onkeln, die Beerdigung wurde organisiert, Geschäftigkeit lag in der Luft. Nachts war ich sehr müde. Ich kann mich nicht erinnern, dass ich mich in den Schlaf geweint hätte, ich glaube, dafür war ich auch einfach zu erschöpft. Die Tante gab uns Beruhigungstropfen, natürliche, pflanzliche. Die Leute sind halt einfach da gewesen und haben versucht, so gut es ging auf uns zu schauen. Nach Mamas Tod wurde ich auf einmal von allen mit Samthandschuhen angefasst. Es kamen so viele Leute zu uns, immer wieder, und irgendwie hat mich das auch verlegen gemacht.

Ich hatte nur noch eine Woche Schule bis zur Abschlussprüfung und den langen Sommerferien. Danach kam ich aufs Gymnasium. Somit war es auch vom Schulischen her eine Zeit, in der etwas endete und etwas Neues anfing. Ich war dreizehn Jahre alt und wechselte von der Mittelschule auf die Oberschule, wechselte damit auch die Stadt und den Freundeskreis. Die Mami hatte sich immer Sorgen um meine Abschlussprüfung gemacht, schon in den letzten Monaten, bevor sie starb. Ich hatte nie so richtig Lust zum Lernen gehabt, und wir hatten uns deswegen auch öfters gestritten. Ich war aber trotzdem immer gut in der Schule, und natürlich habe ich dann mit »ausgezeichnet« abgeschlossen als Bester der Klasse.

Bestimmt hätte der Mami der Sommerurlaub gefallen, den wir einige Zeit vorher schon gebucht hatten. In einem Club in Kroatien. Es war das erste Mal, dass wir im Sommer ein bisschen weiter wegfahren wollten und etwas Spannendes vorhatten. Die Urlaube davor verbrachten wir meist in Italien oder beim Camping. Es wurde ein fröhlicher Männerurlaub zu viert. Befreundete Familien waren auch gekommen, wir fuhren Wasserski und machten Bootsausflüge. Der Verlust meiner Mutter war in dieser Zeit relativ weit weg, der räumliche Wechsel tat gut. Und als ich aus Kroatien zurückkam, waren wir mit Freunden im Schwimmbad und haben viel unternommen. Die Mädels hatten alle so schön viel Mitleid mit mir. Auf irgendeine Weise, ich weiß nicht, wie ich es formulieren soll, war es auch lustig. Ich wurde von allen umhegt und konnte mir viel leisten, was mein Verhalten anderen gegenüber anbelangte. Fast wie ein Bonus, den ich in dieser Zeit ausgeschöpft habe.

Mein Vater musste schauen, wie er den ganzen Alltag am Laufen hielt. Es kamen Fräuleins, zwei oder drei nacheinander, die gekocht haben und sich um Alexander kümmerten, während mein Vater arbeitete und wir zur Schule gingen. Auch meine Oma war in den nächsten Monaten oft bei uns und half. Später erzählte mein Vater uns, dass er noch im selben Sommer zu einem Psychologen gegangen war, weil er merkte: alleine geht es für ihn nicht.

Ein Jahr nach Mamis Tod lernte Papa dann seine neue Frau kennen, Gerlinde. Sie hat ihn und unseren Alltag stabilisiert, brachte ihre Tochter Judith mit in die Familie, und wir bekamen noch eine kleine Halbschwester dazu, ihr gemeinsames Kind. Obwohl Papa und Gerlinde versucht haben, alles richtig zu machen, hatte ich von dieser Zeit an allerdings nicht mehr das Gefühl, ein richtiges Zuhause zu haben. In den Jahren danach bin ich vor allem in der Adventszeit traurig geworden, weil ich mich an die schönen Momente der früheren Vorweihnachtszeiten erinnert habe. Daran, wie familiär es damals war. Ich dachte zurück an das Basteln von Strohsternen und sonstiger Weihnachtsdekoration, an das Keksebacken, an das gelbliche Schimmerlicht der Kerzen. In den

Dezemberwochen habe ich immer eine brutale Sehnsucht bekommen, keine verzweifelte, aber ich habe jedes Mal eine riesengroße Trauer in mir gespürt.

Wir haben zwar schon ab und an über die Situation gesprochen, auch über Mami, aber es hat sich für mich nicht ganz echt angefühlt. Und das war dann bei allem so, der ganze Alltag und das Familienleben nachher waren in meinen Augen geprägt davon, dass ich den Eindruck hatte: Sie meinen es gut und wollen das Beste, aber sobald nicht alles so läuft, wie die beiden sich das vorgestellt haben, fällt das Kartenhaus zusammen, und alles gerät aus dem Gleichgewicht. Die kleinste Kleinigkeit, die nicht so war, wie sie sein sollte, schien das ganze fragile Konstrukt sehr schnell ins Wanken zu bringen. Und das war für mich, und ich glaube, auch für meine Brüder, schon belastend, weil es einerseits schöne Momente gab, aber immer diese Spannung da war: Sag ja nichts Falsches. Ich hatte keinen sicheren Boden mehr unter den Füßen. Dieses Gefühl betraf nichts Offensichtliches, wogegen ich hätte rebellieren können, ganz oft war ich derselben Meinung wie sie. Aber trotzdem hat in meiner Wahrnehmung irgendetwas nicht gepasst.

Bei der Mama wusste ich, mit ihr hätte ich handfest streiten können. Ich hätte auf Konfrontation gehen können, gerade im Jugendalter, und hätte nach zwei Tagen, während der jeder geschmollt hätte, es wieder richten können. Es wäre wieder herzlich geworden. Die Natürlichkeit und die natürliche Impulsivität, die man mit der leiblichen Mutter hat, die hat für mich in unserem neuen Familiengefüge komplett gefehlt.

Über all das denke ich heute mit 29 Jahren nach. Seit Mamis Tod sind 13 Jahre vergangen, und schon seit einiger Zeit verspürte ich das Bedürfnis, mich doch noch einmal intensiver mit dem Verlust meiner Mutter zu beschäftigen. Dann habe ich im Internet gestöbert und in der ZEIT einen Artikel gefunden, in dem es um Trauer geht und darum, wie verschiedene Leute damit umgehen. Es wird ein Vater porträtiert, er hatte zwei kleine Töchterchen, die Frau starb an Krebs. Sie konnten sich verabschieden. Der junge Vater sagte, er habe gleich gemerkt, wie schwer es für ihn sei, mit dem Verlust alleine umzugehen. Daraufhin habe er seine zwei Töchter gepackt und zusammen mit ihnen Trauerseminare besucht.

Als ich das gelesen habe, ist mir aufgefallen: Genau das war es. Der Papi hat es schon richtig gemacht, zum Psychologen zu gehen, und hat sicher auch gedacht, wenn er auf sich schaut, dann profitieren auch wir Kinder von einem Vater, der stabil ist. Aber in meinen Augen hat er eben nur an die Hälfte gedacht. Er hätte uns mitnehmen müssen in diesem Trauerprozess.

Papa und Gerlinde beschäftigten sich sehr viel mit Lebensfragen. Sie sind in Zweisamkeit ihren Weg gegangen, haben oft Seminare besucht und sich untereinander viel ausgetauscht. Aber auf ihrem ganzen Weg, so beschäftigt, wie sie miteinander waren, haben sie wohl uns Kinder irgendwann verloren. Sie dachten, sie führten ein bewusstes

Leben, weil sie sich bewusst mit ihren Problemen auseinandersetzten, aber sie schauten bei ihrer Alltagsgestaltung und ihrem Mit-sich-selbst-Befassen meiner Meinung nach nicht nach ihren Kindern. Sie vergaßen, uns zu fragen, wie es uns denn eigentlich geht oder wie wir uns unsere neue Familie vorstellen würden. Sie wollten das Beste für uns, und das habe ich auch gespürt. Und gerade deswegen war es auch so schwierig, Konflikte auszutragen. Ich konnte ihnen nicht böse sein, denn ich wusste, wie sehr sie sich anstrengten. Und doch habe ich gemerkt, dass irgendetwas falsch läuft oder faul ist und ich einfach nicht an das Wesentliche rankomme. Wenn man mal etwas Kritisches sagte, haben Papi und Gerlinde abweisend reagiert. Das war das Muster. Und das ist mir, als ich den Artikel gelesen habe und mir das bewusst wurde, wie Schuppen von den Augen gefallen. Das von Papi war schon richtig, aber halt für mich nur halb richtig.

Vor drei Jahren saßen mein kleiner Bruder Alexander und ich zusammen in unserem Garten. Als Zweijähriger fand er all die Jahre zuvor unsere Mutter tot unter dem Kirschbaum. Jetzt war er fast erwachsen. Wie aus heiterem Himmel fragte er mich: »Wie war denn eigentlich die Mami so?« Und ich wusste nicht, was sagen. Ich konnte ihm nicht … Ich habe gelacht und konnte ihm nicht einen Satz sagen, mit dem ich ihm die Mami als Mensch hätte beschreiben können. Seine Frage hatte mir die Wörter, ja die Sprache verschlagen. Das hat mich sehr traurig gemacht. Ich dachte mir: Wie gibt's denn das? Wie kann es sein, dass ich meinem Bruder keine Antwort geben kann auf die Frage, wie unsere Mutter war? Natürlich hätte ich ihm ein paar schöne Momente und Erinnerungen aufzählen können. Aber das war ja nicht sie.

Als Alexander und ich vor Kurzem wieder über Mami geredet haben, konnte ich ihm dieses Mal sehr viel über sie sagen. Weil ich mir inzwischen selber über viele Dinge klar geworden bin und mich an unzählige Situationen erinnert habe. Jetzt konnte ich Alexander, der die Liebe seiner Mutter nie bewusst hat spüren können, ein viel ehrlicheres Bild von ihr vermitteln. Und es war sicher nicht das letzte Mal, dass wir über sie geredet haben. »Bitte, bitte reden wir darüber. Bei uns wird nie über solche Sachen geredet«, sagte Alexander. Ich bemerkte, wie groß auch bei ihm die Sehnsucht danach ist, über Familiensachen zu reden. Und wie sehr es uns allen in den letzten zehn Jahren gefehlt hat.

Wir haben in Wirklichkeit immer sehr viel gestritten, meine Mami und ich. Sie war streng, und wenn sie sich irgendetwas in den Kopf gesetzt hatte, musste es auch genau so passieren. Ich hingegen war total aufgeweckt, störrisch, in der Schule immer ungehalten, auch gegenüber den anderen Kindern. So sind wir dann wirklich oft richtig hart aneinandergeraten. Interessanterweise habe ich mich daran erst im letzten Jahr wieder erinnert. Zuvor war die einzige Erinnerung an meine Mutter immer diese Sehnsucht nach den schönen Momenten, weil nur diese mir eingefallen waren. Das Herzliche, das sich natürlich auch eingebrannt hat. Sie war in ihren guten

Momenten so unglaublich herzlich und hat so viel Wärme vermitteln können wie keine zweite Mutter. Das hat dann eine gewisse Balance ergeben.

Als sie gestorben ist, war diese Beziehung von einem Tag auf den anderen weg. Vollkommen verschwunden! Ich habe immer gewusst, dass wir es sicher nicht leicht gehabt und noch viel gestritten hätten, aber was eben noch dazukam in den letzten Jahren, was mich dann auch noch trauriger machte: dass ich, je älter ich wurde und je mehr ich über mich selber verstanden habe, je mehr ich reflektiert habe über unsere ganze Familie, umso mehr habe ich auch die Mami verstanden, und umso mehr ist mir bewusst geworden, wie gut wir uns mit jedem Jahr besser verstanden hätten, weil wir gegenseitig ein immer besseres Verständnis voneinander gehabt hätten. In den letzten Jahren habe ich gemerkt: Wir wären fast ein Herz und eine Seele, weil wir uns von der Art her auch so ähnlich sind. Deswegen vermisse ich sie heute mehr als direkt in den Jahren, nachdem sie gestorben war.

Damals war ich traurig, habe aber nie gehadert mit ihrem Tod. Ich hatte auch nie Schuldgefühle oder mir gedacht: Ach, hätte *ich* nur damals die Kirschen gepflückt. Derartige Gedanken kamen mir nie. Im Jahr danach dachte ich mir sogar: Momentan ist es sicher viel leichter ohne sie. Denn mein Papi hat mich einfach gehen lassen. Ich hatte große Freiräume, vor allem im Vergleich zu Freunden. Ich bekam ein Moped. Ich durfte viele Freunde ins Haus einladen, bekam Taschengeld. Es gab sehr unbeschwerte und lockere Momente, ich fühlte mich frei.

Mein Vater wusste, dass ich sein Vertrauen nicht missbrauchen würde. Das habe ich sehr geschätzt. Und ich wusste: Mit der Mami wäre es viel, viel schwerer und härter. Sie würde Regeln aufstellen, und ich müsste herumstreiten. Es wäre nicht nur schön gewesen, wenn sie noch da wäre.

Je älter ich aber werde, desto trauriger werde ich darüber, dass ich meine Mutter nicht mehr habe. Als ich die erste Freundin hatte und an Mamis Grab stand, sprach ich mit ihr: Mein Gott, wie gerne würde ich sie dir vorstellen. Wir könnten zusammen zu dir heimkommen. Und ich wüsste genau, du würdest gut mit ihr auskommen. Und ich könnte dann gehen, und ihr würdet euch in der Küche unterhalten und hättet euren Spaß.

Meinem Vater habe ich vorgeschlagen, dass wir alle zusammen vielleicht ein Trauerseminar besuchen, wir vier Männer. Denn wir vier hatten eigentlich nie die Möglichkeit, uns mit dem Verlust unserer Mutter und Ehefrau auseinanderzusetzen. Dafür gab es dann gar keinen Raum mehr. Das ganze Familiensystem hatte sich verändert. Glücklicherweise hat sich mein Vater dieser Idee aufgeschlossen gegenüber gezeigt, und ich denke, dass wir das demnächst auch einmal machen werden.

Was wichtig ist, glaube ich: sich nach einem solchen Verlust relativ bald mit dem Tod zu beschäftigen und sich nicht zu verkriechen. Sondern irgendwo hinzugehen, wo Menschen sind, die schon Erfahrung mit dem Tod haben. Wir hatten zwar lauter nette Verwandte, die sehr einfühlsam waren, aber für sie war es auch das erste Mal, und sie konnten eben auch nicht wissen, wie es Kindern in solch einer Situation wirklich geht. Sie wissen auch nicht, welche Fragen sie stellen könnten, um vielleicht den Kindern das Reden zu erleichtern.

Mein Vater und Gerlinde haben uns irgendwann eine Telefonnummer in die Hand gedrückt und gesagt, dort gäbe es eine Art Trauergruppe: »Ruft da mal an.« Das haben wir als Jugendliche natürlich nicht gemacht, denn mit 15 ruft man nicht an und geht zu einer Trauergruppe oder ähnlichen Veranstaltungen. Mein Vater und seine neue Frau dachten vielleicht, damit wäre es getan. Aber damit ist es eben nicht getan als Eltern. Vielleicht dachten sie auch, wenn sie dort für uns anriefen, würden sie uns zu sehr bemuttern oder bevatern, aber mit dieser Zurückhaltung tut man den Kindern keinen Gefallen. Lieber ein bisschen zu viel bemuttern als zu wenig.

Mitzuerleben, wie meine Mama so plötzlich mitten im Leben, von einem Moment auf den anderen, in so jungem Alter aus dem Leben verschwand, hinterließ eine dumpfe Unsicherheit.

In meinen Jugend- und frühen Erwachsenenjahren spürte ich daher in mir eine immer wiederkehrende tiefe Traurigkeit. Nun finde ich Traurigkeit an sich ein stark unterschätztes Gefühl. Natürlich möchte man nicht traurig sein und setzt es dann recht schnell mit Unglück gleich. Aber das ist es nicht. Ich war oft traurig, aber glücklich, weil ich traurig sein konnte. Gerade bei Männern: Wenn Entscheidungsträger oder Staats- und Wirtschaftsmänner sich zwischendurch eingestehen könnten, traurig zu sein oder diese in Anführungsstrichen schwachen Gefühle zu haben. Sie müssten sie nicht mal zeigen, aber sich ihre Traurigkeit bewusst machen und zulassen. Dann würden sie merken, dass darin eine große Kraft liegt. Sich selbst diese Gefühle zuzugestehen bringt eine tief empfundene innere Freiheit und Stärke mit sich.

Mit der Traurigkeit komme ich auch zur Menschlichkeit. Die Menschlichkeit fehlt heute an allen Ecken und Enden. Traurigkeit hat auch viel mit Einfühlungsvermögen zu tun. Denn erst, wenn ich selbst traurig sein kann, kann ich sehen, dass es jemand anderem auch nicht gutgeht. Und dann kann ich Mitgefühl haben – was nicht mit Mitleid zu verwechseln ist. Aber dann verstehe ich viele Sachen. Dann brauche ich mir nicht einmal zu überlegen, welcher Mensch ich sein will oder wie ich mich anderen Menschen gegenüber verhalte. Ich begegne ihnen mit einer natürlichen, innerlichen Achtsamkeit, nicht mehr nur mit einer rein verstandesmäßig reflektierten. Davon ist so viel verlorengegangen. Wir sind teilweise schon sehr reflektierte Menschen, aber den Zugang zu unseren Gefühlen oder zu diesem inneren Band, das uns verbindet, haben wir vielfach verloren. Wenn man das wiederfindet, kriegt man eine ganz intuitive achtsame und mitmenschliche Art, sich zu verhalten und auch seine Arbeit zu machen. Ich denke, das wirkt sich in allen Lebensbereichen aus. Menschen gehen dann anders mit ihren Mitmenschen um, auf allen Ebenen.

Ich selbst habe viel gelernt aus dem Umgang mit meinen persönlichen Gefühlen, mit meiner persönlichen Traurigkeit. Angesicht dieser lähmenden inneren Unruhe, dieses immer wieder erlebten Leidensdrucks und unzähliger erfolgloser Versuche, diese Seelenschmerzen zu verdrängen und mich auf das pflichtgetreue Abhaken der üblichen Lebensstationen zu konzentrieren, traf ich die Entscheidung, den Dingen auf den Grund zu gehen.

Denn es kann so verdammt schnell vorbei sein. Da wollte ich nicht betäubt und wie hinter einem Schleier durch das Leben gehen. Ich wollte mich selbst und das Leben besser verstehen. Dafür braucht es Stille, Mut, Geduld und Bemühen. Die Stille kann manchmal beängstigend erscheinen. Aber die Schmerzen auszuhalten, die mir auf diesem Weg begegneten, eröffnete mir ein ganz neues, viel intensiveres Kennenlernen von mir selbst. Und die Mühe lohnt. Ich habe verschüttete Seiten von mir wiederentdeckt und fand mein inneres Feuer. Seitdem verspüre ich eine lebendige Spontaneität, die mich leitet. Eine Feinfühligkeit, die mich anders »sehen« und wahrnehmen lässt. Eine begeisterte Wildheit, die mich an das unbeschwerte Herumtollen in der Kindheit erinnert.

Durch die Zuwendung zu meiner schmerzenden Traurigkeit hab ich mir meine Lebendigkeit zurückerkämpft.

Ich bin sehr dankbar für dieses erleichterte Gefühl, nun endlich in meinem eigenen Leben angekommen zu sein. Das ist wohl, was man mit »sich selbst gefunden haben« beschreiben könnte.

Karoline Obermann

## *Ich habe das Meiste von dem erlebt, was überhaupt zu erleben möglich ist*

Ich habe nach Michaels Tod viele Bilder angeschaut, schon in der ersten Nacht. Auch nach dem Tod unserer Tochter Anna, die ein halbes Jahr nach ihm starb. Das war wie ein Zwang. Ich habe alle elektronischen Dateien durchgesehen und viele Fotos bestellt, von beiden auch viele Fotos verteilt an nahestehende Menschen, die etwas haben wollten, so kleine Sets zusammengestellt, die ich dann weitergegeben habe. Und für mich habe ich auch ganz viele bestellt und mir diese Bilder dann sehr intensiv angeguckt.

Im Laufe der Jahre ist das aber schwieriger geworden. Ich tue mich jetzt schwerer damit, mich auf die Bilder einzulassen. Ihr Sterbejahr ist jetzt sieben Jahre her, und ich bin zwar insgesamt ein wenig stabiler, aber die Fotos können mich heute schwer runterziehen, schwer packen. An manchen Tagen denke ich, eigentlich könnte ich mich jetzt mal wieder in Ruhe hinsetzen und ein paar Fotos von meinem Mann und unserer Tochter angucken – aber dann laufe ich geradezu weg von den Bildern. Denn ich weiß, dass es mich dann wieder ganz tief reinzieht in ihr Leben, in unser Leben, das es nicht mehr gibt.

Zu Weihnachten hatte mir Michael einen wunderschönen Brief geschrieben. »Das war unser Jahr« stand da drin. Und dass er so glücklich ist über unser Kind. Denn wir hatten uns schon lange eins gewünscht. Wir waren über zehn Jahre zusammen, als er starb. Und wir hatten es viele Jahre weit weggeschoben und uns gar nicht mehr eingestanden, dass wir eigentlich einen Kinderwunsch hatten.

Dann wurde ich irgendwann zufällig schwanger, habe dieses Kind aber verloren nach etwa sechs Wochen. Der Verlust dieses ungeplanten Kindes hat bei uns beiden alles gedreht. Wir waren beide so traurig darüber, dass das nicht geklappt hatte, dass wir von da an alles drangesetzt haben, doch ein Kind zu bekommen. Das war dann Anna, die drei Jahre später geboren wurde. Das war so ein wunderschönes Geschenk. Die Zeit der Schwangerschaft und auch die kurze Zeit, die wir zu dritt hatten, war das Schönste, was wir zusammen erlebt haben.

Michael schrieb in seinem Weihnachtsbrief auch, dass er sich ein zweites Kind mit mir wünschen würde und dass er sich so freuen würde auf unsere Expansion als Familie. Wir suchten auch seit Längerem schon nach einem Haus, das wir kaufen wollten. Am Neujahrstag, einen Tag bevor er starb, waren wir faul und haben nichts Besonderes gemacht. Eigentlich hatten wir vor, spazieren zu gehen, an dem Haus vorbei, das wir kaufen wollten, um die Umgebung ein wenig zu erkunden. Es war herrlich verschneit draußen. Dann gingen wir aber doch nicht raus, weil Michael in der Silvesternacht zu lange auf war und zu müde, um am nächsten Tag spazieren zu gehen.

Am Silvesterabend waren wir zu Hause mit unserem Baby. Früher sind wir immer auf irgendwelche Partys gegangen an Silvester, aber in diesem Jahr waren wir zu dritt zu Hause mit unserer Anna, die gerade ein paar Monate alt war. Um zwölf ist Michael runter auf die Straße gegangen und hat ein bisschen rumgeballert. Ich stand mit dem Babyfon auf dem Balkon, und wir wünschten uns ein frohes Neues Jahr. Nichts fehlte unserem Glück.

Den Spaziergang verlegten wir dann um einen Tag. Eigentlich wollten wir am späten Vormittag los, aber Michael kam nicht aus dem Bett. Ich war natürlich schon wieder seit vielen Stunden wach, weil das Kind mich geweckt hatte. Und ich war auch ein bisschen böse, weil er mich so lange allein ließ und im Bett lag. Dann bin ich irgendwann zu ihm gegangen, habe ihn geweckt und gesagt: »Eigentlich hatten wir doch eine Verabredung. Wir wollten doch los.« Er bat mich, noch ein bisschen liegen bleiben zu dürfen, es sei ihm gestern Abend so schlechtgegangen. So habe ich ihn noch ein bisschen schlafen lassen.

Eine Stunde später turnte er frisch durch die Wohnung, und als ich ihn fragte, warum es ihm am Vorabend schlechtgegangen war, wollte er es mir nicht sagen. Irgendwann wurde ich ärgerlich und dachte: Was ist das denn? Ich habe fünfmal gefragt, und er hat fünfmal gesagt: »Nein, ich sage es dir nicht, sonst machst du dir Sorgen.«

Aufgeregt sagte ich: »Und so mache ich mir jetzt keine Sorgen? Was denkst du eigentlich?« Ich war ärgerlich und fragte nicht weiter – leider. Später hat mir der Rückblick auf diese Szene unglaublich wehgetan. Vielleicht war das eine verpasste Chance.

Der Ärger war dann aber schnell verflogen, und wir sind zu einem wunderschönen Spaziergang aufgebrochen. Es war eine ganz unberührte Winterlandschaft, durch die wir spaziert sind. Unvorstellbar, dass er am selben Tag sterben sollte. Michael machte Scherze. Er hatte irgendwo in der Nähe des Hauses, das wir angeschaut hatten, Nachbarn draußen gesehen, die Schnee fegten. »Die musst du demnächst immer nett grüßen, damit wir hier eine gute Beziehung in der Nachbarschaft haben.« Die Stimmung war spaßig und leicht. Als es dunkel wurde, haben wir kurz etwas gegessen, waren gut gelaunt und voller Neujahrspläne. Alles ohne den Anflug eines Verdachts.

Wir fuhren nach Hause und parkten irgendwo. Michael holte Anna aus dem Auto, trug sie im Maxi-Cosi die Treppe hoch, schloss die Wohnungstür auf und verschwand sofort in der Küche. Während er aufschloss, hörte ich ein Husten. Eigentlich ein heftiges Husten. Aber ich habe mir keine Gedanken gemacht, weil er als Raucher manchmal einfach so einen Husten hatte.

Tatsächlich ging es da aber los. Da hatte er schon das erste Blut gehustet und ging schnell in die Küche, um sich dort über den Spülstein zu stellen. Ich habe dann später auch im Maxi-Cosi von Anna noch ein bisschen Blut gefunden. Er hatte sie im Flur abgestellt. Ich habe noch völlig entspannt meinen Mantel ausgezogen, hatte nicht den Hauch eines Verdachts. Ich stand an der Garderobe, als irgendwann eine etwas röchelnde Stimme aus der Küche kam: »Karoline!« Als ich in die Küche kam, schoss schon das Blut fontänenartig aus ihm heraus. Ich schrie.

Der letzte Satz, den er überhaupt noch sprechen konnte, war: »Ruf die Feuerwehr.« Das habe ich panisch auch gemacht und bin noch, während ich das Telefon am Ohr hatte, zur Nachbarschaft auf meiner Etage gelaufen, habe überall geklopft und Hilfe gerufen. Eine Nachbarin kam auch, und die habe ich dann gebeten, sich um das Kind zu kümmern.

Als ich mit dem Telefonat fertig war, bin ich zu Michael gegangen. Da hatte er schon den Gedanken aufgegeben, über dem Spülstein zu stehen. Er stand vor mir in der Küche. Schlimme Bilder. Ganz, ganz grässliche Bilder. Wirklich fontänenartig schoss das Blut aus seinem Hals heraus. Er stand noch, konnte aber nicht mehr sprechen. Da habe ich ihn gebeten, sich hinzusetzen. Ich habe immer noch nicht gedacht … also, das ist eigentlich absurd, aber solange ein Mensch noch lebt, denkst du nicht, er stirbt. Du denkst nur an das, was du tun musst. Dann habe ich gesagt, er soll sich hinsetzen, damit er mir nicht umkippt, und solche albernen Dinge. Ich habe die ganze Zeit bei ihm gesessen. Irgendwann kniete er dann. Ich habe gesagt: »Versuch zu atmen.« Ich weiß nicht, ob er mich da noch hören konnte. Gesagt hat er nichts mehr. Er stützte sich so ab, mit dem Kopf nach unten. Ich konnte auch sein Gesicht nicht mehr sehen. Ich habe ihn an den Schultern gehalten. Irgendwann war die Kraft weg, und dann kippte er um.

Die Feuerwehr kam nahezu unmittelbar danach. Mir war aber nicht klar, dass es da schon aussichtslos war. Bei einer gerissenen Aorta macht auch eine Feuerwehr nichts mehr. Ich wusste aber nicht, was passiert war. Ich habe immer noch gedacht, die könnten noch etwas machen. Die haben mich dann natürlich erst mal weggeschickt. Das Erste, was ich machen musste, war, Decken zu holen aus dem Wohnzimmer und den Feuerwehrleuten hinzulegen, weil in der Küche mittlerweile ein Blutsee war, auf dem sie sonst ausgerutscht wären.

Nachdem ich die Decken geworfen hatte, haben die sofort mit der Reanimation begonnen. Das hat eine Weile gedauert. Die haben eine ganze Menge versucht. Aber natürlich, und so hat es die Ärztin nachher auch gesagt, ist es ihnen nicht mehr gelungen, den Kreislauf wieder hinzukriegen. Währenddessen saß ich im Wohnzimmer mit dem Kind und der Nachbarin, die dageblieben war.

Ich stand unter Schock. Total unter Schock. Ich begriff nicht vollkommen, was geschah. Ich fühlte nur: Wie gut, dass die jetzt da sind, dass die jetzt was tun. Ich war auch überzeugt, dass sie meinen Mann gleich mitnehmen, ins Krankenhaus fahren und wir vielleicht mitfahren, Anna und ich, gleichzeitig war da die Panik, dass er stirbt. Ich hatte schon Angst. Aber irgendwie funktioniert da so ein Schutzmechanismus. Du denkst nicht, dass er wirklich stirbt.

Retrospektiv kann ich sagen: Selbst als es dann eigentlich klar war, begriff ich es nicht. Immerzu kamen Leute zu mir und fragten mich irgendwas zur Gesundheitssituation, die Ärztin, die Feuerwehrleute. »Lebt er noch? Lebt er noch?«, fragte ich einen von ihnen nach einer gefühlten Ewigkeit. »Da müssen Sie mit der Ärztin sprechen.« Die Antwort war eigentlich klar, denn das »Ja« wäre ihm bestimmt leicht über die Lippen gekommen. Aber ich habe es nicht verstanden. Wir haben gewartet, bis die Ärztin kam. Sie sagte dann folgenden absurden Satz: »Wir haben uns bemüht, seinen Kreislauf wieder in Gang zu bekommen, das ist uns aber nicht gelungen. Das bedeutet: Im Moment ist er tot. Und ich fürchte, das bleibt auch so.«

Er lag mit den Füßen in der Küche, weil er ja umgekippt war, und die hatten ihn dann mit dem Oberkörper in den Flur rausgezogen, um von allen Seiten an ihn heranzukommen. Und so lag er da, die Füße in der Küche, der Oberkörper im Flur. »Kann ich zu ihm? Kann ich dahin?«, fragte ich. Der eine Feuerwehrmann fragte: »Wollen Sie sich das wirklich antun?« Ich sagte: »Aber das ist doch mein Mann.« Und die Ärztin sagte zu den Feuerwehrleuten, sie sollten mich lassen, sie sollten mich zu ihm lassen. Dann bin ich hingegangen.

Er war voll mit Schläuchen von der Beatmung im Gesicht und am Oberkörper. Ich habe meinen Kopf auf seinen Bauch gelegt, habe ihn berührt. Ich hatte Angst, in sein totes Gesicht zu sehen. Sie haben mich aufgehoben und gebeten, noch mal auf die Seite zu gehen, sie wollten ihn erst säubern und die Schläuche wegmachen, und dann sollte ich wiederkommen. Anna schrie im Wohnzimmer auf dem Schoß der Nachbarin, ich ging zu ihr und stillte sie, danach ging ich wieder zu Michael. »Wasch dich erstmal«, sagte die Nachbarin, weil auch ich ganz blutverschmiert war.

Allmählich zogen sich die Feuerwehrleute und Notärzte zurück. Dann kam die Kriminalpolizei. Es war ja ein ungeklärter Todesfall. Absurd. Auf einmal war es erstaunlich ruhig. Im Flur lag der mittlerweile zugedeckte Körper meines geliebten Mannes. Im Eingang standen zwei Polizisten, ein Mann und eine Frau.

In dem Moment war ich endgültig fertig. Ich weiß es noch deswegen, weil ich die ganze Zeit einen völlig ausgetrockneten Hals hatte. Ich hatte ständig um Wasser gebeten, alle Leute haben mir immer wieder Wasser gegeben, ich habe pausenlos getrunken. Es half aber nicht. Mein Hals blieb trocken. Ich lief ständig zwischen Wohnzimmer und Flur hin und her, setzte mich immer wieder neben Michael, roch an seinen Haaren, nahm seine Hand. Hätte ich doch eine Haarlocke abgeschnitten. Das wollte ich eigentlich tun. Die Polizisten winkten ab, das dürfe ich nicht, die Leiche sei beschlagnahmt, sozusagen. Hätte ich doch nur nicht gefragt.

Immer wieder sagte ich meinem toten Mann, dass es mir so leidtut, dass ich ihm nicht helfen konnte. Diese Hilflosigkeit, die war wirklich unerträglich. Dass du nichts machen kannst! So eine Ohnmacht. Die Polizistin fragte, ob sie rausgehen soll. Ich habe die Frage gar nicht verstanden. »Was?« Sie fragte noch einmal. Aber ich hatte die Frau gar nicht gesehen, mir war vollkommen gleichgültig, was um mich herum geschah. Sie blieb im Raum.

Immer wieder musste ich von Michael aufstehen, mein Hals war zu, ich brauchte Wasser. Ich weiß nicht mehr, wann ich begriff, dass es gut sein würde, jemanden anzurufen. Zuerst meine Mutter, ich sagte, es sei etwas Schlimmes passiert, fragte, ob sie kommt. Und meine Mutter: »Ja, ja. Ja, ja. Wann?« Dann wollte ich sie langsam vorbereiten, um ihr den Schock zu ersparen.

Und ich weiß es noch wie heute, wie das Gespräch lief, das war nämlich eine Zeit, als auch Michaels Vater mal wieder sehr krank war. Meine Mutter war sich hundertprozentig sicher, ich würde jetzt gleich sagen: »Otto ist tot.« Deswegen war sie noch entspannt. Das hätte sie ja nicht so sehr getroffen. »Versuch, dich nicht so sehr zu erschrecken.« Und sie: »Ja, was ist denn passiert?« Noch mit einer völlig ruhigen Stimme. Und dann habe ich es gesagt. »Michi ist tot.« Ein ganz spitzer Schrei am anderen Ende des Telefons, ich hörte sie zu ihrem Lebenspartner Karl rufen: »Nimm du mal, nimm du mal!«, hörte ihr Wegrennen.

Am selben Tag konnten sie nicht mehr kommen, weil meine Mutter selbst einen Notarzt brauchte. Gott sei Dank kamen sie am nächsten Tag. Ich rief Freunde an, Familie. Alle dachten, Michael und ich riefen an, um ihnen ein frohes Neues Jahr zu wünschen. Es war ja Anfang Januar. Als die ersten Freunde kamen, musste ich über Michaels Körper im Flur steigen, um ihnen die Türe öffnen zu können.

Irgendwann kam die Kriminalpolizei ins Wohnzimmer, ich könne jetzt meinen Bestatter anrufen. Meinen

Bestatter? Ich hatte nicht meinen Bestatter, so wie ich meinen Blumenhändler, meinen Friseur hatte. Ich wusste gar nicht, wen ich da anrufen sollte. Irgendeinen großen habe ich genommen, aus dem Internet. Wie absurd das alles war.

Die kamen dann auch relativ schnell. Ich konnte es nicht ertragen, dabei zuzugucken, wie sie ihn auf eine Bahre laden. Ich sagte ihnen, ich hätte mich schon vorher verabschiedet, obwohl das gar nicht geht. Als die wegfuhren, schaute ich aus dem Fenster und sah zu, wie der Transporter mit meinem toten Mann durch die Schneelandschaft wendete.

Michael hatte schon als Kind eine Aortenisthmusstenose. Das ist damals auch festgestellt worden, er wurde als Kind operiert. Er hatte als Kind schon einen Stent und wusste, dass er das, wenn er ausgewachsen ist, nochmal würde korrigieren lassen müssen. Die erste Operation als Kind ging gut, die zweite nicht. Da wäre er fast gestorben. Es gab Komplikationen im Anschluss an die OP. Das hat ihn sehr geprägt. Er ist schon als junger Mensch, im Alter von 20 Jahren, dem Tod von der Schippe gesprungen.

Mit dieser Erfahrung hängt sicher zusammen, dass er das ganze Thema nachher sehr weit von sich weggeschoben hat. Von Vorsorgeuntersuchungen hielt er nichts. Er wollte nichts mehr damit zu tun haben. Das empfinde ich als meine große Schuld, ihm gefolgt zu sein bei seinem Lebensmodell, mit dieser Krankheit so umzugehen. Für ihn war das ad acta gelegt. Immer, wenn man ihn darauf ansprach, sagte er: »Wieso, ich wachse doch nicht mehr.« Ich hätte das nicht so hinnehmen dürfen.

Michael hat sich körperlich kaum angestrengt. Fast nie. Hat auch ungesund gelebt, wann immer er das wollte. Einschränkungen lagen ihm gar nicht. Und das war auch etwas, das er eindeutig so formuliert hat. Mein Vater hat mal versucht, ihm ins Gewissen zu reden wegen des Rauchens. Und da hat Michael ganz klar gesagt: »Lieber kürzer und intensiv will ich leben, als mich einzuschränken.« Das fand mein Vater furchtbar damals, der konnte überhaupt nicht verstehen, dass man das so sagen kann. Aber so war es. Deswegen wollte sich Michael da auch nicht reinreden lassen, zur Kontrolle gehen. Aber dennoch.

Ich denke, er hat von seiner jugendlichen Operation ein Trauma mitgenommen, als es ihm so schlechtging. Jemand, der ihm so nah war wie ich und nicht traumatisiert, der hätte es eigentlich besser machen können als er selbst. Zumindest versuchen können. Ob er dem gefolgt wäre, ist noch eine ganz andere Frage. Aber ich hätte es zumindest versuchen können.

In der ersten Nacht nach seinem Tod habe ich überhaupt nicht geschlafen. Zwei Freundinnen blieben bei mir, sie schliefen auf den Sofas im Wohnzimmer, Anna im Schlafzimmer. Und ich blieb in Michaels Arbeitszimmer und guckte mir Sachen von ihm an. Die Polizei hatte auch seinen Personalausweis angeschaut, den er in der Hosentasche hatte. Dann haben sie mir das Portemonnaie nachher wiedergegeben, ich nahm alles raus, seine Ausweise und die Bilder und so was. Ich habe die ganze Nacht damit verbracht. Ach so, nicht ganz, in dieser Nacht musste ich noch ins Krankenhaus gebracht werden, weil ich irgendwann einen Blutdruck von über 200 hatte.

Michaels Eltern wollten am nächsten Tag in die Wohnung kommen. Mittlerweile hatte ich schon einen Tatortreiniger da, weil ich weder selbst das ganze Blut wegwischen wollte, noch wollte ich es irgendwelchen Menschen zumuten, die ihn kannten. Dann habe ich einen professionellen Tatortreiniger bestellt. Der ist meistens nach Verbrechen im Einsatz. Die kommen dann mit allem möglichen Zeug an Ausrüstung vorbei. Es war mir klar: Bevor die Mutter in unsere Wohnung kommt, musste ich es irgendwie schaffen, die Spuren vom Sterben ihres Sohnes zu beseitigen. Das bedeutete auch, dass wir im Flur den Teppich rausreißen mussten, weil die Feuerwehrleute Michael ja in den Flur gezogen hatten und so viel Blut im Spiel war, dass da ganz viele Flecken auf dem Flurteppich waren. Ein Sisalteppich. Wir haben es gerade noch geschafft, auch den noch rauszureißen, bevor seine Eltern kamen.

Ich konnte keine Schlaf- oder Beruhigungsmittel nehmen, weil ich unsere Tochter stillte. Sie war gerade fünf Monate alt. Ich habe fast nicht geschlafen, immer nur ganz kurz. Aber irgendwann schläfst du dann aus Erschöpfung, weil du gar nicht mehr kannst. Und weil Trauern wahnsinnig anstrengend ist, wahnsinnig kräfteraubend. Hinzu kamen die vielen Termine, Entscheidungen, die zu treffen waren, das Funktionierenmüssen. Grauenhafte Entscheidungen wie das Aussuchen eines Sarges.

Bis zur Beerdigung waren immer Menschen um mich. Ich erinnere mich aber an einen speziellen Tag, als alle abgereist waren, wirklich alle. Plötzlich war ich mit Anna ganz alleine in der Wohnung. Wir gingen raus, zu irgendeiner Beratungsstelle im Rathaus, auf der Suche nach irgendeiner Art von Unterstützung. Dabei kam nichts herum, aber ich erinnere mich an diesen Spaziergang durch den hohen Schnee mit dem Kinderwagen, an das absolute Alleinsein. Ich dachte: Was mache ich? Was mache ich bloß? Alleine mit dem Kind. O nein, o nein, o nein. Das war grauenvoll.

Wir wurden von Freunden nach Österreich mit in den Winterurlaub genommen, ich war willenlos. Es war furchtbar. Ich habe immer auf diese schrecklich schönen schneebedeckten Berge geguckt, die Idylle mit Sonnenschein. Und ich dachte: »Nun bin ich hier. Und wo bist du?« Ich habe immer Michael gesucht. »Wo bist du? Wie geht's dir?« Ich habe immer noch gedacht, ich könnte mit ihm sprechen und würde vielleicht auch eine Antwort bekommen.

Habe ich aber natürlich nie. Man begreift das alles erst nach langer Zeit. Ich glaube, es gibt in allem einen Riesenunterschied zwischen dem rationalen Begreifen und dem emotionalen. Rational wusste ich ganz genau, dass er nicht wiederkommt. Aber emotional dauert es ewig, bis das ankommt.

In dieser Phase habe ich alle möglichen spirituellen Versuche gemacht, habe viel gelesen in diese Richtung, Bücher ausgewählt von Autoren, die über das Leben jenseits des Todes geschrieben haben. Ich habe versucht, durch diese Bücher einen Zugang zu finden, einen Zugang zu Michael, ich wollte ihn irgendwann und irgendwo wiederfinden. Das einzig Angenehme war es, diese Bücher zu lesen, auch in diesem schrecklichen Urlaub, ich freute mich abends sogar auf das Lesen dieser Bücher. Es war wie ein Auftrag, den ich in mir verspürte. Aber es brachte nicht das, was ich mir davon versprochen hatte. Eine Spiritualität habe ich für mich nicht gefunden, auch Antworten nicht.

Später, als dann auch noch Anna starb, habe ich alles weggeworfen. Weg damit. Das hilft mir jetzt auch nicht mehr, wusste ich.

Nach Annas Tod – sie starb mit nicht mal einem Jahr an einer Herzkrankheit, die nichts mit Michaels Krankheit zu tun hatte – wollte ich dann nicht mal mehr suchen. Nichts mehr, niemanden mehr.

Ich kann nicht ganz genau sagen, was mich nach Annas Tod am Leben gehalten hat. Ich wusste mit absoluter Sicherheit, dass ich sterben würde. Ich war mir so sicher, dass ich aus dem Leben scheiden würde. Meine ganze Zeit habe ich nur noch darauf verwendet, mich darauf vorzubereiten. Ich wollte bestimmte Dinge in Erfahrung bringen, ein paar Sachen noch ordnen, wollte allen Briefe schreiben, mit denen ich zu tun hatte, wollte ihnen diesen

Schritt erklären, sie meiner Liebe versichern und dergleichen. Außerdem hatte ich technische Dinge zu klären: Wie mache ich es am besten? Und darüber ging die Zeit ins Land.

Zwei- oder dreimal hatte ich einen Termin auserkoren. Und am jeweiligen Tag verschoben. Danach habe ich angefangen, mich selbst nicht mehr ernst zu nehmen in dieser Frage. Mir wurde klar: Ich schaffe das wohl doch nicht. Beim ersten Mal dachte ich noch: Na ja, okay, du warst halt noch nicht fertig. Du hattest noch was zu erledigen. Als ich es dann aber noch mal verschoben hatte, habe ich mich ehrlich geärgert, fand mich gleichzeitig albern.

Irgendwann merkte ich: ich muss von dieser Idee lassen. Ich mache es sowieso nicht. Das war sehr schmerzhaft. Weil ich dann nichts mehr hatte. Die Entscheidung, aus dem Leben zu scheiden, war alles, was ich vorher noch hatte. Also im Grunde hat mich dieser Plan und das Beschäftigen damit noch aufrecht gehalten. Dann hatte ich das nicht mehr, dann hatte ich definitiv nichts mehr. Das war noch mal ganz grässlich.

An Trauergesprächen im Kreis »Verwaiste Eltern« nahm ich teil. Das war aufwühlend, aber auch schön. Ich weiß nicht, ob das Wort hier passt, aber doch, es hatte schon irgendwie etwas Schönes, auf Leute zu treffen, denen man gar nichts erklären musste. Das ist ja das Geheimnis dieser Gruppen: Du triffst auf wildfremde Menschen und bist innerhalb von wenigen Sitzungen ganz eng verbunden, weil du dir gegenseitig nichts erklären musst. Du bist vollkommen zerstört, und der andere versteht das sofort, die anderen weinen immer sofort mit, wenn einer weint. Das verbindet ungemein, und es ist auch eine Art von Geborgenheit.

Mit einigen Leuten aus der Gruppe bin ich auch heute noch befreundet, vor allem mit einem Paar. Und vermittelt über diese Organisation, die diesen Gesprächskreis initiiert hat, fand ich auch einen Therapeuten. Es war für mich relativ schwierig, zu ihm erst mal Zugang zu finden. Wir haben eine Weile gebraucht. Zwischendurch habe ich ihn auch mal richtig doof gefunden und hätte die Therapie am liebsten abgebrochen. Ich dachte, es nützt sowieso nichts, bin aber trotzdem immer weiter hingegangen.

Ein halbes Jahr später kriegte ich dann einen Anruf von der Lebensgefährtin dieses Therapeuten, er sei erkrankt, die Sitzungen müssten jetzt leider erst mal ausfallen, sie würden sich wieder melden. Das Nächste, was ich erhielt, war dann die Trauerkarte im Briefkasten. Er war gestorben.

Da dachte ich: Schon wieder? Auch das ist so absurd. Weswegen gehe ich zu dem? Um zwei Tode zu verarbeiten. Und was macht er? Er stirbt. Was soll das? Dann hatte ich erst mal keine Lust mehr. Im Sommer des darauffolgenden Jahres habe ich dann doch noch mal einen Anlauf genommen. Ich hatte schon ein Bewusstsein dafür, dass ich eine Behandlung brauche. Ich wusste ja auch, wie schwer dieser Anlauf mit dem verstorbenen Therapeuten war, wie lange wir gebraucht hatten, bis das einigermaßen ging. Und vor diesem Prozess hatte ich absolute Angst.

Mein neuer Versuch war mit einer Therapeutin. Ich glaube, ich war ungefähr zweimal bei ihr, als sie anrief und sagte, sie traue sich den Fall nicht zu. Sie könne das nicht machen. Danach hatte ich endgültig keine Lust mehr auf Therapien.

Es waren Freundinnen und Freunde, die mich gestützt haben. Die Weihnachtsfeste waren und sind noch immer schlimm. Ich fuhr mit Freunden an die Ostsee, und obwohl es schwer war, waren diese kleinen Reisen kleinere Lichtmomente in einem ansonsten sehr, sehr düsteren Alltag. Aber letztlich war es besser, als alleine zu Hause zu sein. Das hatte ich im Sterbejahr meines Mannes und meiner Tochter erlebt, Weihnachten alleine zu Hause mit sehr viel Alkohol. Meine Mutter ist schier durchgedreht, die wollte unbedingt kommen, aber ich wollte das nicht. Ich wollte ja aus dem Leben scheiden.

Im Herbst desselben Jahres fing ich wieder an zu arbeiten. Auch so etwas, das sich zufällig ergeben hat. Denn ich selbst habe nichts unternommen. Dazu war ich viel zu schwach. Ich bin angerufen worden. Das war eine Zeit, in der offensichtlich die Botschaften händeringend Leute suchten und ihre alten Karteien durchforsteten. Ich war schließlich zehn Jahre raus aus meinem Beruf im diplomatischen Dienst. Und da rufen mich gleich mehrere Institutionen an und fragen, ob ich für sie arbeiten könnte.

Als Rettung habe ich das nicht sehen können. Ich war

zu keiner Entscheidung in der Lage. Das haben immer andere für mich gemacht. Meine Schwester war sehr aktiv und wollte unbedingt, dass ich eine Beschäftigung habe. Sie sagte dann zum Beispiel: »Geh doch wenigstens mal hin zu einem Vorstellungsgespräch.« Und dann habe ich gedacht, ja, okay. Ich habe gedacht, die nehmen mich sowieso nicht. Ich war ja zehn Jahre raus aus dieser Tätigkeit. Warum sollten die mich nehmen? Und als der Zuständige dann anrief und sagte, das wird wahr, er habe sich für mich entschieden, da wollte ich sofort absagen. Dann kam wieder meine Schwester: »Geh doch hin. Du kannst doch jederzeit wieder kündigen. Geh doch erst mal hin und schau, ob das nicht gut für dich ist.«

Ich habe mich schieben lassen. In dieser Zeit habe ich mich viel schieben lassen. Der Wiederbeginn im diplomatischen Dienst war eine merkwürdige Sache. Es war eigentlich eine totale Überforderung. Ich war so kraftlos, ich konnte das eigentlich gar nicht. Aber auf der anderen Seite bin ich auch so ein Pflichttyp, der es auch damals nicht wirklich hätte ertragen können, unvorbereitet dahin zu gehen. Und so hatte ich jeden Tag ein bisschen was zu werkeln, was zu machen, zu tun. Im Inneren war ich ja immer noch überzeugt: Ich bleibe nicht hier auf dieser Welt. Und dann habe ich wieder pflichtbewusst gedacht: Na ja, ich muss meine Mitarbeiter schon wenigstens bis zu meinem nächsten Urlaub bringen. Ich kann die ja nicht so mittendrin im Stich lassen … also total behämmert. Tatsächlich ist das aber so in mir vorgegangen. Zuerst hatte ich mir den Herbsturlaub vorgenommen. Als es dann nicht geklappt hat, habe ich mir die Weihnachtsferien vorgenommen.

Es war aber nicht mein Pflichtbewusstsein, das mich am Leben gehalten hat. Ich glaube, es gibt einfach einen Überlebensdrang in den meisten von uns. Sicher nicht in jedem, aber in den meisten von uns. Den hat es auch in mir gegeben – obwohl ich ihn gehasst habe. Ich habe es gehasst, als ich das erkannt habe. Ich wollte es nicht. Ich wollte unbedingt sterben, und unbedingt im gleichen Jahr wie meine Familie. Das war mir wichtig. Und als ich es dann zum Jahreswechsel immer noch nicht geschafft hatte und wusste, jetzt steht auf dem Grabstein unter meinem Namen ein anderes Jahr, war ich so böse auf mich! Ich habe mich sehr schwergetan mit diesem Überlebenswillen, ihn zu akzeptieren, ihn zuzulassen. Das ist mir wahnsinnig schwergefallen.

Irgendwann trat Gewöhnung ein. Du kannst dich der Gewöhnung nicht widersetzen, sie tritt einfach irgendwann ein, ob du willst oder nicht – und ich wollte das keineswegs. Irgendwann bist du daran gewöhnt, dass die geliebten Menschen nicht mehr da sind. Dass die Zeit Wunden heilt, das stimmt ganz und gar nicht. Aber die Trauer verändert sich durch die Gewöhnung. So habe ich mich auch an meinen Überlebenswillen gewöhnt. Ich habe sehr lange Zeit mein Leben nicht besonders geschätzt, und das tue ich auch jetzt nur begrenzt. Aber ich hasse mich nicht mehr für diesen Überlebenswillen – immerhin schon mal ein erster Schritt.

Relativ früh nach Annas Tod, schon im Jahr darauf, hatte ich angefangen, über die Möglichkeit eines Pflegekindes nachzudenken. Und zwar weil ich eine Werbung gesehen hatte irgendwo in der U-Bahn: »Familien für Kinder«. Das ist so ein Verein, der von den Jugendämtern beauftragt wird, bestimmte Informationsveranstaltungen zu Pflegekindern zu machen. Die hatten Werbebanner geschaltet.

Dieses Ding hat mich irgendwie angezogen, ich starrte während der gesamten U-Bahn-Fahrt auf diese Anzeige. Wäre das was für mich? Nein, im ersten Moment hielt ich es für eine absurde Idee. So etwas braucht ja auch eine Weile, bis das reift, bis man irgendwann neues Leben im eigenen Leben zulassen kann. Es klang für mich schäbig, meine Anna einfach durch ein anderes Kind zu ersetzen. Ich wusste zwar, dass das nicht so sein würde und dass ich nie Anna ersetzen würde, ich hatte aber trotzdem diese Gedanken.

Aber auf der anderen Seite habe ich gemerkt, dass ich wie ferngesteuert irgendwann mal zu so einer Veranstaltung von »Familien für Kinder« hinging. Rein theoretisch habe ich mich informieren lassen, wie das dann alles so geht und wie die rechtliche Situation ist. Ich merkte, dass ich da gerne hinging, dass ich mich auf die Termine freute. Das habe ich als Zeichen gedeutet. Aber dieses Zeichen war natürlich noch weit entfernt von einer Entscheidung.

Ich glaube, ich wäre auch nie in der Lage gewesen, mich zu entscheiden. Das ist mir irgendwann klargeworden. Ich hätte nie sagen können: Ja, okay, ich mache das jetzt, ich gehe jetzt diesen Weg. Weil ich aber dennoch wusste, so komme ich da nicht weiter, meldete ich mich einfach bei diesem Kinderpflegedienst und sagte mir: Ich gehe jetzt einfach mal die nächsten Schritte. Man muss ohnehin ein Prüfverfahren über sich ergehen lassen. Und da dachte ich, dann mache ich das einfach, und entweder denke ich zwischendurch, o Gott, o Gott, o Gott, das wird nichts, oder ich muss so weit gehen, dass sie mir dann irgendwann mal einen Vorschlag machen, mir ein Kind vorstellen. Erst dann würde ich wissen, ob ich es hinkriegte.

So habe ich es auch gemacht. Nachdem ich die Prüfung bestanden hatte, das Gütesiegel vom Jugendamt in der Tasche, wusste ich auf dem Nachhauseweg und in den Tagen danach noch keineswegs, ob ich am Ende würde zustimmen können. Und ehrlich gesagt, als ich meine Pflegetochter dann gesehen hatte, ein süßes kleines Mädchen mit Schokoladenaugen und braunen Haaren, wusste ich es auch noch nicht. Auch da habe ich noch einen Anstoß von außen gebraucht. Obwohl ich sie schon kannte, obwohl ich sie schon ein paarmal besucht hatte, auf dass sie sich an mich gewöhnen möge. Ich musste die Entscheidung, ob ich dieses Pflegekind zu mir nehmen würde, dem Schicksal überlassen, ich konnte sie nicht selber treffen.

Und dann kam eines schönes Tages nach mehreren Wochen ein Anruf vom Jugendbeamten: »Es tut uns wahnsinnig leid, aber es wird doch alles nichts.« Das war eine

Fehlinformation, wie sich später herausstellte. Also irgendjemand von den Ämtern hatte etwas völlig falsch verstanden. Ein paar Tage lang haben die tatsächlich geglaubt, das wird nichts, und haben mir das auch so übermittelt. Und da erst – da erst! – wusste ich es. Da hatte ich dann das Gefühl, dass es richtig ist, Leni als meine Pflegetochter aufzunehmen. Ich wollte das schöne Gefühl der Wärme und Sorge für sie nicht mehr missen.

Nach dem doppelten Tod meines Mannes und meiner Tochter glaube ich sagen zu können, dass ich das Meiste von dem erlebt habe, was überhaupt zu erleben möglich ist. Auch, was die Anteilnahme anbelangt. Freunde, die sich so verhalten haben, wie ich es erwartet hätte, die da waren, aber auch nicht ständig auf der Matte standen. Enge Freunde, von denen ich eigentlich viel erwartet hatte, die aber weggelaufen sind aufgrund ihrer eigenen Angst vor dem Tod. An mir klebte einfach zu viel Tod. Das hat einige abgeschreckt.

Ich habe aber auch mindestens zwei Leute erlebt, die vorher gar nicht so nah an mir dran waren, dass die sich so verpflichtet hätten fühlen müssen. Und die sind beide quasi über sich hinausgewachsen und waren immer da, haben immer was angeboten. Die musste ich fast rausschmeißen, wenn ich mal für mich sein wollte.

Also da war wirklich alles dabei. Auch tiefe Enttäuschungen. Eine richtig gute Freundin, die verschwunden war, die sich geradezu versteckte. Das hat mich sehr verletzt. Jahre später schrieb sie mir einen Brief, wir trafen uns, und sie gestand mir, wie überfordert sie mit der Situation war. Annas Tod habe ihre eigene Verlustangst hervorgebracht, diese Angst habe sie überwältigt. Sie vergoss dann viele Tränen über sich selbst und über ihre Unfähigkeit, mir beizustehen. Für mich war es damit dann gut.

Aber ich hatte viel Unterstützung von meiner Familie, wirklich viel Unterstützung. Meine Schwester war für mich da, meine Mutter, mein Vater. Die haben sich alle abgewechselt, andauernd waren sie da.

Vor diesen Verlusten war ich eine andere, auf jeden Fall. Das steht fest. Ich war zuversichtlicher. Ich war bestimmt nicht ein ewig fröhlicher und glücklicher Mensch. Ich hatte natürlich auch meine Tiefen und Krisen, was alles so dazugehört. Aber ich hatte eine Art Grundoptimismus für mein Leben und auch für unser Leben. Das war ja damals einfach immer ein gefühltes »Wir« und »Unser«. Und just in der Phase, in der alles zusammenbrach, hatte ich dieses Gefühl besonders. Es war eigentlich unsere beste Zeit.

Michael hat das auch so empfunden. Deswegen ist mir sein Brief so wertvoll, den er mir zu Weihnachten, kurz vor seinem Tod, schrieb. Es stehen dort viele schöne Sätze drin, vor allem über das Glück mit Anna. »Das war unser Jahr« – diesen Satz lese ich noch oft.

Wir waren so voller Pläne, voller Zukunftspläne und voller Glück, dass uns das noch beschieden war mit der kleinen Anna. Michael war ein unglaublich stolzer Vater.

Und dieses Grundgefühl fürs Leben, das hat mich damals auch getragen.

Ich von mir aus hätte mich, glaube ich, nie von Michael getrennt. Das ist ein großer Satz, denn man weiß ja nie, was passiert, ob man zusammenbleibt. Aber in dem Moment zumindest habe ich mich so gefühlt, als sei das mein Gefährte bis an mein Lebensende. Und ich sah uns mit einem weiteren Kind und Häuschen und Garten und so. Es ging uns wirklich ziemlich gut.

Die hat sich schon verändert, diese Grundzuversicht dem Leben gegenüber, sie ist mir ganz gründlich abhandengekommen. Ich habe auch keine Ziele mehr. Ich nehme jetzt, was kommt. Ich kann mich über vieles sehr freuen. Ich kann mich über schöne Abende sehr freuen. Ich kann mich über Leni freuen, wie sie heute Morgen in mein Bett kam und sagte: »Meine Mama! Meine Mama!« Das ist ganz toll. Und das weiß ich sehr zu schätzen, wie ich überhaupt den Goldschatz Leni sehr zu schätzen weiß. Manchmal fragt sie nach Anna, und dann erzähle ich von ihr. Aber für mich habe ich keine Pläne und keine Ziele. Es plätschert so dahin, und es ist mir eigentlich egal, wie lange das dauert.

## Johanna Feldmann

# *Ich begreife es heute noch nicht, so viele Jahre später*

Ich weiß es noch ziemlich genau. Ich war bei der Arbeit im Büro und hatte mittags versucht, meine Schwester anzurufen, weil ich schon länger nichts von ihr gehört hatte. Wir standen uns eigentlich sehr nah, hatten uns aber in den Monaten vorher ein wenig aus den Augen verloren, denn ich war zu dieser Zeit gerade schwer mit mir selber beschäftigt. Es war so Ende September, schönes Herbstwetter. Als sie nicht ans Telefon ging, habe ich ihr auf die Mailbox gesprochen. Nach einem Meeting kam ich zurück und sah, dass meine Schwägerin versucht hatte, mich anzurufen. Bei meinem Rückruf fragte sie mich, ob ich wüsste, wo meine Schwester sei. »Nein, ich habe auch versucht, sie zu erreichen.«

»Sandra ist schon seit ein paar Tagen verschwunden … Wir suchen sie, sie meldet sich nicht.« Um uns beide zu beruhigen, sagte sie dann aber: »Naja, wird schon werden.«

Sandra hatte einen schönen Laden für Wolle und Einrichtungsgegenstände, auf dem Land. Sie hatte am Montag in die Stadt fahren wollen, und nun war schon Mittwoch. Sie tauchte nicht mehr auf.

Sandra hatte anderthalb Jahre vorher für kurze Zeit diese Depression. Sie kam aus dem Nichts. Wenn ich heute die Fotos raussuche und mir ansehe, strahlt sie überall von einem Ohr bis zum anderen. Man wird kaum ein Foto finden, auf dem sie nicht strahlt. Es ist und bleibt für uns alle unerklärlich …

Du fängst natürlich im Nachhinein an zu suchen: Was habe ich nicht gesehen? Was habe ich nicht gespürt? Indizien dafür, dass sie vielleicht immer schon eine Neigung zur Depression hatte oder zu ähnlichen seelischen Zuständen. Aber dieser Mensch ist für uns alle aus dem Nichts heraus depressiv geworden. Plötzlich magerte sie ab und ist dann, als es gar nicht mehr ging, zu einer Ärztin gegangen. Diese verwies sie an eine Klinik, später ging sie auch aus freien Stücken in eine psychosomatische Spezialklinik, die ihr ihre beste Freundin empfohlen hatte.

Ich hatte drei Geschwister: meine ältere Schwester Heike, zu der ist der Altersabstand am geringsten, und mit ihr habe ich auch in meiner Kindheit und Jugend die meiste Zeit verbracht. Mein Bruder Ulrich war der älteste von uns, und nach ihm kam Sandra. Doch auch wenn sie deutlich älter war als ich, sind wir nach der Schule im gleichen Bundesland gelandet, haben zusammen Urlaub gemacht, später auch in einem Haus gewohnt. Wir waren eng miteinander verbunden, Sandra war eigentlich mein Bezugspunkt in der Familie.

Dann war sie also in dieser Klinik gewesen und kam zurück. Wir feierten Silvester zusammen in diesem Jahr.

Sie kam mit ihrem fünf Jahre alten Sohn Lukas. Ich sah, wie sie Tabletten nahm, und fragte sie: »Was nimmst du denn da?«

»Das haben die mir in der Klinik gegeben. Ich weiß nicht, ob es gut ist, aber das ist mir jetzt egal. Ich will mich nur nie wieder so fühlen, wie ich mich damals in der Klinik gefühlt habe.« Sie sprach davon, dass sie nur schwer an Autobahnbrücken vorbeigekommen sei in dieser tiefen Phase, dass sie wirklich nahe dran gewesen sei, sich da runterzustürzen.

Trotzdem habe ich mir nicht wirklich schwerwiegende Sorgen gemacht, weil es zu dem Zeitpunkt schon vorbei war mit ihrer Depression. Sie war ja gut eingestellt auf die Tabletten. Was passiert sein muss – das haben wir erst im Nachhinein rekonstruiert –, ist, dass sie diese Tabletten eigenmächtig abgesetzt hat, was man gar nicht darf. Sie muss in die nächste depressive Phase abgerutscht sein, besorgte sich über eine Schulfreundin, die Psychiaterin ist, wieder die Tabletten, und eine Woche später war sie tot. Denn am Anfang stärken diese Tabletten nur die Kraft, den Willen. Erst in der zweiten Phase heben sie die Stimmung, und das ist das Problem. Die erste Zeit der Einnahme ist eine kritische Phase, in der viele in den Selbstmord gehen.

»Mach dir keine Sorgen, wir machen das schon«, sagte also meine Schwägerin am Ende unseres Telefonats und meinte damit auch meinen Bruder, »wir halten dich auf dem Laufenden.« Ich bekam trotzdem sofort wahnsinnige

Angst, war unendlich beunruhigt. Das ist typisch für meine Familie: keine Polizei und so. Bloß nichts nach außen dringen lassen. Wissen Sie, in der Provinz kennt jeder jeden, und es wird immer alles schön unter dem Deckel gehalten.

Dann hatten sie aber zwischenzeitlich doch die Polizei gerufen. Ich war absurderweise auf dem Weg zum Friseur und rief auf dem Weg dorthin wieder an. Meine Schwägerin sagte dieses Mal nur: »Ich gebe dir Ulrich.« Das ist mein Bruder. Der sagte nur: »Hanna, kannst du kommen?« Mir war sofort klar, was passiert ist. Ich wusste es einfach. Er sagte: »Ich kann das doch nicht Mama und Papa sagen.«

Sie hatten meine Schwester gerade gefunden in einem Wald, in einem kleinen Rasthäuschen aus Holz. Sie hatte sich dort aufgehängt. Mein Bruder hat sie noch gesehen. Der hat sich nicht aufhalten lassen. Dann war auch schon die Polizei da. Es waren holländische Wanderer, die sie gefunden haben, ein Ehepaar. Ich war zwar nicht dabei, habe aber die Szenerie ziemlich deutlich vor Augen, auch weil ich danach noch einige Male in diesem Häuschen war.

Als wir miteinander telefonierten, war es früher Abend, so gegen 18 Uhr. Ich kehrte sofort um, fuhr zu meinem Mann in die Firma, erzählte ihm, was passiert war, fuhr mit ihm nach Hause, packte fünf Sachen zusammen, und dann brachen wir sofort in meine Heimat auf. Wir kamen zwischen zwei und drei Uhr nachts dort an.

Ich begreife es heute noch nicht, so viele Jahre später. Ich stand damals total unter Schock. Bis heute kriege ich das nicht zusammen, dass diese Frau, die meine Schwester war, sich aufgehängt hat. Das kriege ich nicht hin. Dass sie das plant, dass sie das macht. Ich kann mir auch bis heute keine Fotos von ihr angucken. Ich kann sie ansehen, aber ich sehe durch die Bilder hindurch, verstehen Sie? Ich kann sie nicht anschauen im wörtlichen Sinne.

Ich kann mich an Sandra erinnern, an unsere gemeinsame Zeit, und ich kann auch über sie reden, das ist kein Problem. Drei, vier Monate nach ihrem Tod hatte ich einen wunderbaren Traum, der mir unheimlich geholfen hat. Einen ganz absurden Traum, aber er war toll. Danach ging es mir wirklich besser.

Ich träumte, dass wir, die ganze Familie, uns trafen in einem nicht näher beschriebenen Raum. Wir waren alle ganz fein angezogen, so, wie man sich zu einer Familienfeier kleidet. Und dann stellte sich heraus, dass jemand heiratet, und zwar meine Schwester Sandra. Ich wusste nicht, wen sie heiratet, das spielte auch keine Rolle. Irgendwann erschien sie in einem weißen Leichenhemd, also nicht in einem Brautkleid, sondern in einem Leichenhemd, und sah so glücklich aus! Da habe ich sie umarmt und gesagt: »Mensch, Sandra, dass du hier bist.«

Im Traum habe ich geweint, und meine echten Tränen weckten mich auf. Ich hatte sie im Arm, mir liefen die Tränen runter, ich hatte mich so gefreut, weil sie so glücklich aussah. Dieser Traum hat mir ein besseres Gefühl gegeben. Ich habe seither das Gefühl, dass sie okay ist, erlöst, sie wollte das so, und da, wo sie jetzt ist, ist sie frei von dieser Last, von dieser Schwere.

Die nächtliche Autofahrt zu meiner Familie war natürlich heftig. Mein Mann Ralf ist gefahren. Ich hatte wahnsinnige Angst davor, wie es sein würde, dort anzukommen, in diesen Schmerz reinzukommen. Und vor dem Zustand, in dem meine Eltern sein würden. Das war einfach nur: O Gott. Und dann sofort die Überlegung: Lukas, der arme Kerl. Was wird jetzt aus ihm? Er war damals fünf Jahre alt.

Mein Mann sagte sofort: »Lass uns den nehmen. Der Kleine kann nicht hier auf dem Dorf bleiben.« Dann habe ich gesagt: »Es wird vermutlich so sein, dass Ulrich ihn zu sich nimmt.« Mein Bruder war quasi der Ersatzvater gewesen.

Als wir ankamen, war es schon mitten in der Nacht. Im Wohnzimmer brannte noch Licht, mein Vater saß am Fenster. Mein Bruder kam uns entgegen, wir haben uns natürlich umarmt und sicher auch ein bisschen geweint. Das erinnere ich jetzt nicht mehr. Mein Vater war damals schon Mitte siebzig, und er war fassungslos, einfach fassungslos, hat dagesessen, geweint. Meine Eltern konnten das wohl nicht begreifen. Ich glaube, die waren zu alt dafür.

Meiner Mutter hatten sie Beruhigungsmittel gegeben. Ich sah sie erst am nächsten Morgen. Das werde ich auch nie vergessen, wie sie aus dem Bad kam. Sie hat meine Anwesenheit gar nicht wahrgenommen, sicher auch wegen der Medikamente. Eine gebrochene Frau stand vor mir. Sie musste richtig gestützt werden. Aus ihr war alle Kraft raus, alles Leben war weg. Alles war weg. Es hat ein paar Tage gedauert, bis sie physisch überhaupt die Konstitution hatte, normal zu gehen oder zu sitzen. Der Boden unter ihren Füßen war im wahrsten Sinne des Wortes weg.

Wir haben die nächsten Abende wahnsinnig lange zusammengesessen – mein Bruder mit seiner Frau, meine Schwester, mein Mann – und haben zusammen geweint. Nur stundenweise haben wir geschlafen. Jeder von uns brach in bestimmten Momenten zusammen. In der dritten Nacht brach dann auch mein ansonsten so starker Bruder irgendwann zusammen. So hatte ich ihn noch nie erlebt. Wir sprachen darüber auch nie mehr.

Mein Mann wollte schon seit seiner Jugend keine Kinder haben. Obwohl er ein sehr empathischer Mensch ist, auch wenn er manchmal im Alltag etwas polterig daherkommt. Und in der Situation hat er total mit diesem Kind gefühlt. Folgendes Bild wird mir immer in Erinnerung bleiben: Meine Eltern hatten eine Schreinerei mit einem großen Gelände drum herum. Meine Mutter und ich waren mit dem Hund draußen, und in der Entfernung sah ich, dass Ralf mit Lukas ein Stückchen weiter weg stand. Sie hatten ein Spiel erfunden: Sie hatten einen Stock, und dann lag da so ein alter Arbeitshandschuh, den sie auf den Stock aufspießten. Ich hörte, dass es in dem Spiel darum ging, dass der Handschuh ein Monster sei, das Lukas bezwingen solle. Immer wieder schlug er darauf ein und konnte so seine ganzen Aggressionen loswerden. Instinktiv und einfühlsam hat mein Mann den kleinen Jungen abgeholt, ganz ruhig. Er hat da eine unheimliche Nähe zu ihm aufgebaut. Das war vier Tage, nachdem wir Lukas im Familienkreis und im Beisein seiner Kinderärztin gesagt hatten, dass seine Mutter tot ist.

Er kam reingelaufen, dann sagten wir: »Setz dich mal, Lukas, wir müssen dir was sagen.«

Nein, jetzt weiß ich es wieder genau, es war so: Er kommt reingelaufen, sieht uns alle und sagt: »Wo ist meine Mama?« Weil klar war, dass sie es war, die in der Runde fehlte. Obwohl sie an den Tagen vorher ja auch nicht da war. »Wo ist meine Mama?« Dann sagte die Kinderärztin: »Setz dich mal. Deine Mama, die kommt nicht mehr. Deine Mama ist tot.«

Also wirklich in zwei Sätzen: Bamm, bamm! Und er hat angefangen zu weinen: »Ich will zu meiner Mama!« Eine halbe Minute lang. Dann fragte er die Ärztin: »Soll ich dir mein Zimmer zeigen?« Das war total irre. Lass es eine dreiviertel Minute oder Minute gewesen sein, aber auf jeden Fall in Lichtgeschwindigkeit heulte er und dann, so funktionieren halt Kinder, raus aus der Situation. Nicht zu ertragen – Flucht. So ungefähr. Und damit war dann das Thema auch erst mal erledigt.

Heerscharen von Menschen kamen zu Sandras Beerdigung, Hunderte von Leuten. Es war total kalt an diesem Tag. Ich hatte vergessen, Lukas eine Strumpfhose anzuziehen, er zitterte am ganzen Körper. Als der Sarg runtergelassen wurde, kam ein Sonnenstrahl raus. Das passiert ja oft bei Beerdigungen. Man legt da dann immer so viel Bedeutung rein. Aber ich erinnere vor allem, dass es unglaublich kalt war. Das ist seitdem mein Gefühl bei Beerdigungen: Es ist immer kalt, ob Sommer oder Winter, es ist einfach immer kalt.

Am offenen Sarg verabschiedeten wir uns alle von ihr. Nur Lukas nicht, obwohl die Psychologen uns damals rieten, er solle seine Mutter auch am offenen Sarg noch einmal sehen. Aber das war uns zu brachial. Erst als wir Sandra zu Grabe trugen, war er dabei. Er hielt die ganze Zeit sein Lieblingskuscheltier in der Hand.

Mein Bruder hörte zu dieser Zeit immer ein spezielles Lied im Auto, überhaupt nicht meine Musik, aber es passte zu unserer Situation: »... Jeder geht seine Wege. Jeder für sich. Uns bleibt ein kleines Stück Gemeinsamkeit.« Dieses Lied wurde dann auch in der Kirche gespielt, und wir haben es zu Hause in der Nacht oft sehr laut gehört. Dieses Lied hat unseren Schmerz ganz gut gegriffen.

Gemeinsam mit meinem Bruder und meiner Schwägerin trafen wir dann relativ schnell die Entscheidung, dass Lukas bei meinem Mann Ralf und mir aufwachsen würde. In Berlin. Ich bin mir sicher, es war die absolut richtige Entscheidung für Lukas. Es ging ja vor allem darum, ihn aus dieser Haltlosigkeit herauszukriegen, die gerade in der heimatlichen Provinz vorherrschte. Im Supermarkt bekam ich das Tuscheln der Leute genau mit: Das sind doch die Mutter und Schwester von der, die sich aufgehängt hat … und so weiter. Lukas hätte sich das alles mitanhören müssen. Ich muss sagen, wir haben das alle zusammen in den ersten Jahren gut geschaukelt, gerade auch, weil mein Bruder Vormund war.

Im Zuge dieser Entscheidung musste eine Menge organisiert werden. Unser ganzes Leben krempelte sich von heute auf morgen um. Ralf und ich waren vor kurzem nach Berlin gezogen und wussten selber gerade nicht, ob und wie es mit uns beiden weitergehen würde. Schnell war klar: es muss eine neue Wohnung gesucht werden, eine Schule in der Nähe gefunden, eine Kinderfrau. Parallel holten wir Lukas immer wieder in längeren Abschnitten hierher. Bis der kleine Junge zu uns zog, hatte ich ihn vielleicht erst fünfmal gesehen und Ralf zweimal oder dreimal. Näher kannten wir uns gar nicht.

Woher ich die Kraft für all das nahm und heute noch nehme, das kann ich selbst nicht sagen. Du machst es dann einfach. Das gibt dir auch ein gutes Gefühl, Selbstvertrauen fürs Leben, dass dich eigentlich nicht mehr viel aus den Socken hauen kann. Das ist gut.

Ich hatte mir bis zu dem Selbstmord meiner Schwester immer gesagt: Jeder hat das Recht auf einen selbstbestimmten Tod, also auch auf Selbstmord. Das ist das letzte Recht, das man hat. Ich war eigentlich immer dafür, ihn anzuerkennen, diesen Schritt. Das bin ich jetzt nicht mehr. Denn ich finde, man darf nicht so viel Schmerz hinterlassen.

Diese Art von Trauer hat eine ganz andere Qualität als die, die ich beim Verlust meines Bruders empfunden habe, der ein paar Jahre später starb. Bei Sandra bleibt immer ein Schuldvorwurf, da bleibt immer eine Angst. Du fragst dich, was du versäumt hast, welche Fehler du gemacht hast. Warum hast du das bei dem Telefonat gesagt? Oder warum hast du es nicht gesagt? Wieso konnten wir sie nicht halten? Es bleibt ein unterschwelliges Schuldgefühl.

Bücher haben mir in der Zeit danach sehr geholfen, denn darin fühlte ich meinen Schmerz anerkannt. Ich habe vor allem Bücher gelesen, in denen Angehörige schrieben, die einen Suizid in der Familie erlebt haben. Ein Buch zitierte eine Studie amerikanischer Wissenschaftler, nach der Angehörige von Selbstmördern ein Ausmaß an Stress erleben wie sonst nur Kriegsopfer oder Überlebende eines Konzentrationslagers. Weil sie zusätzlich zu dem Verlust noch die Tatsache bewältigen müssen, dass der Verstorbene seinen Tod selbst herbeigeführt hat.

Und dann ist da noch dieser Druck, diese Last, die dir von außen auferlegt wird. Denn wenn ich den Menschen von Sandras Selbstmord erzählt habe, dann haben sie zwar nichts gesagt, aber in ihren Augen konnte ich sehen, wie sie sie verurteilt haben: »Eine alleinerziehende Mutter? Mein Gott, das arme Kind, wie konnte sie nur …« Natürlich haben wir uns in der Familie diese Frage auch gestellt, aber letztendlich muss man akzeptieren, dass Sandra krank war, dass Depressive den Weg in den Selbstmord nicht freiwillig und mit klarem Verstand wählen. Es ist diese teuflische Krankheit, die sie dazu treibt.

Diese Verurteilung von Dritten zu spüren ist doppelt schmerzhaft. Denn sie torpediert den Menschen, der vor der Krankheit da war – im Falle meiner Schwester eine selbstständige, erfolgreiche, lebensbejahende Frau, die ihren Sohn über alles geliebt hat. Wenn jemand Selbstmord begeht, dann ist das als Tat und Aussage ja so groß, dass der Mensch dahinter verloren geht. Und als Angehöriger verliert man ihn irgendwie doppelt.

Meinem Empfinden nach ist meine Schwester ein Pharma-Opfer. Sie war eine Person, die nie Tabletten genommen hat, nie hat nehmen müssen, Gott sei Dank. Diese Tabletten damals hat sie dann einfach so geschluckt, ohne darüber nachzudenken. Sie ist aus dieser Klinik – skandalöserweise – entlassen worden mit einem Schreiben und einer Empfehlung, weiterhin diese Tabletten zu nehmen und einen Psychiater zu sehen. Aber das überprüft niemand. Solche Patienten müssten doch alle engmaschig überwacht werden. Denn wenn du den Beipackzettel nicht liest und dich nicht daran hältst, dann reißen dich solche Tabletten mit ziemlicher Sicherheit ins Verderben. Das Wort Selbstmordgefahr steht im Beipackzettel! Ich hatte in der Klinik angerufen und dem behandelnden Arzt erzählt, dass Sandra sich selber getötet hatte. Der war fertig mit den Nerven. Er meinte, im Traum sei sie dafür keine Kandidatin gewesen.

Eine wirklich schöne Fügung dieses traurigen Erlebnisses ist: Dass Ralf und ich von heute auf morgen einen Sohn hatten, hat uns eng zusammengeschweißt. Wir waren nämlich zum damaligen Zeitpunkt nach mehreren Krisen beinahe schon getrennt. Aber mit dieser komplett lebensverändernden Überraschung, Lukas zu uns zu holen, haben wir übereinander gelernt, dass wir sehr ähnliche moralische Erziehungswerte und -vorstellungen haben. Das war uns vorher gar nicht so klar, vor allem auch, weil Ralf ja nie Kinder haben wollte. Natürlich gab es auch weiterhin jede Menge Krisen. Du stellst dir unvermeidlich auch die Frage: Bleibt er jetzt nur, weil er sich verpflichtet fühlt? Und auch das Gefühl, ich muss das Ganze jetzt durchziehen, ob es mir in der Beziehung gefällt oder nicht. Gerade wenn du ein Kind annimmst, willst du ja alles noch besser machen. Es muss alles richtig sein. Du darfst überhaupt keine Fehler machen.

Manche sagen ja, der Verlust eines geliebten Menschen habe sie über die Jahre gelassener dem Leben gegenüber gemacht. Weil das denkbar Traurigste schon passiert ist und sich jede Alltagssorge relativiert. Ich selber bin eher ängstlicher geworden, dass wieder jemand stirbt, der mir nahesteht. Diese Angst rührt sicher auch daher, dass einige Jahre nach Sandras Tod mein Bruder starb. Dahinter verblasste der Tod meiner Schwester fast, denn dieses Mal war ich dabei.

Das war im Winter, und ich war nur zufällig zu Hause, weil ich die Pflege meiner Eltern für ein paar Tage übernommen hatte. Ich kam an einem Sonntag, abends saßen wir alle noch zusammen. Auch am nächsten Abend saßen wir noch zusammen, da kam mir mein Bruder ein bisschen sorgenvoll vor, zurückgenommen.

Am Morgen darauf war ich aufgestanden und mit dem Hund draußen gewesen. Als ich zurückkam, klingelte das Telefon. Meine Schwägerin war dran: »Johanna, kannst du kommen?« Dann: »Komm schnell.« Ich fragte: »Was ist los?« Sie sagte nur: »Komm schnell.«

Es hatte geschneit an dem Morgen, erst mal habe ich das Auto vom Schnee freigeschaufelt, bin aber so, wie ich war, los, denn ich wusste, es ist dringend. Ich wusste, es muss etwas mit dem Hund oder mit meinem Bruder sein. Das habe ich sofort gehört an ihrer Stimme. Es war klar, es ist etwas Existenzielles.

Vor der Haustür meines Bruders war sein Auto nicht zu sehen, und ich weiß noch, wie ich dachte: Gott sei Dank, es ist nur der Hund. Nicht wissend, dass mein Bruder in die Garage reingefahren war. Ich lief hoch ins Schlafzimmer, und dann lag er dort auf dem Bett in T-Shirt und Unterhose, die Beine auf dem Boden, also seitlich auf dem Bett. Meine Schwägerin sagte nur: »Sprich mit ihm, ruf ihn. Ich gehe raus und gucke, dass der Krankenwagen kommt.«

Im Nachhinein muss ich sagen, er hat nur noch einen Schnaufer getan, während ich da oben war, dann liefen die Lippen blau an. Es war klar, dass er tot war. Die Notärzte sagten hinterher: »Selbst wenn wir danebengestanden hätten, hätten wir ihn nicht mehr wiedergeholt, weil es wahrscheinlich schon der zweite oder dritte Infarkt war.«

Ich wusste von all dem nichts. Nicht, dass Ulrich hohe Cholesterinwerte hatte, dass er deutliche Anzeichen von mindestens einem oder zwei Herzinfarkten hatte und auch darüber gesprochen wurde: »Du musst zum Arzt gehen.« Das habe ich alles erst später gehört.

Da in dem Zimmer habe ich ihn laut angeredet, während er auf dem Bett lag, und habe alles versucht, in Kontakt mit ihm zu kommen. Ich wusste ja nicht, dass es das Herz ist, ich wusste gar nichts. Er hätte Gott weiß was haben können.

Es dauerte ewig, bis der Krankenwagen kam, weil es heftig schneite. Endlich kamen sie. Erst verließ ich das Zimmer, hörte dabei aber noch ganz schnell die Worte »akuter Herztod«. Daraufhin bin ich sofort wieder reingegangen und habe mir das ganze Schauspiel angeguckt, wie sie mit dem Defibrillator arbeiteten, wie der Körper meines Bruders immer wieder hochging. Ich konnte einfach nicht weggehen, weiß noch, wie ich in diesem Raum an einem Heizkörper klebte. Ich musste mir das bis zum Schluss angucken. Es war wie im Film, und ich dachte: Was machst du jetzt? Was machst du jetzt? Meine Eltern! Ulrichs Tod hat den von Sandra noch in den Schatten gestellt.

Vor einiger Zeit hat mir eine Freundin erzählt, dass sie jetzt seit acht Tagen mehr auf ihre Gesundheit achte und so fröhlich sei. Sie sagte, dass sie lange nicht mehr so fröhlich gewesen sei. Da habe ich überlegt: Ich weiß gar nicht mehr, wann ich zuletzt fröhlich war. Man lacht mal oder hat auch einen ausgelassenen Abend oder Tag, das ist gar keine Frage. Aber das Wort »fröhlich« beinhaltet für mich so etwas Unbeschwertes, Leichtes, Klingendes, und das habe ich nicht mehr. Nach dem Tod meines Bruders habe ich wirklich das Gefühl gehabt, meine Seele hat einen Knacks gekriegt. So tief ging das. Das war irgendwie eines zu viel. Seitdem fällt mir das Fröhlichsein schon schwer.

Angst vor meinem eigenen Tod habe ich überhaupt nicht mehr. Vor Sandras Tod hatte ich Flugangst und vor diesem und jenem Angst. Das habe ich alles nicht mehr, weil ich tatsächlich durch diesen Tod erst begriffen habe, dass jemand, der neben dir sitzt, mit dem du dieselbe Luft einatmest, der fast dasselbe Alter hat, von derselben Familie ist, dass der wirklich stirbt, da ist mir erst bewusst geworden: Tatsächlich, ja, auch ich werde sterben müssen. Du weißt es ja selber, aber du drängst es weg. Erst dadurch ist mir das klar geworden.

Das hat auf der anderen Seite vieles leichter gemacht, so ist zum Beispiel meine Flugangst verschwunden. Ich lege zwar keinen Wert darauf, morgen zu sterben, aber ich habe das Gefühl, wenn es so ist, dann ist es in Ordnung. Ich habe davor keine Angst mehr.

Ich habe nur noch Angst, so etwas noch einmal zu erleben. Davor habe ich richtig Panik. Um Ralf und Lukas habe ich totale Angst. Ich fasse manchmal nachts neben mich und prüfe, ob Ralf noch atmet, weil ich solche Angst habe, das noch mal zu erleben. Ich will jederzeit lieber selber sterben, als noch mal an so einem Grab zu stehen. Das möchte ich nicht mehr.

Ansonsten finde ich es eigentlich wirklich erstaunlich, wie der Alltag sich einschleift. Vielleicht ist es bei uns auch speziell, weil wir uns immer sofort nach der Beerdigung eine Aufgabe gesucht haben.

Ich habe es ja bei beiden Todesfällen gar nicht zugelassen, irgendwo anzuhalten, vielleicht auch mich hängen zu lassen, jedenfalls länger zu trauern. Meine Schwägerin ist ein ganzes Jahr nicht in ihren Job zurückgekehrt, was ich total gut verstehen kann. Das wäre für mich aber keine Option gewesen. Weiterleben war für mich weiterarbeiten, organisieren, das Nötige tun. Nach Ulrichs Tod musste das ganze Zuhause meiner Eltern aufgelöst werden – da hat meine Schwester Heike sehr geholfen. Ich musste innerhalb weniger Wochen einen bezahlbaren Heimplatz für beide in Berlin suchen, alles neben meiner Arbeit.

Ich würde aber nicht sagen, dass ich nicht getrauert habe. Für mich sind tägliche Waldspaziergänge mit meinem Hund ganz wichtig. Der Wald ist für mich ein reinigender Ort. Dort bin ich meinen Geschwistern nahe. Ich habe mir angewöhnt, mit den Toten zu reden. Auch wenn ich ein Problem habe, da können Sie mich für verrückt erklären, aber dann helfen die mir auch. Die helfen mir. Wenn ich nicht weiterweiß, dann spreche ich sie an: Passt mal auf, Leute, ich habe folgende Situation. Dann sind die bei mir. Da kommt was zurück. Und das ist vielleicht eher meine Art, damit umzugehen, dass ich versuche, meine Geschwister in mein Leben reinzuholen.

Ich habe eigentlich das tiefe Gefühl, dass wir die Nummer mit Lukas auch mit meiner Schwester zusammen gemacht haben. Also im Herzen mit ihr. Sie war schon dabei. Zum Beispiel, dass wir diese tolle Kinderfrau gefunden haben. Die hat der Himmel geschickt. Auch, dass Lukas auf eine sehr gute evangelische Schule geht. Es hilft mir zu denken, sie sind nicht weg, meine Geschwister. Sie sind doch noch Teil des Ganzen.

Heute bin ich kein Mitglied der Kirche mehr, obwohl ich katholisch erzogen wurde. Und dafür bin ich auch sehr dankbar, eigentlich, weil ich dadurch ganz tief in mir den Glauben an ein Leben nach dem Tod habe. Diesen Glauben hast du, oder du hast ihn nicht. Ich hinterfrage das gar nicht. Ich spüre das in mir, dass es so ist.

Und das hilft natürlich auch. Und ich muss sagen, bei diesen ganzen Todesfällen kann die Kirche schon, wenn du an gute Leute kommst, total hilfreich sein. Es gab auch Momente, in denen ich tatsächlich in Erwägung gezogen habe, noch mal einzutreten. Dann wahrscheinlich eher in die evangelische, aber vielleicht auch nicht. Vielleicht ist mir die katholische Kirche näher.

Auf jeden Fall haben Ralf und ich die Auswahl der Schule für Lukas sehr bewusst getroffen. So erhoffen wir uns, dass vielleicht jemand für ihn da ist, der ihm den Weg zeigen kann oder ihn an die Hand nimmt, wenn er in einer verzweifelten Situation ist oder eine existenzielle Frage hat.

Lukas Feldmann

## *Mit dem Selbstmord bekommt der Tod etwas Sinnloses*

Als ich nach Berlin kam, ging ich nach der Schule ein oder zwei Mal die Woche zu einer Psychologin, um den Selbstmord meiner Mutter zu verarbeiten. Ich kann mich aber ehrlich gesagt nicht erinnern, dass ich mit der Therapeutin auch nur einmal darüber geredet habe. Ich habe mit ihr immer Kicker gespielt. Johanna, meine Adoptivmutter und die Schwester meiner Mutter, fragte mich dann: »Wie läuft es? Redet ihr auch über den Tod deiner Mutter?«, und ich sagte ihr: »Nein, über so was rede ich doch mit der nicht.«

Daraufhin hat Johanna die Therapie wieder beendet. Ich hatte nie das Bedürfnis, mich der Psychologin anzuvertrauen. Vielleicht geht das bei Menschen, die älter sind, aber ich habe damals Hemmungen gehabt oder gar nicht darüber nachgedacht. Ich habe mit ihr lieber gekickert. Ich war ja auch erst sechs.

Ich weiß noch, es war so: Meine Mutter hatte gependelt. Sie hat in der Stadt gearbeitet und ist dann an den Wochenenden aufs Dorf gekommen, wo ich gewohnt habe. Irgendwann hat sie die Arbeit in der Stadt aufgegeben und einen eigenen Laden bei uns auf dem Land eröffnet. Das war so ein Einrichtungsladen, in dem man Küchenlampen und solche Sachen gefunden hat. Wenn meine Mutter in Holland oder anderswo unterwegs war, um für ihren Laden einzukaufen, habe ich immer bei meinen Großeltern übernachtet. Die lebten in einem kleinen Nachbarsort.

An dem Tag, an dem sie wiederkommen sollte, gab es keine Nachricht von ihr. Ich habe mich gewundert: Schlafe ich jetzt hier oder übernachte ich zu Hause, wie ist das jetzt? Dann habe ich mehrmals angerufen, es ging aber keiner ran. Mein Opa hat immer mit seinen Freunden aus dem Dorf telefoniert, deswegen wusste ich schon mit meinen damals fünf Jahren, wie ein Telefon funktioniert. Dann habe ich mich nicht weiter damit beschäftigt und habe halt bei meinen Großeltern übernachtet.

Ich weiß nicht, wie lange danach, vielleicht ein paar Tage später, war ich dann wieder mit meinem Onkel Ulrich unterwegs, dem Bruder meiner Mutter. Meine Großeltern hatten eine Schreinerei. Plötzlich standen vor der Schreinerei Tausende von Autos. Also ganz, ganz viele Autos. Normalerweise stand da nur ein Auto von irgendeinem Bediensteten oder so.

Als wir reinkamen, waren Johanna und Heike da, meine beiden Tanten, mein Onkel Ulrich natürlich und seine Frau. Und, ja, genau, meine Kinderärztin. Die saßen alle im Wohnzimmer beim Fernseher im Kreis und haben mir das dann erzählt. Die Kinderärztin hat mir ganz nüchtern gesagt: »Lukas, deine Mutter ist verstorben.«

Ich glaube, dann war kurz Stille, weil ich das gar nicht so richtig realisiert habe, aber dann habe ich angefangen zu weinen und die ganze Zeit gerufen: »Ich will zu meiner Mama!« Irgendjemand hat mir ein Glas Wasser gebracht. Was danach passiert ist, weiß ich nicht mehr. Aber ich glaube, danach war ich erst mal fertig. Ich weiß auch nicht mehr, wo ich dann übernachtet habe, vermutlich bei meinen Großeltern.

An die Beerdigung meiner Mutter erinnere ich mich nicht mehr so wahnsinnig gut. An den Gottesdienst habe ich noch ein paar kleine Erinnerungen, vor allem die, dass ich zum ersten Mal vor sehr vielen Leuten namentlich erwähnt wurde. Der Pastor sprach mir vor allen sein Beileid aus. Das fand ich irgendwie komisch. Und dann kann ich mich noch an die Szene erinnern, als der Sarg aus der Kirche getragen wurde: Meine kleine Cousine ging voran mit dem Kreuz. Wir hatten so ein Kreuz, auf dem der Name meiner Mutter und das Geburts- und Todesdatum draufstanden.

Dass ich in Berlin aufwachsen werde, wurde mir so nie gesagt. Erst im Nachhinein habe ich erfahren, dass das schon von Anfang an feststand, also dass es auch keine andere Möglichkeit gab. Eigentlich hatte meine Mutter vorgesehen, dass ich bei meinem Onkel Ulrich bleiben sollte. Meine Tante Johanna und ihr Mann Ralf meinten aber sofort: »Wir würden Lukas auf jeden Fall übernehmen.« So wurde es mir hinterher erzählt. Als die beiden immer öfter zu Besuch kamen und wir uns Schritt für

Schritt immer besser kennenlernten, habe ich irgendwann von selber gesagt: »Ich könnte doch auch nach Berlin kommen.«

Mein erster Besuch war kurz nach Silvester. Ich war total erschrocken, wie dreckig diese Stadt ist. Das kannte ich vom Land nicht. Eigentlich habe ich mich aber trotzdem sofort wohlgefühlt, obwohl ich die Wohnung nicht mochte. Ich weiß noch, ich hatte ein U-förmiges Zimmer und schlief in einer Nische. Das gefiel mir nicht. Da habe ich irgendwie immer Angst gehabt.

Ich weiß nicht, ob es mit dem Tod meiner Mutter zusammenhing. In der Zeit danach habe ich auch erstmal bei meinen Großeltern im Bett geschlafen, was ich vorher nie gemacht hatte. Hier in Berlin zogen wir dann auch bald in eine andere Wohnung, in der ich seither ein schönes Zimmer habe.

Ich habe das Gefühl, dass ich ab dem Moment, als ich in Berlin war, gar nicht mehr so viel darüber nachgedacht habe, was zu Hause ist. Es kann auch gut sein, dass, je jünger man ist, man so einen Tod der Mutter schneller verarbeitet. Ich fand es jedenfalls alles wahnsinnig aufregend hier in Berlin. Mit einem Freund von Ralf bin ich zum ersten Mal Cabrio gefahren, das fand ich super. Das sind die ersten Erinnerungen, die ich an Berlin habe.

Ralf und Johanna haben mich überallhin mit genommen, ins Büro, zu ihren Freunden, ich durfte mit dem Hund spielen. Bestimmt habe ich zwischendurch nochmal um meine Mutter geweint, aber was mir von dieser

Zeit eher hängengeblieben ist, ist meine Aufregung über die vielen neuen Sachen.

Heute finde ich den Selbstmord meiner Mutter schon sehr fragwürdig. Ich weiß nicht, wie spontan sie diesen Entschluss gefasst hat. Ich weiß nicht mal, was mein letztes Gespräch mit ihr war. Eine der letzten Erinnerungen ist, dass ich mit ihr vor der Haustür stehe und diskutiere, wie lange ich jetzt Fernsehen gucken darf. Ganz banal eigentlich. Ich finde es halt fragwürdig, dass sie so aus dem Leben tritt, ohne sich zumindest von mir zu verabschieden. Vielleicht war ihr Entschluss aber auch ganz spontan.

Meine Oma hat mich damals immer den »Tatort« mitgucken lassen, was wahrscheinlich nicht so gut war. Denn ich habe damals zuerst gedacht, dass sie ermordet worden wäre. Weil mein Onkel die Scheibe ihrer Wohnung eingeschlagen hat, um reinzukommen und zu gucken, was los ist. Da hatte ich zuerst die Horrorvorstellung, dass sie ermordet wurde. Das weiß ich noch. Aber ein paar Tage später wurde ich dann ja aufgeklärt. Damals hatte ich das nicht kapiert, was das bedeutet, Selbstmord. Ich konnte damit noch nichts anfangen.

Meinen Vater kenne ich gar nicht. Ich habe auch nie ein Bild von ihm gesehen. So wie es mir erzählt wurde, hat er sich auch nie für mich interessiert. Er meinte wohl immer: »Nein, das ist nicht mein Sohn.« Obwohl er als Einziger in Frage kam, weil meine Mutter keine anderen Partner hatte zu der Zeit. In meiner Geburtsurkunde steht auch kein Name von ihm, nur der Name meiner Mutter und ein Strich bei »Vater«. Das Einzige, was ich über ihn weiß, ist, dass er angeblich Martin heißt und eine Brille trägt.

Ich hatte mir früher mal vorgenommen, meinen Vater kennenlernen zu wollen, wenn ich 16 bin, aber bisher habe ich mich davor gedrückt, weil ich mir denke, er hat sich 17 Jahre lang nicht für mich interessiert, warum sollte er jetzt Lust haben, mich zu treffen. Und ich brauche es ja nicht. Ich habe eine tolle Familie, Ralf und Johanna sind wahnsinnig tolle Eltern. Deswegen habe ich eher Angst, dass eine Begegnung mit meinem leiblichen Vater eine unnötige Enttäuschung würde.

Der Tod meines Onkels hat mich ehrlich gesagt mehr getroffen als der Tod meiner Mutter. Denn zu der Zeit des Wechsels nach Berlin war Ulrich meine wichtigste Bezugsperson. Wir haben noch drei, vier Jahre danach alle zwei Tage telefoniert und meistens über Fußball gesprochen. Wir hatten sehr intensiven Kontakt zueinander. Bis zu seinem Tod bin ich fast in jeden Ferien bei ihm auf dem Land gewesen. Ich war ein Jugendlicher, als er starb.

Mir wurde danach sehr viel geholfen, ich glaube, es wäre ein großes Problem gewesen, wäre ich alleingelassen worden. Ich kann mich an keinen Moment erinnern, an dem ich damals alleine war. Auch heute noch habe ich Kontakt zu den Freunden meines Onkels. Er hatte damals in so einer Senioren-, Altherren-Fußballmannschaft gespielt, und die fragen immer noch: Kommt Lukas denn nochmal vorbei? Wenn ich da bin, besuche ich auch immer noch den besten Freund meines Onkels. Er ist Spanier und hat eine Pizzeria in der Gegend.

Man härtet irgendwie ab, habe ich das Gefühl, was den Tod anbelangt. Es fällt mir mittlerweile wahnsinnig schwer zu weinen bei Beerdigungen. Keine Ahnung, vielleicht habe ich da mein Kontingent schon aufgebraucht. Es ist ja nicht nur die Familie mit diesen Verlusten, sondern wir, Ralf, Johanna und ich, haben auch viele Freunde gehabt, die gestorben sind. Man schafft so eine Barriere um sich herum. Ich will nicht gerade sagen, man lebt in einer Blase, aber irgendwie lässt man das nicht mehr so an sich ran. Vielleicht weil man es einfach schon so stark erlebt hat.

Kurz nach dem Tod meiner Mutter habe ich meinen Onkel bei einem Spaziergang gefragt, ob er an Gott glaubt. Er meinte damals: »Nein, nicht mehr.« Weil Gott ihm seine Schwester genommen habe.

Man wird dann schon ein bisschen skeptisch. Wie kann es einen Gott geben, wenn es so viel Leid auf der Welt gibt? Diese Theodizee-Frage haben wir irgendwann auch mal im Schulunterricht behandelt. Warum ändert Gott das nicht? Warum lässt er die Menschen nicht am Leben, und alle sind glücklich?

Ich würde jetzt nicht sagen, ich glaube an Gott, aber die Vorstellung von einem Leben nach dem Tod finde ich schon ein wenig beruhigend. Vielleicht auch, weil ich noch relativ jung bin. Vielleicht denke ich darüber in 70 Jahren anders. In der Schule behandeln wir auch viele ethische Fragen. Wir fangen jetzt gerade an mit Gotteskritik. Und da frage ich mich dann: Warum eigentlich immer ich? Darüber habe ich auch mit Johanna oft gesprochen: Warum eigentlich immer wir? Warum lässt der Herrgott das bei uns zu? Und da fragt man sich halt: Gibt es da oben überhaupt jemanden, der das angeblich alles steuert, oder nicht? Leider kommt man nicht zu einer Antwort. Ich glaube, wenn es eine Antwort gäbe, wäre das Leben ein bisschen einfacher.

Vermutlich kann ich bei diesem Thema anderen ganz gut helfen, die Ähnliches erleben. Einem Mädchen bei uns in der Klasse, deren Mutter einen Autounfall hatte, im Krankenhaus lag und lebensgefährlich verletzt war zum Beispiel. Mittlerweile ist wieder alles gut, und sie kann ihr Leben wieder normal leben. Aber als das passiert war, habe ich mich mit ihr unterhalten und ihr gesagt: Wenn sie irgendwelche Fragen hat, kann sie zu mir kommen.

Man hat halt wahnsinnig viel Erfahrung. Wer so einen Verlust erlebt hat, weiß auch eher, wie weit man bei Mitmenschen gehen darf, die dasselbe durchmachen. Also, was spricht man besser nicht an. Wenn jemand gerade in Tränen aufgelöst ist, dann, denke ich, sollte man vielleicht erst mal gar nichts sagen, sondern einfach nur da sein, einfach nur zeigen: Du bist nicht alleine. Und wenn jemand Redebedarf hat, dann reicht es meistens, einfach nur zuzuhören.

Ich könnte mir vorstellen, dass wenn jemand, der noch nie so etwas erlebt hat, plötzlich vor einem Menschen steht, der seinen Bruder oder seinen Vater oder seine Mutter verloren hat, gar nicht weiß, wie man sich verhalten soll.

Mit dem Selbstmord bekommt der Tod etwas Sinnloses, finde ich. Wenn jemand vom Laster überfahren wird oder auf eine unnatürliche Weise stirbt, für die man nichts kann, denn denkt man sich, das konnte ich jetzt auch nicht verhindern. Aber sich selber das Leben zu nehmen, das ist unendlich sinnlos. Da denke ich mir: Hättest du dich doch jemandem anvertraut. Deine Probleme hätte man doch bestimmt lösen können. Ich finde so einen Selbstmord auch ein bisschen egoistisch. Denn wer das macht, stürzt damit so viele andere Menschen ins Leid.

Barbara Obermeyer

## *Einen Mann reißt es dir von der Seite, aber ein Kind reißt es dir aus dem Herzen*

Wir waren fünf Kinder, alle sind wir im Abstand von zwei Jahren geboren. Bis aufs Annerl und Peterl, die waren vier Jahre auseinander, sonst eben zwei. Ich bin die vorletzte, und die jüngste war das Katherl. Das Katherl ist geboren im Oktober 1937. Auf alle Fälle war das ein sehr schönes Kind, aber schon als sie noch ganz klein war, hat sie gekränkelt. Dann ist der Doktor zu uns auf den Bauernhof am Tegernsee gekommen, der Dr. Christian. Das war so ein Kerzengerader, aber ein guter Doktor. Da hat Mama zum Doktor gesagt: »Schau mal bei der Katherl in den Mund, das schaut aus, als bekäme sie einen zweiten Kiefer.« Dann hat er reingeschaut: »Denk dir nichts«, hat er gesagt, »der gibst du höchstens die Flasche immer auf der Seite.« Da war sie noch ganz klein. Trotzdem hat das Katherl einfach immer ein bisschen gekränkelt, in der Nacht geschnarcht, was ein Kind normal ja nicht macht. Sie hat immer nach Luft gerungen. Meine Geschwister waren ja schon älter. Die haben sie richtig verzogen, weil sie einfach anders war. Wenn Kinder zum Spielen da waren und sie gestritten haben, dann ist das Katherl zur Mama gegangen und hat gesagt: »Gell Mama, das sind wüste Kinder?« Sie war von Kind weg ein Engel. Sie hat auch ausgeschaut wie ein Engel. Blonde Locken. Anders als die anderen. Und dann ist es immer schlimmer geworden mit ihrer Atmung. Sie kam ins Krankenhaus nach Tegernsee. Die haben gesagt, die Mandeln müssten geschält werden, nicht rausoperiert, sondern nur geschält. Es war aber nichts besser geworden. Das Dirndl ist immer weniger geworden. Da hat eine Krankenschwester zur Mama gesagt: »Frau Bachmeier, ich gebe Ihnen einen Rat: Fahren Sie mit dem Kind nach München in die Klinik.« Das haben sie dann alles organisiert. Man muss sich das einmal vorstellen: damals mitten im Krieg nach München! Im Krieg hatte ja kein Mensch ein Auto. Bis wir überhaupt mal jemanden aufgetrieben hatten, der Mama mit dem Katherl auch nur nach Tegernsee gefahren hatte. Und jetzt München! Um halb fünf in der Früh hatte Mama das Katherl hier an diesem Tisch sitzen und hat ihr die Strümpfe angezogen. Das war vor über 70 Jahren. Dann hat das Katherl die Mama in die Arme genommen und gefragt: »Wie lange muss ich denn bleiben?« Im Krankenhaus. Ohne dass irgendjemand gesagt hat, dass sie überhaupt ins Krankenhaus muss. Aber sie wusste genau Bescheid. Was es heute nie geben würde und was Mama so wehgetan hat, war die Tatsache, dass das Kind von der Mutter getrennt wurde. »Ich bin mit dem Kind da drin gewesen, sie haben es mir aus dem Arm gerissen, und weg war sie.« Heute darf man ja bei dem Kind bleiben. Die Mama hat gedacht, sie reißen ihr alles raus. Schweren Herzens ist sie heimgefahren. Und dann waren da die Fliegerangriffe. Was meinen Sie, was die Mama geweint hat daheim? Sie ist auf den Berg raufgelaufen, an ihren Trostort. Dein Kind liegt allein in München in der Klinik, es gibt Bombenangriffe, und du stehst daheim und schaust zu. So muss das für sie gewesen sein. Immer, wenn die Flieger nach München durchgeflogen sind zum Bombardieren, sind auch wir Geschwister hochgelaufen und haben ins Tegernseer Tal reingeschaut. Es war unheimlich.

Mama ist immer wieder nach München gefahren, um das Katherl zu besuchen. Monatelang lag das arme Kind im Krankenhaus. Tonsillengeschwulst hat das damals geheißen, was bei ihr diagnostiziert wurde. Heute würde man sagen Kehlkopfkrebs, irgend so etwas. Als die Mama wieder dort war, hat sie irgendwann gesagt: »So, und jetzt nehme ich mein Kind mit. Sterben kann es daheim auch.« Da war meine Schwester schon bloß noch Haut und Knochen.

Die Frau Reichenbach – ihr Mann war Bürgermeister – war Mamas beste Freundin. Sie war eine richtig gute Frau. Sie hat ihr einen Schlitten geliehen, einen mit Aufsatz. Sie haben das Katherl in eine schöne Wolldecke gewickelt und auf den Schlitten gesetzt. Und dann hat die Frau Reichenbach ihr eine wunderschöne Puppe geschenkt, als sie sie in Tegernsee abgeholt haben. Ich sehe heute noch, wie Mama von der Sonnenleit reingekommen ist, aus der Querstraße, wie sie den Schlitten mit unserer kleinsten Schwester hinter sich her zieht und wir

Geschwister ihnen entgegenkommen. Mei, das Katherl hat ausgeschaut! Dann hat sie zu meinem Bruder gesagt – ich sage heute noch Peterl zu ihm: »Beda. Beda.« Ganz steif. Sie konnte ja nicht mehr reden, nicht mehr schlucken. Sie musste verhungern und verdursten. Und sie hatte auch Luftnot. An einem Sonntag auf die Nacht hat sie eine halbe Brezel gegessen. Können Sie sich vorstellen, wie glücklich Mama war? Sie hat gedacht, jetzt geht es aufwärts.

In der Früh, da waren sie noch nicht im Stall, das weiß ich noch gut, ist die Mama gekommen und hat gesagt: »Kommt schnell.« Sie hat das kleine Katherl auf dem Arm gehabt. »Sie ist erstickt.« Hat einfach keine Luft mehr bekommen. Das war im Winter 1942, Februar. Mit fünf Jahren ist sie gestorben. Ich war damals sieben, Annerl war schon elf Jahre alt. Das Katherl war sogar im Leichenhaus aufgebahrt. Davon muss es auch irgendwo noch ein Foto geben, wie sie dort aufgebahrt lag. Das kann man sich nicht vorstellen, was das für ein schönes Dirndl war. Ich sehe es heute noch vor mir. Ich weiß noch gut, als die Beerdigung war, ist die Mama an den offenen Sarg hingegangen und hat sie noch mal in den Arm genommen. Sie nahm ihren Kopf hoch, in ihre Hände.

Ich muss ehrlich sagen, das verändert eine ganze Familie, wenn so etwas ist. Der Papa ist nur im Haus auf und ab gegangen, er hatte keine Ruhe mehr. Auch wir Geschwister hingen alle so an dem Dirndl. Und die Mama natürlich sowieso, das Katherl war ja von klein auf ihr

Sorgenkind, und an so einem Kind hängt man ja noch mehr. Ob wir untereinander über ihren Tod geredet haben, erinnere ich nicht mehr so genau. Die Arbeit auf dem Hof bringt einen aber darüber weg. Es waren ja die Viecher da und vier andere Kinder. Und es ist die Mama gewesen, die die Familie danach zusammengehalten hat. Die Frau hatte eine ganz große Stärke in sich. Ich weiß noch gut, wie ich viele Jahre später von meinem ersten Mann heimgekommen bin. Ich hatte mich schon nach einem Jahr Ehe von ihm scheiden lassen und wollte das so. Aber ich habe halt trotzdem viel geweint. Da hat sie gesagt: »Weißt du was, Barbara, du gehst jetzt mit dem Peterl auf den Berg und arbeitest.« Da oben haben wir eine Wiese, rechts von der Moni Alm, und dort häufte mein Bruder Peterl immer das Heu in die Taschen. Das ist eine anstrengende Arbeit gewesen. »Arbeit ist das Beste, was es gibt – für alles.« Und als das Katherl starb, war Mama auch diejenige, die gesagt hat: »Es muss weitergehen.«

Die Mama hat auch schon so viel Tod erlebt. Das hat sie robust gemacht. Vielleicht waren es auch die Umstände. Im Zweiten Weltkrieg sind in einem Jahr drei ihrer Geschwister gestorben. Nur als Beispiel: Der Vater meiner Mama hatte im Holzschuppen zu tun, ich war auch dabei, und da kam Mama und sagte: »Papa, der Korbinian ist gefallen.« Das war ein Bruder von Mama. Er war in Rottach verheiratet und hatte zwei Kinder. Davon haben wir nachher eines genommen. Opa hat geflucht. Er hat so geflucht! Er sagte: »Jetzt haben sie uns den auch noch genommen.« Sie müssen sich vorstellen, der Korbinian ging mit 18 in den Krieg. Kaum war er im Krieg, ist er gefallen. Der Seppl, sein Bruder, muss ein bildschöner Mensch gewesen sein, ist mit 21 Jahren an offener Tuberkulose gestorben. Die Terese ist mit 19 Jahren gestorben. Und dann noch ihre Mutter mit 54 Jahren. Das hat Mama alles erlebt. Ich glaube, da muss ein Mensch hart werden, denn entweder du überlebst oder du stirbst.

Meine Mama war selber sehr krank. Auch sie hatte offene Tuberkulose. Das begann schon in den 40er-Jahren. Da ist sie mal nach Schonstett zur Erholung gefahren und einmal auch in die Schweiz nach Davos. Dort hielt sie es aber nicht lange aus und hat gesagt: »Wenn ihr mich jetzt nicht heimlasst, springe ich runter.« So sehr hatte sie Heimweh nach ihren Kindern gehabt. Der Onkel Korbinian, der da gefallen ist, der war Holzknecht, und als Mama so krank war, ist er ich weiß nicht wie viele Stunden mit dem Radl von Rottach nach Schonstett gefahren, um sie zu besuchen. Er hat gesagt: »Sofie, du musst dir einfach sagen: Ich werde gesund. Und dann wirst du auch gesund – für deine Kinder.« Mamas Wunsch war, dass der Herrgott sie so lange leben lässt, bis wir – so hat sie es immer gesagt – aus dem Schlamassel raus sind, bis wir halt aus der Schule sind. Dass sie so lange leben darf, dafür hat sie immer gebetet. Für uns Kinder war es das Allerschönste – das ist jetzt schlimm, wenn ich das sage –, dass sie ohne Papa noch so lange leben durfte. Sie wurde fast 81 Jahre alt, der Papa starb viele Jahre vor ihr, schon mit 57 Jahren.

Obwohl Mama sehr gläubig war, ist sie so gut wie nie in die Kirche gegangen. Sie war überzeugt: »Das sind nicht die Besten, die in die Kirche laufen.« Wenn eine Hochzeit oder Beerdigung war, dann ging sie natürlich schon hin, wie wir auch. Aber sonst nicht. Bei Mama zu Hause waren ja zehn Kinder, die gelebt haben, und ihre Mutter hatte nie Zeit, in die Kirche zu gehen. Sie hatten einen Geistlichen, den Prälat, der immer gesagt hat: »Mir sind die Mütter lieber, die zu Hause bleiben bei ihren Kindern, als wenn sie in die Kirche laufen und schauen, was andere Leute anhaben.« Und das war Mamas Parole: »Arbeit ist auch Gebet. Ich muss mein Christlichsein leben.« Das hat sie gemacht. Wenn sie den Waldweg raufgegangen ist oder wenn sie ihr Gebet auch unter der Heuarbeit hat sprechen können: Das war ihr genauso viel wert. Sie hat den Glauben nicht mit der Kirche verbunden, sagte oft: »Ich muss nach meinem Glauben leben, nicht nach der Kirche.« Für jeden armen Teufel, der während des Krieges gekommen ist, hat sie gesorgt. Auch zu den Nachbarskindern war sie immer so nett. Als es im Krieg überhaupt nichts zu essen gab, sind die Kinder jeden Tag zu uns in die Küche gekommen und haben irgendwas gekriegt. Immer. Kartoffeln haben wir selber angebaut. Mama hatte einen Dämpfer, so einen großen schwarzen, ich sehe ihn heute noch vor mir. Auch haben wir selber gebuttert, und es hat Buttermilch gegeben. Unser Hof war immer voll mit Kindern.

Als sie selber auf dem Sterbebett lag, hat sie gesagt: »Der Papa und das Katherl warten schon auf mich.« Den Papa hatte der Tod des Katherls sehr getroffen. Er hat nur geweint, das erinnere ich noch. Als das passierte, 1942, war die Ehe meiner Eltern noch intakt. Danach ist der Papa dann mit den Weibern umgegangen. Aber es gab nie ein Wort der Klage von meiner Mama. Meine Schwestern haben es mal gehört nachts, als er so gemein war zur Mama. Dann hat ihn meine große Schwester gepackt im Stall, aber wie! Der hat in keinen Schlappschuh mehr gepasst. Aber von der Mama kam nie ein Wort. Nie. Als der Papa gestorben ist, das werde ich nie vergessen, war das Einzige, was sie gesagt hat: »Der Herrgott hat es schon richtig gemacht.«

Nach Katherls Tod war Mama die Stärkere. Obwohl ich glaube, dass es ihr mehr wehgetan hat als dem Papa. Sie hat zu mir einmal gesagt: »Barbara, das musst du dir merken: Einen Mann reißt es dir von der Seite, aber ein Kind reißt es dir aus dem Herzen. Und das heilt nie.« Ich glaube, das ist auch so.

Katharina Salzgeber

## *Das können nur wenige verstehen: dass der Tod meiner Mutter ganz wichtig für mich war*

In Krisensituationen bin ich oftmals zu Therapeuten gegangen. Immer, wenn ich in eine neue Stadt umzog, habe ich mir auch einen neuen Therapeuten gesucht. Jeder Einzelne von ihnen hat mich angeschaut und gesagt: »Entschuldigung, wie viele Leben erzählen Sie mir? Das kann einfach nicht sein.« Das, was ich erlebt habe und verarbeiten wollte, war selbst für die Therapeuten zu viel. Irgendwann kam ich mir albern vor und habe gemerkt: Ich darf gar nicht so viel auf die Leute laden.

Mit der Zeit habe ich gelernt, mit meiner Lebenssituation selber umzugehen. Ich kann Menschen, ohne unbescheiden klingen zu wollen, in schwierigen oder auch in tödlichen Situationen, wenn sie jemanden verloren haben, inzwischen sehr, sehr gut helfen. Weil ich eine Versöhnlichkeit mit dem Leben und dem Tod gefunden habe. Einen Weg, den ich, glaube ich, ganz gut vermitteln kann.

Es war kurz vor meinem Geburtstag. Ich war Ende zwanzig, hochschwanger und wohnte mit meinem damaligen

Mann Tom im Haus meiner Eltern in der Nähe von München. Meine Eltern waren für eine Woche nach Sardinien in den Urlaub gefahren. Dort fuhren wir oft hin, mein Onkel hat dort ein schönes Haus.

Nachts um zwei Uhr wachte ich auf, weil das Telefon klingelte. Tom hat einen wahnsinnig tiefen Schlaf, er hörte also nichts. Ich eilte zum Telefon. Eine Frauenstimme war dran, sie klang sehr merkwürdig. Diesen Klang werde ich nie vergessen. Ich dachte, es sei meine Mutter. Ich fragte: »Mama?« Aber es kam nur ein ersticktes, ganz zartes »Nein« aus dem Hörer. Es war die Frau meines Onkels, des Bruders meiner Mutter. Sie versuchte mir beizubringen, dass mein Onkel gerade seine Schwester, also meine Mutter, erschossen hatte. In einem albernen Streich. Aus Versehen.

Nach einem lustigen, feucht-fröhlichen Abend im Restaurant seien sie zu viert ins Haus zurückgekehrt. Meine Mutter sei zur Toilette gegangen, mein Onkel sei ihr gefolgt und wollte sie anscheinend mit dem Klicken seines Gewehrs erschrecken, das er im Haus auf Sardinien hatte. Einfach so, aus Spaß. Er habe ihr den Gewehrlauf an den Kopf gehalten und unter starkem Alkoholeinfluss nicht realisiert, dass er ihn nicht an ihr vorbeigeschoben habe, sondern eben an ihren Kopf hielt. Dann habe er abgedrückt. Von meiner Mutter sei nichts mehr übrig geblieben. Mein Vater habe danebengestanden.

Ich habe diese Nachricht einfach nicht verstanden, habe sie nicht aufnehmen können. Meine Tante am Telefon war fix und fertig und wurde immer fertiger, weil ich es nicht kapieren wollte. Irgendwann habe ich aufgelegt und war so durcheinander, dass ich ausgerutscht und mit meinem hochschwangeren Bauch an den Tisch geknallt bin. Ich bekam wahnsinnige Schmerzen. Auf allen vieren robbte ich zu meinem Mann ins Schlafzimmer herüber und weckte ihn auf. Dann haben wir uns diesem Unfassbaren gestellt.

Wir weckten meinen Bruder auf, der direkt in der Nähe wohnte, und fuhren zu meinen Großeltern. Es war mittlerweile vier Uhr morgens. Ich habe dieses Bild immer noch im Kopf, wie wir im Wohnzimmer meiner Großeltern saßen. Fassungslos, wie versteinert.

Wir starrten uns alle nur an. Meine Großeltern mussten die Tatsache verdauen, dass ihr Sohn ihre Tochter umgebracht hatte. Ich war hochschwanger. Mein Bruder war jünger als ich. Er hatte sich nach Jahren des Streits gerade wieder mit meiner Mutter versöhnt, und jetzt war sie tot. Mit 49 Jahren. Es war so bitter. Es war ein Desaster.

Wie ich hinterher erfuhr, ist mein Onkel wohl in dieser Nacht vom Tatort abgehauen und hat sich laut schreiend in die Macchia geflüchtet. Irgendwann fand ihn die Polizei und brachte ihn in U-Haft. Während man dort noch zu klären versuchte, inwieweit mein Onkel überhaupt Schuld an diesem Unglück hatte, wollte mein Vater nur noch weg.

Nun ist Sardinien eine Insel, und es war September. Es war kein Flug zu bekommen. Mein Bruder charterte schließlich ein Privatflugzeug, um unseren völlig verzweifelten Vater von dieser Insel wegzuholen.

Nachdem wir ihn dann wieder zu Hause hatten, versuchte er ein paarmal, sich umzubringen. Eigentlich hätte es ihm leicht gelingen können, denn er hatte von Berufs wegen Zyankali und andere Gifte im Haus. Er war forschender Botaniker. Aber irgendwie kam es nicht dazu. Mein armer Bruder hatte in der Zeit nach dem Tod unserer Mutter alle Hände voll zu tun. Ich war ja hochschwanger, es waren nur noch acht Wochen bis zur Geburt meines ersten Sohnes. Bis dahin musste ich strikt liegen. Nach dem nächtlichen Anruf meiner Tante hatte ich mich ja in den Bauch gestoßen, der Muttermund hatte sich infolgedessen geöffnet. Ich konnte weder meinen Vater noch meinen Bruder so unterstützen, wie ich es gerne getan hätte.

Die folgenden fünf Jahre waren dramatisch für mich. Das ist auch der Grund, weswegen ich in meinem heutigen Leben so gut wie kein menschengemachtes Drama mehr ertrage. Zwar habe ich eine gewisse Veranlagung dazu, bin früher immer eine Drama-Queen gewesen, aber jetzt habe ich genug Drama in meinem Leben gehabt.

Es begann mit dem wirklich brutalen Tod meiner Mutter. Mein Mann war leider in dieser Zeit nicht wirklich eine Stütze für mich, ich hatte den Eindruck, dass er damals seine eigenen großen Probleme hatte und nach diesem Schock immer mehr in Drogen einen Ausweg sah. Es wurde ihm schnell alles zu viel, die Verantwortung für mich und unser erstes Kind Nils, dann auch für unseren zweiten Sohn David, der kurze Zeit später auf die Welt kam. Der Druck, als junger Autor Geld verdienen zu müssen, hat ihn sicher auch sehr belastet.

Dann war da mein Vater, der sich in dieser Zeit immer wieder umzubringen versuchte. Meine Großeltern, die mich quasi zwangen, mit meinem Onkel Kontakt zu halten, weil er »das ja nicht so gemeint hat« mit dem Erschießen meiner Mutter. Diese Erwartungshaltungen und Verhaltensweisen meiner Familie waren sehr anstrengend für mich. Weil ich aber immer ein gut funktionierendes Mädchen war und auch zu dieser Rolle erzogen wurde, habe ich das alles mitgemacht. Meine Schwiegermutter gab mir die Schuld daran, dass sich mein Mann in die Drogenwelt flüchtete. Wäre ich netter zu ihrem Sohn, müsste er das nicht tun, sagte sie mir oft. Und mein Schwiegervater schmiss mich mit unserem Kind auf dem Arm aus der Wohnung, weil ich eine katholische Spießerin aus kleinen Verhältnissen sei.

Es waren bittere Jahre. Im Nachhinein, all die Jahre später, bin ich erstaunt, wie ich es trotz alledem geschafft habe.

Ich habe diese schlimme Lebensphase auch überstanden, weil ich gute Freunde hatte. Freunde, die mich gehalten und getragen haben, die für mich da waren und auch Rat wussten. An erster Stelle meine Freunde Beate und Jürgen. Sie haben auch ein Zuhause auf Sardinien, und ich war oft bei ihnen. An zweiter Stelle meine Freundin Anja. Nachdem mein Mann mit Drogen anfing, brachte Anja ihn zusammen mit seinem Bruder in eine Entzugsklinik. Diese Klinik hatte ihn nur unter der Bedingung aufgenommen, dass auch ich während der letzten zwei Wochen der Entzugskur dazukommen würde. Weil ich co-abhängig war. Jeder, der ein paar Wochen oder Monate lang mit einem Drogensüchtigen zusammenlebt, ist co-abhängig und muss auch therapiert werden. So zumindest waren die Anforderungen in dieser Klinik. Das habe ich damals überhaupt nicht verstanden. Ich dachte: Mein Mann flüchtet sich in Drogen, und ich hänge da mit drin? Aber gut, dann geh ich da eben mal hin.

Die zwei Wochen der Therapie waren der Anfang eines neuen Lebens. Im Nachhinein war genau das meine Rettung. Denn vorher hatte ich mir eingebildet, alles im Griff zu haben. Schließlich musste ich mein Leben auch im Griff haben, mit den zwei kleinen Kindern hatte ich keine andere Wahl. Ich war ja alleine. Ich hatte keine Großeltern mehr für die Kinder. Tom war praktisch immer abwesend, so kam es mir zumindest vor, und meine Freunde waren mit sich selber beschäftigt. Ich war wahrscheinlich auch zu anstrengend für sie und spürte die Zumutung, die ich für sie sein musste. Das ganze Erlebte hat mich irrsinnig hart gemacht.

So war ich auch schon groß geworden – meine Kindheit und Jugend waren eine einzige Abhärtung. Diese hatte sich mit dem Tod meiner Mutter dann noch einmal potenziert, diese Strenge und Disziplin, mit der ich in den Jahren danach das Leben bewältigt habe. Diese Verpanzerung half mir aber, mit den kleinen Kindern zu überleben.

Mit meinem Aufenthalt in dieser Therapie begann ich, weicher zu werden. Ich fing an zu realisieren, dass es im Leben noch etwas anderes gibt als Kampf und Härte. Wir entschieden, den Atlantischen Ozean und 9000 Kilometer zwischen mich und diesen ganzen Wahnsinn zu bringen, und zogen von München nach Los Angeles.

In Los Angeles eröffnete sich für mich eine ganz andere Welt. Eine spirituelle Welt. Hier konnte ich mich endlich mit Abstand und der nötigen Ruhe mit dem Tod meiner Mutter auseinandersetzen. Damit, was dieser Verlust für mein weiteres Leben bedeuten würde. Alle möglichen spirituellen Wege probierte ich aus. Ich traf auf eine Meditationslehrerin Sabrina, die mich in ihren Meditationskreis einlud. Jeden Sonntag saß ich dort mit anderen Frauen zusammen, von denen eine Weichheit und Liebe ausging, die ich nie gekannt hatte. Plötzlich in einem geschützten Raum aufgenommen zu sein und zulassen zu können, weich zu sein und zu weinen, zu mir selbst zu kommen: Diese Welt offenbarte für mich eine ganz neue Dimension. Dass es noch etwas anderes gibt zwischen Himmel und Erde als das, was ich bisher erlebt und wahrgenommen hatte, das ist mir in diesem spirituellen Umfeld klargeworden.

Ich hatte auch körperliche Symptome, vor allem immer wiederkehrende Rückenschmerzen. Ein Wunderheiler operierte mich, der damals sehr bekannt war. Er ging auch durch die Medien. Mit bloßen Händen operierte er mich am Rücken. Es ging mir besser. Ich war auch beim Vipassana bei Ruth Denison, die damals sehr berühmt war. Sie ist inzwischen schon gestorben. Sie war mit Allen Ginsberg verheiratet und war eine wunderbare Meditationslehrerin. Mit ihr machte ich ein Schweigeseminar in der Wüste.

Diese und viele andere spirituelle Tätigkeiten haben mich nach und nach geheilt von meinen Verstrickungen, insbesondere von der ungesunden, symbiotischen Verbindung mit meiner Mutter.

Meine Mutter war sehr jung, als sie mich bekam, fast selber noch ein Kind. Ich glaube, sie war mir deswegen so nah, weil sie wollte, dass ich für sie sorge – und nicht umgekehrt. So musste ich schon als Kind erwachsen sein, weil sie selber noch nicht erwachsen war. Meine Mutter hat mich unendlich geliebt, zu sehr sogar, aber sie war einfach zu jung, um Mutter zu sein. Es passierten viele Dinge, die nicht passieren sollten mit kleinen Kindern. Sie ging mit meinem Vater ständig aus, ich hatte nie einen Babysitter. Fast immer alleine zu Hause, wachte ich nachts heulend auf. Unsere Nachbarin tröstete mich durch die verschlossene Wohnungstür, hinter der ich mit drei Jahren alleine saß und nichts verstand. Mein Bruder kam auf die Welt, und meine Eltern gingen weiter aus. Dann musste ich auf ihn aufpassen, auch er heulte. Wir waren alleine, und ich hatte immer Angst. Aber es blieb mir nichts übrig. Es hat mich hart gemacht.

Meine Mutter war auch auf eine Art hart. Sie hat mich als ihren Besitz gesehen, hat mich nie meinen eigenen Weg gehen lassen. Hätte sie jemals mitbekommen, dass Tom Probleme hatte und sich in meinen Augen nicht gut um uns kümmerte, hätte sie mir und auch ihm, uns beiden, sicher keine Chance gelassen. Sie hätte gesagt: »Du trennst sich jetzt von deinem Mann, du bist doch viel mehr wert.« Ganz sicher wäre ich einen anderen Weg gegangen, wäre sie nicht gestorben. Ich hätte es nämlich nicht übers Herz gebracht, mich von meiner Mutter zu befreien, ihr sozusagen den Todesstoß zu versetzen. Ich glaube, ich hätte mich eher von diesem Mann getrennt, bevor ich mich von ihr getrennt hätte. (Später habe ich es zwar getan, aber nicht wegen meiner Mutter.) Ich hätte auch nicht die Therapie gemacht, die für mich so wichtig war.

Heute bin ich froh, dass ich diesen Weg gehen musste. Ich bin sogar dankbar. Das können nur wenige verstehen: dass der Tod meiner Mutter ganz wichtig für mich war. Das ist eine brutale Erkenntnis, ich weiß. Mir laufen gerade die Tränen herunter, während ich diesen Gedanken ausspreche, weil mir bewusst ist, wie brutal das ist. Aber das Verhältnis zwischen meiner Mutter und mir war eine fatale Verstrickung und Verfilzung, aus der ich möglicherweise mein ganzes Leben lang nicht herausgefunden hätte.

Als ich mit 18 Jahren von zu Hause ausgezogen war, habe ich ein halbes Jahr lang nicht mit ihr gesprochen. Sie rief ständig an, belagerte mich. Ich ging nicht ans Telefon und rief nie zurück. Es war schlimm. Ich glaube nicht, dass meine Mutter mich jemals mein Leben hätte leben lassen – aus falsch verstandener Liebe. Und ich glaube eben auch nicht, dass es mir innerlich möglich gewesen wäre, diese Bande zu durchschneiden. Deswegen musste es wahrscheinlich so brutal kommen.

Ihr Tod ist dieses Jahr 30 Jahre her. Ich kann für mich sagen, länger als ein Vierteljahrhundert gebraucht zu haben, um mich wirklich von ihr zu lösen. Und ich bin noch nicht einmal sicher, ob ich das tatsächlich geschafft habe. In all den Jahren habe ich mich immer wieder an die Arbeit gemacht, die einzelnen Fäden unserer komplizierten Verstrickung zu lösen.

Vor zwei Jahren, als ich schon lange aus Los Angeles wieder nach München zurückgezogen war, habe ich es einmal mit schamanischer Arbeit versucht. Das Erstaunliche war, dass die Schamanin überhaupt nichts von den Umständen wusste, unter denen meine Mutter ums Leben gekommen war. In der Sitzung bekam sie starke Kopfschmerzen – meiner Mutter wurde ja in den Kopf geschossen. Sie erzählte mir viele Details, die sie gar nicht wissen konnte. Das faszinierte mich. Mit ihr habe ich die Symbiose mit meiner Mutter von der anderen Seite aus betrachtet: Vielleicht ist es ja meine Mutter, die sich nicht von mir lösen kann?

Ich bekam dann Angst, nicht älter zu werden, als meine Mutter es wurde. Ich fürchtete, dass sie kommen und mich holen würde. Als ich langsam ihr Alter erreichte, war diese Angst nicht massiv, aber sie war dennoch da. Ich kann meinen Kindern doch nicht das Gleiche antun, dachte ich. Und dann bin ich in dem Lebensjahr, in dem meine Mutter starb, tatsächlich ein paarmal fast ums Leben gekommen. Wie eine self-fulfilling prophecy war das: Im Auto entging ich nur knapp einem Frontalzusammenstoß mit einem Geisterfahrer, ich ertrank beinahe in einem Ayurveda-Ressort, und als ich ein paar Monate später auf dem Fahrrad saß, wurde ich fast von einem Bus überrollt. Das waren definitiv Nahtod-Erlebnisse. Vielleicht war meine Angst, dass mein Leben im gleichen Alter enden würde wie das meiner Mutter, auch eine Sehnsucht? Ich weiß es nicht.

Nach alledem weiß ich aber, dass der Tod ein Teil des Lebens ist, und ich akzeptiere ihn. Die spirituelle Arbeit mit Blick auf den Tod meiner Mutter bedeutet für mich, am Loslassen-Können zu arbeiten. Ich konnte auch meine Schwiegermutter loslassen, die im vergangenen Jahr starb, und ich bin glücklich, zu ihr nach den holprigen Anfängen doch noch eine liebevolle Verbindung aufgebaut zu haben. Ich habe sie mehr geliebt, als ich meinen Vater geliebt habe, der auch letztes Jahr starb.

Ich glaube nicht an Gott, fühle mich eher im Dialog mit einer höheren Macht. Mit ihr kommuniziere ich oft und bedanke mich für mein Leben und dafür, was ich alles erreicht habe. Auch dafür, dass meine beiden Söhne und die Menschen, die ich liebe, weiter um mich sein dürfen. Der Dank für mein Leben ist ein besonderer, denn wäre meine Mutter nicht gestorben, hätte ich nicht mein Leben führen können, sondern das meiner Mutter weiterleben müssen.

Damals, als sie starb, verstand ich das noch nicht. Ich hätte es zu diesem Zeitpunkt als viel größere Befreiung empfunden, wäre mein Vater erschossen worden oder auf eine andere Weise gestorben. Mit ihm hatte ich nachhaltig keine gute Beziehung, er hat mich zeit seines Lebens nur verletzt. Nie hat er mich ernst genommen, nie hatte ich eine Nähe zu ihm. Gleich nach dem Tod meiner Mutter und noch lange Jahre danach dachte ich mir immer wieder: Warum meine Mutter und nicht mein Vater? Ich haderte sehr mit dem Schicksal, fragte mich, warum mir der falsche Elternteil genommen wurde.

Heute weiß ich, dass es nicht der falsche Mensch war, den ich verlor, sondern dass es genau das Richtige war, was das Leben für mich gemacht hat. Weil ich mich sonst nicht hätte entwickeln können. Ich führe das Leben, das meine Mutter vielleicht gerne gehabt hätte. Aber dieses Leben hätte ich nicht leben können, wäre sie an meiner Seite geblieben. Niemals hätte ich zu dem Menschen werden können, zu dem ich geworden bin, wäre meine Mutter nicht gestorben.

Friederike Schönfeld

## *Jeder war mit seinem Schmerz allein*

Nach all der Zeit, die seitdem vergangen ist, wundert mich vor allem, wie unterschiedlich die Kondolenzbriefe von Freunden, Familie und auch von den Geschäftspartnern meines Mannes waren. Sie alle wollten uns in unserer Trauer beistehen. Einige haben auch in ihren Briefen gesagt, dass sie zuerst gar nicht hätten schreiben können, weil sie nicht gewusst hätten, *was* sie schreiben sollten. Rückblickend kann ich das verstehen, denn nur leere Worte hätten nicht geholfen. Von denen gab es zwar auch einige, aber ich glaube, das war keine Absicht. Es ist sehr schwierig, die richtigen Worte zu finden. Manchmal gibt es einfach keine.

Was ich im Nachhinein nicht verstehen kann, ist, dass mein Mann und ich niemanden bei der Beerdigung dabeihaben wollten. Vor allem ich wollte das ganz alleine machen. Wir haben auch keine Anzeige geschaltet. Ich konnte es einfach nicht. Die Einzigen, die gekommen sind, waren meine Eltern und der Bruder meines Mannes mit seiner Frau. Noch nicht einmal meine Schwiegereltern waren da. Aus heutiger Sicht verstehe ich nicht, dass ich nicht die geringste Anteilnahme zulassen konnte.

Ich habe mich von allem abgeschottet, wollte nicht angesprochen werden, von niemandem. Ich glaube, ich habe mich so verschlossen, weil ich es einfach nicht ausgehalten hätte, über diesen unbeschreiblichen Schmerz zu sprechen. Nur so kann ich mir das erklären. Ich konnte weder für mich alleine trauern noch mit meinen Kindern.

Heute tut es mir leid, dass ich meine Töchter nie in den Arm genommen und sie gefragt habe, wie es ihnen mit diesem Verlust eigentlich geht. Das hätte ich tun sollen, ich weiß. Aber damals konnte ich es nicht.

Bevor der Unfall passierte, habe ich oft zu meinem Mann gesagt: »Mir graut vor der Götter Neid!« Weil alles so perfekt war. Wir hatten sehr jung geheiratet, waren beide 25 Jahre alt, hatten drei glückliche, gesunde Kinder, zwei Töchter und einen Sohn. Beruflich sah bei meinem Mann alles sehr gut aus, und auch ich hatte bereits meine Lehrerausbildung abgeschlossen. Wir wohnten in einem schönen Haus am Stadtrand zur Miete, durften in Absprache mit dem Vermieter ein Schwimmbad in den Garten bauen, alles entwickelte sich großartig. Wir waren so glücklich. Dann kaufte mein Mann sogar ein Grundstück in Spanien, auf dem wir ein Ferienhaus bauen wollten. Es war eine wunderbare Zeit.

Als es dann passiert ist, habe ich zu meinem Mann gesagt: »Siehst du, jetzt wissen wir, dass die Bäume nicht in den Himmel wachsen und dass wir auch mit Leid zu tun haben. Wir werden geprüft.« Bis dahin lief alles so glatt. Fast zu glatt. Auch mit dem Geld: Es war genug da, und weil wir uns ein Kindermädchen leisten konnten, habe ich ruhigen Gewissens als Lehrerin arbeiten können. Ich bin sehr gerne Lehrerin gewesen.

Unser kleiner Sohn ist mit drei Jahren in unserem Schwimmbad ertrunken. Von einer Minute auf die andere. Kurz vorher hatte er mir noch in der Küche über die Schulter geschaut, während ich das Abendessen zubereitete. Eine Quarkspeise mit Blaubeeren sollte es geben. Da stand er noch neben mir und sah zu, wie ich den Quark rührte. Und ein paar Augenblicke später war er tot.

Kann man so etwas jemals begreifen? Mein Mann telefonierte, unsere ältere Tochter, damals fünf, war zum Spielen bei den Nachbarskindern, und unsere Jüngste, damals ein Jahr alt, wurde von unserem Kindermädchen gewickelt. Eigentlich sollte er auf die Toilette gehen, stattdessen lief er in den Garten runter ins Schwimmbad. Es war ein sehr heißer Julitag. Mein Mann fand ihn. Leblos.

Ich stand total unter Schock. Was es so schwierig zu fassen machte, war, dass es von jetzt auf gleich passierte. In keiner Weise hätte ich mich auf so eine Erfahrung vorbereiten können, anders als bei einer Krankheit zum Beispiel. Der Unfallwagen kam, und noch im Garten versuchten die Notärzte, unser geliebtes Kind wiederzubeleben. Dann sagten sie uns, es sei vergeblich. Und selbst wenn es noch gegangen wäre, hätte unser Sohn wohl einen Schaden davongetragen durch diese vier, fünf

Minuten – ich weiß nicht genau, wie viele es waren –, in denen sein Gehirn keinen Sauerstoff bekommen hatte.

Vielleicht sei es in diesem Fall besser so gewesen, sagte einer der Notärzte. Ich weiß noch, wie ich ihn schüttelte und rief: »Nein! Hauptsache, er hätte gelebt! Ich hätte schon für ihn gesorgt. Auch mit Schaden. Das ist mein Kind!« Ich hatte in diesem Moment keinerlei Verständnis dafür, dass er so etwas sagte. Aber es war ja die Wahrheit.

Mein Mann trug unseren leblosen Sohn ins Haus und legte ihn aufs Bett. Da lag er dann in seiner nassen Badehose. Ein unerträglicher Anblick für mich. Unglaublicherweise lief ich in den Garten, um die Blumen zu gießen. Wirklich unbegreiflich im Nachhinein. Blumen gegossen habe ich! Aber irgendetwas musste ich machen, irgendetwas, sonst hätte ich diese Stunden danach nicht überlebt. Natürlich hätte ich mich auch einfach auf einen Stuhl setzen und in Tränen ausbrechen können. Aber das konnte ich nicht.

Der Kinderarzt kam, um den Tod festzustellen. Kurz danach klingelte der Bestatter. Er brachte einen kleinen Kindersarg mit, noch heute sehe ich ihn vor mir. Weiß. Im Schlafzimmer. Bevor unser kleiner Junge dann abgeholt wurde, haben wir ihn furchtbar fest umarmt und gedrückt. Ich konnte es einfach nicht fassen, dass er nicht mehr atmete. Er sah auch so süß aus. So süß! So goldig. Und er ist ein so lebendiger und fröhlicher Junge gewesen, immer auf Trab. Er hatte ein unheimliches Temperament, das wildeste von der ganzen Familie.

Wir haben uns dann hingesetzt und versucht, etwas zu Abend zu essen. Aber keiner konnte auch nur irgendetwas zu sich nehmen. Die Hilfe räumte alles wieder ab.

Am nächsten Tag ging ich zu Frau Baumgart. Frau Baumgart war meine engste Vertraute und die Direktorin meiner Schule. Ich nahm meine ältere Tochter mit. Ich weiß noch, sie hatte ihren neuen Schulranzen auf dem Rücken, den wir kurz zuvor gekauft hatten, denn sie wurde in jenem Jahr eingeschult. Frau Baumgart war schon Mitte sechzig und sehr religiös. Ich ging zu ihr, weil ich mir von ihr Hilfe und Beistand erhoffte, und auch, weil ich nicht wusste, wie ich mich in der Schule verhalten sollte. Denn der Unterricht fing ja bald wieder an, und ich verspürte nicht die Kraft, vor die Schüler zu treten.

Meiner Tochter brachte Frau Baumgart einen Kakao und mir ein Wasser. Dann konnte ich vor Weinen kaum reden und erzählte ihr nur, was passiert war. Und dass ich das alles noch gar nicht begreifen könne. Sie sagte mir etwas, das sie mir später auch noch einmal in einem Brief schrieb: »Zum Leben gehört auch Leid. Es gibt nicht nur Glück. Wir sind nicht auf der Welt, nur um glücklich zu sein. Gottes Wege sind nicht zu erklären, sind unberechenbar mit unserem menschlichen Verstand.« Ich müsse nun für meine Familie da sein.

Zwei, drei Tage später schickte sie mir ein Blumengesteck und schrieb dazu folgende Karte, die ich aufgehoben habe: »Einen herzlichen Gruß. Ein kleines äußeres Zeichen meines Beileids. Bis jetzt habe ich noch niemandem von der Schule von Ihrem Leid gesprochen. Wenn Sie wünschen, dass ich etwas darüber sagen soll, orientieren Sie mich.« Das half mir.

Ich erinnere noch sehr genau den Tag, an dem ich wieder in die Schule gehen musste. Es war einer meiner schwersten Gänge. Denn es fiel mir wahnsinnig schwer auszusprechen, was passiert war. Bis zu diesem Tag hatte ich es noch niemandem von der Schule gesagt.

Ich hatte mir vorgenommen, kein Schwarz, sondern Weiß zu tragen. Weiß, weil es so ein junges Leben war, das durch diesen Unfall verloren ging, voller Freude und voller Lust am Dasein. In mir hatte irgendetwas entschieden: Dazu passt kein Schwarz. Komisch, nicht? Das weiße Kleid, das ich dann kaufte, trug ich nicht nur zur Beerdigung, sondern auch während der ganzen Zeit danach, vier Wochen lang. Ich habe es fast gar nicht ausgezogen.

Auch am ersten Tag in der Schule hatte ich das Bedürfnis, dieses weiße Kleid zu tragen, in dem ich meinen Sohn ins Trauerhaus im Krematorium begleitet hatte. Zuerst ging ich ins Lehrerzimmer. Dort hatte Frau Baumgart schon alle Kollegen informiert. Dann trat ich vor die Klasse. Ich sehe mich noch heute vor meinen Schülerinnen und Schülern stehen. Ich musste hinters Pult gehen, weil meine Knie genauso zitterten wie damals bei meiner Prüfung. Sie sahen schon, dass irgendetwas mit mir nicht stimmte. Und sie wussten natürlich auch, was es war, denn so ein Ereignis spricht sich herum wie ein Lauffeuer.

Dann habe ich – leider unter Tränen – erzählt, was passiert ist. Sagte, ich sei jetzt aber trotzdem bei ihnen hier, um den Unterricht abzuhalten. Ich würde mir große Mühe geben, das hinzukriegen. Aber es war furchtbar. Alle waren sehr still. Sie schrieben hinterher einen Brief und schickten Blumen, auch das Kollegium.

»Wein doch nicht schon wieder«, sagte mein Mann dann einmal zu mir. Deshalb habe ich versucht, immer woanders zu weinen. Wobei ich eigentlich gar nicht richtig weinen konnte, es war eher ein Schluchzen, bis zur Atemnot. Du bekommst die Tränen gar nicht raus. Ich habe mich dann ins Auto gesetzt. Ins Auto! Wenn ich in die Wohnung zurückging, musste ich mich unglaublich zusammennehmen, damit ich nicht wieder vor meinem Mann und vor meinen anderen beiden Kindern anfing zu schluchzen. Leider ist mir das nicht immer gelungen. Dabei wollte ich vor allem meinen Kindern gegenüber stark sein. Denn so eine weinende Mutter um sich herum zu haben ist ja auch furchtbar.

Nach der Beerdigung habe ich gedacht: ich möchte doch lieber bei ihm sein, als weiterzuleben. Es war schrecklich, als der Sarg – er wurde verbrannt – ins Feuer heruntersackte. Das war ein grauenvolles Bild. Auch als wir sangen: »Geh aus mein Herz und suche Freud«, weil mein Mann und ich dieses Lied so gerne hatten. Und die Sonnenblumen. Als er dann verschwunden war, dachte ich, ich möchte auch verschwinden. In dem Moment war dieser

Wunsch so stark, dass ich das in die Tat umgesetzt hätte, wären nicht unsere beiden anderen Kinder gewesen. Das glaube ich zumindest aus heutiger Sicht.

Wir mussten dann einen Grabstein aussuchen, auch wenn es uns beiden eigentlich völlig egal war, wie der aussah. Irgendeinen haben wir beim Steinmetz gewählt und auch gesagt, was draufstehen sollte. Während der Urnenbeisetzung regnete es in Strömen, obwohl es mitten im Sommer war. Wir gingen über eine Fußgängerbrücke zum Grab, nur mein Mann und ich. Und haben dabei kein Wort miteinander gewechselt.

Jeder war mit seinem Schmerz allein. Auch zu Hause: Sprachlosigkeit. Ich saß an meinem Schreibtisch im Wohnzimmer und starrte die Bücherwand an. Räumte auf. Ich glaube, mein Schreibtisch war noch nie so ordentlich wie zu dieser Zeit.

Zum Ferienende hin hatten wir eine Reise nach Gran Canaria geplant, wir sagten sie ab. Stattdessen fuhren wir in den Schwarzwald. Leider war es ein schreckliches Hotel. Ich habe noch ein Foto, auf dem meine ältere meine jüngere Tochter im Kinderwagen schiebt. Mein Mann telefonierte pausenlos, um seinen Geschäftspartnern mitzuteilen, was passiert war. Wir waren auf dieser Reise genauso unfähig, miteinander zu reden, wie zu Hause.

Trauerarbeit oder eine geteilte Trauer mit dem geliebten Partner, denn das war mein Mann ja für mich, hat bei uns leider, leider nicht funktioniert. Das lag sicher auch mit an mir, weil ich es nicht konnte.

Irgendwann setzte dann der Verstand ein. Die Emotionen, diese ganzen traurigen Gefühle, die hat man natürlich in sich, aber dann meldet sich plötzlich die rationale Seite in einem zurück. Und die sagte mir: Du kannst doch nicht so egoistisch sein und jetzt zu deinem Sohn gehen. Was geschieht dann mit deinen beiden anderen Kindern? Ich dachte: Irgendwie musst du jetzt doch noch für die Familie da sein. Und ich fragte mich: Wie schaffe ich das?

Mit meinem Mann konnte ich darüber nicht reden. Ich weiß nicht, warum das so war, frage mich noch heute, ob er vielleicht auch solche Empfindungen und Gedanken hatte. Aber er zog sich zurück. Er hat seine Trauer genauso wenig mit mir geteilt wie ich meine mit ihm geteilt habe.

Dabei hat der Verlust unseres Sohnes ihn sicher auch aus der Bahn geworfen. Weil man es einfach nicht verstehen kann, dass ein Kind vor den Eltern gehen muss. Einige haben uns geschrieben: Die Menschen, die Gott am meisten liebt, holt er früher zu sich. Aber auch damit konnte ich in diesem Moment nichts anfangen. Das Allereinzige, woran ich mich noch heute ein klein wenig festhalten kann, ist der Gedanke, was unserem Sohn vielleicht erspart geblieben ist in seinem Leben. Gerade weil er ein so ausgeprägtes Temperament hatte. Vielleicht sollte es so sein. Ich weiß es aber nicht.

Als wir aus dem Schwarzwald zurückkamen, habe ich seine Kleidungsstücke eingepackt und dann weggegeben. Ich weiß nicht, ob ich das wegen der Erinnerungen gemacht habe, die ich nicht ertragen konnte. Denn die waren ja auch sonst überall zu spüren, im Garten, auf dem Spielplatz, wo immer wir uns aufhielten. Aber mit seinen Sachen war die Erinnerung eben ganz besonders verbunden … Über seinem Bett hing noch ein Sternenhimmel, den eine Lehrerkollegin selber gebastelt hatte. Ich fragte mich, ob ich den jetzt hängen lassen sollte, entschied mich aber dagegen. Denn es war schließlich sein Sternenhimmel, und auch daran hingen schmerzliche Erinnerungen. Einen Stern habe ich, glaube ich, aufgehoben, er lag noch lange auf meinem Schreibtisch.

Die vielen Fotos, die wir gemacht hatten, konnte ich nicht anschauen. Das war ganz schrecklich. Ich kann es heute fast noch nicht, ohne zu weinen, über vierzig Jahre danach. Auch die Filme, die mein Mann gedreht hatte, konnte ich mir nie wieder ansehen. Noch nicht einmal die Kleidungsstücke unseres kleinen Sohnes konnte ich richtig durchgehen, zum Beispiel wollte ich die kleinen Lederhosen, diese süßen kleinen Lederhosen, irgendjemand Besonderem geben … Aber ich konnte es nicht. Auch seine Spielsachen und sein Kuscheltier habe ich weggegeben, an das Rote Kreuz.

Warum tut man so etwas? Weil man überhaupt keinen klaren Gedanken fassen kann in dieser Zeit und sich in Ruhe überlegen kann, wohin mit den Sachen. Im Nachhinein hätte es mir bestimmt sehr gutgetan, wenn ich meinen geliebten Mann mehr an meiner Seite gehabt hätte. Wenn er das Bedürfnis gehabt hätte, mich in den Arm zu nehmen, mit mir zusammen zu weinen, das

Geschehene mit mir zusammen zu verarbeiten. Ich hätte ihm mein tiefes Bedürfnis danach auch zeigen müssen. Stattdessen haben wir alle beide geschwiegen, richtig geschwiegen.

Drei Jahre später bekamen wir noch einen Sohn. Als ich merkte, dass ich wieder schwanger war, war ich zunächst sehr ängstlich. Wollte ich nochmal Verantwortung übernehmen für so ein kleines Wesen? War ich dazu überhaupt in der Lage? Ich habe nach dem Tod unseres ersten Sohnes jede Stecknadel, jeden Krümel aufgehoben, weil ich dachte: bloß alles richtig machen. Bloß aufpassen. Die Verantwortung, die man Kindern gegenüber hat, wurde mir nach diesem schlimmen Verlust natürlich noch mehr bewusst. Bevor der Unfall passierte, habe ich mir nie Gedanken darüber gemacht, welche Gefahren eigentlich überall lauern.

Dennoch haben mein Mann und ich beide gesagt: Wir können es kaum glauben, dass uns das Schicksal jetzt noch mal einen Sohn beschert. Obwohl wir gleichzeitig auch Angst hatten. Es muss wohl ein Wink von oben gewesen sein. Wir waren beide glücklich über dieses Geschenk.

Das ist auch interessant: Selbst wenn man eine so tiefe Trauer in sich trägt, weil man diesen Verlust einfach nicht verkraftet, zwingt einen das Leben mit Kindern doch ganz praktisch dazu, Lebendigkeit in den Alltag zu bringen. Auch in Form von Ablenkungen und von Aufgaben, die man sich stellt. Mein Beruf hat mir auch geholfen, ebenso wie die gesellschaftlichen Verpflichtungen, die wir langsam wieder eingingen.

Irgendwann nahmen wir wieder teil am normalen Leben, und ich hatte die Kraft zu sagen: Ja, ich habe mich jetzt entschlossen weiterzuleben. Für meine Familie. Und ich werde alles so gut machen, wie es nur irgendwie geht. Das habe ich dann als meine Aufgabe angesehen. Zu diesem Ja zum Leben gehörten auch wieder das gemeinsame Lachen oder Unternehmungen, an denen die Kinder Freude hatten, zum Beispiel Besuche auf dem Spielplatz. Allerdings erinnere ich mich noch schmerzhaft an die Fragen von anderen Spielplatz-Müttern, bevor unser zweiter Sohn auf die Welt kam: »Wo ist denn Ihr drittes Kind?« Diese Momente haben mich dann wieder in ein tiefes Loch stürzen lassen. Weil einem der Verlust plötzlich wieder so bewusst wird.

Außerdem war ich bestimmt eine schreckliche Mutter: »Schaukel nicht so hoch! Klettere da nicht so weit nach oben! Lass mich dir helfen.« Und so weiter. Weil ich solche Angst hatte, dass das Kind runterfällt, schlimmstenfalls auf den Kopf, und tödlich verunglückt. Eine Mutter wird unendlich verletzlich, wenn ihr Kind stirbt. Andere müssen sich gedacht haben: Was ist das denn für eine Mutter? Das ist ja auch heute ein ganz aktuelles Thema, die überbehüteten Kinder, die niemals im Schlamm wühlen oder Erde essen dürfen. Und Übervorsicht ist sicher nicht unbedingt vorteilhaft für ein Kind. Aber ich denke, nach so einem Verlust ist dieses Verhalten erklärbar.

Dazu gehörte auch, dass ich meine Töchter in der ersten Zeit sehr verwöhnt habe. Sie bekamen alles, was sie nur wollten. Spielzeuge, Süßigkeiten. Ich wollte ihnen nur noch Gutes tun. Dieses Gutes-Tun hat ja auch keinen sehr guten Ruf heutzutage, aber meine beiden Töchter haben mich allein durch ihr Dasein gezwungen zu überleben. Ich habe so sehr an ihnen gehangen damals, jeden Abend, wenn ich sie zu Bett brachte, dachte ich: O Gott, hoffentlich schlafen sie jetzt gut und wir kommen alle gut durch die Nacht und unbeschadet durch den nächsten Tag.

Vieles hat sich später normalisiert, aber in einigen Punkten habe ich diese besondere Vorsicht nie aufgegeben: Während es für andere Familien zum Beispiel vollkommen normal ist, dass ihre Kinder irgendwann schwimmen lernen, so wie sie reiten oder tanzen lernen, war ich unendlich erleichtert, als meine Enkelkinder schwimmen konnten. So unterschiedlich kann der Blick auf das Leben sein.

Mit unserem zweiten Sohn kam wieder neues Leben ins Haus. Alles lief wieder gut. Ich passte meine Arbeitszeiten so an, dass ich jeden Mittag zu Hause sein konnte, und verbrachte viel Zeit mit meinen Kindern. Mein Mann war leider beruflich viel unterwegs. Auch in den Ferien war er selten in unserem Haus in Spanien, das wir tatsächlich gebaut hatten. Die Einrichtung des Hauses wie auch die Erziehung der Kinder, also das ganze Alltagsprogramm, musste ich alleine stemmen.

Mein Mann zog sich nach und nach von seiner Familie zurück. Er verreiste viel mit Geschäftspartnern, konzentrierte sich auf seinen Beruf und wurde immer unerreichbarer für mich. Vielleicht hat er durch dieses andere Leben den Schmerz über den Verlust seines Sohnes zu kompensieren versucht. Vielleicht dachte er: Was soll's, ich muss jetzt anderweitig sehen, wie ich damit fertigwerde. Das kann gut sein.

Der Unfalltod meines Sohnes hat aus mir einen anderen Menschen gemacht. Davor lief in meinem Leben alles gut, ohne dass ich weiter darüber nachdenken musste. Wenn Kleinigkeiten nervten, habe ich mich zwar aufgeregt, auch über Lappalien, aber es kam dann wieder in Ordnung.

Danach habe ich nie wieder irgendetwas in meinem Leben als großes Problem angesehen, und das habe ich auch immer versucht, meinen Kindern zu vermitteln. Auch als meine Ehe viele Jahre später in die Brüche ging, dachte ich: Jetzt reicht es mit dem Leid. Ich werde neu anfangen.

Was mich bis zu meinem letzten Atemzug beschäftigen wird, ist die Schuldfrage. Die Schuldfrage oder überhaupt das Gefühl, schuld an diesem Tod zu sein, lässt mich niemals los. Trotzdem versuche ich mit aller Kraft, dieses Schuldgefühl nicht in meinen Alltag einfließen zu lassen. Ich hätte besser auf unser Kind aufpassen müssen an diesem Tag vor über vierzig Jahren, als ich in der Küche stand und Blaubeerquark rührte. Ich hätte gleich das Netz über das Schwimmbad ziehen müssen, als wir mit dem Schwimmen fertig waren.

Die Frage nach dem »Warum?« hat mich immer begleitet. Ich weiß, dass man sie so nicht stellen sollte – aber man tut es trotzdem. Mit dem Glauben habe ich mich seit diesem Schicksalsschlag sehr schwergetan. Ich kann nicht akzeptieren, dass Gott so etwas zulässt, sollte es ihn denn geben. Meine Patentante Frieda schrieb mir: »Alles in unserem Leben fügt sich in uns ein. Wir können es nicht vergessen. Wir dürfen es auch nicht vergessen. Wir brauchen das alles. Alle Liebe und Leid und Verlust. Auch ein Verlust ist etwas Positives, auch das ist eine Art Leben.« Das hat mir tatsächlich geholfen. Man wächst eben auch durch Leid. Vor allem durch Leid. Das Positive daran ist, dass man alles danach in einem anderen Licht sieht.

Martina Pausen

# *Er fehlt mir in allem, was er war*

Es gibt ja diese ganzen etwas abgedroschenen Wortfindungen wie »Lebensmensch«, »Traummann« und so weiter. Aber mein Mann war das wirklich für mich. Es ist nicht so, dass Felix der erste Mann war, mit dem ich eine längerfristige Beziehung hatte. Von daher kann ich beurteilen, wie eine Partnerschaft ist oder sein kann und auch ein Zusammenleben, das ich bereits vorher mit anderen Partnern hatte. Die Partnerschaft mit Felix war unvergleichlich mit jeder anderen in meinem Leben. Wir haben uns unglaublich gut verstanden, ohne dass es grauenhaft symbiotisch gewesen wäre. Symbiotisch insofern, als dass wir immer nur dasselbe gedacht, gesagt und getan hätten. Überhaupt nicht. Wir haben durchaus streiten können und hatten in einigen Fragen auch konträre Standpunkte. Aber in jenen Dingen, die ein Zusammensein harmonisch machen, waren wir uns immer einig.

Ich könnte es auch so beschreiben: Mein Mann war der einzige Mensch auf dieser Welt, mit dem ich immer die gleiche Vase auf dem Flohmarkt gut gefunden hätte. Wir hätten uns unabhängig voneinander auf genau diese eine Vase aufmerksam gemacht. Oder beim Essen im

Restaurant: Immer wussten wir, welches Gericht der andere bestellt, weil wir es dann nach der Hälfte tauschen und vom Teller des anderen probieren würden.

Wir haben ja, und das ist etwas, was für viele eine Schreckensvorstellung ist, nicht nur zusammen gelebt, wir haben auch zusammen gearbeitet. In den fast 16 Jahren unseres Zusammenlebens waren wir, glaube ich, insgesamt vier Tage voneinander getrennt. Und das kam uns schon schrecklich lange vor. Wir waren stets im Dialog miteinander. Wir ergänzten uns in einer so angenehmen Art und Weise, gerade auch weil wir unterschiedlich waren.

Felix hat die Dinge immer im Dialog vorangetrieben, und zwar im persönlichen Dialog. »Man muss mit den Menschen reden«, hat er immer gesagt. Ich hingegen bin eher ein schriftlicher Mensch. Ich kommuniziere und organisiere am liebsten alles schriftlich. Ich gehe auch viel systematischer vor, als Felix das immer tat – mit allen Vor- und Nachteilen, die damit verbunden sind. Mein Mann war immer schon beim übernächsten Gedanken, bevor die Ursprungsidee überhaupt umgesetzt war. Aber auch darin waren wir eine perfekte Ergänzung, weil ich immer das fortführte, was er angestoßen hatte.

Wir haben uns einfach unheimlich gut verstanden, ich kann es nicht anders sagen. Und wir hatten Spaß! Das ist, glaube ich, auch so eine Sache, die unsere Beziehung so besonders machte: Wir haben einfach Spaß gehabt. Wir konnten gut miteinander lachen, immer eigentlich.

Und jetzt muss ich lernen, alleine mit unseren drei Kindern weiterzuleben. Gerade als unser Nachwuchs aus dem Allergröbsten raus war und wir das Gefühl hatten, es stellt sich wieder eine Normalität in unserem Lebensalltag ein, wurde bei Felix ein Tumor mit extrem ungünstiger Prognose diagnostiziert.

Sofort wurde er operiert. Das war am zweiten Weihnachtstag vor drei Jahren. Er hatte gleich danach entschieden, nicht mehr zu arbeiten. Seine Therapie war ungeheuer anstrengend für ihn, und ich bewundere ihn noch im Nachhinein für seinen gelassenen Umgang mit seiner Krankheit. Diese Haltung hat mir sehr dabei geholfen, die Firma und unser Familienleben in dieser unsicheren Zeit zwischen Leben und Sterben, zwischen Hoffnung und Sich-dem-Schicksal-Fügen weiterzuführen.

Mein Mann starb anderthalb Jahre nach der Diagnose. Natürlich hatten wir bis zuletzt Hoffnung. Aber trotz aller Hoffnung hat er erstaunlich gut loslassen können von seinem Leben, zumindest soweit ich dies beurteilen kann. Das hat mir zwar nicht geholfen in meiner Auseinandersetzung damit, dass er sehr bald wird sterben müssen. Aber es hätte mir das Ganze unendlich viel schmerzhafter gemacht, glaube ich, wenn ich diese Freiheit bei ihm nicht gespürt hätte – für ihn.

Denn mit dem Menschen, den man so liebt, seelisch und physisch zu leiden, ist das eine. Aber wenn derjenige um sein Leben kämpfen würde, weil er eine wahnsinnige Angst vor dem Tod hätte oder sich sehr dagegen sträuben würde – das muss eine Qual sein, die ich mir gar nicht vorstellen möchte. Zusätzlich zu all der Qual, die sowieso da ist. Und dieser Friede, den er damit hatte, diese Gelassenheit – obwohl er alles Therapeutische versuchte und auch bis ganz kurz vor seinem Tod davon überzeugt war, dass er es schaffen würde –, wenn das anders gewesen und er die ganze Zeit verzweifelt gewesen wäre, das wäre für mich vermutlich wahnsinnig schmerzhaft gewesen.

Jetzt fühle ich mich einsam. Ich bin zwar nie alleine, wir haben ja drei gemeinsame Kinder. Aber er fehlt mir. Und er fehlt mir in allem.

Mir fehlt nicht eine spezifische Funktion von ihm, also der Liebespartner, der Lebenspartner, derjenige, mit dem ich am liebsten ins Kino gegangen bin, oder derjenige, mit dem ich gerne gereist bin. Sondern er fehlt mir in allem, was er war. Das ist ja nicht zu ersetzen. Und in keiner Art und Weise zu füllen.

Felix war anderthalb Jahre lang krank, bis er starb, und die Diagnose war von Anfang an so, dass wir nicht wussten, wie viel Zeit er noch haben würde. Ich hatte schreckliche Angst davor, ohne ihn sein zu müssen. Ich glaube, ein großer Teil war meine Angst davor, sein Sterben anzunehmen. Zu akzeptieren, dass es so ist und für immer so sein wird.

Jetzt ist er anderthalb Jahre tot, und ich lerne langsam, mein Leben ohne ihn als neue Form des alltäglichen Daseins anzunehmen. Ich habe mir das so nicht vorstellen können, aber das Leben kann trotzdem schön sein. Es gibt ja auch andere schöne Dinge, schöne Begegnungen, ein schönes Familienleben mit meinen Kindern, das Zusammensein mit Freunden, ein guter Kaffee morgens, was auch immer.

Eigentlich bin ich sehr sicher, dass es nie wieder einen Menschen für mich geben wird, dem ich so nahe sein werde wie Felix. Denn den meisten passiert es überhaupt nie, dass sie diesen Menschen finden. Und zweimal passiert so etwas sicher nicht.

Ich bin das erste Mal in meinem Leben wirklich alleine. Erst habe ich in einer familiären Konstellation mit meinen Eltern gelebt, und dann hatte ich immer irgendeine feste Partnerschaft. Jetzt bin ich zum ersten Mal für mich. Wobei ich natürlich meine Kinder habe. Aber das ist etwas anderes. Ich kann mein Leben ohne meinen Mann annehmen. Es ist gut so.

Am Anfang, als er krank wurde, war es für mich unvorstellbar, ohne ihn sein zu müssen. Deswegen habe ich auch unendlich dagegen gekämpft, habe alles versucht, ihn am Leben zu halten, habe nicht hinnehmen wollen, dass sein Tod unabänderlich ist. Nicht akzeptieren wollen, dass ich mit meinem noch so strukturierten und organisierten Vorgehen überhaupt keinen Einfluss auf sein Überleben haben würde.

Wenn ich etwas aus diesem Schicksalsweg lerne, dann das: Ich kann den Lauf der Dinge nicht ändern. Es kann wirklich in der nächsten Sekunde alles anders sein. Was kann man in dieser Situation auch schon groß machen, wenn man seinen geliebten Partner verliert und verloren hat?

Es gab auf diesem ganzen Weg damals und auch, nachdem er dann gestorben ist, ja keine Alternative. Es gab keinen anderen Weg, für den ich mich als Ehefrau und Mutter hätte entscheiden können. Die Kinder sind da. Sie brauchen morgens Frühstück. Sie müssen in die Schule und in den Kindergarten gehen. Sie haben ein großes Bedürfnis, eine primäre Bezugsperson, eine Mutter zu haben, die nicht nur heult, sondern die auch an ihrem Leben Anteil nimmt. Und ihr Leben ist natürlich nicht nur der Verlust des Vaters. Das ist ein sehr starker Aspekt in ihrem Leben, aber es gibt ja noch ganz viele andere wichtige Dinge für unsere Kinder, die die Welt gerade erst entdecken.

Felix' Tod ist zwischen den Kindern und mir schon sehr häufig ein Thema. Trotz Trauerbegleitung und trotz Therapie, die jeder von uns für sich macht, merke ich, dass es gegenseitige Schutzmechanismen gibt. Ich merke, die Kinder haben große Angst davor, dass ich weine, sie haben große Angst davor, mich traurig zu sehen. Denn Kinder wollen ihre Eltern glücklich sehen. Und wenn sie das Gefühl haben, dass ich in irgendeiner Situation die Beherrschung verlieren könnte, dann kommt der Satz: »Bitte, Mama, jetzt nicht weinen!«

Also sprechen wir über unsere Gefühle, gerade jetzt in der Vorweihnachtszeit. Ich erzähle ihnen auch viel von ihrem Vater, denn die Kleinen waren so jung, dass sie ihn eines Tages vergessen werden. Deswegen stehen am Esstisch Fotos von ihm, ein großes und mehrere kleine.

Wir machen jedes Jahr ein Familienfotobuch, das wir gemeinsam anschauen. Ich schenke den Kindern jetzt auch zu Weihnachten Fotos von ihnen mit ihrem Vater.

Felix' persönliche Gegenstände, seine Sachen und seine Kleidung, seine Schuhe, stehen alle da, wo sie immer standen. Und es ist auch überhaupt noch nicht der Punkt, an dem ich das Gefühl habe, ich möchte diesen Schrank ausräumen. Seine Zahnbürste steht nicht mehr im Becher. Aber die persönlichen Dinge sind alle da.

Zweieinhalb Monate nach seinem Tod ist unsere Tochter eingeschult worden. Und das war das einzige Mal, glaube ich, dass sie darüber nachgedacht hat, wie wenig Zeit ihrem Vater geblieben ist, und sie hat gesagt: »Ich hätte gewünscht, dass Papa gelebt hätte, bis ich in der Schule bin.«

Natürlich versuche ich, ihn lebendig zu halten, so dass er und die Erinnerung an ihn Teil unseres Alltags bleiben. Deswegen steht sein Foto auch am Esstisch und nicht in irgendeiner Ecke, und deswegen hatte ich auch ihre Schultüte mit Fotos von Felix beklebt. Nicht nur von ihm, sondern Fotos von der ganzen Familie, lebend oder auch schon verstorben, auch von seinen Eltern und seinem Onkel. Also auch von Menschen, die in den Jahren vor ihm gestorben sind, die aber ganz wichtige Anker in unserer Familie waren.

Es ist schon so: Ich bin ein großer Verdränger und habe meiner Trauer noch gar nicht so richtig den Raum geben können, den sie vielleicht braucht. Meine Arbeit im

Unternehmen und drei kleine Kinder, das reicht eigentlich vollkommen. Das alleine ist schon kaum zu bewältigen. Und zusätzlich führe ich ein Bauprojekt weiter, das ich mit meinem Mann zusammen begonnen hatte und das mich unglaublich viel Zeit und Ärger kostet. Diese Baustelle hat mir seit seinem Tod den letzten zeitlichen Freiraum genommen, den ich noch hatte.

Aber wenn ich ehrlich bin, habe ich es, glaube ich, durchgezogen, weil mich das beschäftigt – in jeder Hinsicht. Es ist eine Hommage an meinen Mann. So bleibe ich ihm nahe, mit jedem Lichtschalter, mit jeder Fuge, mit jeder gestalterischen Entscheidung. Denn wir beide waren bei allem, was wir gemeinsam geschaffen haben, besessen vom Detail. Alles durfte nur so sein und nicht anders. Und obwohl diese Baustelle mich so viel Kraft kostet, spüre ich, dass es mir guttut, an etwas zu arbeiten, das mit ihm zu tun hat. Fast ist es schon so weit, dass ich mich auch hier wieder auf das Loslassen einstellen muss, wenn das Projekt fertig ist.

Nichtsdestotrotz ist die Trauer da, sie kommt immer wieder durch. Ich glaube inzwischen, sie sucht sich einfach ihren Weg und ihren Platz. Das wird, nehme ich mal an, für jeden ganz unterschiedlich sein. Ich sehe es ja auch an den drei Kindern, wie unterschiedlich sie damit umgehen und wer von ihnen wann traurig ist. Das kommt von ganz alleine.

Denn es gibt ja Momente, in denen man seine Einsamkeit besonders spürt, in denen man einfach nicht mehr kann. Oder Augenblicke, in denen so viele andere belastende äußere Einflüsse dazukommen, dass man denkt, es reicht doch eigentlich schon, warum muss das jetzt auch noch sein. Dieser ganze Prozess ist noch lange nicht durch.

Ich habe das Gefühl, ich stehe jetzt, nach anderthalb Jahren, am Anfang eines Weges und nicht an dem Punkt, über den gemeinhin gesagt wird, nach einem Trauerjahr sei das Tal schon durchschritten. Das kommt erst alles noch. Der Verlust meines Mannes hat mich, das kann ich jetzt schon sagen, viel weniger ängstlich gemacht. Natürlich gibt es noch viele andere schlimme Dinge, die passieren können, aber ich denke mir, das Schlimmste, was passieren konnte, ist in meinem Leben passiert.

Obwohl uns unser außergewöhnlich gutes Miteinander schon sehr bewusst war und wir wirklich glücklich – bewusst glücklich – miteinander waren, geht nichtsdestotrotz im Alltag so viel unter, wo du dann, wenn du das nicht mehr hast, in so vielen Situationen denkst: Ach, das war toll! Oder: Wie wäre es, wenn wir das jetzt zusammen erleben würden? Sie bleibt ja, die Qualität dessen, was gewesen ist. Und dies meine ich nicht nur in Verzweiflung und Trauer, sondern auch mit einer großen Wertschätzung. Und dann schaue ich mich um und sehe viele Beziehungen. Zwar sieht man von außen eh immer nur die Hälfte oder das, was man zu sehen meint. Aber beim Zusammensein mit anderen Paaren realisiere ich schon sehr, sehr viele Momente, in denen ich mir denke: Mein Gott, was verbindet die, oder was hält die zusammen?

Dann empfinde ich das Glück, das Felix und ich miteinander hatten, auch im Nachhinein als noch größer. Zum Beispiel, dass wir so spät Kinder bekommen haben und viel Zeit alleine miteinander hatten. Wir haben beide gerne gearbeitet, gerne etwas vorangetrieben, sind gerne zusammen gereist. Die meisten Dinge, die wir als Paar in den ersten Jahren unserer Beziehung zu zweit erlebt haben, hätten wir mit Kindern nicht so erleben können. Ich bin dankbar, dass das auf der Zeitschiene so gelaufen ist, welche höhere Macht oder Kraft das auch immer für uns entschieden hat.

Interessanterweise hat mir der Glaube Kraft gegeben, obwohl mir überhaupt nicht bewusst war, dass ich an irgendetwas oder irgendjemanden glaube. Auch haben mir Strukturen Halt gegeben, die uns begleitet haben. Vor allem die Menschen um mich herum, wertvolle Begegnungen, Freunde, die auf unterschiedlichsten Ebenen geholfen haben oder da waren. Das hat sehr viel Kraft gegeben. Gerade jemandem wie mir, der immer denkt, alles alleine bewältigen zu können. Und dieses Bewusstsein, dass da andere sind – vielleicht zwar nur bis zu einem gewissen Punkt, aber dennoch –, die helfen, die zuhören, das tut mir sehr gut.

Wobei es nach Felix' Tod auch bittere negative Erfahrungen gegeben hat. Ich habe große menschliche Enttäuschungen erlebt, verbunden mit unheimlicher Brutalität und Grausamkeit im familiären Umfeld. Wenn ich es genau betrachte, ist dieses Verhalten nicht durch Felix' Tod entstanden. Denn Menschen ändern sich ja nicht in so einer Situation. Es ist eher so, dass sich die Dinge dann vielleicht in ihrer ganzen Klarheit offenbaren.

Es geht um Geld und Erbschaften, die klassischen Themen. Das ist wirklich traurig, denn ich bin zutiefst davon überzeugt, dass der Kampf um Felix' Erbe ein Surrogat für etwas anderes ist. Gerade innerhalb der Familie sind das enttäuschte Gefühle und Erwartungen. Ich versuche ständig, die Gründe für dieses Verhalten in einer ganz tiefen Angst, Traurigkeit und Enttäuschung auf der anderen Seite zu sehen. Aber was mich wahnsinnig getroffen hat, ist, dass mir gegenüber vor nichts, aber auch gar nichts Halt gemacht wird.

Selbst wenn man selber andere Erwartungen und Gefühle hat, wenn man selber Angst hat, in Zukunft wirtschaftlich nicht gut versorgt zu sein, welche Haltung man auch selber haben mag zu dem Verstorbensein eines Ehemannes und Familienvaters: dass man vor dieser Situation nicht erst mal Halt macht und sagt: Da sind jetzt gerade eine Frau und drei kleine Kinder, die um das Leben dieses Mannes kämpften und diesen Kampf verloren haben, da stelle ich jetzt erst mal meine finanziellen Ansprüche zurück – dass man so empathielos vorgehen kann, das hat mir schon sehr wehgetan.

Ich beginne zu verstehen, dass es so einen Hass zwischen Menschen in letzter Konsequenz gibt. Ganz subjektiv, einfach nicht objektivierbar. Das ist etwas, was ich auch gelernt habe. Wenn man selber denkt, das ist doch ganz klar, es gibt die und die testamentarischen

Verfügungen, die sind immer schon so und so gewesen, da kann man sich kundig machen, darüber kann man offen sprechen, da kann man neutrale Ratgeber dazuholen. Und dann muss man das ja eigentlich alles einander in die Augen schauend sachlich regeln können.

So dachte ich vorher immer. So ist es aber nicht. Jeder hat seinen emotionalen Standpunkt, der nicht verhandelbar und nicht zu heilen ist. Genau an diesem Punkt entstehen dann auch die ganzen Verletzungen.

Meine enttäuschenden Erfahrungen sind aber, wenn ich das als Waage betrachten würde, alle ausgeglichen worden durch teilweise genauso überraschende positive Erfahrungen. Und diese positiven wiegen viel schwerer. Mit unterschiedlichen Menschen, also auch solchen, die mir vorher privat gar nicht nahestanden.

Das ist ja auch ein Klischee, das im Zusammenhang mit dem Verlust eines geliebten Menschen immer wieder kolportiert wird, aber es stimmt: In der Trauer zeigt sich, wer die wahren Freunde sind. Es offenbart sich, welche Interessenlage wen regiert. Unterdrückte Konflikte kommen ans Licht und Dinge, denen man vielleicht nie begegnen oder denen man vorher nicht ins Auge blicken wollte.

So etwas geschieht meistens nur in einer Extremsituation, die so ein Verlust ja ist. Es gibt ja Ihr erstes Buch, in dem die Menschen am Ende ihres Lebens stehen und sich fragen, ob da Themen sind, die man noch zur Lösung bringen will. Ich glaube inzwischen, man muss sein

Leben in dem Bewusstsein versuchen zu leben, dass man sich dauernd fragt: Habe ich solche Themenkreise? Und möchte ich die in meinem Leben haben? Nicht am Ende erst, wenn es hart auf hart kommt, wenn man noch mal schnell irgendwie bilanziert. Sondern viel, viel früher, eigentlich ständig. Denn das, was war, ist ja die ganze Zeit da. Verdrängung hin oder her. Man lebt die ganze Zeit damit.

Seit Felix' Tod merke ich, dass ich viel deutlicher hinterfrage, wie ich mein Leben jeden Tag lebe. Im Grunde genommen ist das die zentrale Frage: Wie lebe ich mein Leben jeden Tag?

Denn diese Themen bleiben ja im Leben. Und irgendwann explodiert das, oder Hass bricht sich Bahn. Das zu versuchen ist schwer, weil so viele Kräfte involviert sind – gerade in Familien. Aber wenn ich es nicht angehe, geht es immer weiter. Und ich glaube, man gibt es auch weiter an die nächste Generation, ob man will oder nicht. Diese Themen sind ja gerade, was Familie angeht oder ganz enge Freunde, Dinge, die mit einem selber immer wieder zu tun haben. Und die einen auch, wenn man gerade nicht dem Tod ins Auge blickt, jeden Tag des Lebens ärgern und nervös oder traurig machen können.

## Jens und Karin Brandtner

### *Man kriegt einen schärferen Blick für das Wesentliche, wenn man einen geliebten Menschen verloren hat*

In der Zeit danach waren wir ein besonders gutes Team, meine Frau Karin und ich. Ich glaube, genau das hat dazu geführt, dass wir weiterhin zusammen sind: die Erfahrung, in der schwierigsten Situation des Lebens miteinander das Richtige zu tun. Wir verlassen uns nicht mehr allein darauf, was ein Mediziner sagt, sondern wir verlassen uns ausschließlich auf das, was wir empfinden. Das ist viel, viel wichtiger als jede ärztliche Expertise, die sich in der Regel nur einen kleinen Ausschnitt ansieht und nicht das Ganze. Meine Frau und ich, wir haben viel Ahnung vom Ganzen. Die Zeit nach unserem schlimmsten Verlust war wirklich prägend für uns. Wenn wir das so nicht hingekriegt hätten, hätten wir uns wahrscheinlich schon längst getrennt.

Karin und ich haben uns zu Wende-Zeiten kennengelernt. Ich aus dem Westen wollte in den wilden Osten und fing bei einem Medienunternehmen in Ostberlin an. Dort habe ich meine Frau kennengelernt, die in diesem Unternehmen als Assistentin des Geschäftsführers gearbeitet hat. Das war unsere erste Begegnung, und für mich war es sozusagen eine Liebesaffäre mit einer Ausländerin, weil sie aus Ostdeutschland kommt. Eine ganz andere Kultur.

Es dauerte nicht lange, bis sie schwanger wurde. Wir haben uns sehr gefreut, nahmen uns eine gemeinsame Wohnung, und dann kam Sara zur Welt. Ein ganz süßes kleines Baby. Wir waren sehr glücklich, fanden es ganz fantastisch und haben ein Jahr lang ein schönes Leben mit ihr gelebt. Karin hatte mit ihrer Arbeit aufgehört, die ihr sowieso keinen Spaß gemacht hatte. Wir wohnten ganz in der Nähe des Potsdamer Platzes, der damals noch ziemlich wild aussah. Da wurden gerade einzelne alte Gebäude weggesprengt. Das kann man sich heute gar nicht mehr vorstellen.

Nach einem halben Jahr merkten wir, dass irgendetwas nicht stimmt mit der körperlichen Entwicklung unserer Tochter. Denn sie bewegte sich nicht wie andere Kinder in ihrem Alter, sie war nicht so agil. Der Kinderarzt sagte dazu: »Das ist ein faules Kind. Manche sind so, und diese Kinder werden nachher total beweglich. Da muss man sich keine Sorgen machen. Ist nichts Schlimmes.« Wir hatten aber weiterhin ein komisches Gefühl: Moment, irgendwas ist da nicht richtig. Das ist nicht normal, dass ein Kind sich nicht nach oben bewegt und nicht anfängt zu laufen und auch Schwierigkeiten hat zu krabbeln.

Dann wurde es uns zu bunt mit dem Kinderarzt, und wir wechselten zu einem anderen. Der neue sagte sofort: »Sie haben recht, irgendetwas ist da nicht richtig. Wir müssen die Kleine von einem Spezialisten in der Charité untersuchen lassen.« Leider war die Untersuchung ein Volltreffer. Ein Spezialist für Muskelerkrankungen schaute sich unsere Tochter an, analysierte alles, machte einen Gentest und bestellte uns dann ein: »Liebe Brandtners, ich habe leider eine ganz schlechte Nachricht. Ihr Kind hat spinale Muskelatrophie.«

Wir hatten natürlich noch nie davon gehört. Eines von 20 000 Kindern hat diese Krankheit, die genetisch bedingt ist und dazu führt, dass die Nervenzellen im Rückenmark, die Bewegungsrückmeldungen weiterleiten, auf Dauer absterben. Man wird dadurch quasi immobil. Schritt für Schritt zerfallen alle Nervenzellen, und die Muskeln entwickeln sich nicht, sondern degenerieren. Er sagte uns: »Ihr Kind wird nicht alt werden. Vielleicht zehn Jahre. Vielleicht auch älter.« Er kenne auch ältere Kinder. Er war der Spezialist in Berlin für diese Krankheit. Zufällig waren wir also gleich an der richtigen Adresse.

Er hatte das Überbringen dieser schlimmen Nachricht gut vorbereitet. Er wusste, wie schwierig es werden würde, uns das Sterbenmüssen unserer Tochter zu vermitteln. Wir waren auf alles gefasst, aber nicht auf ein Todesurteil. Karin ist vollkommen ausgerastet. Sie schrie so laut wie ein Tier. Ganz schlimm. Meine Frau war am Boden zerstört. Mir ging es auch nicht viel besser, aber ich hatte vor allem erst einmal damit zu tun, sie wenigstens ein bisschen zu beruhigen.

Dann haben wir mit dem Arzt gemeinsam darüber nachgedacht, was wir jetzt machen. Wie geht es weiter? Welche Perspektiven haben wir? Du kriegst so ein Urteil, und du glaubst es erst mal nicht. Aber dadurch, dass wir im Grunde schon seit Monaten das Gefühl hatten, da ist etwas nicht richtig, war auch klar: Warum sollten wir diesem Spezialisten mit dieser Diagnose misstrauen?

Nach dieser Hiobsbotschaft fuhren wir nach Hause. Unser Leben war von diesem Moment an komplett anders. Plötzlich war für uns die Zukunft abgeschnitten. Also das, was du dir für ein Kind wünschst, was es alles erleben soll, und dass es über deinen Tod hinauslebt, war plötzlich weg. Sicher zu wissen: Wir werden unser Kind zu Grabe tragen. Und es wird nicht uns folgen, sondern mit Karin und mir wird diese Familie ein Ende haben. Weil wir ja kein weiteres leibliches Kind haben konnten. Diese bittere Erkenntnis hat alles dominiert. Wir waren völlig fertig.

Weil wir wissen wollten, bei wem von uns beiden dieser Defekt entstanden ist, machten wir beide einen Gentest. Irgendwo musste diese Krankheit bei unserer kleinen Sara ja herkommen. Das Ergebnis war: In keiner unserer Familien kam diese Krankheit vor. Es war also eine Mutation. Das passiert. Später sagte uns der Arzt: Wenn wir wieder ein leibliches Kind kriegen möchten, liegt das Risiko, dass es einen ähnlichen Schaden erleidet, ungefähr bei 25 Prozent, also relativ hoch.

In der Zeit vor der Diagnose hatten wir immer wieder versucht, unsere kleine Tochter zu stimulieren, damit sie sich bewegt. »Komm, steh doch mal auf, versuch doch mal zu laufen.« Das konnte sie aber nicht, und sie wusste es auch. Sie weinte dann. Nach der Diagnose haben wir dann damit aufgehört, und ihr Leben hat sich total verbessert, denn sie stand plötzlich nicht mehr unter dem Druck, Dinge machen zu müssen, die sie gar nicht kann. Wir wussten somit etwas Wichtiges aus ihrem Leben, das sie schon längst wusste, uns aber nicht vermitteln konnte, und sind ihr danach ganz anders begegnet.

Dann kam der erste Ruf nach Mama und Papa. Wir haben mit ihr jetzt Dinge unternommen, die ihren Fähigkeiten entsprachen. Wir organisierten jede Art von Hilfsmitteln, die es für diese Krankheit gibt, waren in allen möglichen Reha-Läden, fuhren mit ihr zur Krankengymnastik. Sie begann eine Skoliose zu entwickeln, dabei verkümmern die Stützmuskeln der Wirbelsäule langsam, und die Wirbelsäule verkrümmt sich. Die Muskeln der Arme und Beine mussten von außen stimuliert werden, weil Saras Körper es selber ja nicht konnte. Das haben wir auch übernommen. Karin ist mit ihr immer unterwegs gewesen, hat sie begleitet, sogar einen Tanzkurs für sie gefunden, bei dem sie mit ihrem Rollstuhl mitmachen konnte. Tanzen war ihr großer Traum.

Über all die Jahre konnte sie sich nachts nicht alleine umdrehen, was du als normaler Mensch ja mindestens drei- oder viermal unbewusst machst. Die meiste Zeit habe ich das für sie übernommen. Das heißt, ich habe jahrelang nachts nicht durchgeschlafen, sondern bin mehrmals pro Nacht aufgestanden und habe Sara auf die andere Seite gedreht, damit sie sich nicht wundliegt.

Wir haben uns im Nachhinein gefragt: Wie haben wir das eigentlich ausgehalten? Aber zu der Zeit war das völlig normal. Es war überhaupt nicht so, dass ich am nächsten Morgen hundemüde gewesen wäre und gesagt hätte: O Gott, jetzt muss ich schon wieder arbeiten. Nein. Gar nicht. Also wir haben, Karin nachher noch viel mehr als ich, ihre Beine und ihre Arme ersetzt. Wir haben ihr geholfen, soweit wir konnten. Aber wenn ich jetzt nach vielen Jahren darüber spreche, frage ich mich schon, wie wir das geschafft haben. Wir hatten ja auch noch unser Leben.

Ein Jahr nach Saras Geburt hatte ich eine Firma gegründet und war damit ein unternehmerisches Risiko eingegangen, hatte auch einen kleinen Kredit aufgenommen. Dann kam noch die Professur an der Filmhochschule dazu. Es kam alles zusammen. Aber mit Blick auf Saras Krankheit haben wir gesagt: Die Professur ist eine sichere Burg. Wenn die Company den Bach runtergeht, haben wir immer noch meine Tätigkeit an der Uni als Fallback-Option. Es war auch klar mit dieser Diagnose, dass einer von uns zu Hause bleiben musste. Für Karin war glasklar, dass sie es ist, die zu Hause bleibt und sich um Sara kümmert. Mit meinen beiden Jobs hätte ich auch gar nicht die nötige Zeit gehabt, mich tatsächlich um Sara zu kümmern. Dies hat mir nachher bitter wehgetan. Aber diese Jobs haben uns den vollen Einsatz von Karin zu Hause ermöglicht. Sonst hätten wir Sara in ein Heim geben müssen.

Während ihrer acht Lebensjahre haben wir uns große Mühe gegeben, ihr ein lebenswertes Leben zu bereiten.

Wir wollten sie vor allem ein völlig normales Leben führen lassen. Nach den wunderbaren Erfahrungen in einer Waldorf-Kita wollten wir keine Behindertenschule für sie, auf die fast nur Rollstuhlfahrer gehen, sondern eine normale Schule, die sich auf Behinderte einstellt. Denn im Kopf war sie ja total fit. Sie hat alles in der Schule mitgemacht, nur der Sport war natürlich schwierig.

Ich habe vor ein paar Tagen beim Stöbern schöne Fotos gefunden, auf denen Sara im Kreis ihrer Cousins und Cousinen im Rheinland zu sehen ist. Sie liegt auf einer Wiese, und alle kümmern sich um sie. Man sieht gar nicht, dass eines von den Kindern behindert ist, sondern die liegen da alle und fühlen sich wohl. Ein schönes Bild. Solch glückliche Erfahrungen durfte Sara auch in ihrem Berliner Kiez machen. Es gab viel Empathie und Freude bei den Begegnungen mit den vielen großen und kleinen Menschen, die sie kannte.

Sie ist acht Jahre alt geworden. Am 31. Dezember 2000, am Silvestertag, ist sie gestorben.

Ihr Tod nach acht Jahren kam nicht ganz überraschend. Im Nachhinein haben wir festgestellt, dass es da eine ganze Reihe von Zeichen gab, die sie uns gegeben hatte, die wir aber nicht wahrgenommen haben. Aber wenn man sich im Rückblick die Monate davor anguckt, ist es eigentlich ganz klar, dass sie wusste: Es geht zu Ende.

Uns war es überhaupt nicht klar. Denn wir hatten in der Zwischenzeit eine Familie kennengelernt, die Zwillingsmädchen mit derselben Krankheit hatte. Die beiden waren damals schon Anfang zwanzig. Beide Mädchen waren fast komplett gelähmt und haben trotz allem studiert. Obwohl sie fast nichts mehr konnten, gerade noch ihren Rollstuhl bewegen, selbst das Sprechen fiel schwer. Diese Familie war unser Lichtblick. So haben wir doch viele Zeichen von Sara verdrängt und eine allgemeine Verschlechterung ihrer Konstitution nicht genügend ernst genommen und erst recht nicht in Verbindung mit dem nahen Tod gesehen.

Vor Weihnachten im Jahr 2000 hatte Sara wieder eine von ihren vielen Erkältungen. Wir hatten den Lehrern immer gesagt: »Wenn jemand Schnupfen oder Husten hat in der Klasse, setzt Sara bitte nicht daneben.« Was sie aber wohl nicht beherzigt haben. Dann hatte sie sich wieder bei irgendjemandem mit einer Erkältung angesteckt, und wir haben zu spät bemerkt, dass sie Schwierigkeiten mit dem Abhusten hatte.

Es war Weihnachten. Wir hatten alle Hände voll zu tun mit den Vorbereitungen, dem Schmücken des Weihnachtsbaums, ein Freund war zu Besuch. Wir sagten zu unserer Tochter: »Komm, es ist Weihnachten, freu dich, mit deinem Husten, das wird schon wieder.« Es wurde aber nicht wieder, sondern es wurde immer schlimmer. Am ersten Weihnachtsfeiertag bemerkten wir ihre großen Schwierigkeiten, Luft zu kriegen. Ihre Atemmuskulatur war zu schwach, als dass Sara hätte abhusten können. Wir wussten, was zu tun war: Im Krankenhaus musste der Schleim aus der Lunge abgesaugt werden. Diese Situation kannten wir bereits.

Plötzlich verschlechterte sich ihr Zustand so sehr, dass wir uns entschlossen, einen Krankenwagen zu holen. Wir riefen den Notarzt. Das war schon mal der erste Fehler. Wir hätten sie einfach ins Auto packen und ins Krankenhaus fahren sollen! Aber wir haben den Notarzt gerufen, um nicht wieder in der Notaufnahme warten zu müssen. Dann wird dir quasi die Gewalt entzogen, der Notarzt übernimmt alle Verantwortung. Karin fuhr mit und versuchte verzweifelt, den Ärzten zu erklären, in welcher Situation Sara war, dass das Kind eine spezielle Behandlung braucht. Dass man es auch nicht so einfach hinlegen kann, wegen der Skoliose. Völlig aufgelöst saß Karin neben Sara in diesem Krankenwagen mit Blaulicht.

Es lag tiefer Schnee in Berlin. Weil ich nicht mitfahren durfte, stieg ich ins Auto und fuhr hinterher. Sara wollte unbedingt, dass ich mitfahre. Ich erinnere mich noch an ihr Schreien. Für ein Kind ganz fürchterlich. Da kommen Leute, die sich auch auf Weihnachten freuen, im weißen Kittel, die eigentlich gar keine Lust haben zu arbeiten. Eigentlich wollten wir in die Klinik, in der sie immer behandelt wurde, nämlich in die Charité im Wedding. Dann aber kollabierte sie im Krankenwagen, hatte Atemaussetzer und musste sofort in das nächste Krankenhaus gebracht werden. Blitzschnell kam sie in den OP.

Das war der schlimmste Moment: Wir durften Sara nicht zur Behandlung begleiten, so wie es bei allen bisherigen Krankenhausaufenthalten war. Als wir mit in den Operationssaal reinwollten, haben uns die Ärzte rausbugsiert und sagten: »Nein, wir müssen jetzt intubieren, das wollen Sie nicht sehen. Das ist ganz schlimm. Warten Sie lieber draußen.«

Ich sagte: »Nein, ich würde lieber drinnen bleiben.« Ich ärgere mich bis heute, dass wir uns nicht durchgesetzt haben, dass wir nicht gesagt haben: »Liebe Leute, der Profi bei dem Kind sind wir. Sie haben nur einen weißen Kittel an, aber Sie haben von dem Kind gar keine Ahnung. Und Sie haben auch keine Ahnung von dem, was wir die letzten acht Jahre erlebt haben. Sie können mit diesem Kind nicht umgehen, auch wenn Sie denken, Sie können mit Patienten umgehen. Aber Sie haben keine Ahnung von diesem besonderen Krankheitszustand unseres Kindes.« Aber das konnte ich in dem Moment so nicht formulieren. Uns blieb nichts anderes, als den Ärzten zu vertrauen. Wir sagten: Okay, ihr seid jetzt die Profis, macht das mal. Das war alles. Das war der letzte Moment, in dem wir Sara lebend gesehen haben.

Danach ist sie quasi im OP getötet worden. Und zwar von Leuten, die gutwillig waren, die einem Menschen helfen wollten, die sich aber nicht auf die Expertise anderer Menschen eingelassen haben, einlassen konnten, weil sie es vielleicht nicht trainiert haben.

Wir haben nachher überlegt, ob wir dagegen etwas machen, haben das dann aber verworfen. Das war jedenfalls der Moment, in dem im Grunde alles falsch gemacht wurde. Hätte man nichts gemacht, hätte man unsere Tochter mit ziemlicher Sicherheit retten können. Sara war nämlich wieder bei Bewusstsein. Es hatte gar keinen Grund gegeben, sie zu intubieren. Aber das war eben in deren Schema: Wir müssen dem Kind jetzt helfen, wir müssen es jetzt ins künstliche Koma versetzen. Aktionismus. Oder vielleicht auch Unfähigkeit oder Mangel an Know-how.

Sie haben sie ins Koma gespritzt. Das war ganz brutal. Wir haben unser Kind aus dem OP-Saal heraus schreien hören. Die Ärzte haben uns danach erzählt, was sie gemacht haben: dass sie nämlich die Vene nicht treffen konnten, es mehrfach versucht hätten, sie hatte richtig blaue Flecken überall. Wir hätten ihnen das schon sagen können, wir wussten, dass bestimmte Sachen nicht gehen. Dann haben sie ihr eine Nadel in den Knochen gestochen. Das war wie Folter. Grauenhaft.

Natürlich hätten wir das unterbunden, wären wir da drinnen gewesen. Wir hätten es nicht zugelassen. Es hätte Auseinandersetzungen gegeben mit diesen scheinbaren Profis, die nicht den Gesamtblick auf dieses Kind einnehmen konnten und wohl auch nicht wollten, sondern nur ihren Spezialblick: Das Kind kommt mit Husten, einer starken Bronchitis und mit Atemaussetzern – und dagegen müssen wir jetzt etwas machen. Die holistische Sicht, dass das ein schwerbehindertes Kind ist, das einen behutsamen Umgang braucht, das man nicht behandeln kann wie einen normalen stabilen Menschen voller Muskelkraft, diese Sicht hat ihnen gefehlt. Sara war diesen Brachialtypen vollkommen ausgeliefert. Und wir standen draußen und haben gezittert.

Dann wollten wir rein, aber die Tür war zu. Von innen abgeschlossen. Wir haben uns gesagt: »Okay, komm, beruhigen wir uns, es wird schon gut, es wird schon gut.« Dann kamen sie endlich raus. Wir dachten, Sara ist bei Bewusstsein, so wie sie es vorher war. Stattdessen lag sie intubiert auf dem Bett, fertig gemacht für den Transport ins andere Klinikum. In der Nacht wurde sie dort auf die Kinderintensivstation gebracht.

Ja, und dann haben wir eben dort gehofft. Es war ja der erste Weihnachtstag. Meine Mutter kam in Windeseile aus dem Rheinland, um zu Hause für uns zu sorgen. Wir packten unsere Sachen und zogen im Krankenhaus ein. Karin und ich wechselten uns an Saras Bett ab, hielten ununterbrochen Wache. Wir hofften so, dass sich ihr Zustand bessern würde. Sie lag im Koma, angeschlossen an unzählige Maschinen, es piepste und blubberte. Sie wurde künstlich beatmet.

Wie sich nachher herausstellte, sind durch diesen Atemstillstand und wahrscheinlich auch durch das, was im OP mit ihr gemacht wurde, eine Hirnschädigung und Organschädigungen eingetreten, die offensichtlich irreversibel waren. Alle, auch die Ärzte, hofften auf die Selbstheilungskräfte unserer Tochter. Die konnten aber leider ihre Wirkung nicht entfalten. Die Werte wurden immer schlechter und schlechter. Dann hing sie da und war voll mit all den Schläuchen. So, wie du nicht leben willst. Und so, wie du auch nicht sterben willst. Die Geräte zeigten ein Auf und Ab. Es gab Momente, in denen die Werte plötzlich wieder anzogen und wir dachten: Jetzt hat sie es geschafft und ist über den Berg. Aber dann ging es wieder rapide runter. Und immer weiter runter.

Dann haben wir irgendwann mit den Ärzten darüber gesprochen, wie die Perspektive aussieht und was wir machen können. Es war am Vorabend zu Silvester. Gemeinsam entschieden wir zu versuchen, unser Kind von den Maschinen runterzunehmen, und zu beobachten, ob sie es schafft. Ob sie alleine atmen kann und sich ihr Herzrhythmus wieder normalisiert. Wir ließen alles abklemmen. Wir sagten uns vorher: Wenn sie es nicht schafft, dann schafft sie es nicht. Nur noch der Pulszähler war angeschlossen. Bis zum letzten Piep.

Ein paar Tage vorher hatten wir Sara noch taufen lassen in der Hoffnung, dass das vielleicht hilft. Sara hatte die Taufe ihrer Cousine miterlebt und sich gewünscht, auch getauft zu werden. Also riefen wir die Pfarrerin aus der Nachbarschaft ins Krankenhaus, die Sara dann dort taufte. Obwohl Karin Atheistin ist, fing sie an, in der Krankenhauskapelle zu beten. Sie flehte und wurde nicht erhört.

Es ist die existenziellste Erfahrung deines Herzens, muss man sagen. Als alle Maschinen abgeschaltet waren und alles ruhig wurde, hörten wir Musik. Die Ärzte waren sehr nett und ließen uns alleine in dem Raum, um uns von unserer Tochter zu verabschieden.

Wir fuhren nach Hause und begingen zusammen mit meiner Mutter Silvester. In Saras Sinne. Wir haben angestoßen. Das Verrückte, was wir dann erlebten, war die Kraft, die in uns wuchs. Als wir zwei, drei Wochen später zurückblickten, haben wir uns gefragt: Woher haben wir die Kraft genommen, die Beerdigung und all das zu organisieren? Wir waren völlig fertig, waren total ausgelaugt von dieser Woche, hatten nicht wirklich geschlafen, waren super gestresst. Und dann passierte am Ende das Schlimmste, was passieren kann: eben nicht die erlösende Nachricht, das Kind wird es überleben und es wird alles gut, sondern genau das Gegenteil.

Aber wir entwickelten ungeahnte Kräfte. Denn wir mussten das ja alles organisieren. Man muss ja überlegen: Was machen wir jetzt? Wie sieht eine Trauerfeier aus? Wen laden wir ein? Wie sieht die Anzeige in der Zeitung aus? Wie sieht die Einladung für die Trauergäste aus? Was machen wir bei der Trauerfeier? Wo machen wir das? Welchen Friedhof, welche Grabstätte finden wir?

In Windeseile trafen wir eine Vielzahl glasklarer Entscheidungen, die wir normalerweise nie in solch kurzer Zeit hätten treffen können. Niemals. Wir bereiteten die Trauerfeier ganz in ihrem Sinne vor, wir bauten alles so auf, dass wir das Gefühl hatten: Wenn unsere Tochter jetzt reinkäme, hätte sie Spaß. Wir stellten eine CD zusammen mit einer Mischung aus Kinder- und Erwachsenenmusik. Man denkt ja immer, man steht neben sich in einer solchen Situation, aber wir waren so klar. Wenn ich mir im Nachhinein ansehe, was wir gemacht haben, wie wir die Anzeige und auch die Einladungen gestaltet haben, ich wüsste nicht, was man hätte anders machen sollen.

Für Karin war der Verlust von Sara ein doppelter Bruch. Zum einen hat sie das erlebt, was ich auch erlebt habe: Du verlierst ein Kind. Du verlierst die Perspektive, du verlierst deine Verlängerung in die Zukunft. Für sie aber kam hinzu: Sie hatte ihre Aufgabe verloren. Das tägliche Sich-Kümmern. Denn Sara war ihr Lebensinhalt geworden. Und wir konnten kein zweites leibliches Kind mehr haben. An ein weiteres Kind war in den ersten Jahren ohnehin nicht zu denken. In dieser Zeit haben wir an alles Mögliche gedacht, aber nicht daran, ein weiteres Kind zu bekommen. Es ging in der Tat nur darum zu überleben. Wirklich zu überleben und nicht unserer Tochter hinterherzugehen, also nicht – was wir auch diskutiert haben – gemeinsam von der Brücke zu springen oder mit dem Auto gegen irgendeine Wand zu rasen.

Ich glaube, die Rettung für uns oder auch für Karin war, dass wir ganz unterschiedlich getrauert haben. Ich habe mich nach sechs Wochen Trauerpause wieder in meine Arbeit hereinbewegt, in meine zwei Jobs. Meine Software-Firma war gerade umgezogen in kostengünstigere Büros. Das war während der Dotcom-Krise. Es lief alles nicht so rosig. Genau zu der Zeit, als ich im Krankenhaus am Bett meiner Tochter saß und Wache hielt, fand der Umzug statt. Ich konnte mich darum gar nicht kümmern. Meine Mitarbeiter waren klasse, haben im Grunde alles alleine gemanagt. Als ich zurückkehrte, kam ich praktisch in eine neue Firma. So hatte ich dann sofort ganz massive Aufgaben, die mich mit dem Kopf weggeholt haben aus diesem Trauerprozess.

Und Karin hat sich umgekehrt völlig in die Trauerarbeit begeben, ganz bewusst, hat ganz viele Bücher gelesen, sich mit Leuten getroffen, ist sofort in Therapie gegangen. Sie hatte auch schon vorher psychologische Begleitung, hat das dann aber intensiviert, über mehrere Jahre hinweg. Auch eine Paartherapie haben wir gemacht. Gottesdienste für verwaiste Eltern in der evangelischen Kirche haben uns sehr geholfen. Die waren gut, weil wir dort nicht sprachen, sondern nur in unserer Trauer zusammen waren mit anderen verwaisten Eltern. Man ist in einer geistigen Gemeinschaft, alle haben ähnliche Erfahrungen gemacht, alle hatten ein Kind verloren. Dieses Gemeinschaftsgefühl tat gut. Ein paar Jahre lang haben wir diese Gottesdienste besucht, dann irgendwann nicht mehr.

Es gab eine Zeit, in der ich befürchtete, dass Karin sich etwas antut. Immer, wenn wir verabredet waren und sie nicht zu dem vereinbarten Zeitpunkt auftauchte, dachte ich: Gleich kriege ich einen Anruf von der Polizei. Das habe ich tatsächlich mehrmals gedacht. Aber sie hat es geschafft. Wie stark von ihr, sich nicht wegreißen zu lassen. Meine Frau ist auch extrem selbstbeherrscht. Das hat sie, glaube ich, im Osten gelernt, mit Verlust oder mit wenig im Leben klarzukommen. Bis heute hat sie sich sehr unter Kontrolle.

Eigentlich wissen wir bis heute nicht, was es wirklich war, das uns zusammengehalten hat. Wir haben da auch gerätselt! Weil wir schon sehr unterschiedliche Typen sind. Wir leben diese Unterschiedlichkeit auch und lassen sie zu. Es hat eine ganze Weile gebraucht, bis wir uns das gestattet haben: einfach ganz unterschiedlich zu sein. In der Anfangszeit nach Saras Tod war das eher ein

Problem. Ich hatte mich x-mal gefragt: Warum mache ich das jetzt weiter? Wäre nicht eine andere Konstellation für uns beide besser? Wäre nicht eine Konstellation, die einen genetisch nicht wieder in die Falle lockt, vernünftiger? Dass man sich nüchtern sagt, man geht jetzt auseinander, man verabschiedet sich, man kann ja eng befreundet bleiben, aber jeder macht noch mal einen neuen Versuch im Leben. Das machen ja die meisten.

Irgendetwas hat uns aber dazu bewegt, das nicht zu tun. Wir haben uns noch nicht einmal temporär getrennt, so dass der eine mal ausgezogen wäre und eine andere Liebschaft gehabt hätte. Sondern es war immer ein gemeinsames Gefühl vorhanden, wie heißt es jetzt so schön: Wir schaffen das. Wir wollen nicht aufgeben. Darin sind wir uns wiederum sehr ähnlich: Beide sind wir Menschen, die nicht schnell aufgeben. Die nicht schnell sagen, das ist jetzt zu gefährlich, das ist zu schwer, das machen wir jetzt nicht, sondern die dann versuchen dranzubleiben.

Mit Sara haben wir es ja bewiesen, mit ihr haben wir uns acht Jahre lang gezeigt, dass man ein tolles Leben leben kann. Es war ja schließlich nicht unser Fehler, dass sie mit einer am Ende tödlichen Erkältung nach Hause kommt. Außer vielleicht, dass wir sie in diese Schule geschickt haben. Möglicherweise war es ein Fehler, unsere Tochter diesem Apparat auszuliefern, der eben Kinder nicht das entfalten lässt, was in ihnen steckt, sondern etwas aus ihnen zu machen versucht, was bestimmten Normen entspricht und bewertbar ist. Das macht ja die normale Schule mit Kindern. Und wenn du dann ein behindertes Kind in eine solche Schule gibst, dann hat es eben doppelt so viele Schwierigkeiten.

Fünf Jahre später fingen wir an, über Adoption nachzudenken. So lange hat das gedauert. All diese Jahre nach Saras Tod waren ein ganz tiefes schwarzes Loch in unserem Leben. Irgendwann haben wir gesagt: Komm, wir adoptieren ein Baby, ein kleines Mädchen. Wir waren völlig fixiert auf ein Mädchen. Nachdem wir den Antrag gestellt hatten, kam postwendend von der Behörde zurück, dass man in Deutschland nach Überschreiten des 45. Lebensjahres kein Baby mehr adoptieren kann, sondern nur ein älteres Kind. Ich war kurz zuvor 45 geworden. Wir hatten also ein paar Monate zu lange gewartet.

Dann sagten wir uns: Wenn das so ist, werden wir ein Kind in China adoptieren. Denn wir waren schon oft gemeinsam in China, ich hatte bereits damals meine Gastprofessur dort. Einmal war Karin vier Wochen lang mit mir in Peking und mochte es sehr. China war ein wenig zu unserer zweiten Heimat geworden, es war das Land, in dem wir neben Deutschland die meiste Zeit verbracht haben. So wollten wir ein Kind aus China adoptieren. Das Problem aber war: Du kannst als Deutscher kein chinesisches Kind adoptieren. Das geht einfach nicht, weil es zwischen Deutschland und China bisher kein bilaterales Adoptionsabkommen gibt. Unsere chinesischen Freunde sagten: »Jens, das ist kein Problem, wir sind hier in China, wir kriegen das hin.«

Ein ganzes Jahr lang haben unsere chinesischen Freunde dann tatsächlich versucht, uns auf irgendwelchen Wegen ein chinesisches Kind zukommen zu lassen. Sogar auf der Tagesordnung des Präsidiums meiner Hochschule stand: Die Brandtners brauchen ein Kind, was können wir tun? Ich fand das schon rührend. Wir waren sogar in verschiedenen Heimen. Aber irgendwann wurde klar: Es wäre ein illegaler Akt gewesen. Es gab keinen Weg, eine Adoption legal zu realisieren. Das wollten wir nicht. Wir wollten keinen Stress.

Wir gaben nicht auf und suchten weiter in Asien. Besuchten Kinderheime in der Mongolei, stellten Anträge für Taiwan, zuletzt für Nepal. Dort waren wir ziemlich weit gekommen, zum Schluss klappte es aber wieder nicht. Wenn man eine Auslandsadoption macht, dann gibt es für jedes Land separate Adoptionsrichtlinien, die das Land festlegt. Man kann also nicht einfach in ein Land fahren, in ein Waisenhaus gehen, sich Kinder anschauen und aussuchen wie aus einem Katalog. Sondern es wird ein Matchmaking über Agenturen gemacht. Und jedes Land hat wieder andere Agenturen. Das heißt, du musst für jedes Land einen neuen Prozess beginnen.

Immer und überall suchten wir nach einem Mädchen im Babyalter. Dann kam plötzlich morgens um acht ein Anruf aus Sri Lanka: Wir würden doch ein Kind suchen, sie hätten da einen kleinen Jungen. Sie wüssten, wir suchten ein Mädchen, aber sie hätten nur einen kleinen Jungen. Ihn könnten wir adoptieren.

Wir waren höchst überrascht. Es stellte sich heraus, dass meine Mutter einer Bekannten, die in Sri Lanka als Entwicklungshelferin gearbeitet hatte, von unserem Wunsch erzählt hatte. »Es gibt in Colombo ein Mutter-Theresa-Heim, das ich unterstütze. Da kenne ich einen ganz tollen Menschen, Herrn Azmeer, und den frage ich mal«, sagte die Bekannte wohl zu ihr. Herr Azmeer war es auch, der dann anrief.

Aber: ein kleiner Junge? In diesem Moment fragten wir uns, warum wir eigentlich nur ein Mädchen haben wollten. Warum nicht auch einen Jungen? Denn wenn wir ein eigenes Kind gehabt hätten, wäre es ja auch eine Fifty-fifty-Chance gewesen.

Wir ließen uns Bilder schicken. Und sahen einen total süßen kleinen Jungen. Ein Baby, drei Monate alt. »Sie müssen aber innerhalb der nächsten zehn Tage kommen und dann auch zwei Wochen bleiben, denn das sind bei uns die Voraussetzungen. Sie müssen mit dem Kind zusammen sein.« Diese Ansage kam wirklich unvorhergesehen. Es war Sommer, wir hatten im Juli gerade meinen 50. Geburtstag gefeiert. Und etwa zehn Tage später, wie ein schönes Geburtstagsgeschenk, kam dieser Anruf. Weitere zehn Tage später saßen wir im Flieger nach Sri Lanka. Obwohl gerade wieder viel los war, ich baute zu der Zeit einen neuen Studiengang auf, das nächste Semester ging bald los, und Karin hatte einen Aushilfsjob.

Im Flieger haben wir uns gesagt: Der erste Augenblick ist entscheidend. Wenn wir das Kind mögen und das Kind uns mag, ist es gut. Wenn wir das Kind nicht mögen, ist es nicht gut. Wenn das Kind uns nicht mag, ist es auch nicht gut. In diesen beiden Fällen packen wir die Koffer und fahren wieder zurück. Vielleicht machen wir noch ein bisschen Urlaub, aber dann fahren wir wieder zurück. Das hatten wir vorher vereinbart.

In dem Heim nahmen uns die Schwestern sehr freundlich in Empfang. Wir fuhren sofort in die Klinik. Dann kamen sie rein mit dem Kleinen auf dem Arm. Er strahlte. Auch wir strahlten, waren völlig begeistert. Sofort nahmen wir das kleine Gottesgeschöpf in den Arm. Keine Schreierei. Gar nichts. Wir wussten: Ja. Kishan und wir gehören zueinander. Abends im Hotel entschieden wir, zwei Wochen in Sri Lanka zu bleiben.

Das dunkle Loch, das Saras Tod gerissen hat, gibt es nach wie vor in unserem Leben. Aber mit Kishan ist dort sehr viel Licht hineingekommen, es ist viel heller. Mit Kishan machen wir die Erfahrungen, die wir als Eltern mit Sara nie machen konnten. Dass du ein Kind laufen siehst, dass ein Kind sich selbst bewegt, und dass ein Kind sich ganz eigenständig anzieht! Das ist für uns etwas ganz Besonderes. Wir haben es nie verstehen können, wie Leute mit ihrem Kind umgehen, als sei es nichts Besonderes, vielleicht nur ein nervendes Etwas oder ein Quälgeist. Mittlerweile ist Kishan für uns ab und zu natürlich auch ein Quälgeist. Alle Kinder sind das manchmal. Aber ich glaube, wir haben eine ganz andere Ehrfurcht vor diesem Leben als in der Zeit vor Saras Krankheit. Jetzt ist es einfach wundervoll, dass wir das noch einmal erleben dürfen, auch in einem etwas fortgeschritteneren Alter, so ein kleines Wesen aufwachsen zu sehen. Mit einem ganz anderen Erfahrungspotenzial, das man ihm auch vermitteln kann. Dadurch ist unser Sohn übrigens auch ein wenig altklüger als andere Jungen in seinem Alter. Für Karin und mich war es genau die richtige Entscheidung, Kishan zu adoptieren.

Ganz unabhängig von diesem heutigen Glück hat der Verlust unserer Tochter zumindest in meinem Leben sehr viel verändert. In meiner Wahrnehmung hat es die Wertigkeiten total zurechtgerückt. Ich habe mich früher über Dinge aufgeregt, über die ich mich heute nie mehr aufregen würde. Ich wüsste gar keinen Grund mehr, warum ich mich über normale Dinge aufregen sollte. Das geht doch alles vorbei. Es gibt viel, viel Schlimmeres. Ich glaube, ich bin insgesamt entspannter geworden.

Ich habe ja noch einen weiteren Verlust erlebt. Wir haben Saras Tod erlebt, danach hatte ich das Gefühl: So, das ist jetzt das Schlimmste in meinem Leben gewesen, ab jetzt wird es ein bisschen schöner und positiver, und wir haben die Chance, noch etwas anderes Tolles zu erleben. Aber dann kam das tatsächliche Tief der Dotcom-Krise, und infolgedessen ging meine Firma baden. Plötzlich hatte ich fast vierzig Mitarbeiter, denen ich von heute auf morgen erzählen musste: Liebe Leute, morgen ist Schluss.

Das ist natürlich eine ganz andere Geschichte. Aber: Damit konnte ich nach der Verlusterfahrung unserer Tochter ganz anders umgehen. Hätten wir Saras Tod nicht erlebt, wäre der Untergang meiner Firma für mich möglicherweise sogar lebensbedrohlich gewesen. Das Unternehmen war ja schon zehn Jahre alt, nicht irgendein kleines Start-up, mit dem ich gerade erst begonnen hatte.

In dem Moment fiel ich persönlich ein weiteres Mal in ein richtiges Loch und habe mich in eine Therapie begeben. Man kann nicht wirklich sagen Therapie, aber ich habe mich aus Deutschland herausbewegt und bin für eine kurze Auszeit nach Oxford in ein Kloster gegangen. Dort habe ich mich eine Zeit lang mit spirituellen Fragen beschäftigt. Das war sehr hilfreich. Es hat Nachwirkungen bis heute. Und es hat wieder Dinge in meinem Leben verändert, zum Besseren.

Ich glaube, man kriegt einen klareren, einen schärferen Blick für das Wesentliche, wenn man einen geliebten Menschen verloren hat. Darin liegt, glaube ich, auch die Quelle dieser Kraft, die für Karin und mich nach Saras Tod so erstaunlich war. Diese Kraft, die sich so unvermittelt entwickelt hat. Davon bleibt ein bisschen übrig im weiteren Leben, und diese Kraft schärft deine Sicht auf die Dinge. Ich finde diesen Aspekt immer offensichtlich, gerade wenn ich mit Entscheidungsträgern unterwegs bin, die diese Erfahrung nicht haben. Menschen, deren wichtigste oder schwierigste Erfahrung es war, einmal hundert Leute entlassen zu müssen, kurz am Bankrott vorbeigeschleudert oder selber entlassen worden zu sein. Wenn man sein Kind verloren hat, ist es eine andere Qualität, mit der man an die Fragen herangeht.

## Franziska von Hofstätt-Bergen

# *»Du musst jetzt ganz, ganz stark sein.«*

In der Zeit der Geburt meiner ersten drei Kinder hatte ich ruhige Jahre. Das habe ich noch nie so formuliert, aber das waren die einzigen ruhigen Jahre in meinem Leben. Die Jahre einer ganz normalen Mami mit drei kleinen Kindern. Solche Probleme hatte ich da. Und das sind weiß Gott keine Probleme.

Vom Typ her bin ich keine klassische Mutter. Natürlich würde ich alles für meine Kinder tun. Sie sind das Beste und Schönste, was mir passiert ist. Aber ein typisches Muttchen bin ich innerlich sicher nicht. Denn in meinem Leben läuft nichts glatt. Mein Leben ist so, dass ich ständig durch unzählige Höhen und Tiefen gehe. Ich tauche ganz oft ab. Dann bin ich wirklich sehr traurig und denke mir, ich schaffe das nicht mehr, jetzt ist Schluss. Trotzdem bin ich aber davon überzeugt – ich weiß nicht, woher ich das nehme –, dass ich niemals depressiv werde. Niemals! Ich war auch nie krank. Und wenn ich ganz unten bin, dann sehe ich es so: Das Leben gibt mir wieder eine Aufgabe. Dann hadere ich zwar und verzweifle vorübergehend, aber ich finde in diesen Phasen immer einen Weg weiterzumachen.

Ich selbst war dem Tod schon als kleines Kind sehr nahe. Ich wurde auf meinem Dreirad von einem Auto überfahren. Ich erinnere mich noch genau, was ich anhatte. Deutlich war darauf der Abdruck des Reifenprofils zu sehen. In der kleinen Kapelle in unserem Heimatort wurden abends bereits die Kerzen angezündet. Alle dachten, das war es. Verdacht auf Lungenriss.

Ich habe wie durch ein Wunder überlebt und trage noch heute davon eine Narbe am Bauch. Von dem Autofahrer habe ich ein Kuscheltier und Schmerzensgeld bekommen.

Die zweite Begegnung mit dem Tod hatte ich, als ich 13 Jahre alt war und mein Bruder Johannes sich am Bach bei uns im Dorf erschoss. Mein Bruder war ein passionierter Jäger und litt unter Depressionen. Seit ich ganz jung war, war immer jemand anderes in meiner Familie in der Psychiatrie, meine Schwester Sophie als Erstes. Nur meine Mutter und ich nicht. Ich bin die jüngste von vier Geschwistern. Auch mein Vater litt unter Depressionen. Das ist bei uns erblich, vielleicht, weil vor drei Generationen – man nimmt es an, man weiß es nicht – Vetter und Cousine geheiratet haben.

Meine Eltern hatten keine Erfahrung damit, wussten auch gar nicht, was mit meiner Schwester Sophie los war, als sie das erste Mal in die Psychiatrie kam. Sie wurde dort eingeliefert, krank, rein, raus, krank, rein, raus. Damals sagte mein Bruder immer zu meiner Mutter: »Mama, ich verspreche dir, ich werde niemals krank, ich werde niemals depressiv, schizophren oder manisch. Du kannst dich auf mich wirklich verlassen.«

Johannes hatte in meiner Familie eine besondere Stellung, weil er halt der einzige Sohn war. Es war auch vollkommen klar, dass er alles erben und weiterführen sollte. Er war immer der fröhliche, der lebensbejahende Sohn. Er machte noch als Jugendlicher alleine eine Fahrradtour ins Ausland. Unmittelbar danach bekamen wir einen Anruf des Direktors aus seiner Schule: »Irgendetwas stimmt mit Ihrem Sohn nicht.«

Dann begann sein Leidensweg. Auch Johannes kam in die Psychiatrie, veränderte sich, musste sehr, sehr viele Medikamente nehmen. Er war überhaupt nicht wiederzuerkennen. Trotzdem wurde es dort nicht besser.

Oft ist das bei manisch-depressiven Menschen so: Wenn sie unter Medikamenten stehen, also wenn sie nicht mehr verrückt sind, werden sie depressiv, weil die manische Phase vorbei ist.

Mein Bruder war mit den Tabletten ganz am Boden, ganz am Ende. Er war ein sehr sportlicher Typ, konnte aber unter dem Einfluss der Medikamente keinen Sport mehr treiben, konnte sogar kaum mehr schreiben. Er wurde ein ganz in sich gekehrter, ganz stiller Mensch. Seine ganze Persönlichkeit veränderte sich. Er wurde in eine andere Psychiatrie bei uns in der Nähe verlegt. Es gab Wochenenden, an denen er auch mal nach Hause durfte, und da war es schrecklich, ihn so zu erleben. Wie er Witze machte, die nicht witzig waren und so.

Er jagte ja auch sehr gerne. Und dann sagte er an einem Wochenende: »Ich würde gerne zum Schießen gehen.«

Mein Vater fragte: »Ja, muss das denn sein?«

»Ich mache das. Ihr könnt ja vorher noch ein Diktat mit mir machen.« Johannes erledigte seine Aufgaben und sagte: »Ich gehe nur ganz kurz raus.« Nahm die Waffe aus dem Waffenschrank, ging fort und kam nicht wieder.

Zu diesem Zeitpunkt war ich mit einer befreundeten Familie verreist. Ihre jüngste Tochter Luisa war meine Freundin. Ich merkte schon, dass Luisas Mutter permanent telefonierte, und dachte mir: Das ist aber auch anstrengend, mit so einer Geschäftsfrau auf Reisen zu sein. Wir fuhren dann einen Tag früher als geplant wieder zurück in ihr Haus. Wir liefen durch diesen traumhaften, wunderschönen Rhododendronpark, den sie hatten, als Luisas Mutter mir mitteilte: »Franziska, ich muss mit dir sprechen.« Ich merkte, sie hat was auf dem Herzen, sie muss mir irgendetwas sagen. Ich fragte: »Was ist denn los? Ist meine Schwester wieder in der Klinik?«

»Nein.«

Sie konnte mir nicht sagen, was war. Ich fragte wieder: »Was ist denn? Was ist denn los? Ist was mit Johannes? Geht es ihm wieder schlecht?«

»Ja, es ist Johannes.«

Ich rief: »Ja, was ist denn? Dann sag mir doch einfach, was ist.«

»Ja, Johannes …«

»Was?«

So ging es hin und her, und ich dachte, warum sagt sie mir nicht endlich, was ist.

Und dann sagte sie: »Johannes ist tot.«

»Wie, der ist tot? Ein Unfall? Was ist passiert? Was ist?«

»Er hat sich umgebracht.«

Ich war 13. Ich hatte schon davon gehört, aber ich verstand es nicht wirklich. »Wie, umgebracht?«

»Ja, Johannes hat sich das Leben genommen.«

Das war für mich eine Unvorstellbarkeit: sich das Leben nehmen. Also selber zu entscheiden, so jung, mit 18 Jahren, sein eigenes Leben zu beenden. Ich fragte: »Wie? Wie war das?«

»Er hat die Waffe genommen.«

»Und wo?«

»Am Bach.«

»Und wo?«

»An der Brücke.«

»Wer hat ihn gefunden?«

»Dein Vater.«

»Wie hat er es gemacht?«

»Er hat sich in den Mund geschossen.«

Und so hat sie es mir gesagt. Ich sehe immer noch diesen blühenden, farbenprächtigen Garten vor mir, durch den wir liefen. »Ich möchte jetzt nach Hause«, sagte ich dann.

Mein Zuhause ist nur fünf Minuten entfernt, wir fuhren dorthin. Meine Mutter war wie versteinert. Mein Vater kam auf mich zu mit einer Stimme, die gebrochen war. Und wie immer, wenn irgendwas war, sagte er: »Franziska, du musst jetzt ganz, ganz stark sein.« Das war immer der Satz meines Vaters: Du musst jetzt ganz, ganz stark sein. Ich erinnere die Polizei in unserem Haus, die herausfinden musste, ob es wirklich ein Suizid war.

Johannes war sehr beliebt. Es war eine Riesenbeerdigung im Dom, 600 Leute. Eine heulende Schulklasse. Meine Mutter mit diesem Schleier, wie versteinert über die ganze Zeit. Es war eine Menschenansammlung. Es war furchtbar. Es war ein Drama, es war riesig, alles. Es war eigentlich wie das Ende.

Meine Mutter war nicht mehr zu sprechen. Meine Schwester Sophie – viel älter als ich, oft depressiv und manisch oder vielleicht doch schizophren, ich weiß es bis heute nicht – war zu dieser Zeit immer etwas unverwandt. Das fiel mir selbst als 13-Jährige schon auf. Ich fand, sie hatte gar nicht richtig teilgenommen am Tod unseres Bruders. Irgendwie war sie gefasster. Ich dachte mir intuitiv: Was ist mit ihr?

Ganz viele Verwandte waren gekommen. Dann wurde überlegt: »Also jetzt reicht es, jetzt müssen wir irgendwas mit Franziska machen. Die muss hier raus. Wir müssen irgendwas mit ihr tun.«

Ich hatte meine Lieblingstante, die für mich wie ein Muttterersatz war. Sie hatte mich nämlich, seit das alles mit den Depressionen in unserer Familie begonnen hatte, immer mit ihrer Familie und ihren drei Kindern in die Ferien genommen – im Sommer in die Bretagne, im Winter in die Schweiz zum Skilaufen. Ihre Familie war meine Familie, ich war dort fast wie ein eigenes Kind. Immer wenn ich bei dieser Familie war, konnte ich durchatmen und war glücklich. Meine Tante Elisabeth hatte die Idee: »Franziska, du kommst jetzt mit zu uns. Du kommst einfach mit zu uns nach Köln. Du gehst dort auf die Schule. Dann kannst du bei uns sein.« Da dachte ich mir: Das ist gut, dort will ich hin. Und ich will von zu Hause raus.

Meine Mutter spürte aber, glaube ich, wenn sie das macht, also wenn sie mich dieser Familie übergibt, dann ist das das Ende der Beziehung zu meiner eigenen Familie. Da sagte ein anderer Onkel meiner Mutter: »Ach, weißt du was, Edith, die Babsi«, seine Tochter, »ist in diesem Internat am Chiemsee, die ist da sehr glücklich. Wäre das nicht was für Franziska?«

Sie saßen im Salon, haben sich alle angeguckt, ich hockte in der Mitte und war stumm. Dann einigten sich alle darauf: »Ja, das ist es, Franziska kommt jetzt ins Internat.«

Ich höre mich noch fragen: »Dürfte ich mir das vorher einmal anschauen? Oder wie ist das jetzt?«

»Ja, sicher.«

Also durfte ich es mir einmal anschauen. Wobei mir eigentlich sowieso alles egal war. Ich war vor allem sehr traurig, dass ich nicht zu meiner Tante durfte, dachte mir aber, okay, ich habe ja keine Chance, Hauptsache weg hier. Meine Koffer wurden gepackt, und ich sollte im Herbst dieses schrecklichen Jahres ins Internat kommen.

Ich hörte zu der Zeit immer wieder das Lied »O Juliet« auf meinem Walkman, das habe ich noch im Kopf. Sophie hatte damals schon zwei Jahre nicht mehr gearbeitet. Sie war Krankenschwester, und nach diesem ständigen Rein und Raus in der Psychiatrie entschied meine Mutter irgendwann: »Es hat keinen Sinn, immer dieses Abmelden und Wiederanmelden.« Die Krankenhäuser stellten meine Schwester auch nicht mehr so gerne ein, kannten das Prozedere schon. So war sie also zu Hause und half meiner Mutter dort. Ich konnte das vielleicht noch nicht so ausdrücken, aber mir schien das schon damals irgendwie nicht so richtig. Denn jeder Mensch braucht doch eine Aufgabe. Eine junge Frau kann doch nicht nur ihrer Mutter ein bisschen im Haushalt helfen. Auch nicht richtig fand ich: In meiner Familie wurde nie gesprochen, wenn jemand gesund war. Es wurde immer nur gehandelt, wenn jemand krank war. Warum sprachen wir nie, wenn wir gesund waren? *Dann* hätten wir eine Lösung finden müssen! *Dann* über die Therapie reden müssen. Über Wege, da rauszukommen. Das wurde aber nie gemacht.

Sophie lebte nach Johannes' Tod so ein bisschen, als ob sie einen Schleier um sich hätte. Sie war nicht richtig dabei. An einem Herbsttag war es, da sagte mein Vater: »Es gibt Mittagessen. Wo ist eigentlich Sophie? Wir wollen jetzt essen.«

Meine andere Schwester war auch da, meine Mutter und mein Vater. »Wo ist denn Sophie? Mittagessen. Weißt du, wo Sophie ist?«

»Nein.«

»Ich gucke mal draußen.« Ich hatte ein komisches Gefühl. Ich bin nach draußen gegangen, vors Haus, habe nachgesehen und habe sie nicht gefunden. Da war nur Theo, der Gärtner, und ich fragte: »Theo, haben Sie Sophie gesehen?«

»Nein, ich gucke mal.«

Mein Vater sagte: »Ich schau jetzt auch mal.«

Dann waren wir alle irgendwie draußen. Es vergingen eine Stunde, zwei Stunden, drei Stunden. Ich glaube, nach drei oder vier Stunden kam mein Vater mit Theo zurück. Theo hatte Sophie als Erster gefunden. Sie hat sich auch erschossen, auch in den Mund, auch draußen, in irgendeinem Wald, nur an einer anderen Stelle, genauso wie Johannes.

Ich weiß noch, ich saß in der Eingangshalle am Telefon auf einem Stuhl. Mein Vater kam rein, wieder mit gebrochener Stimme, und sagte: »Franziska, du musst jetzt ganz, ganz stark sein.« Und ich sagte: »Sophie ist tot.« Dann war also Sophie tot. Drei Monate nach Johannes.

Meine Koffer waren gerade gepackt gewesen, damit ich ins Internat gehen konnte. Meine Tante rief dort an: »Franziska kommt etwas später, weil noch etwas dazwischengekommen ist. Ihre Schwester ist jetzt auch gestorben. Da wird erst noch die Beerdigung sein.«

Also bin ich erst danach ins Internat gekommen, mitten im Schuljahr. Die Nonnen dort sagten: »Egal, sie kann kommen, wann auch immer es passt.« Ich wurde in ein Zimmer mit acht Mädchen gesteckt. Als Adelskind hatte ich den Vorteil, dass irgendwelche Cousinen aus den höheren Klassen, die ich nie vorher gesehen hatte, mir gute Nacht sagten. Und meine entfernte Cousine, die mit mir ins Internat kommen sollte, aber schon früher eingeschult wurde, weil bei mir dann noch der Tod von Sophie dazwischenkam, hatte die anderen schon vorbereitet: »Passt mal auf, Mädels, da kommt jetzt ein Mädchen, deren Geschwister sich gerade das Leben genommen haben. Wir müssen alle ganz lieb zu ihr sein.«

Im Internat ist es ja oft so, dass man Eingewöhnungsschwierigkeiten hat. Ich hatte es durch meine Geschichte aber sehr leicht. Weil alle wussten: Die ist arm dran.

Im Internat blieb ich, bis ich fast volljährig war. Zu diesem Zeitpunkt fanden meine Eltern, dass ich mich – in Anführungsstrichen – nicht richtig entwickeln würde, mit Jungs, Schminken, Rauchen, Alkohol und solchen Dingen. Wieder war es mitten im Jahr, als sie sagten, Franziska muss zurück nach Hause und dort ihr Abitur machen. Für mich war diese Zeit im Internat eine gute Zeit, ich habe meine Pubertät dort ausgelebt mit allem, was man machen kann, mit Jungs, Alkohol, auch Drogen. Ich hatte keinen Therapeuten, habe vor allen Dingen gelebt. Als das mit Männern dann anfing, habe ich wahnsinnig nach Bestätigung gesucht. Ich wollte von allen geliebt werden. Zwar hat mir das gar nicht so viel bedeutet, aber ich wollte einfach, dass mich alle toll finden.

Immer aber habe ich darunter gelitten, dass ich nicht zur Familie meiner Tante konnte. Sie war für mich mein Ein und Alles. Insbesondere meine Tante selber. Nach Wochenendbesuchen bei ihr fanden die Übergaben an einer Autobahnraststätte statt, ich stieg ins Auto meiner Mutter, meine Tante fuhr zurück nach Köln. Ich werde nie vergessen, wie mir die Tränen runterliefen, wenn ich mich im Auto nach ihr umdrehte. Bevor ich mich wieder nach vorne wandte und meine Mutter ansah, wischte ich mir heimlich die Tränen weg.

Dann setzte sich mein Leidensweg unvermindert fort, als ich Bulimie bekam. Diese Suchtkrankheit begleitete mich, phasenweise sogar mit bis zu fünfmaligen Anfällen am Tag, die nächsten zwanzig Jahre.

Meine erste zwischenzeitliche Lebensrettung war die Berührung mit der Kunst. Ich fing an zu malen, und eine gute Freundin ermutigte mich. Nach dem Abitur begann ich eine Ausbildung zur Groß- und Außenhandelskauffrau, aber dann wollte ich nur noch Künstlerin werden. Meine Eltern waren von diesem Berufswunsch entsetzt, natürlich. Also alles, aber das geht ja nun gar nicht, unsere Tochter und kein solider Beruf. Genau das war jedoch tatsächlich meine Rettung. Es war mein Leben. Ich hatte immer wieder Aufträge, ging ständig zu Ausstellungseröffnungen und in Galerien. Diese Orte haben mir neue Welten eröffnet.

In einer Galerie lernte ich dann auch meine zweite Rettung kennen: Michel. Die Begegnung mit ihm war Wahnsinn, weil auch er mich wieder eine Zeit lang vor meiner Familie rettete. Michel war, als ich ihn kennenlernte, Journalist und ein ganz anderer Mann als der, den sich meine Eltern für mich gewünscht hätten. Kein adeliger Großgrundbesitzer und Jäger, sondern ein dahergelaufener Kriegsberichterstatter, nicht in der Kirche, ohne Geld, ein Wahnsinnstyp. Ein unabhängiger Mensch.

Alle um mich herum haben gesagt: »Mensch, hast du nicht Angst? Du hast doch schon so viel erlebt. Er ist im Irak, er ist im Golfkrieg, er ist in Bosnien, du machst den Fernseher an, und er ist gerade in einem dieser Kriegsgebiete. Hast du nicht Angst, dass er abgeknallt wird?« Nein, komischerweise hatte ich die nie. Ich kann gar nicht erklären, warum. Ich wusste immer, Michel wird wiederkommen. Der wird nicht sterben. Nicht im Beruf.

Michel ist sehr oft nachts aufgewacht und hat geschrien. Er hatte viele üble Erlebnisse, ein kleines Kind auf dem Arm, das Kind wurde mit einer Kalaschnikow erschossen, er nicht. Er wurde von London aus nach Somalia geschickt und sagte diese Reise aus irgendwelchen Gründen ab: »Nein, ich kann das nicht machen, nach Somalia fahren.« Ein Kollege fuhr an seiner statt hin. Er wurde in Somalia gesteinigt. Das war auch für Michel etwas, das ihn sehr mitgenommen hat. An Silvester, wenn die Knaller kamen, hat Michel sich ganz oft den Kopf gehalten und sich irgendwo versteckt. Er hatte wirklich Kriegsängste.

Aber unsere Anfangszeit war ganz toll. Nach fünf Tagen wusste ich: Das ist der Mann, den ich heiraten möchte. Das ist der Mann, den ich will. Schon nach zweimaligem Wiedersehen war ich entschlossen, ihn meinen Eltern vorzustellen, egal, was kommt.

Dann sind wir tatsächlich nach Hause gefahren. Und Michel hielt um meine Hand an. Es war schrecklich. Wenn ich mich recht erinnere, hat meine Schwester ihm gleich vorgeworfen, dass er nur hinter unserem Geld her ist. Meine Mutter weinte. Und mein Vater stand auf und sagte: »So, jetzt öffnen wir mal eine Flasche Champagner.« Und so waren wir dann verlobt.

Ich habe in der Zeit viel gemalt, musste noch zu einer Ausstellungseröffnung und sagte: »Michel, komm, wir müssen uns beeilen. Wir müssen weg. Jetzt haben wir das ja hier geschafft. Ich muss mich noch umziehen.« Im Auto auf dem Weg nach Düsseldorf spürte ich, dass mein Gesicht vibrierte, als ob jemand zehn Zigaretten auf meiner Wange ausgedrückt hätte. In Düsseldorf angekommen, hatte ich ein Riesenekzem im Gesicht. Als ich damit später bei einer Kosmetikerin war, sagte sie: »Ich kann da nichts machen, das sieht auch aus, als sei es lebendig. Wir können dir nur einen Mittelscheitel ziehen und die eine Seite deines Gesichtes mit deinen Haaren abdecken.« Nach dieser Verlobungsszenerie zu Hause, unter der ich wirklich gelitten habe, lief ich also ein Dreivierteljahr mit diesem Halbgesicht rum.

Ich war bei sieben verschiedenen Ärzten. Bis einer mir sagte: »Sie wissen, warum Sie dieses Ekzem haben. Und Sie sind Meisterin Ihres Ekzems. Sie wissen auch, wie Sie es wieder wegbekommen.« So war es dann auch. Es kam nie wieder. Ich glaube, dieser Professor lebt gar nicht mehr. Aber er hat mich damals mit diesem Satz sehr beeindruckt.

Michel gab mir aber trotzdem das Gefühl: Du bist mein Ein und Alles, und auch das schaffen wir. Und immerhin waren er und ich dann verlobt. Es war schwierig mit meinen Eltern. Ich dachte mir: Ich muss das jetzt schaffen. Wir heirateten kurz darauf in Berlin, standesamtlich. Während mein Vater im Zug zurück nach Hause fuhr, rief mich meine Mutter an und sagte: »Dein Vater hat wieder Depressionen.« Ich wusste, Standesamt bedeutete für meine Familie überhaupt nichts. Nur die Kirche. Und ich wusste, ich muss diese kirchliche Hochzeit irgendwie hinkriegen. Das war für mich ein echter Akt, weil es sehr schwer war, Michel davon zu überzeugen.

Wir waren dann auch kurz vor der Trennung, weil mir meine Familie die Verbindung sehr erschwerte. Ich begann zu zweifeln, ob unsere Unterschiede vielleicht doch zu groß wären. Andererseits dachte ich mir: Ich darf mich von den Erwartungen meiner Eltern nicht beeinflussen lassen, ich muss das irgendwie allein schaffen. Und umso entschlossener war ich dann, dass wir heiraten würden. Ich dachte mir: Ich werde das machen, ich werde eine Hochzeit organisieren, mit der alle zufrieden sind. Ich werde mich meinetwegen fünf Stunden lang mit dem Placement auseinandersetzen, so, dass sie da alle sitzen. Wer eingeladen werden möchte, wird eingeladen. Ich werde großartig aussehen. Ich werde alles dafür tun, jeden zufrieden zu stellen, damit ich es endlich schaffe, Michel zu heiraten. Entsprechend anstrengend waren die Vorbereitungen. Ich musste sehr, sehr viele Hindernisse überwinden. Aber ich habe es dann geschafft.

Dummerweise hat sich zwei Wochen vor unserer kirchlichen Hochzeit Michels Schwester das Leben genommen – in der Badewanne. Wir mussten sofort nach Pinneberg reisen, und meine Aufgabe war es, ihre Wohnung sauberzumachen. Da war sie natürlich nicht mehr drin. Aber trotzdem: Die blutbespritzte Badewanne, das war ein furchtbares Bild.

Michel war, wenn es um solche grenzwertigen Erlebnisse ging, immer wahnsinnig emotional. Ich dachte mir, o Gott, wir heiraten, wie schaffe ich das? Wir mussten gute Miene zum traurigen Spiel machen. Von diesem Vorfall sollte überhaupt gar keiner groß wissen. Wir fragten uns natürlich auch, ob wir die Hochzeit absagen oder ob wir das durchziehen sollten. Und wenn wir es durchziehen, dann müssen wir es auch richtig durchziehen, sagten wir uns. Für die Hochzeit sprach, dass keiner Michels Familie kannte, auch seine Schwester nicht. Sie war für Michel keine so enge Bezugsperson gewesen wie seine andere, jüngere Schwester. Die Eltern von Michel, einfache, aber warmherzige Leute, haben natürlich sehr unter dem Selbstmord ihrer Tochter gelitten.

Dann haben wir tatsächlich geheiratet, mitten im Sommer. Am Tag zuvor gab es ein Get Together, und ich hatte Michel sehr gebeten, nicht so viel zu trinken, denn ich wusste, er würde dann heulen, emotional werden. Und am nächsten Tag würden wirklich sehr, sehr viele Leute kommen. Leider hat Michel das nicht geschafft. Das war echt schade.

Aber ich war stark. Ich war gut. Michel hatte tiefe Augenringe. Und ich sagte: »Michel, jetzt komm, reiß dich zusammen!« Dann endlich: die Trauung. Und tatsächlich, die Hochzeit war sehr, sehr schön. Es hatte alles geklappt. Es war alles perfekt und genau so, wie ich es haben wollte.

Schon gleich in unserem Honeymoon wurde ich schwanger, womit ich wirklich nicht gerechnet hatte nach alldem. Ich hatte ja gerade mal diese Hochzeit überstanden, und jetzt wollte ich wieder arbeiten, wollte Künstlerin sein. Mutterschaft war nicht das Erste, was bei mir auf dem Plan stand, ehrlicherweise, weil ich mir dachte: Ja, Gott, mit Kindern, das kann ich dann irgendwann später machen. Aber noch nicht jetzt, auf keinen Fall. Mit Ende zwanzig.

Und es bedeutete auch plötzlich: keine Zigaretten mehr, kein Alkohol mehr. Ich rauchte viel und trank Alkohol seit meinem 14. Lebensjahr, führte ein ungesundes Leben. Hatte auch keine Freundinnen mit Kindern. Und mein Mann als Kriegsreporter war oft wochenlang auf Reisen. Ich dachte mir: Okay, das ist auch wieder eine neue Herausforderung. Und dann kam Max zur Welt, zwei Jahre später Margaretha und dann Ludwig.

Es war und ist für mich das größte Geschenk, dass ich drei wunderbare Kinder zur Welt gebracht habe und auch die Schwangerschaften ein Klacks waren. Die Geburten waren für mich die glücklichsten Momente meines Lebens. Dass mein Körper das so geschafft hat! Das war ganz toll. Auch rückblickend war diese Zeit mit Michel, der tatsächlich viel in Kriegsgebieten gearbeitet hat, wunderschön. Wir waren gerade umgezogen, nichts war fertig, um uns herum nur Kisten, keine Küche, kein Bad. Ich hatte einen drei Monate alten Säugling auf dem Arm, und Michel musste wieder in irgendein Kriegsgebiet. Wie gesagt, er war wirklich viel unterwegs. Ich war in diesen

Phasen immer drei, manchmal vier Wochen lang alleine. Dann war er auch wieder eine Zeit da. Das habe ich an Michel so geliebt: Wir waren zusammen, aber wir waren beide trotzdem unabhängig.

Michel hatte sein Leben, sein internationales Leben. Er hat es geliebt, zu reisen und vor Ort zu sein. Er wurde von London geschickt, und New York hat angerufen. Es war auch ein sehr spannendes Leben. Auch ich hatte immer diese Liebe zur Unabhängigkeit, zur Freiheit. So, wie Michel und ich waren, hat das wunderbar gestimmt. Ich war nie die tolle Ehefrau, die alles mit ihrem Mann zusammen macht. Sätze wie »Mein Mann sagt«, »Meine Frau sagt« und »Wir gehen dorthin« kamen uns nie über die Lippen.

Ich brauche immer meine eigenen Freundinnen, meine eigenen Abendessen. Ich treffe gerne auch Männer alleine. Nicht, weil ich mit denen etwas anfangen möchte, sondern einfach wegen des intimen Kontakts auch mit anderen Menschen, nicht nur mit meinem Mann. Das macht für mich das Leben so lebenswert, mit Menschen eine Nähe zu erfahren, die man nicht am großen Tisch erleben kann.

Und Michel hat mich immer sehr gelassen. Der fand mich gut, genau so, wie ich bin. Auch mit der Entscheidung, mit den drei kleinen Kindern nicht mehr arbeiten zu können, kein Zigeunerleben mehr führen zu können. Michel ist so viel weg, und einer muss eben bei den Kindern sein. Und ohne Möglichkeit der Nachtschwester, des Au-pairs oder einer Köchin. Ich habe ganz, ganz viele Freunde, die das alles haben, und ich finde es großartig und gönne es jedem und finde es wunderbar. Aber nein, ich hatte das nicht. Wir sind dann von einer 120-Quadratmeter-Wohnung in eine 150-Quadratmeter-Wohnung gezogen, weil Michel, der nicht in der Kirche war, sich mit dem dort ansässigen Priester angefreundet hat, Pater Antonius. Der besorgte uns diese 150-Quadratmeter-Wohnung in seinem Kloster. Da wohnten wir dann zu fünft.

Ich ging immer wieder auf dem Zahnfleisch, es war viel. Trotzdem hatten wir eine gute Zeit, wir führten ein unkonventionelles Leben, gaben viele Abendessen, hatten interessante Menschen um uns herum und fragten uns immer, mit wem man als Nächstes den Rahmen sprengen konnte. Es war ein tolles Leben.

Als Ludwig anderthalb war, stand ich kurz vor dem Zusammenbruch. Weil er einfach nicht schlief. Ich wurde fünfmal in der Nacht wach, auch die anderen. Es waren Momente, in denen ich Selbstgespräche führte, doppelt sah, in denen ich aufgrund von Schlafmangel dachte, ich werde wahnsinnig, ich werde komplett wahnsinnig, wenn dieses Kind jetzt nicht schläft. Wenn mein Mann da war, hat er das nächtliche Aufstehen öfter übernommen. Er war ganz toll, wenn er da war.

Dennoch: In diesem Dezember dachte ich, meine Kräfte schwinden komplett. Trotzdem haben wir immer wieder Gäste gehabt, und das ging dann auch – wie Michel und ich eben oft waren: Unsere Aktionen waren grenzwertig, aber wir haben uns gesagt, wir ziehen das jetzt durch. Aber ich fragte mich: Wie wird es weitergehen? Was passiert wohl in diesem neuen Jahr? Ich hatte so ein komisches Gefühl, ein ganz komisches, das ich nicht näher beschreiben konnte. Dann ging es weiter, und es war weiter anstrengend.

Dann stand wieder Sonthofen an. Wir hatten Freunde gefunden aus einer dieser Mami-Cliquen, die ich im Schwangerenkurs und Michel und ich auf dem Spielplatz kennengelernt hatten. Christina und Paul luden uns auch in diesem Jahr wieder in ihr großes Haus nach Sonthofen ein, in das wir immer mit drei Familien und jeweils drei Kindern eine Woche zum Skifahren reisten. Dann sagte Michel: »Weißt du was? Bevor wir nach Sonthofen fahren, will ich noch mal nach Hamburg.« Er war bei einer Presseagentur beschäftigt und musste zusehen, wie es für ihn beruflich weiterging. »Vielleicht kann ich ja eine feste Redaktionsleitung übernehmen, dann muss ich nicht mehr so viel rumreisen. Und ich will in Hamburg auch nochmal meine drei besten Freunde sehen.« Er schlug vor: »Damit du es auch nett hast, fahr du doch zu deiner heißgeliebten Mucky nach Frankfurt. Dann bist du einfach da, gehst mal mit den Kindern aus. Ich hole dich dort ab, und wir fahren zusammen nach Sonthofen.« Super Idee. Mucky ist meine beste Freundin aus dem Internat.

Ich fuhr also nach Frankfurt, Michel nach Hamburg. Am Telefon sagte er: »Ach, es ist so herrlich hier. Ich treffe meine besten Freunde.« Sie hatten Fotos gemacht. Er war ganz glücklich. In Frankfurt war es leider nicht so toll, weil die Kinder alle krank waren, ich nicht zum Schlafen kam und wir kaum was unternehmen konnten.

Michel holte uns am Samstagmorgen ab, wir fuhren gleich weiter und kamen nach ein paar Stunden in Sonthofen an. Es war zur Mittagszeit. Ich sagte: »Michel, wir können da jetzt nicht aufschlagen, es ist Mittagszeit. Du weißt doch, wie Christina ist, die macht jetzt Mittagsschlaf mit ihrem Kleinen.« Der war genauso alt wie Ludwig, also anderthalb. »Lass uns in irgendeine Kneipe gehen.«

Michel sagte: »Nein, weißt du was? Wir parken unser Auto und gehen einfach Schlittenfahren.« Damit war ich einverstanden.

Als wir vor dem Haus parkten, kam auch schon Paul, der Gastgeber, raus und sagte: »Kommt bitte nicht rein, hier ist gerade Mittagspause, alles schläft. Ich nehme meine größeren Söhne mit, und wir gehen zum kleinen Kirchlein herauf und rodeln da.« Das kleine Kirchlein mit seinem kleinen Zwiebelturm ist sehr hübsch gelegen auf einer kleinen Anhöhe. Wir zogen unsere Schlitten den Hügel hoch, Paul mit seinen zwei Söhnen, Michel und ich mit Max, Margaretha und Ludwig, und rodelten einmal runter. Dann nahm Michel seinen Schlitten und ging als Erster wieder nach oben. Vor dem Kirchlein war eine kleine Bank. Ich war unten und Michel auf dieser Anhöhe, etwas weiter weg.

Ich sah nur, dass Michel sich halb zur Seite beugte zur Bank, und rief nach oben: »Michel, was ist?« Michel sagte gar nichts und sank ganz zu Boden. Sofort bin ich nach oben gestiefelt. Paul war noch unten, er hatte das gar nicht mitbekommen. Ich rief meinem Mann entgegen: »Michel, Michel, was ist? Michel? Michel?« Michel antwortete nicht. Dann stand ich vor ihm, er war sehr blass. Ich schrie nach Paul, der ja Arzt ist: »Paul, Paul, komm her, Michel stirbt. Paul, komm ganz schnell her. Michel stirbt.«

Während Paul ganz ruhig die Anhöhe heraufkam, sagte er: »Franziska, beruhige dich, man stirbt nicht so schnell. Alles wird gut, alles wird gut.«

»Nein, er stirbt. Beeil dich, er stirbt, er stirbt.«

Dann war Paul da, sah Michel. Ich sagte: »Und, was ist?«

Jetzt schwieg Paul, auch wenn ich an seiner Reaktion merkte, dass es ernst war. Dann sagte er: »Ich mache jetzt Mund-zu-Mund-Beatmung, und du machst das Herz. Immer bei fünf drückst du, eins, zwei, drei, vier, fünf.« Mir fiel es ganz schwer, diesen Rhythmus zu halten: eins, zwei, drei, vier, fünf. Aber das machten wir.

Dann kamen die Kinder, Max, Margaretha, Ludwig und die beiden Großen von Paul, und standen um Michel herum. Weitere Leute am Kirchlein, Fremde, zwei rechts, zwei links von der Tür. Sie hatten schon den Notarztwagen gerufen. Wir machten weiter, die Notärzte kamen, probierten es weiter, mit Elektroschocks. Ein sehr netter Assistenzarzt war dabei, ich habe ihn nie wiedergesehen. Der war richtig dran an Michel und schaute mich so an. »Schaffen Sie das? Schaffen Sie das?«, fragte ich ihn. Er guckte mich an: »Nein.« Dann sagte ich: »Paul, mach was.« Es war aber klar, dass es nicht mehr ging.

Die Ärzte versuchten noch ziemlich lange, Michel wiederzubeleben, gaben ihn nicht auf. Da war er wahrscheinlich schon mausetot, und die haben trotzdem weitergemacht, dort vor dem Kirchlein. Ich glaube, die haben das auch ein bisschen in die Länge gezogen, denn es war noch irgendeine Hoffnung da. Da war ja noch Leben. Und irgendwann war es dann vorbei. Richtig vorbei.

Michel wurde in das Notarztauto geladen, wir gingen ins Haus. Ich weiß noch, dass ich dort als Erstes ins Wohnzimmer ging. »Ich muss jetzt telefonieren«, sagte ich. Dieses Zimmer hatte eine wunderbare Aussicht in die Berge und so ein schönes rundes Fenster mit einer Bank, so ein Bayernhaus. Dann habe ich aus dem Fenster geguckt und konnte die Berge sehen. Ich rief meine Eltern an, während ich in die Berge schaute, und sagte zu meinem Vater: »Du musst jetzt ganz, ganz stark sein.« Danach rief ich Pater Antonius und Mucky an. Mucky machte sich tatsächlich sofort auf den Weg.

Am Abend gab es Hans' alljährliche Käsespätzle mit Salat. Ich konnte nichts davon essen. Am nächsten Tag fuhr Mucky mich von Sonthofen zurück nach Berlin. Auf der Autofahrt hörten wir die ganze Zeit von »Wham« das Lied »Last Christmas«. Immer wieder. Deshalb bedeutet dieses Lied für mich: Michel und der Tod.

Pater Antonius kam auch sofort. Er war toll. Er war tatsächlich, kann man sagen, drei, vier Monate lang mein Schatten. Die erste Zigarette nach Michels Tod rauchte ich mit ihm, die zweite auch. Ich habe mit ihm den Sarg gekauft. Ich habe mit ihm den Platz auf dem Friedhof ausgesucht. Wir haben alles zusammen gemacht. Wir haben sogar mal eine Reise gemacht mit den Kindern. Er ist auch Patenonkel von Ludwig. Wir waren ganz eng. Er hat mich nicht alleine gelassen über die ganze Zeit.

Michel starb im Januar. Deshalb ist es auch so bizarr für mich, dass ich jetzt, wieder im Januar, hier sitze und meine Geschichte erzähle, ein Jahrzehnt später. Ich habe gestern Pater Antonius angerufen und ihn gebeten, eine kleine Messe zu feiern, nur für den engsten Kreis, diejenigen, die damals in Sonthofen dabei waren. Und danach gehen wir zusammen zum Essen. Zehn Jahre!

Als ich das letzte Mal auf dem Friedhof war, kam mir der Gedanke: Irgendwas mache ich mit diesem Zehnjahrestag. Oder mache ich nichts? Was will ich denn? Will ich eine Riesensache? Und wo soll das stattfinden? Will ich die zu Hause haben, die Leute? Was würde Michel gefallen? Was will ich eigentlich? Diese zehn Jahre ohne Michel. Und was auch in diesen zehn Jahren alles passiert ist …

Michel ist nicht mehr da, die Kinder sind größer. Wo stehe ich eigentlich jetzt?

Es war eine Riesenbeerdigung damals, sehr schön. Es war ganz kalt draußen, und es lag Schnee. Die Kinder waren sehr süß in Dunkelblau angezogen und haben weiße Rosenblätter gestreut. Das war ein schönes Bild. Mucky hat ihre beiden kleinen Kinder bei ihrer Mutter im Taunus gelassen und ist einfach eine Zeitlang bei mir geblieben. Ich wurde wahnsinnig gut aufgefangen. Auch weil

Michel sehr beliebt war, hatte ich zu dieser Zeit einen großen Freundeskreis. Alle kamen. Der eine kümmerte sich um die großen Versicherungen, ein anderer um die kleinen, meine Cousine aus Köln kam sogar aus Asien und blieb zwei Wochen bei mir. Ich wurde sehr unterstützt von den Freunden.

Nach Michels Beerdigung erinnerte ich mich an den hochrangigen Geistlichen, der zu uns kam, als mein Bruder sich das Leben genommen hatte. Meine Mutter fragte ihn immer wieder: »Warum? Warum? Ich hadere mit Gott.« Da sagte dieser Probst: »Das dürfen Sie.« Und als das mit Michel passierte, kam mir eben auch dieses Bild von damals wieder in den Sinn, als ich im Kaminzimmer saß und sich mein Bruder gerade das Leben genommen hatte.

Jetzt bin ich an der Reihe, sozusagen. Mein Mann ist gestorben. Und ich merkte: Auch ich hadere. Gar nicht mit Gott. Ich bin katholisch aufgewachsen und erzogen, habe auch ein katholisches Umfeld, aber ich selber bin nicht so katholisch, dass ich jeden Sonntag in die Kirche gehen würde, so wie ich es als Kind tun musste. Ich merkte vielmehr: Ich hadere mit dem Leben. Warum muss ich immer wieder so etwas erfahren?

Ich weiß nicht, ob das zum Ausdruck kam, aber mein Leidensweg begann tatsächlich, als ich noch ganz jung war. Es gipfelte stets im Tod, aber der Leidensweg, diese kranken Geschwister, diese Psychiatrie, das bleibt immer präsent, das trage ich immer in mir. Ich saß neben ihnen. »Ich höre eine Stimme, Franziska, hörst du sie auch?«

Nein, ich habe keine Stimme gehört. Und dann der Tod. Und dann noch mal der Tod, innerhalb eines Jahres.

Die einzige Zeit, in meinem Leben, in der ich mich behütet fühlte, in der ich ein kurzes Gefühl des inneren Friedens verspürte, das war die Zeit mit den ganz kleinen Kindern. Da dachte ich: Was habe ich eigentlich für Probleme? Ich habe drei kleine Kinder. Ich habe die ganz normalen Probleme einer Mutter, zum Beispiel, dass ein Kind nicht schläft. Das waren, glaube ich, meine harmlosesten, meine schönsten Jahre.

Als Michel starb, dachte ich: Okay, das ist jetzt das Ende. Ich habe diese drei kleinen Kinder, das werde ich schaffen, aber ich erwarte nichts mehr vom Leben. Ich will nichts mehr. Ich werde alles gut bewältigen, werde eine Mutter sein, denn das ist das, was ich kann, das ist das, was man mir nicht nehmen kann. Ich kümmere mich einfach nur um die Kinder und schaue nicht nach vorne, nicht nach rechts, nicht nach links. Ich hatte vor, nur noch Schwarz zu tragen. Wollte auch keinen Mann mehr. Ich wollte einfach meine Ruhe und nur noch Mutter sein.

Ich hatte ja Pater Antonius als Begleiter. Ich habe ihm das gar nicht so gesagt, aber er genügte mir vollkommen. Das sollte mein Leben sein. Ich würde einfach eine Witwe sein mit drei Kindern. Es würde irgendwie gehen. Ich musste nur zusehen, wie ich finanziell über die Runden kam. Das war dann die nächste wirkliche Sorge.

Zumal am Tag der Beerdigung ein Brief im Briefkasten lag, der Michels Tochter betraf. Denn Michel hatte noch eine Tochter. In meiner Familie wusste außer mir niemand von ihr, weil ich meinen Eltern nur gesagt hatte, Michel ist nicht in der Kirche. Dies allein war für meine Eltern schon die Katastrophe schlechthin. Wenn ich dann noch offenbart hätte, dass Michel aus vergangener Zeit eine Tochter hatte, wäre das für meine Eltern inakzeptabel gewesen. Daher hatte ich es ihnen nie gesagt. Wenn ich das jetzt so erzähle, ärgere ich mich wahnsinnig, dass ich es damals verschwiegen habe.

Für mich ist 2016 das Jahr der Klärung. Ich habe irgendwie das Gefühl, alles, was man verheimlicht oder nicht erzählt, damit man besser dasteht, ist der falsche Weg. Man muss die Dinge benennen. Was wäre daran so schlimm gewesen, wenn ich gesagt hätte, ja, er hat aus einer früheren Beziehung eine Tochter? Er hat mit der Frau nichts mehr zu tun, aber er zahlt jeden Monat Unterhalt für sein Kind. Was ist daran schlimm?

Am Tag der Beerdigung kam also ein Anwaltsschreiben seiner Tochter bezüglich des Erbes. Noch vor der Beerdigung habe ich es durchgelesen. Es war schwierig, sie wollte Geld, und ich hatte ja gar nichts. Michel hat als festangestellter Journalist normal verdient, ich bekam eine normale Apanage. Wir hatten unsere Wohnung, 150 Quadratmeter, drei Kinder. Das Geld hat gereicht, um ein normales Leben zu führen. Ohne Villa, Garten oder Angestellte. Dann kam der erste Schreck: Michel hatte zwar eine Lebensversicherung abgeschlossen, die aber leider noch auf den Namen seiner Exfreundin lief.

Eine Freundin sagte dann: »Pass auf, ich habe einen Freund, der ist Anwalt, der wird dir helfen. Mit der Lebensversicherung und auch mit dem Anspruch von Michels Tochter.« Andere Freunde sprachen mit meinen Eltern und machten ihnen klar, dass ich finanziell unterstützt werden müsse.

Ich bekam dann eine Witwenrente und auch Geld von meinen Eltern. Sie haben auch die Beerdigung bezahlt. Andere Freunde gaben mir ein monatliches Darlehen, und zusammen mit dem Kindergeld konnte ich mir aus diesen vielen kleinen Summen den Alltag so zusammenstückeln, dass ich vor allem weiterhin die Miete der Wohnung zahlen konnte. Es war nicht viel Geld, alles zusammengenommen, aber es war absolut okay. Ich hatte echte Freunde, die immer ansprechbar waren. Vor allem Pater Antonius und alle, die in Sonthofen mit dabei gewesen waren. Das war natürlich auch für die und deren Kinder hart gewesen.

Meine Eltern kamen zu Michels Beerdigung, und mein Vater umarmte mich. Meine Mutter war wahnsinnig harmoniebedürftig, wie immer sagte sie: »Ach, das kriegen wir schon hin. Wir müssen zusammenhalten.« Aber in meinen Augen wurde nur ständig alles unter den Teppich gekehrt, es wurde nie wirklich miteinander geredet. Da war so viel kaputt in dieser Familie, und so viel wurde nicht besprochen. Das war schlimm für mich. Bei der Beerdigung von Michel schien mir meine Schwester, die noch lebt, irgendwie labil. Ich sagte zu meiner Mutter: »Mami, kannst du mir eine Viertelstunde geben, ich möchte mit dir im Wohnzimmer die Fotos, die Michel von sich und mir gemacht hat, anschauen. Geht das? Nur eine Viertelstunde? Wir haben ja nicht viel Zeit.« Da sagte meine Mutter: »Ja, aber wirklich nicht lange, weil Katharina sich sonst benachteiligt fühlt. Die kennt hier ja auch nicht so viele.« Ich sagte: »Mami, eine Viertelstunde, bitte, bitte, bitte.« Dann haben wir angefangen, die Bilder anzuschauen, aber ich glaube, es dauerte nicht lange, bis meine Schwester ankam und fragte, ob meine Mutter endlich fertig sei und sie gehen könnten. Meine Mutter sagte dann: »Ja, ich komme. Franziska, du weißt doch, ich muss mich jetzt um Katharina kümmern.« Dann ging meine Mutter. Das tat mir weh.

Nach der Beisetzung fand der Leichenschmaus statt, ein großer Empfang. Alle waren da, die ganzen Kollegen von Michel und Freunde und Familie und Verwandte und was weiß ich, wer noch alles. Pater Antonius stand die ganze Zeit neben mir wie ein Fels in der Brandung. Er war es auch, der dafür sorgte, dass ich durch die Sakristei in die Kirche gehen und mich vorne in die erste Reihe setzen konnte, statt durch den Gang an allen Trauergästen vorbeilaufen zu müssen. Auf dem Friedhof nahm er mich am Arm, so dass ich dort keine Kondolenzen entgegennehmen musste.

Meine Cousine, die aus Asien gekommen war, sagte bald nach diesem Tag: »Franziska, ich glaube, du musst irgendwann wieder anfangen, etwas zu essen.« Ich hatte wahnsinnig abgenommen, kaum mehr gegessen. Ich war ganz,

ganz dünn in dieser Zeit, zu dünn. Und hatte natürlich auch nie Hunger. Als Nächstes fand Rosalie: »Du musst irgendwann auch wieder unter Menschen. Du hast doch Farben immer so geliebt. Ich finde, auch wenn man Witwe ist, muss man nicht die ganze Zeit in Schwarz rumlaufen. Weißt du, als Mami und Papi starben, habe ich mir irgendwann gedacht, nein, meine Trauer steckt in mir, ich brauche mich deswegen nicht in Schwarz zu kleiden. Ich kann auch in Gelb traurig sein. Trag doch wieder Farben, auch als Zeichen für die Kinder. Wir gehen einkaufen.«

Traurigerweise hatte zuvor nämlich auch Rosalie ihre Eltern innerhalb eines Jahres verloren, meine geliebte Tante Elisabeth und ihren Mann. Und damit auch ich meine Lieblingsverwandten, bei denen ich so gerne aufgewachsen wäre. Sie sind beide kurz nacheinander an Krebs gestorben. Auch deshalb waren Rosalie und ich sehr verbunden.

Wir kauften eine Jeans und eine rot-weiß gestreifte Bluse. Und so fing ich langsam an zu denken: Nein, das Leben ist nicht zu Ende. Ich bin Mitte dreißig und eine Witwe mit drei Kindern. Eigentlich auch normal. Wie meine Großmutter, die in derselben Situation war und danach nochmal einen Witwer mit Kindern heiratete. Das Leben könnte also doch weitergehen. Ich wusste auch: Ich muss mich um meine Kinder kümmern. Ludwig war noch so klein, Margaretha war drei, Max erst fünf.

In dieser Zeit wachte ich nachts immer schweißgebadet auf. Jede Nacht. Ich muss unbedingt gesund werden, sagte ich mir, weil ich auch nicht wusste, was das war mit den Schweißausbrüchen, ich muss essen, muss das Leben wieder in Angriff nehmen. Und so habe ich dann wirklich Schritt für Schritt wieder gelernt zu leben. Es kam auch dieser Mutterpragmatismus zurück, den man in dieser Rolle ja lernt, die Strukturen und Tagesabläufe, tack, tack, tack, eins nach dem anderen. Das liegt mir einfach. Und dann konnte ich anfangen, die Trauerarbeit anzugehen.

Max war fünf. Er war dabei, als sein Vater starb. Wir begannen zusammen eine Therapie, denn ich wollte nicht, dass er irgendwelchen Schaden nimmt. Das lief so ab: einmal ich mit Max, dann viermal er alleine, dann wieder mit mir zusammen. Und so ging das weiter, bis irgendwann die Psychotherapeutin sagte: »Max ist fertig.« Ich erwiderte: »Ich würde aber gerne weitermachen. Ich habe das Bedürfnis. Ich möchte gerne sprechen, ich möchte gerne reden.«

Da tat sich natürlich ein ganzes Fass auf. Es war ja nicht nur der Tod von Michel. Also was heißt nicht nur? Bei mir ist ja alles miteinander verbunden. Wenn ich einmal anfange, tut sich da ein Riesenloch auf. Aber als ich bei der Therapeutin war, sagte sie: »Wissen Sie was, also ganz ehrlich, wenn Sie irgendwo hingehen, kriegen Sie 360 Stunden. Ich bin allerdings eine Jugendtherapeutin, und ich möchte nicht alle Stunden an Sie abgeben, denn wer weiß, vielleicht kommen Ihre Kinder nochmal irgendwann in der Pubertät zu mir. Ich überweise Sie an eine Erwachsenen-Psychotherapeutin.«

Zu der bin ich dann gegangen, und zu ihr gehe ich auch heute noch. Anfangs ging ich dreimal die Woche dorthin und fragte mich: O Gott, wo bist du da jetzt gelandet? Weil ich ja auch immer den Vergleich mit meinen Geschwistern hatte und mir dachte: Ich bin aber kein Psycho! Ich gehe dahin, aber ich bin kein Psycho.

Langsam kam ich ins Leben zurück. Ich trug wieder Farbe, wurde zu allen Abendessen eingeladen, meistens nur zu Paaren, und war dann immer die in Anführungsstrichen lustige Witwe: Was die Arme erlebt hat! Ich war immer diejenige, die etwas zu erzählen hatte. Nach einer Weile merkte ich, dass ich das gar nicht ertragen konnte, die Unterhalterin für irgendwelche gelangweilten Ehepaare zu sein.

Also fing ich an, das Gegenteil zu machen: Ich fing an zu leben. Ich ging aus wie eine Irre. Zwei Jahre lang. Das war, muss ich sagen, eine sehr prägende Zeit, denn ich war Witwe. Ich war keine Geschiedene, ich habe nichts Falsches getan, war aber auch nicht eingebunden wie Ehefrauen und klassische Muttis, sondern war unterwegs und frei. Mit den Erlebnissen und Erfahrungen aus dieser Zeit habe ich mich langsam wieder erholt von Michels Verlust.

Dann traf ich Jonny wieder, auf einer Weihnachtsfeier von Michels Agentur. Er war ein Arbeitskollege von Michel, auch Journalist. Sie wohnten damals zusammen, als Michel und ich uns kennenlernten. Jonny war auch zur Beerdigung gekommen. Als er mir kondolierte, muss ich ihm wohl gesagt haben – das behauptet er zumindest immer: »Wir sehen uns in einem Jahr.« Ein Jahr später kam er in mein Leben, im Jahr darauf waren wir ein Paar.

Am Anfang desselben Jahres starb meine geliebte und von mir hochverehrte Freundin und die Patentante von Ludwig, Theresa, mit Anfang vierzig nach einem langen Leidensweg an Krebs. Selten ist mir jemand begegnet, der die Werte Glaube, Liebe, Hoffnung, Tapferkeit und Disziplin in sich so vereinte wie sie. Ich bin sehr stolz, sie gekannt zu haben. Theresa ging, und Jonny kam in mein Leben.

Ostern stellte ich ihn meinen Eltern vor. Eine Woche später starb völlig unerwartet mein Vater an einer plötzlichen Nierenerkrankung. Ich hatte schon länger den Eindruck gehabt, dass meine Mutter mehr trank, als gut für sie war, und auch recht oft Medikamente nahm. Das schien nun nicht unbedingt besser zu werden. Zwei Jahre später erlitt sie einen schweren Sturz im Heizungskeller. Das war der Anfang vom Ende. Fünf Jahre befand sie sich in Pflegestufe 3 und wurde dann vor ungefähr einem Jahr erlöst.

Die fünf Jahre Pflegeheim waren davon gekennzeichnet, dass von einem Tag auf den anderen die alleinige Verantwortung auf mir lastete, den Betrieb meiner Eltern nicht untergehen zu lassen und auch noch selber davon zu leben. Jonny war dabei an meiner Seite.

Ich wusste, dass es mit uns auch wieder nicht leicht werden würde, irgendwie scheine ich mir solche Konstellationen auszusuchen. Im zweiten Jahr unserer Beziehung kam Anna zur Welt, unsere gemeinsame Tochter. Anna ist ein Wunder. Sie verbindet alle Kinder. Trotzdem gibt es viele Schwierigkeiten. Max, Margaretha und Ludwig pubertieren, und wir haben viele Sorgen. Aber es sind ganz normale Sorgen. Ich merke natürlich, es fehlt ihnen der Vater. Anna hat einen. Und ich bin oft verzweifelt, weil ich weiß, ich kann zwar vieles, kann alles machen, kann finanziell inzwischen für meine vier Kinder sorgen. Ich kann wirklich viel stemmen – aber ich kann ihnen keinen Vater bieten. Das geht nicht.

Mir wurde – das hat mich mein Leben lang begleitet – so oft der Boden unter meinen Füßen weggerissen, dass ich nach alldem denke: Mich kann nichts mehr umwerfen. Ich habe das Gefühl, es kann eigentlich nicht schlimmer kommen. Ich schaffe es immer irgendwie, auch wenn ich vielleicht letztlich daran zerbrechen werde. Aber ich spüre, da ist eine Kraft in mir, die mich immer weitermachen lässt. Ich weiß nicht, woher oder von wem ich sie bekommen habe, aber ich spüre, dass ich immer überleben werde.

Was mir noch nicht passiert ist: dass ein Kind von mir starb. Und ich denke immer, das muss ja eigentlich das Nächste sein. Das wird das Nächste sein, einfach weil es noch nicht passiert ist. Ich habe sonst wirklich alle existenziellen Ängste durchgemacht. Zwei meiner Geschwister habe ich verloren, meine geliebte Tante an den Krebs. Ich habe meinen Vater verloren, meine Mutter verloren.

Ich habe Michel verloren. Also denke ich, der Verlust eines meiner Kinder ist das Einzige, was noch passieren könnte. Und irgendwas ist in mir, das mich denken lässt: Aber auch das – selbst das! – werde ich hinkriegen. Ich weiß nicht, profan kann man vielleicht sagen, ich bin ein Unkraut-Vergeht-Nicht oder ich bin ein Stehaufmännchen.

Ich kann wirklich leben, ich glaube an das Leben. Ich kann auf den Tischen tanzen. Ich kann feiern, bis der Arzt kommt. Das habe ich in mir. Ich weiß nicht, woher das kommt. Aber immer wieder, wenn ich wirklich vor dem Abgrund stehe und mir denke, ich kann nicht mehr, dann weiß ich: Doch, ich schaffe das. Michels Tochter, die Halbschwester meiner drei Kinder, habe ich spontan zum 10. Todestag von Michel eingeladen. Es war eine sehr schöne und freudige Begegnung. Meinen Kindern habe ich, eine Woche vor dem Todestag, fünf Minuten vor der Schule, von der Existenz ihrer Halbschwester erzählt. Ludwigs erste Reaktion war: Krass, Alter …

Ich werde weiterleben, für meine Kinder Max, Margaretha, Ludwig und Anna und alle verstorbenen und lebenden Menschen, die mich lieben. Und für mich selbst.

Thomas Niedermeyer

## *Die Zeit heilt eine solche Wunde jedenfalls nicht*

Es ist schon so lange her, fast 45 Jahre, aber ich glaube, Pater Gregorius hat mir damals viel über das Leben nach dem Tod zu lesen gegeben. Wenn man mit dem Tod in Berührung kommt, beschäftigt man sich natürlich in der ersten Zeit damit, was überhaupt passiert, wenn das Leben zu Ende ist. Damit, was der Tod bedeutet. Pater Gregorius hatte mich damals eng begleitet. Er hatte es in gewisser Hinsicht auch einfacher, denn er war ja kein Freund. Aber er war ein sehr gebildeter Mensch, und er hat mir aus seiner Sicht des Glaubens nahegebracht, wie er die Sache rein theologisch sieht.

Die Gespräche mit ihm waren eine große Stütze, das muss ich schon sagen.

Zu dieser Zeit ging ich noch öfter in die Kirche als ohnehin schon. Ich gehe immer in die Kirche, aber nach einem solchen Verlust ist sie ein besonders guter Ort, sich zu sammeln und seine Gedanken laufen zu lassen: Was wäre, wenn das nicht passiert wäre?

Wir hatten geheiratet, Brigitte und ich, und kurz darauf wurde unser Sohn Florian geboren. Wir wohnten in Berlin. Wir waren beide jung, Brigitte Mitte zwanzig, ich war um die dreißig. Es war an einem Wochenende, wenn ich mich recht erinnere. Obwohl es schon Mai war, war es immer noch kalt. Ich fuhr zum Golfspielen an den Wannsee, und meine Frau war mit Florian zu Besuch bei einer befreundeten Familie.

Dort ist unser Sohn, von niemandem bemerkt, ins Schwimmbad gefallen und ertrunken. Wahrscheinlich, als er draußen im Garten gespielt hat. Vielleicht ist er ausgerutscht und in den Pool gefallen. Nach einer Weile wurde er vermisst, dann haben sie ihn gesucht und irgendwann im Schwimmbad gesehen. Kinder gehen ja dann vor Schock unter. So wurde mir das von den Leuten erklärt, die das untersucht haben. Wenn man ins Wasser fällt und nicht schwimmen kann, öffnet man vor lauter Schock den Mund und geht sofort unter.

Im Krankenhaus haben die Ärzte versucht, Florian wiederzubeleben. Er war dreieinhalb Jahre alt. Die Freunde, bei denen es passiert war, riefen mich auf dem Golfplatz an. Ich bin sofort ins Krankenhaus gesaust. Als ich dort ankam, war das Ende schon da. Es waren keine Gehirnströme mehr zu verzeichnen. Die Ärzte sagten, es mache überhaupt keinen Sinn, ihn wiederzubeleben, er würde nie wieder sprechen und denken können.

Die Zeit danach war sehr, sehr traurig. Ich habe meiner Frau natürlich keine Vorwürfe gemacht. Kann man ja gar nicht. Aber sie selbst schien mir mit dieser Situation überfordert. Wer wäre es auch nicht, dem so etwas passiert?

Pater Gregorius lehrte an einem Kolleg in der Nähe. Wir kannten ihn, und er hat uns sofort sehr geholfen, in vielen Gesprächen. Erst mit Brigitte zusammen, und dann sprach ich auch viel mit ihm alleine. Er versuchte, das Unverständliche doch verständlich zu machen, auch auf philosophische Art. Aber ich zweifelte trotzdem an den Grundwerten meiner christlichen Erziehung, weil die Frage nach dem Warum übergroß bleibt. Warum? Wieso passiert so etwas? Man fragt dann nach dem Sinn des Lebens.

Zu der Beerdigung kamen meine Mutter, die damals noch lebte, und viele enge Freunde. Pater Gregorius hielt die Traueransprache. Das war schon tief beeindruckend. Bei der Beerdigung von deinem Kind bist du natürlich sehr mitgenommen. Auch die Freunde waren es, alle. Sie waren sehr, sehr einfühlsam und haben uns begleitet. Obwohl sie ja selber alle noch so jung waren.

In der ersten Zeit danach bin ich fast täglich zum Friedhof gegangen und suchte Trost. Ich war vollkommen gelähmt. Ich hatte keine Zukunft mehr. Ich konnte nicht mehr arbeiten, hatte keine Lust mehr dazu. Mit einem Partner hatte ich damals eine Metallwarenfabrik. Er hat den Betrieb dann weitergeführt, ich bin ausgestiegen. Im Nachhinein war das ein Fehler, weil einen die Arbeit ja auch trägt und ablenkt, aber damals konnte ich es einfach nicht.

Unsere Ehe ging nach kürzester Zeit auseinander, es gab keine Bindung mehr. Das war die Folge von Florians Tod.

Eigentlich sollten Liebende nach einem solchen Schicksalsschlag zusammenkommen. Aber das war uns nicht möglich. Wir waren ja auch sehr jung, und es fehlte uns die Grundlage. So bin ich dann ausgezogen. Unser Auseinandergehen geschah aber im Einvernehmen, ein oder zwei Jahre nach dem Verlust von Florian. Brigitte zog nach Köln.

Nach einem weiteren Jahr wurde es ein bisschen besser. Ich wollte nach Kanada auswandern, dachte, vielleicht macht es Sinn, wenn ich ganz weit weg bin und irgendetwas ganz Neues mache. Aber das hat sich dann auch nicht richtig realisiert. Das in Kanada ist ja auch nur etwas für Träumer. Wenn du dort etwas neu aufbauen willst ohne Freunde, dann macht das keinen Sinn.

Irgendwann fand ich wieder zurück ins normale Leben und zog nach München. Dort und vor allem am Chiemsee hatte ich Freunde, besonders zwei sehr enge, die mich überallhin mitnahmen und mir sehr geholfen haben. Ich bin viel verreist, einfach, um unterwegs zu sein, und ich war nicht alleine. Ich suchte nach neuem Halt, natürlich. Ich baute in München ein Haus und pendelte zwischen München und dem Chiemsee. Das tat mir gut, dass ich das hatte, damit habe ich ein wenig Abstand gewonnen und mich dann auch beruflich neu orientiert: Ich baute Häuser.

Eine ganze Weile lang hatte ich kein Bedürfnis, mich neu zu binden, und schon gar nicht, noch einmal eine neue

Familie zu gründen. Komischerweise hatte es sich auch nicht ergeben. Lange Jahre war ich ein Single, der ganz angenehm gelebt hat, mit vielen guten Freunden und sehr vielen Reisen.

Heute bin ich wieder glücklich verheiratet.

Ich habe einen Freund, ihm ist das Gleiche passiert, sein Kind war fast gleichaltrig mit Florian. Es war in einen See gefallen und auch ertrunken. Jeder verarbeitet so etwas zwar für sich, und der eine ist weniger gläubig, der andere mehr, aber als ein Mensch, der die gleiche Verlusterfahrung gemacht hat, hat man Verständnis für die Tragik.

Zu Brigitte habe ich keinen Kontakt mehr. Einmal rief sie an, als sie auf dem Friedhof war. Sie wollte irgendetwas auf dem Grab pflanzen. Sie kann gerne pflanzen, was sie möchte, sagte ich ihr. Das war letztes Jahr. Zuletzt sah ich sie auf der Beerdigung ihres Vaters, das ist sicher 15 Jahre her. Ich weiß aber, dass sie neu geheiratet und zwei Kinder hat.

Schon verrückt, diese Sprachlosigkeit zwischen Ehepartnern, wenn man das gemeinsame Kind verliert. Man hat dann so eine ganz automatische Sperre. Nicht miteinander zu sprechen ist auch ein Selbstschutz, nehme ich an, um den Schmerz nicht wieder aufzuwühlen.

Aus diesem Grunde flüchtet man dann vor sich selbst: Man möchte die Geschichte nicht immer wieder präsent werden lassen. Viele Jahre lang hatte ich dieses Thema vollkommen ausgeblendet und mich lieber mit neuen

Lebensumständen beschäftigt. Vielleicht ist das Nicht-Drüberreden mit dem Partner aber auch eine Generationenfrage. Vielleicht gelingt so etwas heutzutage besser.

Die Zeit jedenfalls heilt eine solche Wunde nicht. Über einen tragischen Verlust wie diesen kommt man eigentlich nie hinweg: Immer wieder habe ich einen traurigen Moment. Seit 44 Jahren steht ein Foto von Florian auf meinem Schreibtisch. Mit meiner Frau bin ich einmal im Monat in Berlin, und jedes Mal besuchen wir Florians Grab. Nur die tiefe, die grundsätzliche Traurigkeit ist nicht mehr gegeben. Sie verläuft sich. Die Wunde aber bleibt. Und die Erinnerungen bleiben.

Sie kommen vor allem dann wieder in mir hoch, wenn ich mit Freunden, denen Ähnliches passiert ist, über den Verlust spreche. Das kommt zwar selten vor, aber gerade neulich sprach ich mit einem Freund, dessen Sohn mit nur dreißig Jahren an Krebs starb. Wir sprachen nicht über den Tod, sondern über die Krankheit, darüber, dass die Medizin heute viel weiter sei und er heute größere Überlebenschancen gehabt hätte als vor 15 Jahren.

Solche Gespräche erinnern mich an Florian, natürlich. Und an seinem Geburtstag denke ich immer an ihn. Am 16. Mai hat er, also hätte er Geburtstag. Jedes Jahr an diesem Tag habe ich seinen frühen Tod wieder vor Augen. Die Erinnerungen kommen also immer wieder, aber nicht so, dass ich dann darüber hinaus traurig werde. Das ist nicht mehr der Fall.

Man wird durch dieses Erlebnis schon anders in der Lebenseinstellung. Auf jeden Fall nachdenklicher. Und je älter ich werde, desto mehr weiß ich, was das Leben bedeutet. Wie kostbar es ist. Man sollte alles, was einem wichtig ist und was man vertreten kann, bewusst nicht groß aufschieben, sondern machen. Und nicht sagen: Das mache ich, wenn ich in Rente bin. Das sind Fehlentscheidungen, die ich auch bei Freunden sehe: »Das mache ich alles noch.«

Dazu kommst du dann aber gar nicht mehr. Pausenlos sterben Freunde, dieses Jahr schon drei, die jünger oder gleichaltrig waren. Das gibt mir schon zu denken. Man muss noch bewusster versuchen, das Leben positiv in den Griff zu kriegen. Denn jeder hat ja seine Probleme: Jeder hat zwischenmenschliche Probleme, wirtschaftliche Probleme, seelische oder physische. Das gehört ja zum Leben. Und es geht ja nicht nur bergauf, sondern auch mal runter und dann wieder hoch. Natürlich geht das Leben immer weiter, überall. Wenn aber irgendetwas passiert, das du dir nie hättest vorstellen können, dann beschleunigt das deinen Reifeprozess enorm. Dann verstehst du den Wert, den das Leben hat, noch viel besser.

Lissa Gatterer

## *Einen Menschen loslassen zu können hat viel mit Selbstwertgefühl zu tun*

Ob ich das Ganze losgetreten habe? Das frage ich mich oft. Am frühen Morgen des 4. Februar 2012 sind mein Mann Hubert und ich auf eine Runde mit dem Hund rausgegangen. Lange hatten wir das nicht mehr zusammen gemacht, weil er selten Zeit hatte. Wenn ich mit unserem Hund alle Tage in der Früh rausgehe, gehe ich immer an der kleinen Lourdes-Kapelle oben auf dem Hügel vorbei und halte dort eine kurze Andacht. Dann richte ich ein Wort an die Mutter Gottes. So auch an diesem Morgen.

Hubert ging schon mal weiter, und wir trafen uns dann wieder vor dem Haus meiner Schwester Tina. Wir wohnen hier auf dem Land alle sehr nahe beieinander. Ich sagte zu meinem Mann: »Gratulier doch noch dem Lorenz.« Lorenz war mein Schwager, Tinas Mann. Er hatte zwei Tage vorher Geburtstag gehabt. Jetzt stand er vor uns in seiner neuen Skitouren-Ausrüstung, die er kurz vorher gekauft hatte: »Lasst uns doch eine kleine Skitour machen. Kommt doch mit. Gehen wir hoch zum Staller Sattel.« Wir wohnen in einer kleinen Südtiroler Gemeinde, der Staller Sattel ist ein Berg vor unserer Haustür.

Ich war gesundheitlich nicht auf der Höhe und sagte zu Hubert, er solle doch mitgehen. Eigentlich wollte er an diesem Wochenende mal wieder etwas mit mir unternehmen, weil er im Winter ganz wenig Zeit für mich hat. Aber ich dachte mir: Vielleicht tut es Hubert gut, ein wenig abzuschalten nach dem ganzen Stress. Meiner Schwester bot ich an, sie solle auch mitgehen, ich könne gerne auf ihre Kinder aufpassen. Glücklicherweise ging sie nicht mit. Manchmal habe ich ihr gegenüber Schuldgefühle, weil ich diese Skitour unterstützt habe.

An den Wochenenden sitzt unsere ganze Familie immer beim Mittagessen bei meinen Eltern zusammen. Wir sind viele: Meine Eltern haben einen Bauern- und Gasthof, wir sind fünf Geschwister, zusammen haben wir 13 Kinder. Eine echte Großfamilie, so wie man sie heute eigentlich nur noch aus Büchern oder Erzählungen kennt. Meine Schwester Tina und ich sind sehr oft bei unserer Mutter, vor allem, wenn unsere Männer nicht da sind.

Wir sitzen also auch an jenem Samstag beim Mittagessen, als Tina auf einmal das Vater Unser als Tischgebet spricht. Ich fragte sie: »Wieso betest du denn heute das Vater Unser?« Das war ungewöhnlich. Sonst sprechen wir dieses Gebet immer nur zu ganz speziellen Anlässen, an Weihnachten und Ostern. Ich weiß noch, dass mich das ein bisschen stutzig gemacht hatte. Später wussten wir: Es war genau die Zeit, halb eins, zu der unsere beiden Ehemänner von einer Lawine verschüttet wurden und darunter starben.

Vielleicht interpretiert man in diese Momente auch etwas herein. Im Nachhinein versucht man, sich zu erinnern: Gab es Anzeichen? Gab es etwas Außergewöhnliches? War etwas anders als sonst? Die Frau aus dem Nachbardorf, deren Mann vor Kurzem auch unter einer Lawine im Ahrntal starb, sagte noch am selben Tag: Um zwölf Uhr habe sich plötzlich der Himmel zugezogen. Vorher war wunderbares Wetter gewesen. Sie hat sehr bewusst wahrgenommen, dass es in genau dem Moment dunkel wurde, in dem die Lawine heruntergebrochen war. Man sagt, es gibt keine Zufälle. Die Dinge fallen einem aber doch zu, auf irgendeine Weise, durch kleine Zeichen. Vielleicht.

Nach dem Mittagessen fuhr unser Sohn Simon ins Biathlon-Zentrum, um dort nachmittags mit seinem Vater zu trainieren. Und ich saß mit meiner Tochter Katharina vor dem Fernseher. Sie war auch krank. Wir schauten Biathlon. Irgendwann begann ich, mich zu fragen: Wo bleiben Hubert und Lorenz denn? Erst rief ich auf dem Handy meines Mannes an, es meldete sich aber niemand. Dann probierte ich es bei Lorenz, meinem Schwager. Auch hier keine Antwort.

Es war 14 Uhr. Hubert hatte gesagt, sie wären gegen Mittag wieder zurück. Na ja, dachte ich mir, vielleicht fahren sie gerade ab und haben das Handy im Rucksack. Oder sie haben sich entschlossen, irgendwo einzukehren. Obwohl das ein wenig komisch gewesen wäre, denn sie wollten ja zum Essen nach Hause kommen. Vielleicht sind sie direkt zum Training nach Antholz gefahren? Hubert war Rennleiter für den Weltcup und verantwortlich für das Biathlon-Zentrum.

Dann höre ich plötzlich einen Hubschrauber ins Tal hereinfliegen, kurz darauf einen zweiten, und als ich aus dem Fenster schaue, sehe ich ein Notarztauto drüben. Ich denke: Na, es wird doch wohl nichts passiert sein? Ich rufe meinen Schwager an, Huberts Bruder. Er ist auch Skilehrer. »Hast du Hubert gesehen, ist er schon beim Training?« Nein, er habe ihn noch nicht gesehen, antwortet er. Ich frage: »Ist etwas passiert? Ich habe Hubschrauber und Notärzte gesehen.« Da sagt er: »Beim Staller Sattel ist eine große Lawine abgegangen.«

In dem Moment wusste ich: Jetzt ist es aus. Ich rief ins Telefon: »Hubert und Lorenz sind zum Staller Sattel gegangen!« Davon wussten die ja alle nichts. Es war so ungewöhnlich, dass Hubert um diese Zeit auf eine Skitour geht, weil er immer im Zentrum zu tun hatte. »Jetzt können wir nur noch hoffen und beten«, sagte ich zu Katharina. Die Ungewissheit war fürchterlich.

Komischerweise dachte ich mir: Was ziehe ich an, wenn ich da jetzt hinfahren muss? Das war die einzige Frage: Was ziehe ich an? Ich glaube, du fängst in einem solchen Moment einfach an zu funktionieren. Das bist nicht mehr du. Du bist in einem Schockzustand, machst die Dinge wie ein Automat.

Schon höre ich ein Auto kommen. Ich laufe ins Schlafzimmer, sehe aus dem Fenster: die Polizei. Der Polizeichef steigt aus, ich kenne ihn schon lange. Auf der Beifahrerseite steigt ein Feuerwehrmann aus, ein früherer Freund von Hubert. Noch ein Dritter, ihn kenne ich nicht. Ich reiße das Fenster auf und sage nur: »Der Hubert, gell?«

Ich hab nicht gefragt: »Ist der Hubert tot?«, sondern nur gesagt: »Der Hubert«. Denn ich wusste es. Der Polizeichef nickte. Ich sagte: »Der Lorenz auch?« Da nickte der Polizeichef wieder. Das ist jetzt dein Film, schoss es mir in den Kopf. Ich lief herunter und öffnete den Männern die Tür. Ob noch weitere Leute mitgegangen waren und vielleicht auch verschüttet sein könnten, fragten sie mich. »Nein, die beiden sind alleine gegangen«, antwortete ich. Katharina lief hinter mir die Stiege herunter und schrie.

Im Nachhinein frage ich mich: Wie hast du das durchgestanden? Andere brechen vielleicht zusammen. Ich funktionierte nur noch. Die Polizei fragte, ob wir ins Biathlon-Zentrum fahren wollten. Das wollten wir. Ich rief meine älteste Schwester Margit an und weiß noch genau, was ich ihr sagte: »Der Hubert und der Lorenz sind unter eine Lawine gekommen, beide sind tot.« Das habe ich gesagt. Ja, was will man auch beschönigen? Es war so. Dann haben wir uns hergerichtet, stiegen in das Polizeiauto und fuhren zuerst zum Gasthof meiner Eltern. Der Vater kommt mir entgegen, vom Bauernhof. Ich frage mich: Was sage ich dem? Ich muss es ihm sagen. Dann habe ich ihm halt gesagt: »Na, Vati, schau, der Hubert und der Lorenz sind unter eine Lawine gekommen, und beide sind tot.« Ein Häufchen Elend, der Vater, so ist er mir vorgekommen. Wenn man bedenkt: Alle waren wir alleine, als wir die Nachricht bekamen. Katharina und ich waren alleine, mein Vater war alleine. Ich lief herunter zum Gasthof, dort war die Mutti alleine. Dann habe ich es der Mutti gesagt. Das muss man sich vorstellen.

Normalerweise kommt in solchen Fällen ja auch die Notfallseelsorge, aber bei uns ist das einfach schiefgelaufen. Da kam niemand. Im Nachhinein habe ich erfahren, dass es auch ein Thema war, wer zu mir rausfährt, um mir die Todesnachricht meines Mannes zu überbringen. Niemand bis auf Huberts Jugendfreund hatte sich dazu bereiterklärt.

Wer ist bei Simon?, fragte ich mich besorgt auf dem Weg ins Zentrum. Die Stimmung dort war gespenstisch. Das Feuerwehrauto in der Dämmerung. Schneeflocken im Scheinwerferlicht. Ein Haufen Leute. Simon, die beiden Brüder von Hubert und Freunde. Alle waren fassungslos. Simon war an diesem Tag unkonzentriert beim Training. Auf irgendeine Weise hatte er gespürt, dass etwas passiert war, wie er später sagte. Sein Vater hätte beim Training sein müssen und kam nicht, zur gleichen Zeit kreisten die Hubschrauber über dem Staller Sattel. Es hat mir so leidgetan für ihn, dass er diese schwere Situation ertragen musste, ohne dass ich bei ihm war. Zum Glück aber war später wenigstens die Notfallseelsorge bei ihm, auch die Skilehrer und Huberts anderer Bruder, der – ausgerechnet – bei der Bergrettung ist.

Er hatte eine Meldung bekommen, dass eine ziemlich große Lawine abgegangen sei, er solle nachschauen. Er fuhr mit dem Skidoo hoch, mit Lawinenspürhund. Der Hund sprang aus dem Skidoo heraus und schlug wohl schon innerhalb kurzer Zeit Alarm. Andere Männer kamen hoch. Alles Freunde von Hubert.

Der, der ihn ausgegraben hat, hat ihn nicht mal erkannt! Im Rucksack oder in seiner Hosentasche fanden sie seinen Ausweis. »Der Hubi, der Hubi ist das!« Mein Schwager konnte es nicht glauben. Im Ort gab es mehrere mit dem Namen Hubert, und erst dachte er an einen anderen. »Nein, euer, euer Hubi«, hieß es dann. Er war zutiefst erschüttert.

Auch das Beerdigungsinstitut war schon da. Ich weiß gar nicht, wer das so schnell organisiert hat. Dann hieß es, wir könnten die beiden Leichname jetzt nicht sehen, sie seien zerschlagen, man wolle sie erst herrichten, wir sollten später wiederkommen. Mein Schwager insistierte: »Nein, wir warten jetzt hier.« Meine ältere Schwester Margit rief Tina an. Ich selber konnte das nicht. Tina war gerade mit den Kindern beim Schwimmen. Sie hatte wohl auch bei unseren Männern angerufen und sich gewundert, dass niemand antwortete.

Sie lagen nebeneinander in einer Eisentruhe im Lagerraum. Wenn man bedenkt: Am Tag vorher erst hat Hubert den Bagger, mit dem er immer bei seiner Arbeit unterwegs war, genau dort abgestellt. Es war der Lagerraum vom Biathlon-Zentrum. Dann gehe ich da rein und sehe zuerst die Bahre vom Lorenz, daneben die vom Hubert. Da habe ich mir gedacht: Wo soll ich jetzt zuerst hingehen? Ich kann doch jetzt nicht einfach an Lorenz vorbeigehen, ich muss den auch beachten. Das war mein erstes Gefühl. Und dann, glaube ich, ging ich zuerst zum Lorenz, danach zu meinem Mann. Sie trugen ihre Skikleidung und Skischuhe, lagen ganz friedlich da. Als ob sie schliefen. Nicht zum Fürchten. Ihre Hände waren gefaltet. Hubert hatte einen Kopfverband.

Abends wurden sie in die Totenkapelle von Antholz gebracht. Das fand ich ganz toll, dass mein Mann heimgekommen ist. Denn für Hubert war Antholz immer seine Heimat. Wir haben dort 19 Jahre zuvor eine wunderschöne, große Hochzeit gefeiert, und danach ist er mit mir mitgezogen in meinen Heimatort. Das war früher auch nicht üblich – da ist die Frau zum Mann gezogen. Er hingegen lebte mit mir in meinem Dorf, aber im Herzen war er immer ein Antholzer, blieb dort fest verwurzelt. Das fand ich sehr schön, dass mein Mann zuerst in sein Heimatdorf gebracht wurde, dorthin, wo er geboren wurde.

Um 20 Uhr betete ganz Antholz den Seelenrosenkranz. Die Notfallseelsorge begleitete uns alle nach Hause, zu unseren Eltern. Irgendwann haben wir sie weggeschickt, weil wir innerhalb der Familie füreinander sorgen konnten. Alle kamen. Wir saßen zusammen und beteten. Es war eine friedliche Atmosphäre.

In unserem Fall, so denke ich mir, ist es das größte Glück, dass wir in der Großfamilie aufgewachsen sind und auch immer in der Großfamilie gelebt und uns gegenseitig Halt gegeben haben. So haben wir diesen Verlust auch zusammen getragen. Das ist etwas Besonderes. Früher gab es ja diese Großfamilien mit dem Credo: Einer trage des anderen Last. Das ist das Größte, was du in dem Moment einfach haben kannst, das, was dir am meisten hilft.

Am nächsten Tag wurde in der Früh die Totenglocke geläutet. Wir hatten bei meinen Eltern übernachtet, ich mit meinen Kindern in einem Zimmer und Tina mit ihren Kindern in einem anderen. Ich habe meine Kinder rechts und links in den Arm genommen, und um den Klang der Totenglocke zu übertönen, habe ich angefangen, ganz laut das Vater Unser zu beten. Es ist mir vorgekommen, dass es das Einzige ist, was mir jetzt hilft.

Unsere Männer wurden aus Antholz überführt und zu Hause aufgebahrt. Was für ein Moment: Da saßen wir in der Stube und hörten das Auto kommen. Und ich wusste: das ist jetzt der Leichenwagen. Jetzt kommen sie und bringen sie rein. Ich konnte dabei nicht zuschauen, schloss die Tür. Hubert und Lorenz wurden im Speisesaal unseres Gasthofes nebeneinander aufgebahrt. Das war ein sehr starkes Gefühl: Jetzt werden sie wirklich heimgebracht. Alle aus dem Dorf kamen, und es wurde wieder der Rosenkranz gebetet.

Wir verabschiedeten uns in aller Ruhe von unseren Männern. Simon legte seinem Vater sein gutes Zeugnis in den Sarg, das er am selben Tag von der Schule mit nach Hause gebracht hatte, und spielte ihm auf dem Akkordeon vor. Katharina gab ihm eine Kette mit einem halben Herzen mit auf den Weg, die andere Hälfte trägt sie um den Hals.

Die Anteilnahme und der Zusammenhalt der Dorfbevölkerung waren enorm. Kerzen wurden hereingebracht und angezündet. Einige brachten Kuchen, andere stellten irgendetwas zum Essen hin. Die elementaren Dinge eben, denn man ist in dem Moment fast unfähig, Essen zuzubereiten, und auch nicht in der Lage zu essen. Man muss es aber dennoch tun. Das ist das Schöne, dass andere für dich denken und dir solche Sachen abnehmen. Da spürt man einfach, wie die anderen Menschen mit dir mitleiden und mittrauern. Das gibt einem sehr viel Kraft. Man ist nicht allein.

Auch in den Wochen und Monaten danach hatten wir das Glück, zu Hause bei meinen Eltern zu wohnen. Alle zusammen. Wir waren nie alleine. Auch die Kinder nicht. Vor allem meine Schwester Margit hat uns viel abgenommen, insbesondere für die Beerdigung. Sie ist eine Frau der Tat, ein praktischer Mensch mit Hausverstand, und weiß, was im jetzigen Moment wichtig ist und was warten kann. In den Wochen danach sagte sie immer: Jetzt schauen wir nicht zu weit nach vorne, sondern nur darauf, was heute geht. Jeden Tag nacheinander bewältigen und nicht fragen, was wird sein, was wird die Zukunft bringen.

Danach kam das ganze Bürokratische, was belastend war, weil man zur gleichen Zeit mit seiner Trauer beschäftigt ist. Man muss daran denken, was alles zu erledigen ist, möchte es aber nicht, hat keine Kraft dafür. Meine Güte, das muss ja nicht gleich sein, das hat ja noch Zeit, dachte ich mir immer. In dem Moment relativiert sich einfach alles. Man hat keine Bedürfnisse. Du brauchst zum Essen nichts, du brauchst zum Anziehen nichts, du brauchst nur das, was du am Leib hast. Wie genügsam der Mensch wirklich sein kann und wie wenig der Mensch eigentlich braucht: das wird einem dann vor Augen geführt. Wenn alles zerbricht, dann brauchst du auch nichts mehr.

Ich hatte das Gefühl, für meine Kinder stark sein zu müssen. Beim Beten war ich einer Mutter aus dem Dorf begegnet, die ihren Mann auch ganz plötzlich bei einem Unfall verloren hatte. Ihre Tochter sagte, viel schlimmer wäre gewesen, wenn die Mutter auch noch zusammengebrochen wäre. Es war schlimm, dass der Vater nicht mehr war, aber noch schlimmer war die Angst, ihre Mutter über diesen Verlust vergehen zu sehen. Das war für mich ein Aufruf oder sogar eine Verpflichtung, stark zu sein. Dass ich einfach meinen beiden Kindern verpflichtet bin, ihnen eine Stütze zu sein. Denn in dem Moment sind sie ja auch hilflos. Dann kann ich nicht auch noch zusammenbrechen.

Sicher hat mir dabei auch unsere Erziehung geholfen: Bei uns durfte nicht wegen jeder Kleinigkeit ein Theater gemacht werden. In unserer Großfamilie wurden wir alle stark gemacht fürs Leben, auch für schwere Situationen. Ich bin mir sicher, dass mir diese Stärke auch bei dem Verlust meines Mannes geholfen hat. Unsere Kinder haben wir übrigens auch so erzogen, wenngleich das viele heutzutage nicht mehr als angemessen empfinden, wenn man den Kindern nicht alles immer sofort recht macht. Aber gegenüber den wirklichen Härten des Lebens hilft es. Bei uns auf dem Land empfindet man vielleicht den

Tod auch eher als etwas Natürliches, als etwas, das zum Leben, zur Natur dazugehört. Früher hat auch niemand einen Trauerbegleiter oder einen Psychologen gebraucht, da hat man einfach weitergemacht.

Ich bin auch nicht zum Psychologen gegangen. Vielleicht liegt das auch an meinem Beruf im Krankenhaus, wo ich recht viel vom Kranksein mitbekomme. Ich arbeite dort als Physiotherapeutin. Dort habe ich den Vergleich vor Augen. Ich fing an, mich zu fragen: Hättest du deinen Mann so haben wollen, als Pflegefall? Im ersten Moment habe ich gedacht: Ich hätte ihn gepflegt bis zum Ende. Wenn er nur da gewesen wäre! Gleich wie. Das war zuerst. Und dann, nachdem ein bisschen Zeit vergangen war, dachte ich mir: Vielleicht war es doch gut so, wie es war.

In den Wochen danach bin ich immer wieder raufgestiegen auf den Staller Sattel. Alleine. Das war für mich sehr wichtig. Ich musste dorthin, wo es passiert war. Ich ging zu Fuß hoch, jeden Tag, suchte alles akribisch ab, jede Stelle am gesamten Hang. Der Schnee war inzwischen hart geworden. Ich entdeckte eine Schleifspur unter dem Schnee, die dunkle Farbe des Blutes war noch zu sehen. Hubert hatte ja eine offene Kopfverletzung. Dort fand ich Stücke von seinem Schädel. Zuerst dachte ich, es seien kleine Fragmente einer Kerze, denn es sah aus wie Wachs, was ich in meinen Händen hielt. Aber dann habe ich gemerkt, dass diese Stücke ganz hart sind. Es waren tatsächlich Teile von Huberts Schädel.

An einem anderen Tag habe ich seinen Ski gefunden. Eine Woche später seinen Stock. Und einmal ging ich wieder hoch, als der Schnee so langsam schmolz. Dort steckte sein Handschuh so im Schnee, als wolle er mir sagen: Schau, hier bin ich, nimm mich. Und genau das habe ich dann auch getan, ihn mitgenommen. In diesem Moment hatte ich das Gefühl, ich nähme meinen geliebten Mann endgültig mit mir heim. Sein Handschuh, in dem die Erinnerung an seine Hand noch drinsteckte. Das hat mich schon sehr berührt. Dann habe ich das alles zusammengesucht, und ich habe es bis auf die Skier bei mir zu Hause noch immer liegen, bei meinem Kopfpolster. Das, denke ich, ist seine Hinterlassenschaft.

Immer, wenn ich oben am Berg wieder etwas anderes fand, habe ich geweint. Es waren besondere Momente. Jedes Mal, wenn ich hochgestiegen bin, kam es mir vor, als wäre er da. Einmal habe ich einen Schneehasen gesehen, was ja auch außergewöhnlich ist. Von da an habe ich mir immer vorgestellt, er begegnet mir jetzt in einem Tier. Einmal kreisten zwei große Vögel über mir, und auch in diesem Augenblick dachte ich: Schau, da sind die beiden. Ein anderes Mal sind zwei Flugzeuge hintereinander über einen Berg geflogen. Dann habe ich gedacht: Schau, jetzt grüßen sie mich von dem Flieger aus. Beim nächsten Mal standen da zwei Rehe. Das ist immer ein Gruß von ihnen, erschien es mir. Sie sind mir nahe.

Einmal, das weiß ich noch, bin ich einen Monat später, im März, wieder hochgestapft, an einem ganz schönen warmen Tag. Was sehe ich? Eine schwarze Schlange kriecht über den Lawinenkegel. Als ich nach Hause kam, habe ich versucht nachzulesen, was so eine Schlange bedeutet. Schlangen häuten sich, stehen für Verwandlung und haben danach ein anderes Leben. Das hat mich schon fasziniert, als mitten im Winter diese Schlange genau dort drüberkroch, wo die beiden starben. Vielleicht heißt das, dass das Leben nicht zu Ende ist, dass es einfach nur eine andere Form hat und dass auch der Mensch sich wandelt – wie eine Schlange. Ich habe jedenfalls die Hoffnung, dass Hubert und ich uns eines Tages wiedersehen. Dieser Gedanke trägt mich weiter.

Seit seinem Tod sind fünf Jahre vergangen. Natürlich gab und gibt es immer noch Phasen, in denen er mir als Lebenspartner fehlt. Denn er war immer der Starke. Er fehlte mir nach meiner Krebserkrankung. Als er starb, hatte ich zwar meine Therapie schon abgeschlossen, aber die Gesundungsfrist von fünf Jahren war noch lange nicht vorbei. Oft dachte ich: Na, Hubert, du warst doch der Starke. Ich war die Schwache. Ich hätte sterben können. Aber nicht du. Du warst immer der Fels in der Brandung. Das war er für mich immer, so souverän. Und für jedes Problem gab es eine Lösung. Für ihn war nichts ein Problem. Hingegen war ich diejenige, die eher pessimistisch eingestellt war und die Dinge immer auch ein bisschen dramatisch gesehen hat. So habe ich zeitweise auch mal verbittert auf seinen Tod geblickt. Dass er einfach gegangen ist! Wieso er jetzt nicht mehr ist, obwohl er doch immer der Starke war. Und ich hingegen meine Krankheit habe, mit der ich kämpfen muss.

Das habe ich schon gelernt aus dem Verlust: einfach die Sachen ein bisschen lockerer zu sehen und die Wertigkeiten in Beziehung zu stellen. Ich kann unterscheiden: was ist jetzt wirklich schlimm und was ist nicht der Rede wert. Als Partnerin habe ich meinem Mann manchmal Unrecht getan, vielleicht seine Arbeit zu wenig geschätzt und ihm manchmal Vorwürfe gemacht. Das tut mir im Nachhinein schon weh. Dann denke ich mir aber: Es war halt so, und was gewesen ist, kann ich nicht mehr ändern. Ich kann jetzt nur noch für mich selber an einer gelasseneren Haltung dem Leben gegenüber arbeiten.

Du musst den geliebten Menschen gehen lassen, das ist ganz wichtig. Es hat viel mit Egoismus zu tun, ob du das schaffst oder nicht. Das Festhalten ist nicht gut. In der Bibel steht: Es sind eure Kinder, aber sie gehören euch nicht. Daran orientiere ich mich. Andere sagen wieder: Wieso gehen lassen? Wieso ihn loslassen, wenn du einen Menschen gern hast? Ich denke, man sollte ihn gerade deswegen loslassen. Man zweifelt ja auch, wie es ihnen geht, den Toten. Weinen sie? Sehen sie, wie wir leiden? Nein, das kann nicht sein, denn sonst haben sie ja auch kein Leben, wenn sie sehen, wie wir leiden. Damit sie auch dort glücklich sein können, wo sie jetzt sind, musst du sie gehen lassen und sagen: So wie es ist, ist es gut.

Einen Menschen loslassen zu können hat viel mit Selbstwertgefühl zu tun. Und mit Selbstliebe. Gerade neulich habe ich so einen Satz gelesen: Brauchst du Liebe, dann liebe dich selbst. Vielleicht kann ich meinen Mann auch deswegen gut loslassen, weil ich schon vor seinem Tod ziemlich eigenständig war, mit mir selber etwas anfangen konnte. Man ist ja nicht nur mit dem Partner etwas wert. Früher war man ja eher die unterwürfige Frau, aber heute trauen sich die Frauen viel mehr zu.

Hubert war die Liebe meines Lebens. Was will dir das Schicksal sagen? Es will dir mit dem Verlust etwas sagen. Und wenn du dich darauf einlässt, dann nimmst du aus dieser Sache auch etwas für dich persönlich mit. Vielleicht ist das ja auch der Sinn des Lebens, dass man durch solche Erfahrungen anderen Menschen die Erkenntnis mitgeben kann: Eine Tür geht zu und eine neue geht auf. Man kann nicht mitsterben. Es nützt nichts. Sie kommen nicht mehr wieder. Aber man kann den Verlust auch als eine neue Chance verstehen.

weitermachen !

*Grabinschrift Herbert Marcuse*

# *Dank*

Meine Gedanken gelten allen, die den Mut hatten, mir für dieses Buch ihre Geschichte vom Verlust eines geliebten Menschen zu erzählen. Sie haben das schwerste Kapitel ihres Lebens geöffnet. Ich bin mir sicher, dass sie damit vielen Menschen helfen werden, die eine Verlusterfahrung gemacht haben oder noch machen werden.

Während ich dieses Buch schrieb, bin ich in langen und von tiefem Vertrauen geprägten Gesprächen vielen Menschen wirklich begegnet. Wir sprachen über Verlust und Trauer, auch über Todesangst und Todessehnsucht, waren oft auch nur durch gemeinsames Schweigen fest verbunden. Alle diese Begegnungen lehrten mich vom Schönsten und Wichtigsten, nämlich vom Lieben und vom Lassen. Danke.

Weiterhin danke ich Matthias Landwehr, der die Idee zu diesem Buch hatte. Georg Reuchlein, Vera Thielenhaus, Thomas Schmidt, Anke Steinbacher und Hermann Hülsenberg haben es auf den Weg gebracht.

An letzter und an erster Stelle möchte ich meiner Familie danken, die mir duldsam und verständnisvoll über viele Monate hinweg immer wieder das zugestanden hat, was ich zum Schreiben dieses Buches am meisten brauchte: das Alleinsein.

GOLDMANN

17

Von Agatha Christie
sind außerdem im Goldmann Verlag erschienen:

Alibi. 12
Dreizehn bei Tisch. 66
Das Geheimnis von Sittaford. 73
Das Haus an der Düne. 98
Mord auf dem Golfplatz. 9
Nikotin. 64
Der rote Kimono. 62
Ein Schritt ins Leere. 70

AGATHA

# CHRISTIE

# Tod in den Wolken

DEATH IN THE AIR

GOLDMANN VERLAG

Aus dem Englischen übertragen von
Dr. Otto-Albrecht van Bebber

Der Goldmann Verlag
ist ein Unternehmen der Verlagsgruppe Bertelsmann

Made in Germany · 12/88 · 28. Auflage
Lizenzausgabe mit Genehmigung des
Scherz Verlags, Bern und München

Umschlagentwurf: Design Team München
Umschlagillustration: Design Team München
Druck: Elsnerdruck, Berlin
Krimi 4
Lektorat: Friedrich A. Hofschuster/Ge · Herstellung: Harry Heiß/Voi
ISBN 3-442-00004-1

# I

Heiß brannte die Septembersonne auf den Flugplatz Le Bourget, als die Passagiere in das Flugzeug »Prometheus« kletterten, das in wenigen Minuten nach Croydon aufsteigen sollte.

Jane Grey gehörte zu den letzten, die hineinkletterten; gemächlich ließ sie sich auf ihren Platz Nr. 16 nieder. Etliche Passagiere waren schon durch die Mitteltür – an der winzigen Küche und den beiden Toiletten vorbei – in das Vorderabteil geschritten. Die meisten saßen jetzt bereits, und auf der gegenüberliegenden Seite des Mittelgangs erhob sich ein lebhaftes Geschnatter, bei dem sich eine schrille, hohe Frauenstimme hervortat. Um Janes Lippen zuckte es leicht – diese Art Stimmen kannte sie zur Genüge.

»Meine Liebe ... ist es möglich? Keine Ahnung hatte ich. Wo bitte? Juan les Pins? O ja. Nein nein ... Le Pinet. Gewiß, gewiß, es ist immer der alte nette Kreis ... Aber selbstverständlich werden wir zusammensitzen. Das geht nicht? Oh ... wie schade! Wer ... Ah, ich sehe ...«

Und nun erklang eine Männerstimme, etwas fremdartig und sehr höflich: »Mit dem größten Vergnügen, Madame.«

Jane betrachtete den Sprecher verstohlen aus den Augenwinkeln: ein kleiner, ältlicher Mann mit großem Schnurrbart und eiförmigem Schädel. Er raffte seine Habseligkeiten zusammen und verfügte sich zuvorkommend auf einen rückwärtigen Sitz. Hierauf drehte Jane ein wenig den Kopf und musterte die beiden Damen, deren unerwartetes Zusammentreffen den Fremden zu der höflichen Geste veranlaßt hatte. Durch die Erwähnung von Le Pinet war ihre Neugier rege geworden, denn auch Jane Grey kam aus Le Pinet.

An die eine der beiden erinnerte sie sich ganz deutlich, erinnerte sich, wie sie sie zuletzt gesehen hatte: am Bakkarattisch, die kleinen Hände nervös ballend und lösend, während das zartgeschminkte Gesicht plötzlich glühend rot wurde und dann erblaßte.

Ob ihr nicht auch noch der Name einfiel? Eine Freundin, als Masseuse in einem Schönheitssalon angestellt, hatte ihn erwähnt und geringschätzig geäußert: »Den Adel verdankt sie ihrer Heirat – eine frühere Choristin oder dergleichen!«

Die zweite Dame aber war »echt«, war die typische sportliebende Aristokratin, stellte Jane fest, ehe sie ihre Aufmerksamkeit dem Flugplatz widmete. Verschiedene andere Maschinen standen dort umher, von denen eine jede an einen riesigen, metallenen Tausendfüßler gemahnte.

Während Jane durch das Kabinenfenster diese Ungeheuer betrachtete, festigte sich ihr Entschluß, nicht geradeaus zu schauen, wo, ihr gegenüber, ein junger Mann saß, der einen ziemlich grellen, grünblauen Pullover trug.

Mechaniker riefen sich einige französische Worte zu. Die Motore donnerten los – dämpften ihre Stimme – donnerten von neuem. Das Flugzeug bewegte sich. Unwillkürlich hielt Jane den Atem an. Es war ihr zweiter Flug; ihre Aufregung war daher verzeihlich. Barmherziger, das sah ja aus, als ob sie gleich in jenen Zaun jagen würden . . .! Aber nein, schon schwebten sie in der Luft, stiegen, stiegen noch höher, schwenkten herum – Le Bourget lag unter ihnen.

Das Mittagsflugzeug nach Croydon beförderte einundzwanzig Passagiere, zehn in dem vorderen, elf in dem hinteren Abteil, dazu zwei Piloten und zwei Stewards. Obwohl das Geräusch der Motoren so stark abgedämpft war, daß man die Ohren nicht mit Watte zu verstopfen brauchte, genügte der Lärm, um die Unterhaltung zu erschweren und das Denken zu ermutigen.

»Ich will ihn nicht angucken«, dachte das junge Mädchen. »Ich will nicht! Es führt zu nichts. Lieber genieße ich die Aussicht . . . Oder ich gehe im Geiste noch einmal alles durch – alles, von Anfang an.«

Energisch zwang sie ihre Gedanken zu dem zurück, was sie den Anfang nannte, den Kauf eines Loses für das »Irische Sweepsteak«. Eine Verschwendung, gewiß, doch eine köstlich prickelnde Verschwendung, die in dem Frisiersalon, in dem Jane mit fünf anderen jungen Damen beschäftigt war, viel Gekicher und viel Neckerei entfesselt hatte.

»Was willst du tun, wenn du ihn gewinnst, meine Liebe?«

»Oh, ich wüßte, was ich täte!«

Pläne ... Luftschlösser ... eine Menge Ulk.

Nun, sie hatte ihn nicht gewonnen, den großen Preis. Statt seiner aber hatte sie hundert Pfund gewonnen. Einhundert Pfund!

»Die Hälfte davon gibst du aus, meine Liebe, und die andere Hälfte sparst du für schlechte Zeiten. Man weiß nie, was die Zukunft bringt.«

»Ich an deiner Stelle würde mir einen Pelzmantel kaufen – einen wirklich schicken und erstklassigen Pelzmantel.«

»Und warum nicht eine Seereise?«

Bei dem Gedanken an eine Seereise hatte Jane geschwankt; doch schließlich war sie ihrer ersten Idee treu geblieben. Eine Woche in Le Pinet. So viele ihrer Kundinnen reisten nach Le Pinet, so viele schwärmten davon. Und während Janes geschickte Finger ondulierten, Dauerwellen legten, während ihre Zunge mechanisch die üblichen schmeichelhaften Floskeln plapperte, überlegte ihr Hirn: »Warum sollte ich eigentlich nicht nach Le Pinet fahren?«

Hinsichtlich der Kleidung gab es kaum Schwierigkeiten. Wie die meisten Londoner Mädchen, die in eleganten Geschäften tätig sind, verstand es Jane mit lächerlich geringen Mitteln, den Anforderungen der Mode gerecht zu werden. Nägel, Teint und Haar waren einwandfrei.

Jane reiste also nach Le Pinet.

Und jene Tage dort sollten jetzt, in ihren Gedanken, zu einem einzigen Vorfall zusammengeschrumpft sein?

Ein Vorfall am Roulettisch. Jeden Abend erlaubte sie sich eine gewisse Summe für das Spiel, entschlossen, diese niemals zu überschreiten. Leider aber zeigte sich, im Gegensatz zu dem vorherrschenden Aberglauben, das Glück der Anfängerin nicht hold. Am vierten Abend hatte sie zwar etwas gewonnen, aber mehr noch verloren. Nun wartete sie, ihren letzten Einsatz in der Hand. Auf zwei Nummern, die Fünf und die Sechs, hatte niemand gesetzt. Ob sie es wagte ...? – Aber was - fünf oder sechs? Ah, ihr Gefühl sprach für die Fünf. Jane streckte die Hand aus und – setzte auf die Sechs. Gerade noch zur rechten Zeit setzte ein Spieler ihr gegenüber auf die Fünf.

»Rien ne va plus«, sagte der Croupier.

Die Kugel klapperte, verharrte am Fleck.

»Le numéro cinq, rouge, impair, manque.«

Beinahe hätte Jane vor Bestürzung aufgeschrien. Der Croupier raffte die Einsätze fort und zahlte aus.

»Wollen Sie nicht Ihren Gewinn an sich nehmen?« fragte Janes Gegenüber.

»Meinen?«

»Ja.«

»Ich hatte doch auf die Sechs gesetzt.«

»Verzeihung, Sie irren. Ich setzte auf sechs und Sie auf fünf.«

Er lächelte – ein sehr anziehendes Lächeln. Weiße Zähne blitzten in einem braungebrannten Gesicht, darüber blaue Augen und kurzes, leicht gewelltes Haar.

Halb ungläubig stopfte Jane den Gewinn in die Tasche. Sprach er die Wahrheit? Hatte sie tatsächlich auf die Fünf gesetzt? Verwirrt, zweifelnd sah sie den Fremden an, der unbefangen zurücklächelte.

»Einen hübschen Gewinn liegenlassen, bis jemand anders ihn sich aneignet, der kein Recht darauf hat? Das ist ein alter Trick.« Dann war er mit einem leichten, freundlichen Nicken aufgestanden und fortgegangen. Auch das gefiel ihr. Er hatte ihr nicht einen Gewinn zugeschanzt, um dadurch eine Bekanntschaft anzuknüpfen. Nein, zu dieser Sorte von Männern gehörte er nicht. Er war nett . . . Und nun saß er ihr wahrhaftig gegenüber.

Dann folgten nach dem Faulenzerdasein in Le Pinet noch zwei ziemlich enttäuschende Tage in Paris und endlich jetzt die Heimkehr mit ihrer Rückflugkarte.

»Was weiter?«

»Stopp«, befahl Jane ihrem Hirn. »Nicht daran denken, was weiter geschehen wird. Das ist nur quälend.«

Die beiden Damen hatten in ihrer Unterhaltung innegehalten. Verdrießlich betrachtete die Zartgeschminkte einen abgebrochenen Fingernagel, läutete schließlich und befahl, als der mit einem weißen Mantel bekleidete Steward erschien:

»Schicken Sie mir meine Zofe. Sie sitzt in dem anderen Abteil.«

»Sofort, Mylady.«

Sehr ehrerbietig, sehr schnell und geräuschlos verschwand der Steward wieder, und kurz darauf tauchte die Gestalt einer brünetten, schwarzgekleideten Französin auf.

»Madeleine«, rief ihr Lady Horbury zu, »ich brauche mein rotes Saffian-Necessaire.«

Die Zofe durchschritt den Mittelgang, um zum äußeren Ende des Flugzeugs zu gelangen, wo Handtaschen und Decken aufgestapelt lagen, und brachte ihrer Herrin das Verlangte.

»Danke, Madeleine, ich behalte das Köfferchen hier.«

Damit entließ sie das Mädchen. Der Kofferdeckel schnappte auf, und Lady Cicely Horbury entnahm dem luxuriösen Innern eine Nagelfeile. Dann prüfte sie in einem silbernen Spiegel lange und ernst ihr Gesicht und gab ihm durch einen Hauch Puder und einen Strich mit dem Lippenstift neue Frische.

Janes Mund kräuselte sich verächtlich, und ihr Blick wanderte weiter das Abteil entlang.

Hinter den beiden Frauen hockte der kleine Ausländer, der seinen Platz der sehnigen Sportlerin abgetreten hatte. Dick in überflüssige Halstücher und Schals vermummt, schien er fest zu schlafen. Jetzt öffnete er, vielleicht Janes forschenden Blick fühlend, seine Augen, schaute das junge Mädchen eine Sekunde an und ließ die Lider wieder herabfallen. Neben ihm saß ein großer, ergrauter Mann mit einem geistvollen Antlitz. Er hatte einen Flötenkasten offen vor sich stehen und polierte das Instrument mit liebevoller Sorgfalt. Drollig, dachte Jane Grey, er sieht eher nach einem Rechtsanwalt oder Arzt als nach einem Musiker aus!

Hinter diesen beiden sprachen und gestikulierten zwei lebhafte Franzosen, ein bärtiger älterer und ein bedeutend jüngerer. Vielleicht Vater und Sohn?

Auf Janes eigener Seite versperrte der Mann im grünblauen Pullover ihr die Aussicht, jener Mann, dem sie aus irgendeinem ungereimten Grund nicht in die Augen zu blicken wünschte.

»Zu blöd, dieses Herzklopfen!« schalt sie sich. »Gerade, als ob ich ein siebzehnjähriges Gänschen wäre!«

Ihr gegenüber aber sinnierte Norman Gale: »Sie ist hübsch, wirklich hübsch. Und sie erinnert sich meiner sehr gut. Welche Enttäuschung malte sich auf ihren Zügen, als ihr Einsatz fortgeharkt wurde! Es hätte ruhig mehr kosten dürfen, ihr die Freude des Gewinnens zu bereiten. Übrigens machte ich es recht geschickt ... Wenn sie lächelt, ist sie besonders reizend. Gesundes Aussehen, makellose Zähne ... Hol's der Teufel – ich bin ganz aus dem Häuschen! Ruhe, Ruhe, mein Junge ...« Und zu dem Steward gewandt, der neben ihm mit der Menükarte wartete, sagte er: »Kalte Zunge, bitte.«

Gräfin Horbury dachte: »Mein Gott, was soll ich beginnen? Es ist eine furchtbare Patsche, in der ich stecke! Meines Erachtens gibt es nur einen einzigen Ausweg. Wenn ich nur die Kraft dazu hätte ...! Meine Nerven sind völlig kaputt. Das macht das Kokain. Warum habe ich je Kokain genommen? Scheußlich sieht mein Gesicht aus, einfach scheußlich. Und daß diese falsche Katze, diese Venetia Kerr, hier ist, macht die Sache noch schlimmer. Sie sieht mich immer an, als sei ich Dreck. Spekulierte selbst auf Stephen. Nun, sie bekam ihn nicht. Puh, ihr langes Gesicht geht mir auf die Nerven. Es gleicht dem eines Pferdes. Ich hasse diese adligen Landpomeranzen. Mein Gott, was soll ich tun? Ich muß mich zu einem Entschluß durchringen, denn der alten Hexe war es bitterer Ernst ...« Hastig kramte sie in ihrem Täschchen, bis sie eine Zigarette gefunden hatte, die sie mit leicht zitternder Hand in eine lange Spitze steckte.

Die blaublütige Venetia Kerr neben ihr dachte hoffärtig: »Sie ist ein schlimmes Pflänzchen. Wenn sich der arme, gute Stephen ihrer nur entledigen könnte!«

Auch sie holte ihr Zigarettenetui hervor und nahm Cicely Horburys Streichholz huldvoll an.

»Verzeihung, meine Damen«, mischte sich da der Steward ein, »Rauchen ist verboten.«

»Verdammt!« fluchte Cicely Horbury.

Derweilen überlegte Hercule Poirot: »Weshalb ist die niedliche Kleine, deren Kinn so viel Entschlossenheit bekundet, wohl so niedergeschlagen? Warum vermeidet sie es hartnäckig, den stattlichen jungen Mann ihr gegenüber anzusehen, obwohl sie seine Gegenwart ebenso stark empfindet wie er die ihrige ...?« Das Flugzeug vollführte einen leichten Hopser. »Mon estomac!« jammerte Poirot im stillen und schloß rasch die Augen.

Sein Nachbar, Dr. Bryant, liebkoste die Flöte noch immer mit nervösen Händen. »Ich kann mich nicht entscheiden«, sagte er sich verzweifelt. »Beim besten Willen nicht. Ich bin am Wendepunkt meiner Laufbahn angelangt ... Musik! Musik befreit von allen Sorgen!« Halb lächelnd hob er die Flöte an die Lippen und legte sie wieder in ihren Kasten zurück.

Der kleine Mann neben ihm, der jedem durch seinen gewaltigen Schnurrbart auffallen mußte, war in tiefen Schlaf versunken, nachdem bei der plötzlichen Bewegung des Flugzeugs sich sein Gesicht mit einem grünlichen Schimmer überzogen hatte. Und Dr. Bryant freute sich, daß er weder See- noch Luftkrankheit kannte.

Hitzig drehte sich Monsieur Dupont auf seinem Platz halb um und packte den Arm seines Sohnes.

»Es besteht gar kein Zweifel. Sie haben sämtlich unrecht – die Deutschen, die Amerikaner und die Briten. Sie datieren die prähistorische Keramik alle falsch. Nimm das Samarra-Geschirr ...«

Jean Dupont, groß, blond, erwiderte mit gemachter Trägheit:

»Du mußt die Beweise aus allen Quellen schöpfen, Vater. Da ist Tell Halaf und Sakje Geuze ...«

Die Erörterung nahm ihren Fortgang, und schließlich plagte sich Armand Dupont, einen arg verbeulten Handkoffer zu öffnen.

»Hier ... sieh diese kurdischen Pfeifen an, die man heutzutage verfertigt. Ihre Ornamente sind beinahe die nämlichen wie jene auf dem Geschirr, das aus dem vierten Jahrtausend vor Christus stammt.« Und eine beredte Geste fegte beinahe die Schüssel hinab, die der Steward vor ihn hinstellte.

Mr. Clancy, Verfasser von Kriminalgeschichten, erhob sich von seinem Platz hinter Norman Gale und trabte bis zum Ende des Flugzeuges, um aus der Tasche seines Regenmantels ein Kursbuch zu holen, anhand dessen er, auf seinen Platz zurückgekehrt, ein verzwicktes Alibi auszuarbeiten begann.

Hinter ihm dachte Mr. Ryder: »Das Durchhalten ist nicht einfach. Weiß der Kuckuck, wie ich die Moneten für die nächste Dividende zusammenbringen soll!«

Jetzt stand Norman Gale auf und ging zur Toilette. Sobald er sich entfernt hatte, zog Jane ihren Spiegel hervor, prüfte eingehend ihr Gesicht und benutzte Puderquaste und Lippenstift.

Ein Steward setzte Kaffee vor sie hin.

Jane starrte aus dem Fenster. Blau und schimmernd zeigte sich drunten der Kanal.

Eine Wespe summte um den Kopf Mr. Clancys, gerade als er sich mit dem Zug 19.50 Uhr ab Budapest beschäftigte, und geistesabwesend schlug er nach dem dreisten Insekt. Die Wespe flog weiter und widmete sich den Kaffeetassen der beiden Duponts. Jean Dupont machte ihr geschickt den Garaus.

In der Kabine wurde es still. Die Unterhaltung schwieg, aber die Gedanken arbeiteten weiter.

Rechts am Ende des Raumes, im Sitz Nr. 2, fiel Madame Giselles Kopf ein wenig nach vorn. Man hätte wähnen können, sie sei vom Schlaf übermannt worden. Doch sie schlief nicht. Und ebensowenig sprach sie oder dachte sie.

Madame Giselle war tot.

## 2

Behende von Sitz zu Sitz gehend, kassierte Henry Mitchell, der ältere der beiden Stewards, ein, da man in einer halben Stunde Croydon erreicht haben würde. »Danke, Sir«, sagte er und sammelte Silber und Scheine. Dann eine leichte Verbeugung: »Danke, Madame.« An dem Platz, wo die beiden Franzosen saßen, mußte er ein oder zwei Minuten warten, weil Vater und Sohn allzu eifrig diskutierten. Viel Trinkgeld war da nicht zu erhoffen, überlegte Henry Mitchell trübselig.

Zwei Fluggäste schliefen fest: der kleine, schnauzbärtige Herr und die alte Frau ganz hinten. Er erinnerte sich, daß sie schon mehrmals den Kanal überflogen und immer eine offene Hand gehabt hatte, und deshalb beschloß er, Rücksicht zu nehmen und sie vorläufig noch nicht zu stören.

Der kleine Herr erwachte und zahlte für eine Flasche Selterwasser und ein Päckchen Zwieback – seine ganze Zeche.

Fünf Minuten vor der Landung stand Mitchell neben der schlafenden Dame. »Pardon, Madame, die Rechnung.«

Er berührte vorsichtig ihre Schultern, aber auch dies weckte Madame Giselle nicht auf. Nun schüttelte er sie leicht, worauf der Körper unerwartet in dem Sessel zusammensackte. Bestürzt beugte sich Mitchell herab, und als er sich wieder aufrichtete, war sein Gesicht aschfahl.

»W . . .as . . .s . . .agst du?« stammelte Albert Davis, der zweite Steward.

»Bei Gott, es ist wahr«, versicherte sein Kollege verstört. »Tot, ganz bestimmt – ich vermute, es wird ein Anfall sein.«

»In ein paar Minuten sind wir in Croydon.«

»Ja, wenn ihr eben erst schlecht geworden ist . . .« Unschlüssig überlegten sie. Dann kehrte der ältere in das hintere Abteil zurück und schritt abermals von Platz zu Platz, den Kopf gebeugt und vertraulich murmelnd:

»Entschuldigen Sie, Sir, sind Sie zufällig Arzt?«

»Ich bin Zahnarzt«, entgegnete Norman Gale. »Wenn ich jedoch irgendwie von Nutzen sein kann . . .« Er erhob sich halb von seinem Sessel, doch da meldete sich Dr. Bryant.

»Ich bin Arzt. Worum handelt es sich?«

»Dort hinten die Dame . . . Ihr Aussehen gefällt mir nicht.« Bryant begleitete den Steward, und unbemerkt folgte den beiden der kleine Mann mit dem Schnauzbart.

Die Untersuchung währte nicht lange. »Sie ist tot«, erklärte der Doktor, worauf Mitchell fragte:

»Was hat ihr gefehlt? Eine Art Anfall?«

»Das vermag ich ohne eingehende Untersuchung nicht zu sagen. Wann sahen Sie die Dame zuletzt? Lebendig, meine ich.«

Der Steward überlegte, den Blick auf die zusammengesunkene Gestalt der schwarzgekleideten Frau gerichtet.

»Als ich ihr den Kaffee brachte, war sie noch wohlauf. Das mag vor reichlich dreiviertel Stunden gewesen sein. Als ich hernach mit der Rechnung kam, glaubte ich, sie schliefe.«

»Sie ist mindestens schon eine halbe Stunde tot.«

Das Zwiegespräch begann die Neugier der übrigen Passagiere zu erregen. Köpfe drehten sich, Hälse wurden gereckt.

»Ich denke, es wird ein Anfall gewesen sein«, ließ sich Mitchell vernehmen. Die Schwester seiner Frau litt an Anfällen, und es dünkte ihn, daß der Ausdruck Anfall allem gerecht würde.

Dr. Bryant beabsichtigte nicht, sich irgendwie festzulegen, sondern wiegte nachdenklich den Kopf. Da ertönte neben ihm eine Stimme – die Stimme des Vermummten mit dem Schnurrbart.

»An ihrem Nacken befindet sich ein Mal«, sagte er, und es klang fast entschuldigend, als erkenne der Sprecher ohne weiteres die fachmännische Überlegenheit des anderen an.

»Richtig«, bestätigte Dr. Bryant.

Der Kopf der Toten fiel etwas seitwärts, und ein winziges Pünktchen wurde sichtbar.

Die beiden Duponts hatten eifrig gelauscht. »Die Dame ist tot? Und sie hat ein Zeichen am Hals?« Es war Jean Dupont, der die Frage stellte. »Darf ich eine Vermutung aussprechen? Vorhin flog eine Wespe umher, die ich tötete. Hier liegt sie noch auf meiner Untertasse. Besteht nicht die Möglichkeit, daß die arme Dame an einem Wespenstich starb? Soviel ich weiß, hat sich dergleichen schon ereignet.«

»Gewiß besteht die Möglichkeit«, gab Bryant zu. »Ich kenne solche Fälle. Besonders wenn Herzschwäche vorhanden ist...«

»Kann ich irgend etwas tun, Sir?« erkundigte sich Mitchell dienstbeflissen. »Wir werden gleich in Croydon landen.«

»Da gibt's nicht zu tun, mein Lieber.« Dr. Bryant trat ein wenig zurück. »Natürlich darf die Leiche nicht entfernt werden.«

»Ich verstehe, Sir.«

Der Arzt wollte an seinen Platz zurückgehen, und sah etwas erstaunt auf den kleinen Schnauzbärtigen, der nicht vom Fleck wich. Und jetzt ergriff dieser abermals das Wort.

»Monsieur le docteur, Sie haben etwas übersehen.«

Mit der Spitze seines eleganten Lackschuhes deutete er auf das, was er meinte; Dr. Bryant und der Steward sahen ein winziges gelbschwarzes Ding auf dem Boden schimmern, das halb von dem Saum des schwarzen Kleides verborgen wurde.

»Eine zweite Wespe?« stieß der Doktor überrascht hervor.

Hercule Poirot kniete nieder, nahm eine kleine Pinzette aus der Tasche und benutzte sie sehr geschickt, so daß er gleich darauf mit seinem Fund wieder aufrecht stand.

»Ja, es gleicht einer Wespe«, meinte er. »Aber es ist keine.«

Er drehte und wendete das Ding, damit beide, der Steward und der Arzt, das kleine Flöckchen gerauhter Seide, orangefarbig und schwarz, das an einem langen, merkwürdigen Dorn mit fleckiger Spitze befestigt war, genau erkennen sollten.

»Gott steh mir bei!« rief plötzlich Mr. Clancy, den die Neugier von seinem Platz fortgetrieben hatte und der nun den Kopf verwegen über Mitchells Schulter schob. »Das ist ja das Seltsamste, was mir je in meinem Leben begegnete! Wahrhaftig, das hätte ich mir nicht träumen lassen . . .!«

»Möchten Sie sich nicht etwas deutlicher ausdrücken, Sir!« mahnte der Steward. »Erkennen Sie das Ding da?«

»Erkennen? Freilich erkenne ich es.« Mr. Clancy blähte sich auf vor Stolz und Befriedigung. »Das Ding da, meine Herren, ist der Dorn, den gewisse Stämme – genau weiß ich im Augenblick nicht, ob es Eingeborene Südamerikas oder Bewohner Borneos sind – mittels eines Blasrohres abschießen. Und ich vermute stark, daß die Spitze . . .«

». . . mit dem berühmten Pfeilgift der südamerikanischen Indianer getränkt wurde«, ergänzte Hercule Poirot. »Mais enfin! Est-ce que c'est possible?«

»Nicht wahr, es klingt unglaublich?« triumphierte Clancy in glückseliger Erregung. »Ich wiederhole: Dergleichen hätte ich mir nie und nimmer träumen lassen. Daß mir, der ich Kriminalgeschichten verfasse, das wirkliche Leben so etwas beschert, das . . . das . . .« Vor Wonne fehlten ihm die Worte.

Das Flugzeug neigte sich schwach auf die Seite, und die kleine stehende Gruppe taumelte ein bißchen. Gleich darauf rollten die Räder des »Prometheus« auf der Erde dahin.

## 3

Henry Mitchell, der Steward, und Dr. Bryant beherrschten die Situation nicht länger; der komisch vermummte Kleine riß nämlich die Führung an sich, und er sprach mit einer Autorität und einer Bestimmtheit, daß es niemandem in den Sinn kam, ihm den Gehorsam zu verweigern.

Er tuschelte Mitchell etwas zu, worauf dieser nickte und, sich einen Weg durch die aufbruchbereiten Passagiere bahnend, breitbeinig den Durchgang versperrte, der an den Toiletten vorüber zu dem vorderen Abteil führte.

Als das rollende Flugzeug endlich zum Stehen kam, ertönte seine Stimme:

»Meine Herren und Damen, ich muß Sie leider auffordern, auf Ihren Plätzen zu bleiben und zu warten, bis ein Beamter den Tatbestand aufgenommen hat. Ich hoffe, es wird nicht allzu lange währen.«

Die meisten Fluggäste sahen die Richtigkeit dieser Anweisung wohl ein; doch eine Person erhob schrillen Widerspruch.

»Blech!« rief Lady Horbury erbost. »Wissen Sie nicht, wer ich bin? Ich verlange, daß man mich auf der Stelle gehen läßt.«

»Bedaure, Mylady. Ich kann keine Ausnahme machen.«

»Aber das ist widersinnig, im höchsten Grade widersinnig.« Ärgerlich stampfte Cicely mit dem Fuß auf. »Ich werde mich bei der Gesellschaft beschweren, weil man sich erdreistet, uns hier mit einer Leiche in denselben Raum zu pferchen.«

»Angenehm ist es allerdings nicht, meine Liebe«, sagte Venetia Kerr mit ihrem üblichen Näseln. »Indes fürchte ich, daß wir uns darein schicken müssen.« Sie nahm wieder in ihrem Sessel Platz, schlug die Beine übereinander und holte ihr Zigarettenetui hervor. »Darf ich jetzt wenigstens rauchen, Steward?«

Der gescholtene Mitchell erwiderte kleinlaut: »Ich glaube nicht, daß es schaden kann.« Dann blickte er über seine Schulter nach rückwärts. Davis hatte die Passagiere des vorderen Abteils durch den Notausgang hinausgelassen und sich selbst auf die Suche nach einem Polizeibeamten begeben. Lange brauchten die ihrer Freiheit beraubten Fluggäste nicht zu warten; trotzdem aber schien es ihnen, als sei mindestens eine halbe Stunde verstrichen, ehe eine aufrechte, militärische Gestalt in Zivil und ein uniformierter Polizist über den Platz eilten und durch die Tür, die Mitchell für sie offenhielt, in das Flugzeug kletterten. »Nun, was ist los?« forschte der eine der beiden kurz. Er lauschte Mitchells und hierauf Dr. Bryants Bericht und streifte die reglose Gestalt der Toten mit einem raschen Blick.

»Wollen Sie mir bitte folgen, meine Damen und Herren«, forderte er alsdann die kleine Gesellschaft auf, die er nicht in die Zollabfertigung, sondern in ein besonderes Büro führte. »Ich werde Sie nicht länger als unbedingt nötig belästigen«, versprach er etwas freundlicher.

»Inspektor, ich habe eine dringende geschäftliche Verabredung in London«, sagte Mr. James Ryder.

»Tut mir leid, Sir.«

»Ich bin Lady Horbury und finde es empörend, daß man mich auf diese Art festhält.«

»Tut mir leid, Lady Horbury. Es handelt sich, das werden Sie doch begreifen, um keine Kleinigkeit, vielmehr allem Anschein nach um einen Mord. Sie müssen schon ein wenig Geduld haben.«

»Das Pfeilgift der südamerikanischen Indianer«, murmelte Mr. Clancy, während ein glückliches Lächeln über sein Gesicht huschte. Und der Inspektor sah ihn mißtrauisch an.

Der französische Archäologe sprach eifrig in seiner Muttersprache, und langsam und bedächtig antwortete ihm der Beamte auf französisch. Venetia Kerr aber warf näselnd hin: »All das ist gräßlich langweilig, Inspektor, aber Sie müssen natürlich Ihre Pflicht erfüllen« – eine Bemerkung, die ihr ein höfliches »Ich danke Ihnen, Madame«, eintrug.

»Ich bitte die Damen und Herren hier zu warten, während ich ein paar Worte mit Dr. Bryant wechsle. Nach rechts, Doktor.«

»Darf ich der Unterredung beiwohnen?« fragte da der Kleine mit dem Schnurrbart.

Der Inspektor machte kehrt, eine scharfe Entgegnung auf den Lippen. Dann veränderte sich seine finstere Miene plötzlich.

»Oh, Monsieur Poirot«, sagte er erfreut. »Sie sind so eingepackt, daß ich Sie nicht erkannte. Selbstverständlich kommen Sie mit uns.«

Er ließ Bryant und Poirot den Vortritt und schloß hinter sich die Tür zum Nebenzimmer, auf deren braunes Holz sich die mißtrauischen Blicke der Zurückgebliebenen hefteten.

»Warum wird dem Zwerg etwas Besonderes gestattet?« rief Cicely Horbury giftig.

Venetia Kerr zuckte gleichmütig die Achseln. »Vermutlich einer von der französischen Polizei oder ein Zollspitzel.«

»Mir scheint, ich habe Sie schon früher mal gesehen«, redete Norman Gale schüchtern Jane an. »War es in Le Pinet?«

»In Le Pinet bin ich gewesen.«

»Ein hübscher Erdenwinkel. Ich liebe die Fichten dort.«

»Ja, sie duften so schön.«

Und dann schwiegen beide, verlegen um den nächsten Satz. Endlich gestand der junge Mann: »Ich erkannte Sie im Flugzeug sofort wieder. Es gibt Menschen, die man nie wieder vergißt.«

»Wirklich ...?« Jane Grey heuchelte die größte Überraschung.

»Meinen Sie, daß jene Frau tatsächlich ermordet wurde?« wich Norman Gale ab.

»Vermutlich«, gab Jane zurück. »Es ist sehr aufregend, aber gleichzeitig unangenehm.«

Sie schauderte ein bißchen, und Norman Gale trat beschützend ein wenig näher an sie heran.

Mr. Ryder machte in einem kleinen Notizbuch Berechnungen und zog von Zeit zu Zeit seufzend die Uhr, indes Cicely Horbury ungeduldig mit dem Fuß auf den Boden klopfte und ärgerlich den hünenhaften Schutzmann betrachtete, der sich, erhaben über Ungeduld und Ärger, mit dem Rücken gegen die Verbindungstür lehnte.

Im Nebenzimmer sah Inspektor Japp lächelnd auf den kleinen Ausländer hinab. »Sie verstehen es wunderbar, stets an den unerwartetsten Stellen aufzutauchen, Monsieur Poirot.«

»Liegt der Flugplatz Croydon nicht etwas außerhalb Ihres eigentlichen Bereichs?« erkundigte sich dieser.

»Ja. Aber ich spüre einem großen internationalen Schmuggler

nach. Reiner Zufall, daß ich mich hier befand. Doch nun zur Sache, die mir übrigens die erstaunlichste zu sein scheint, die ich seit Jahren erlebte. – Vor allem, Doktor, bitte ich um Ihren vollen Namen und Ihre Adresse.«

»Roger James Bryant. Spezialist für Hals- und Ohrenkrankheiten. Meine Adresse ist Harley Street 329.«

Ein stämmiger Konstabler nahm diese Aussagen zu Protokoll.

»Natürlich wird unser eigener Arzt eine Untersuchung der Leiche vornehmen«, fuhr Japp fort. »Aber wir brauchen Sie demnächst bei der gerichtlichen Leichenschau. Können Sie mir die ungefähre Todesstunde nennen, Doktor?«

»Als ich wenige Minuten vor der Landung die Frau untersuchte, war sie schon wenigstens eine halbe Stunde tot. Eine genauere Zeit läßt sich schwer angeben; jedoch erzählte mir der Steward, er habe eine Stunde vorher noch mit ihr gesprochen.«

»Ah, das beschränkt schon die Zeitspanne! Etwas Verdächtiges haben Sie wohl unterwegs nicht beobachtet?« Der Arzt schüttelte den Kopf.

»Und ich schlief«, sagte Poirot im Ton tiefsten Bedauerns. »In der Luft stehe ich beinahe dieselben Qualen aus wie auf der See. Deshalb hülle ich mich immer warm ein und versuche zu schlafen.«

»Irgendeine Vermutung hinsichtlich der Todesursache, Doktor?«

»Es widerstrebt mir, schon jetzt mich abschließend zu äußern. Dieser Fall erfordert eine eingehende ärztliche Untersuchung und eine Analyse.«

Japp nickte verstehend.

»Gut, Doktor. Das genügt vorläufig. Ich fürchte allerdings, Sie werden . . . hm . . . Sie werden gewisse Formalitäten über sich ergehen lassen müssen, wie alle Passagiere. Ausnahmen sind unzulässig.«

»Es ist mir sogar lieb, wenn ich Sie überzeugen kann, daß ich weder Blasrohre noch andere tödliche Waffen an meinem Körper verborgen habe«, entgegnete Dr. Bryant ernst.

»Rogers hier wird das erledigen.« Inspektor Japp nickte seinem Untergebenen zu. »Noch eins, Doktor – was befindet sich Ihrer

Meinung nach an dem Ding da?« Er wies auf den mißfarbenen Dorn, der in einer kleinen Schachtel vor ihm auf dem Tisch lag.

Wiederum schüttelte der Arzt den Kopf.

»Ohne Analyse schwer zu entscheiden. Curare ist das gewöhnlich von den Eingeborenen gebrauchte, sehr rasch wirkende Gift, glaube ich.«

»Aber es ist nicht leicht erhältlich, wie?«

»Für den Laien bestimmt nicht.«

»Dann müssen wir Sie doppelt sorgfältig untersuchen«, sagte Japp, der gern einen Scherz machte.

»Rogers, los!«

Der Doktor und der Konstabler verließen gemeinsam das Zimmer.

»Wunderliche Affäre«, knurrte Japp, mit seinem Stuhl wippend, und schaute Poirot an. »Ein bißchen allzu sensationell, um wahr zu sein. Blasrohre und vergiftete Stachel in einem modernen Flugzeug – nein, es läuft auf eine Beleidigung des Verstandes hinaus.«

»Das ist eine sehr tiefsinnige Bemerkung, mon ami.«

»Etliche meiner Leute suchen das Flugzeug ab. Ein Sachverständiger für Fußspuren und ein Fotograf sind bestellt. Ich denke, wir vernehmen am besten jetzt die Stewards.«

Er schritt zur Tür und gab einen Befehl, und gleich darauf erschienen Henry Mitchell und sein jüngerer Kollege, der sein Gleichgewicht wiedergefunden hatte und sich eher in einem Zustand angenehmer Erregung als des Schreckens befand.

»Setzt euch, Jungens«, forderte der Inspektor sie jovial auf. »Habt ihr die Pässe? Gut.«

Er sah sie rasch durch. »Ah, hier haben wir's! Marie Morisot – französischer Paß. Wißt ihr irgendwas über sie?«

»Ich habe sie schon früher gesehen, da sie ziemlich häufig von und nach England flog«, erklärte Mitchell.

»So . . .? Geschäftlich wohl?«

»Keine Ahnung, Sir.«

Auch der Jüngere erinnerte sich der Frau. »Ich traf sie beim Frühflug – ab acht Uhr von Paris«, sagte er.

»Wer von Ihnen hat sie zuletzt lebend gesehen?«

»Ich«, meldete sich Mitchell. »Als ich ihr den Kaffee servierte.«

»Machte sie da einen kranken Eindruck?«

»Ich gab nicht acht, Sir, reichte ihr nur den Zucker und die Milch, die sie ablehnte.«

»Um wieviel Uhr war das?«

»Genau kann ich es nicht sagen. Wir befanden uns über dem Kanal. Es mag zwei Uhr gewesen sein.«

»Ja, so ungefähr«, bestätigte Albert Davis die Aussage seines Kollegen.

»Wann sahen Sie die Dame dann wieder?« forschte Inspektor Japp weiter.

»Als ich die Rechnungen präsentierte.«

»Um wieviel Uhr?«

»Vielleicht eine Viertelstunde später. Ich dachte, sie sei eingeschlafen ... Verdammt, damals muß sie schon tot gewesen sein.« Mitchells Stimme schwankte.

»Von dem da gewahrten Sie nichts?« fragte der Kriminalbeamte und zeigte auf den kleinen, wespenähnlichen Dorn.

»Nein, Sir.«

»Nun erzählen Sie, Davis.«

»Das letztemal, als ich sie sah, servierte ich ihr Brot und Käse. Da fehlte ihr noch nichts.«

»Wie handhaben Sie das Servieren?« mischte sich jetzt Hercule Poirot ein. »Bedient jeder von Ihnen getrennte Abteile?«

»Nein, Sir. Wir arbeiten zusammen. Die Suppe, dann Fleisch, Gemüse und Salat, dann die Nachspeise und so weiter. In der Regel servieren wir zuerst im hinteren Abteil und gehen darauf mit neuen Platten und Schüsseln in das Vorderabteil.«

Poirot nickte.

»Sprach diese Morisot mit irgendeinem der Passagiere, oder zeigte sie durch irgendeine Gebärde an, daß sie jemanden von ihnen wiedererkannte?« nahm Japp jetzt den Faden wieder auf.

»Meines Wissens nicht, Sir.«

»Was sagen Sie, Davis?«

»Mir ist nichts aufgefallen, Sir.«

»Hat sie ihren Platz während des Fluges verlassen?«

»Ich glaube nicht.«

»Und Sie können nichts, gar nichts angeben, was einen Lichtschimmer auf diesen verworrenen Fall wirft?«

Beide Männer überlegten, und beide schüttelten verneinend den Kopf. Sie konnten sich auf keine Einzelheiten mehr besinnen.

»Dann brauche ich Sie einstweilen nicht mehr. Ich sehe Sie später noch wieder.«

»Es ist eine furchtbare Sache«, meinte Henry Mitchell trübe. »Daß es gerade passierte, als ich Dienst tat!«

»Nun, es trifft Sie ja keinerlei Vorwurf«, tröstete der Inspektor. »Aber ich pflichte Ihnen bei, daß es furchtbar ist.« Er machte eine Geste der Verabschiedung.

Doch nun beugte sich Hercule Poirot vor.

»Gestatten Sie mir eine Frage, mon ami.«

»Auch zwei, Monsieur Poirot.«

»Hat einer von Ihnen eine Wespe umherfliegen sehen?«

»Nein«, erklärten die beiden Stewards wie aus einem Munde.

»Es ist aber eine Wespe umhergeflogen. Sie lag tot auf der Untertasse eines Ihrer Passagiere.«

»Ich habe sie nicht gesehen«, beteuerte Mitchell.

»Ich ebenfalls nicht«, setzte Albert Davis hinzu.

Als sich die Tür hinter ihnen geschlossen hatte, griff Inspektor Japp nach den Pässen.

»Auch eine Gräfin führte der ›Prometheus‹ über den Kanal. Ich werde sie lieber nicht länger warten lassen, sonst führt sie Klage über die ›brutalen‹ Methoden der Polizei und brockt mir eine Interpellation im Parlament ein.«

Den kleinen Mann mit dem Schnauzbart kümmerte die Gräfin offenbar nicht viel.

»Sie haben doch hoffentlich eine gründliche Durchsuchung des gesamten Handgepäcks angeordnet, wie?« fragte er.

Japp zwinkerte vergnügt.

»Was hegen Sie denn für eine Meinung von uns, Monsieur Poirot ...? Wir werden jenes Blasrohr schon finden, sofern ein Blasrohr vorhanden ist und uns nicht alle ein Traum äfft. Es gemahnt freilich sehr an eine Art Nachtmahr! Oder sollte jener kleine Federfuchser plötzlich die Haut gewechselt und sich entschlossen haben, eins seiner Verbrechen in der Wirklichkeit anstatt auf dem Papier zu vollführen? Dieser Kram mit dem vergifteten Stachel klingt ganz danach.«

»... Ja, jeder wird durchsucht«, fuhr er fort, als er Poirots zweifelnde Miene gewahrte, »ganz einerlei, ob die Herrschaften aufmucken oder nicht. Und jedes kleinste Kästchen, das sie mit sich führen, wird geprüft – so wahr ich hier vor Ihnen sitze!«

»Ich würde raten, eine peinlich genaue Liste von all ihren Habseligkeiten anzufertigen, mon cher.«

Inspektor Japp maß den andern mit neugierigen Augen.

»Wenn Sie es gern wollen, soll es geschehen«, versprach er, »obschon ich den Zweck nicht begreife. Wir wissen ja schließlich, wonach wir zu suchen haben.«

»Vielleicht wissen Sie es, mon ami, vielleicht. Ich aber bin keineswegs sicher. Ich halte nach etwas Ausschau, weiß indes nicht, was es ist.«

»Sie sind und bleiben der alte, Monsieur Poirot! Noch immer lieben Sie es, die Dinge verzwickter zu machen, als sie schon sind ... Nun zu unserer gräflichen Dame, ehe sie vollkommen entschlossen ist, mir die Augen auszukratzen.«

Lady Horbury war jedoch merklich friedlicher geworden. Sie geruhte, einen Stuhl anzunehmen, beantwortete Japps Fragen ohne das leiseste Zaudern und gab an, die Gattin des Grafen Horbury zu sein, mit dem Wohnsitz Horbury Chase, Sussex, und Grosvenor Square 315, London. Sie kehre von Le Pinet und Paris nach London zurück; die Verstorbene sei ihr gänzlich unbekannt, und Verdächtiges habe sie während des Fluges nicht bemerkt. Überdies habe sie von ihrem Platz aus nach der anderen Richtung geschaut, so daß sich ihr keine Gelegenheit bot, zu beobachten, was sich hinter ihrem Sessel zutrug. Soweit sie sich erinnere, sei mit Ausnahme der Stewards niemand von dem vorderen Abteil in das hintere getreten, hingegen hätten, wenn sie ihr Gedächtnis nicht trüge, zwei der Herren des hinteren Abteils die Toiletten aufgesucht. Doch auch dies könne sie nicht mit Bestimmtheit sagen. Nein, mit einem Blasrohr habe sie niemanden hantieren sehen, und auch eine Wespe – dies galt Poirot – habe sie nicht bemerkt.

So wurde Lady Horbury entlassen und Venetia Kerr hereingerufen. Venetia Kerr, wohnhaft Little Paddocks, Horbury, Sussex, und vom Süden Frankreichs heimkehrend, wie sie angab. Sonst deckten sich ihre Aussagen mit denen ihrer Freundin, nur hatte sie gesehen, wie einer der Passagiere nach einer Wespe schlug.

»Jene Wespe scheint Sie sehr zu interessieren, Monsieur Poirot«, meinte der Inspektor, nachdem er auch Venetia Kerr entlassen hatte.

»Die Wespe ist weniger interessant als vielsagend. Finden Sie nicht?«

Japp lenkte das Gespräch in andere Bahnen.

»Wenn Sie mich fragen«, knurrte er, »so sage ich Ihnen, daß die beiden Franzosen mir nicht geheuer vorkommen. Sie waren von der Morisot nur durch den Gang getrennt und sind schäbig aussehende Gesellen. Und ihr alter, verbeulter Koffer ist mit ausländischen Etiketten förmlich gepflastert. Sollte mich gar nicht wundernehmen, wenn sie in Borneo oder Südamerika gewesen wären! Einen Beweggrund für den Mord verraten allerdings weder ihre Koffer noch die bunten Schilder; aber wir werden deswegen die Pariser Sureté hinzuziehen. Glauben Sie mir, Monsieur Poirot, jene beiden Rauhbeine sind ein guter Fang.«

Hercule Poirot schmunzelte.

»Daß sie in Borneo oder Südamerika gewesen sein können, will ich nicht abstreiten. Sonst aber muß ich Sie auf einen Irrtum aufmerksam machen. Jene beiden Männer sind keine Rauhbeine, keine Mörder. Es sind im Gegenteil zwei sehr bedeutende Archäologen.«

»Sie wollen mir wohl einen Bären aufbinden?«

»Durchaus nicht. Ich kenne sie vom Ansehen sehr gut. Armand Dupont und sein Sohn Jean haben vor gar nicht langer Zeit erst sehr interessante Ausgrabungen in Persien, nicht weit vom alten Susa entfernt, geleitet.«

»Donnerwetter!« Inspektor Japp suchte die betreffenden Pässe heraus. »Wahrhaftig, es stimmt! Danach sehen sie aber wirklich nicht aus.«

»Weltberühmten Männern sieht man ihre Leistungen selten an.

Ich selbst zum Beispiel, ich, Hercule Poirot, bin sogar einmal für einen Friseur gehalten worden.«

»Nicht möglich!« rief Japp, indes sich sein Mund zu einem breiten Grinsen verzog. »Herein also mit unseren hervorragenden Archäologen!«

Dupont erklärte, die Verstorbene nicht gekannt zu haben. Wegen einer eifrigen wissenschaftlichen Erörterung habe er auf seine Umgebung nicht geachtet und seinen Platz nicht verlassen. Dann habe gegen Ende des Mittagessens eine Wespe sie umschwirrt, die von seinem Sohn getötet worden sei.

Jean Dupont bestätigte dies. Die Wespe habe ihn belästigt, und deshalb habe er sie erschlagen. Der Gegenstand ihrer Diskussion? Die prähistorische Keramik des Nahen Ostens.

Mr. Clancy, der als nächster verhört wurde, kam nicht so glimpflich davon, denn nach Ansicht des Inspektors wußte er zuviel über Blasrohre und vergiftete Dornen Bescheid.

»Haben Sie jemals selbst ein Blasrohr besessen?«

»Ja ... ja, das kann ich nicht leugnen.«

»So!«

»Sie dürfen mich nicht mißverstehen, Inspektor«, sagte der kleine Clancy, beinahe quiekend vor Erregung. »Der Anlaß ist durchaus unverfänglich. Ich kann erklären ...«

»Seien Sie versichert, daß Sie es erklären werden«, fauchte Japp ihn an.

»Ich schrieb ein Buch, in dem der Mord auf diese Weise begangen wurde.«

»So, so!«

Wieder diese drohende Betonung. Mr. Clancy fuhr eiligst fort:

»Es drehte sich alles um Fingerabdrücke – Sie verstehen wohl, Inspektor? Ich bedurfte eines Beispiels, das die Stelle erläuterte ... ich meine ... ich meine die Fingerabdrücke ... die Stelle der Fingerabdrücke auf dem Blasrohr, meine ich«, stotterte der Kleine. »Und da ich solch ein Ding zufällig sah – in einem Laden am Charing Cross Road –, kaufte ich es. Es ist schon zwei Jahre her, und einer meiner Freunde blies für mich ... nur wegen der Fingerabdrücke, um die rechte Stelle zu finden. Nicht wahr, Sie begreifen, Inspektor? Ich kann Ihnen auch den Titel des fraglichen

Buches nennen:›Die scharlachrote Blüte‹, und den Namen meines Freundes ebenfalls.«

»Haben Sie das Blasrohr behalten?«

»Nun ... ich denke, ja.«

»Und wo befindet es sich jetzt?«

»Wo? Es wird irgendwo stecken.«

»Was heißt irgendwo, Mr. Clancy?« schnarrte der Kriminalbeamte.

»Ich ... ich weiß es wirklich nicht genau, Inspektor. Ich bin kein sehr ordentlicher Mensch.«

»Sie haben es doch nicht etwa bei sich?«

»Bestimmt nicht. Mindestens sechs Monate habe ich es nicht gesehen.«

Inspektor Japp umfing sein Opfer mit einem Blick eisigen Argwohns und setzte dann das Verhör fort.

»Sind Sie während des Fluges einmal aufgestanden?«

»Nein ... oder ... ja, ja, ich stand auf.«

»Und wohin gingen Sie?«

»Ich holte das Kursbuch mit den kontinentalen Zugverbindungen aus meinem Regenmantel, der zusammen mit Handtaschen und Decken hinten unweit des Eingangs lag.«

»So kamen Sie dicht an der Verstorbenen vorüber?«

»Ich ... glaube, Inspektor. Aber das war viel früher, ehe ihr etwas zugestoßen sein kann. Ich hatte gerade meine Brühe getrunken.«

Weitere Fragen wurden verneinend beantwortet. Mr. Clancy hatte, völlig mit der Ausarbeitung eines lückenlosen, quer durch Europa führenden Alibis beschäftigt, nichts Verdächtiges bemerkt.

»Alibi, he?« wiederholte der Inspektor finster, und Hercule Poirot fuhr mit seiner ewigen Frage nach der Wespe dazwischen.

Ja, eine Wespe hatte Mr. Clancy wahrgenommen, weil er selbst von ihr belästigt wurde. Und er fürchtete sich vor Wespen. Wann? Nun, kurz nachdem der Kaffee serviert worden war.

Dann gestattete Japp Mr. Clancy, sich zu entfernen, und mit sichtlicher Erleichterung kam er dieser Erlaubnis nach.

»Fauler Zauber!« urteilte der Inspektor. »Erstens besaß er ein Blasrohr, und zweitens schlotterte er ja vor Angst!«

»Daran ist Ihre behördliche Strenge schuld, mein guter Japp.«

»Strenge ...? Niemand braucht sich vor uns zu ängstigen, wenn er die Wahrheit spricht«, sagte der Scotland-Yard-Beamte von oben herab, worauf Poirot mit schiefgeneigtem Kopf ihn ein Weilchen mitleidig betrachtete.

»Mir scheint fast, Sie glauben, was Sie da eben sagten!«

»Natürlich glaube ich es. Und es entspricht auch den Tatsachen. Jetzt also ist Norman Gale an der Reihe.«

Gale, von Beruf Zahnarzt, wohnte gemäß seiner Aussage Shepherd's Avenue 14, Muswell Hill. Er kehrte von einem in Le Pinet verbrachten Urlaub zurück und hatte anschließend einen Tag in Paris verlebt, um sich über verschiedene neue zahnärztliche Instrumente zu orientieren.

Die Verstorbene war ihm unbekannt, und Verdächtiges war ihm während der Reise nicht aufgefallen, zumal er mit dem Gesicht nach der entgegengesetzten Richtung saß. Einmal hatte er sich unterwegs nach der Toilette begeben, doch hatte er dann sofort wieder seinen Platz aufgesucht, sich also dem hinteren Teil des Flugzeuges nicht genähert. Eine Wespe ...? Er verneinte diese Frage Poirots.

Ihn löste James Ryder ab, etwas nervös und schroff in seinen Manieren. Von einer Geschäftsreise heimkehrend, hatte er zwar den Platz unmittelbar vor der toten Frau innegehabt, aber sie nicht sehen können. Dazu wäre es nötig gewesen, aufzustehen und über die Lehne des Sessels zu schauen. Gehört hatte er nichts, keinen Schrei und keinen Ausruf. Außer den Stewards war niemand nach hinten gekommen. Die beiden Franzosen, die schräg vor ihm saßen, hatten sich ununterbrochen eifrig unterhalten, und gegen Ende der Mahlzeit hatte der jüngere eine Wespe getötet. Ein Blasrohr kannte Mr. Ryder nicht; infolgedessen sah er sich außerstande zu sagen, ob er eins während des Fluges gesehen habe oder nicht ...

In diesem Augenblick pochte es an der Tür, und ein Polizist trat über die Schwelle, unverhohlenen Triumph in seinem Gebaren.

»Der Sergeant hat soeben dies entdeckt, Sir«, verkündete er. »Ich dachte, es würde Ihnen lieb sein, sofort davon zu erfahren.«

Er legte den Fund auf die Tischplatte und befreite ihn sorgfältig von dem umhüllenden Taschentuch. »Soweit ersichtlich, sind keine Fingerabdrücke vorhanden. Dennoch empfahl mir der Sergeant Vorsicht an.«

Inspektor Japp schnaufte laut, denn was vor ihm lag, war zweifellos das Blasrohr eines Wilden.

»Dann ist es also wahr? Bei Gott, ich glaubte nicht recht daran.«

Interessiert beugte sich Mr. Ryder nach vorn.

»Gelesen hatte ich von solchen Dingern, aber nie eins zu Gesicht bekommen. Nun, jetzt vermag ich Ihre Frage zu beantworten: nein, ich sah keinen meiner Mitreisenden mit einem Blasrohr hantieren.«

»Wo wurde es gefunden?« wandte sich Japp an seinen Untergebenen, der sofort eine dienstliche Haltung eingenommen hatte.

»An unsichtbarer Stelle hinter einen der Sitze geklemmt.«

»Hinter welchen Sitz?«

»Nr. 9.«

»Oh, la-la!« rief Poirot in seiner Muttersprache. »C'est drôle!«

Inspektor Japp drehte sich ihm zu.

»Was soll daran drollig sein?«

»Nr. 9! Das war mein Sitzplatz.«

»Der Ihrige? Na, das bringt Sie aber in ein recht merkwürdiges Licht«, erklärte James Ryder unverfroren.

Der Inspektor runzelte die Stirn. »Danke, Mr. Ryder. Ihre Aussagen genügen mir.«

Als die Tür hinter dem Zeugen ins Schloß schnappte, glätteten sich die Falten des Unmuts auf Japps Stirn, und belustigt schlug er sich auf die Schenkel.

»Ist es Ihr Werk, alter Knabe?«

»Mon ami«, erwiderte Poirot mit Würde, »wenn ich einen Mord begehe, wird es nicht mit dem Pfeilgift der südamerikanischen Indianer geschehen.«

»Ja, es ist ein bißchen kunstlos«, gab der andere zu.

»Trotzdem hat der Täter ein erstaunliches Wagnis auf sich genommen. Es muß ein vollkommen Wahnwitziger gewesen sein ... Wen haben wir jetzt noch zu verhören? Ah, nur das junge Mädchen Jane Grey – hm, klingt wie ein Geschichtenbuch.«

»Sie ist ein hübsches Mädchen«, versetzte Hercule Poirot.

»Schau, schau, Sie Schwerenöter! Die ganze Zeit haben Sie also nicht geschlafen?«

»Sie war hübsch – und nervös.«

»Nervös? Oho!«

»Mein lieber Freund, wenn ein Mädchen nervös ist, steckt gewöhnlich ein junger Mann dahinter, nicht ein Verbrechen.«

»Vielleicht haben Sie recht. «

Jane Grey beantwortete die ihr gestellten Fragen unbefangen genug. Sie sei im Frisiersalon Antoine in der Bruton Street beschäftigt und wohne Harrogate Street 10, NW 5. Augenblicklich kehre sie von Le Pinet zurück.

Weitere Fragen offenbarten Japp die Geschichte mit dem Sweepsteak-Los.

»Sie sollten verboten werden, diese irischen Sweeps«, grollte er.

»Ich finde sie wundervoll«, erklärte Jane. »Haben Sie jemals eine halbe Krone auf ein Pferd gesetzt?«

Inspektor Japp wurde rot und schaute etwas verwirrt auf die Tischplatte hinab. Nach einer Pause nahm er das Verhör wieder auf, in dessen Verlauf Jane Grey gestand, daß sie die Tote zwar nicht kenne, aber daß sie ihr in Le Bourget aufgefallen sei.

»Und weshalb fiel sie Ihnen auf?«

»Weil sie so entsetzlich häßlich war«, entgegnete Jane wahrheitsgemäß. Weitere wertvolle Bekundungen konnte sie nicht machen, so daß Japp sie kurz nachher entließ.

Nun versank er wieder in Grübeleien über das Blasrohr.

»Das übertrumpft noch den schlimmsten Kriminalroman! Nach wem müssen wir jetzt fahnden? Nach einem Mann, der in jenem Teil der Welt, woher dies Ding da stammt, Reisen unternahm. Und woher stammt es? Nur ein Fachmann kann es entscheiden. Es mag malaiisch, südamerikanisch oder afrikanisch sein.«

»Ursprünglich ja«, antwortete Poirot. »Doch wenn Sie es genau betrachten, werden Sie ein mikroskopisch kleines Stückchen Papier entdecken, das ich für das Überbleibsel eines Preisetiketts halte. Ich möchte behaupten, daß dieses Blasrohr von den Wilden in irgendeinen Kuriositätenladen gelangte. Das würde unsere Suche erleichtern. Noch eine Frage.«

»Bitte.«

»Jene Liste über die Sachen der Passagiere werden Sie doch bestimmt anfertigen lassen?«

»Meinetwegen! Wichtig dünkt es mich jetzt nicht mehr. Legen Sie denn so viel Wert darauf?«

»Mais oui. Ich bin ganz konfus, Japp. Wenn ich etwas fände, das mir weiterhülfe ...«

Der Inspektor hörte nicht auf Poirots Worte. Er untersuchte das abgerissene Preisschild.

»Clancy beichtete, daß er ein Blasrohr gekauft habe. Oh, diese verfluchten Schreiber von Kriminalromanen! Immer stellen sie die Polizei als Narren hin, die alles verkehrt anpacken. Nun, wenn ich zu meinen Vorgesetzten das sagte, was diese Inspektoren der Kriminalromane zu den ihrigen sagen, so würde ich morgen aus Scotland Yard hinausfliegen. Eine ganz unwissende Bande, diese Tintenkleckser! Aber diesen blöden Mord könnte sehr wohl einer von ihnen vollführt haben, der sich nun obendrein noch einbildet, er würde uns entwischen ...«

## 4

Die Voruntersuchung wegen des jähen Ablebens Marie Morisots fand vier Tage später statt, und der Verhandlungssaal war infolge der ungewöhnlichen Begleitumstände, die die Öffentlichkeit aufhorchen ließen, überfüllt. Als erster Zeuge wurde ein großer, betagter Franzose vernommen: Maître Alexandre Thibault, der das Englische zwar etwas schwerfällig, aber grammatikalisch ganz korrekt sprach.

Nach den einleitenden Fragen forschte der Vorsitzende: »Sie haben den Leichnam der Verstorbenen in Augenschein genommen. Erkennen Sie dieselbe?«

»Gewiß. Es ist meine Klientin Marie Angélique Morisot.«

»Dieser Name ist im Paß verzeichnet. War sie noch unter einem anderen Namen bekannt?«

»Ja. Als Madame Giselle.«

Ein Raunen der Erregung lief durch die Reihen des Publikums, und neuigkeitslüsterne Reporter zückten ihre Federn.

»Wollen Sie uns bitte genau darlegen, wer diese Madame Morisot oder Madame Giselle war?« fragte der Vorsitzende.

»Madame Giselle – ich gebrauche den Namen, unter dem sie ihre Geschäfte tätigte – ist eine der bekanntesten Geldverleiherinnen von Paris gewesen.«

»Wo übte sie ihre Geschäftstätigkeit aus?«

»Rue Joliette, Nr. 3. Ihre Wohnung befand sich im gleichen Hause.«

»Die Verstorbene soll häufig Reisen nach England unternommen haben. Griffen ihre Geschäfte bis über den Kanal hinüber?«

»Jawohl. Viele ihrer Klienten waren Engländer. Sie gehörten meist den hohen Gesellschaftskreisen oder der hohen Beamtenklasse an, und es handelt sich um Fälle, die äußerste Diskretion erforderten.«

»Madame Giselle stand also in dem Ruf, strengste Verschwiegenheit zu wahren?«

»Ja.«

»Darf ich Sie fragen, ob Sie in ihre verschiedenen geschäftlichen Transaktionen eingeweiht sind?«

»Nein. Ich erledigte nur ihre juristischen Angelegenheiten. Die Geschäfte führte Madame Giselle, eine ungemein kluge Frau und eine im öffentlichen Leben sehr bekannte Erscheinung, ganz allein.«

»War sie nach Ihrer Ansicht zur Zeit ihres Todes reich?«

»Sehr reich.«

»Hatte sie Feinde?«

»Mir sind keine bekannt.«

Maître Thibault machte nunmehr Henry Mitchell Platz.

»Ihr Name ist Henry Charles Mitchell, und Sie wohnen Shoeblack Lane 11, in Wandsworth, ja?« fragte ihn der Vorsitzende.

»Ja, Sir.«

»Sie sind Obersteward auf dem Flugzeug ›Prometheus‹, das den Universal Airlines gehört und das die Verstorbene am letzten Dienstag benutzte. Waren Sie der Dame bereits früher einmal begegnet?«

»Ja, Sir. Vor sechs Monaten tat ich auf dem Flugzeug Dienst, das morgens um 8 Uhr 45 von Paris abgeht. Sie ist ein- oder zweimal mit ihm gereist.«

»Haben Sie jemals den Namen Madame Giselle nennen hören?«

»Nein, Sir.«

»Bitte beschreiben Sie die Vorfälle am Dienstag.«

»Ich hatte das Mittagessen serviert, Sir, und kam mit den Rechnungen. Da ich irrtümlicherweise glaubte, die Dame sei eingeschlafen, störte ich sie nicht, sondern geduldete mich bis fünf Minuten vor der Landung. Dann erst entdeckte ich, daß sie tot oder schwer erkrankt war, und sah mich daher nach einem Arzt um. Dieser sagte . . .«

»Halt! Darüber werden wir Dr. Bryants Zeugnis vernehmen. Schauen Sie sich jetzt dies an.« Der Vorsitzende reichte Mitchell das Blasrohr, das dieser nur zimperlich anfaßte. »Haben Sie es schon vorher gesehen?«

»Nein, Sir.«

»Sie sahen es bestimmt nicht in der Hand irgendeines Passagiers?«

»Bestimmt nicht, Sir.«

»Albert Davis!« rief der Vorsitzende.

Der jüngere Steward trat vor.

»Albert Davis, wohnhaft Barcome Street 23, Croydon, bei den Universal Airlines angestellt, nicht wahr?«

»Jawohl.«

»Wann erfuhren Sie zuerst von der Tragödie, die sich am Dienstag auf dem ›Prometheus‹ zutrug?«

»Mitchell sagte mir, er fürchte, daß einer der Damen etwas zugestoßen wäre.«

Jetzt wanderte das Blasrohr zu Davis hinüber, der ebenfalls versicherte, es nie zuvor erblickt zu haben.

»Gut. Dann können Sie abtreten . . . Dr. Roger Bryant, bitte.«

Nachdem der Arzt wie die früheren Zeugen Namen und Adresse genannt hatte, erhielt er die Aufforderung, er möge berichten, was sich an dem betreffenden Dienstag zugetragen hätte.

»Kurz vor Croydon kam zu mir der Obersteward mit der Frage, ob ich Arzt sei«, begann Dr. Bryant. »Als ich es bejahte, teilte er mir mit, daß es einem der Passagiere nicht gutgehe, worauf ich ihm folgte. Die betreffende Dame lag zusammengesunken in ihrem Sessel und mußte, wie ich feststellte, schon geraume Zeit tot gewesen sein.«

»Wie lange schon, Dr. Bryant?«

»Immerhin schon eine halbe Stunde. Zwischen einer halben und einer Stunde, schätze ich.«

»Sie bemerkten eine winzige Punktur an der Seite des Halses, nicht wahr?«

»Ja.«

»Ich danke Ihnen ... Dr. James Whistler.«

Dr. Whistler, der Bezirkspolizeiarzt, war ein hageres Männchen, das sich folgendermaßen äußerte:

»Dienstag, den 18. September, wurde ich kurz nach drei Uhr zum Flugplatz Croydon gerufen, wo man mir auf dem ›Prometheus‹ den Leichnam einer Frau mittleren Alters zeigte. Der Tod hatte sie, so möchte ich behaupten, ungefähr eine Stunde zuvor ereilt. Ich gewahrte an der Seite des Halses ein rundes Pünktchen, direkt auf der Halsader, das sowohl ein Wespenstich als auch der mir vorgelegte Dorn verursacht haben konnte. Späterhin nahm ich im Leichenhaus eine eingehende Untersuchung vor und gelangte zu der Ansicht, daß der Tod durch Einführung eines starken Giftes in den Blutstrom bewirkt wurde. Das Gift rief eine sofortige Lähmung des Herzens hervor, das heißt also, daß der Tod auf der Stelle eintrat.«

»Sind Sie imstande, uns das Gift zu nennen?«

»Es war ein in meiner Praxis noch nicht vorgekommenes Gift.«

Die Reporter, aufmerksam lauschend, kritzelten: »Gift, das dem Polizeiarzt trotz seiner langjährigen Praxis unbekannt ist.«

»Danke«, sagte der Vorsitzende. »Bitte, Mr. Henry Winterspoon.«

Es meldete sich ein hochgewachsener, verträumt dreinschauender Mann, den man wohl für gutmütig, doch schwerlich für intelligent gehalten hätte, und das Publikum staunte nicht wenig, als es erfuhr, daß Mr. Winterspoon der erste Analytiker der Regierung und eine weltberühmte Autorität auf dem Gebiete seltener Gifte sei.

Der Vorsitzende hob den verhängnisvollen Dorn auf und fragte, ob der Zeuge ihn kenne.

»Gewiß. Er wurde mir zur Analyse eingesandt.«

»Und das Ergebnis der Analyse?«

»Nach meiner Ansicht ist der Dorn ursprünglich mit einer Lösung von Curare, dem Pfeilgift gewisser wilder Stämme, getränkt worden.«

Hurtig eilten die Federn der Pressevertreter über das Papier, während der Vorsitzende die neue Frage stellte:

»Wenn ich Sie recht verstehe, hat also das Pfeilgift Curare den Tod verursacht?«

»Keineswegs«, widersprach Mr. Winterspoon. »Von dem ursprünglichen Präparat fand ich sozusagen nur noch einen Hauch. Wie meine Analyse ergab, wurde der Dorn kürzlich in das Gift von Dispholidus Typus, einer sehr gefährlichen Baumschlange, getaucht. Sie ist in Afrika heimisch und hat das allerstärkste Gift. Seine Wirkung auf Menschen ist nicht bekannt; doch bekommen Sie eine Vorstellung von der Stärke ihres Giftes, wenn ich Ihnen sage, daß man es einer Hyäne einspritzte und daß die Hyäne starb, noch ehe die Nadel herausgezogen werden konnte. Das Gift verursacht eine unmittelbare Blutung unter der Haut und paralysiert das Herz.«

»Haben Sie je gehört, daß es in einem Fall vorsätzlicher Vergiftung angewandt wurde?«

»Niemals.«

»Ich danke Ihnen, Mr. Winterspoon.«

Sergeant Wilson berichtete über die Entdeckung des von Fingerspuren freien Blasrohrs. Man hatte mit ihm und dem Dorn dann Experimente angestellt, wobei der letztere bis zu zehn Meter weit geflogen war.

»Mr. Hercule Poirot.«

Der kleine Ausländer zeigte sich sehr zurückhaltend, gab an, daß er nichts Absonderliches bemerkt, allerdings den Dorn entdeckt habe, und zwar an einer Stelle, wohin er sehr wohl von dem Nacken der Toten heruntergefallen sein könne.

»Gräfin Horbury«, rief der Vorsitzende.

Und die Reporter kritzelten: »Gattin eines englischen Aristokraten als Zeugin in dem Flugzeug-Mordfall.« Jene, die für Frauenzeitungen schrieben, fügten noch hinzu: »Gräfin Horbury, die vor ihrer Heirat Cicely Bland hieß, trug ein elegantes schwarzes Kleid, einen kleinen Hut und einen Fuchspelz.«

Dem Publikum gefiel die schicke, anmutige junge Frau, wenngleich ihr Zeugnis äußerst dürftig war: Sie hatte nichts wahrgenommen und die Verstorbene nie vorher gesehen.

Venetia Kerr, die nach ihr aufgerufen wurde, fand weniger Beifall. Trotzdem schrieben einige unermüdliche Neuigkeitslieferanten: »Lord Cottesmores Tochter, in einfachem, gutgeschnittenem Mantel, gleichfarbigem Rock und moderner, sportlicher Bluse, bei der Voruntersuchung.«

James Ryder, leitender Direktor der Ellis Vale Cement Co., zog sich bald nach seinen ersten Antworten eine Rüge des Vorsitzenden zu. Er war reichlich cholerisch und nahm leicht übel ...

»Sie saßen auf dem Sessel Nr. 4, unmittelbar vor der Verstorbenen, wie?« forschte dieser, und heftig fuhr Mr. Ryder auf:

»Na, und wenn es der Fall gewesen wäre?«

»Sprechen Sie gefälligst in einem andern Ton mit mir, mein Herr! Sie saßen also im Sessel Nr. 4, von wo Sie so gut wie jeden im Abteil sehen konnten.«

»Falsch! Auf meiner Seite konnte ich überhaupt keinen sehen«, erklärte der Zeuge. »Die Sitze haben viel zu hohe Rückenlehnen.«

»Aber wenn einer der Passagiere in den Mittelgang getreten wäre – also eine Stellung eingenommen hätte, die ihn befähigte, mit dem Blasrohr auf die Verstorbene zu zielen –, das würden Sie doch gesehen haben?«

»Gewiß.«

»Stand jemand der vor Ihnen Sitzenden von seinem Platz auf?«

»Ja, der Herr, der zwei Reihen vor mir saß, ging zur Toilette.«

»Also entfernte er sich von Ihnen und der Toten?«

»Ja.«

»Und hinterher ging er direkt wieder auf seinen Platz zurück?«

»Ja.«

»Trug er etwas in der Hand?«

»Nein.«

»Sind Sie sicher?«

»Ganz sicher.«

»Stand sonst noch jemand auf?«

»Ja, der Mann vor mir. Er begab sich bis zum Ende des Flugzeuges.«

»Ich protestiere«, quiekte Mr. Clancy, von seiner Bank aufspringend. »Das geschah früher, viel früher – so gegen ein Uhr.«

»Setzen Sie sich bitte«, beschwichtigte ihn der Vorsitzende. »Sie kommen gleich an die Reihe. Weiter, Mr. Ryder. Sahen Sie, ob der Herr etwas in der Hand hatte?«

»Ich glaube, einen Füllfederhalter. Und als er zurückkehrte, ein gelbliches Buch.«

»Haben Sie selbst auch Ihren Platz verlassen?«

»Jawohl, ich nahm mir die Freiheit, zur Toilette zu gehen. Aber ohne Blasrohr!«

»Mr. Ryder, Sie schlagen wieder diesen sehr unziemlichen Ton an!« rief der Vorsitzende empört. »Im übrigen genügt Ihre Aussage.«

Hierauf legte Norman Gale, der Zahnarzt, Zeugnis ab – ein Zeugnis von durchaus nichtssagender Art. Und endlich wurde der entrüstete Mr. Clancy gehört, dessen die Reporter mit den Worten gedachten: »Sehr bekannter Autor gesteht Kauf tödlicher Waffe. Sensation im Gerichtshof.«

Allein, die Sensation war vielleicht ein bißchen verfrüht.

»Ja, Sir«, sagte Mr. Clancy schrill, »ich kaufte ein Blasrohr. Und noch mehr: ich habe es heute mitgebracht. Daher erhebe ich auch schärfsten Protest gegen die Mutmaßung, daß das Blasrohr, mit dem man das Verbrechen beging, das meinige war. Hier ist mein Blasrohr.« Mit kühnem Schwung legte er es vor den Vorsitzenden hin.

»Zweites Blasrohr im Gerichtssaal«, schrieben die Presseleute.

Doch der Vorsitzende gab Mr. Clancy noch nicht frei. Er machte ihn darauf aufmerksam, daß er geladen worden sei, um der Gerechtigkeit zum Siege zu verhelfen, und nicht, um eine völlig der eigenen Phantasie entsprungene Beschuldigung zurückzuweisen. Dann folgte ein Verhör über die Ereignisse auf dem »Prometheus«, das keine nennenswerten Erfolge zeitigte. Er selbst – dies setzte Mr. Clancy sehr weitschweifig auseinander – war restlos von den Tücken und Eigentümlichkeiten des ausländischen Zugverkehrs und den Schwierigkeiten des Vierundzwanzig-Stunden-Systems in Anspruch genommen gewesen, so daß er auf seine Umgebung nicht achtete. Sämtliche Insassen des Flugzeuges hätten, so erläuterte er, mit Schlangengift gefüllte Dorne aus Blasrohren in die Luft schießen können, er, Mr. Clancy, würde es nicht bemerkt haben.

Miss Jane Grey, die Friseuse, setzte die Reporterfedern nicht in Bewegung.

Dann folgten die beiden Franzosen.

Armand Dupont erklärte, daß er sich infolge einer Einladung der Königlich Asiatischen Gesellschaft nach London begeben habe, um dort einen Vortrag zu halten. Er und sein Sohn seien auf die Verstorbene erst aufmerksam geworden, als die Entdeckung von ihrem Ableben die Gemüter erregt habe.

»Kannten Sie diese Madame Morisot oder Madame Giselle von Ansehen?«

»Nein, Monsieur.«

»Sie soll aber in Paris eine bekannte Erscheinung gewesen sein.«

Der alte Dupont zuckte die Schultern.

»Vielleicht. Ich habe mich in letzter Zeit wenig in Paris aufgehalten.«

»Wie ich höre, sind Sie kürzlich aus dem Orient zurückgekehrt?«

»Jawohl, aus Persien.«

»Sie und Ihr Sohn sind wohl ziemlich weitgereist, haben wohl auch die Länder wilder Völker besucht?«

»Ja.«

»Haben Sie je eine Menschenrasse angetroffen, die Schlangengift für ihre Pfeile benutzt?«

»Nie.«

Die Aussage des Sohnes war eine Wiederholung der väterlichen Bekundungen. Nur erwähnte er dann noch die Wespe, die ihn belästigte und die er deshalb getötet habe.

Weitere Zeugen gab es nicht, und so räusperte sich der Vorsitzende und wandte sich an die Geschworenen.

»Dies ist, meine Herren, bestimmt der seltsamste und unglaublichste Fall, mit dem sich je eine Voruntersuchung zu befassen hatte. Eine Frau wurde hoch oben in der Luft, in einem kleinen, festverschlossenen Raum, ermordet, denn Selbstmord oder Unfall scheiden aus. Notwendigerweise befindet sich der Mörder oder die Mörderin unter den Zeugen, die wir im Laufe des heutigen Vormittags gehört haben, mit anderen Worten, einer von ihnen hat in der frechsten, abscheulichsten Art gelogen.

Das Verbrechen wurde mit einer unvergleichlichen Verwegenheit begangen. In Anwesenheit von zehn oder – wenn wir die Stewards mitrechnen – von zwölf Zeugen setzte der Mörder ein Blasrohr an die Lippen und schickte den todbringenden Dorn durch die Luft. Und nichtsdestoweniger hat niemand die Tat beobachtet.

Angesichts des gänzlichen Fehlens von Belastungsmaterial, das irgendeine bestimmte Person beschuldigen würde, kann ich die Geschworenen nur ersuchen, eine Mordanklage gegen Unbekannt auszusprechen. Jeder Anwesende hat die Bekanntschaft mit der Verstorbenen geleugnet. Nun, jetzt liegt es der Polizei ob, herauszufinden, wie und wo eine Verbindung zu ihr bestand. Ich bitte Sie, meine Herren, nunmehr über das Verdikt zu beratschlagen.«

Einer der Geschworenen, ein vierschrötiger Mann mit kleinen, mißtrauisch funkelnden Augen, wandte sich an den Vorsitzenden.

»Darf ich eine Frage stellen, Sir?«

»Gewiß.«

»Wer hatte den Platz inne, auf dem das Blasrohr entdeckt wurde?«

Der Vorsitzende wollte die Akten zu Rate ziehen, als Sergeant Wilson an ihn herantrat:

»Sir, auf dem betreffenden Platz saß Monsieur Hercule Poirot, ein sehr bekannter und geachteter Privatdetektiv, der verschiedentlich mit Scotland Yard zusammengearbeitet hat.«

Hierauf suchten die Blicke des Vierschrötigen Poirots Gesicht und blieben mit einem Ausdruck, der alles andere als Befriedigung verriet, an dem langen Schnurrbart des Belgiers haften. »Ausländern«, sagten die mißtrauischen Äuglein, »darf man nicht trauen, selbst wenn sie mit der Polizei ein Herz und eine Seele sind!«

Und der Mund sprach laut:

»War es nicht jener Monsieur Poirot, der den Stachel vom Fußboden auflas?«

»Ja.«

Die Geschworenen zogen sich zurück, um schon nach fünf Minuten wiederzukehren, und ihr Obmann händigte dem Vorsitzenden ein Blatt Papier aus.

»Wie ...?« Befremdet blickte dieser auf das Dokument, und eine tiefe Furche bildete sich zwischen seinen Brauen. »Unsinn! Diesen Spruch kann ich nicht als gültig annehmen.«

Etliche Minuten später hielt er ein neues in Händen.

»Wir sind zu der Ansicht gelangt«, hieß es darin, »daß die Verstorbene ihren Tod durch Gift fand und daß die Beweise nicht ausreichen, um zu erhellen, wer ihr das Gift verabfolgte.«

## 5

Als Jane Grey die Stufen des Gerichtsgebäudes hinabschritt, gesellte sich Norman Gale zu ihr.

»Für mein Leben gern möchte ich wissen, was auf dem Papier stand, dessen Annahme der Vorsitzende verweigerte«, gestand er.

»Das kann ich Ihnen, glaube ich, sagen«, erklang hinter ihnen eine Stimme.

Das junge Paar schnellte herum und blickte in die listigen Augen Hercule Poitrots.

»Es war ein Spruch, der mich des vorsätzlichen Mordes zieh«, erklärte der Detektiv. Absichtlich drückte er sich gekünstelt aus.

»Oh ... nein, nein!« wehrte Jane.

Doch Poirot nickte vergnügt.

»Mais oui, Mademoiselle. Gerade eben hörte ich einen Mann aus dem Publikum zu seinem Freund sagen: ›Verlaß dich darauf – jener kleine Ausländer hat sie auf dem Gewissen!‹ Und die Geschworenen dachten dasselbe.«

Jane Grey schwankte, ob sie ihr Beileid bezeigen oder lachen sollte. Sie entschied sich für das letztere, und Poirot stimmte herzlich in ihr Lachen ein. »Doch jetzt muß ich mich an die Arbeit begeben und mich von dem Verdacht reinigen«, erklärte er und trippelte nach einer liebenswürdigen Verbeugung davon.

»Ein verdrehter Kauz!« meinte der Zahnarzt, während er und das junge Mädchen dem sich eilig Entfernenden nachsahen. »Nennt sich Detektiv. Möchte wohl wissen, wie der etwas auskundschaften will. Jeder Verbrecher erkennt ihn auf meilenweite Entfernung, und wenn er sich auch zu verkleiden trachtet.«

»Sind Ihre Ansichten über Detektive nicht etwas veraltet?« entgegnete Jane gedehnt. »Falsche Bärte und ähnliches benutzt man in unserer Zeit wohl kaum noch, heutzutage setzen sich die Detektive hübsch hin, um einen Fall psychologisch zu erfassen.«

»Bestimmt weniger anstrengend!«

»Körperlich wohl. Aber man braucht dazu ein kühles, klares Hirn.«

»Ja, ein hitziges, verworrenes würde nichts taugen.«

Sie lachten beide.

»Hören Sie«, begann Gale, und eine leichte Röte färbte seine Wangen. Dann fing er den Satz von neuem an. »Wir könnten doch ... ich meine, es wäre doch sehr nett, wenn Sie mir das Vergnügen machten, eine Tasse Tee mit mir zu trinken? Unglücksgefährten und ...«

Er hielt inne und zürnte mit sich selbst: »Was heißt das, du Narr? Kannst du nicht ohne Stottern und ohne Rotwerden ein Mädchen zum Tee einladen ...? Was soll es denn von dir denken?«

Seine Verwirrung diente dazu, Janes Kaltblütigkeit zu steigern.

»Einen Tee tränke ich ganz gern.«

Sie fanden eine Teestube, die beinahe leer war, wodurch nach Gales Ansicht ihr Zusammensein an Vertraulichkeit gewann. Jane streifte ihre Handschuhe ab und begutachtete über den Tisch hinweg abermals ihren Gefährten. Ja, er war anziehend – mit seinen blauen Augen und jenem Lächeln. Und nett war er obendrein.

»Es ist eine sonderbare Geschichte«, sagte Gale, sich hastig in ein Gespräch stürzend, denn noch immer fühlte er sich von dieser albernen Befangenheit nicht ganz frei. »Den Mord meine ich.«

»Ich weiß. Mich bedrückt er insofern, als ich nicht ahne, wie mein Chef sich dazu stellt. Mr. Antoine will vielleicht keine Angestellte beschäftigen, die in einen Mordfall verwickelt und als Zeugin vorgeladen wurde.«

»Das ist doch nicht Ihr Verschulden. Freilich, im Leben geht es so . . . so unanständig zu«, entgegnete er nachdenklich. »Die Leute sind launenhaft und schrullig. Hol's der Teufel!«

»Nun, vorläufig ist mir ja noch nicht gekündigt worden«, erinnerte ihn Jane. »Es tut nicht gut, sich über etwas zu ärgern oder aufzuregen, was noch nicht eingetreten ist. Schließlich – ganz unrecht hätte Mr. Antoine auch nicht. Ich könnte ja diejenige sein, die den Mord begangen hat! Und meistens heißt es, daß ein Mensch, der einmal tötete, bald neue Morde auf sich lädt. Sich von solch einer Person die Haare pflegen zu lassen ist nicht sehr behaglich.«

»Man braucht Sie nur anzusehen, um zu wissen, daß Sie niemanden ermorden können«, sagte Norman ernst.

»Gemach, gemach! Bisweilen möchte ich einige meiner Damen ermorden! Da ist besonders eine, die eine Stimme hat wie eine Wachtel und über alles meckert und zetert. Wahrhaftig, manchmal denke ich, daß es eine gute Tat und kein Verbrechen wäre, ihr den Hals abzuschneiden.«

»Nein, diesen Mord im Flugzeug haben Sie jedenfalls nicht begangen. Das kann ich beeiden.«

»Und ich kann beeiden, daß S i e ihn nicht begangen haben«, erwiderte Jane Grey. »Doch hilft Ihnen das verflixt wenig, wenn Ihre Patienten eine andere Meinung hegen.«

»Meine Patienten, ja . . .« Gale rührte versonnen in seiner Tasse. »Das hatte ich nicht überlegt. Ein Zahnarzt, der möglicherweise ein blutdürstiger Irrsinniger ist – nein, es ist keine angenehme Aussicht.« Und dann fragte er: »Stört es Sie, daß ich Zahnarzt bin?«

»Stören? Mich?« Verwundert zog Jane die Brauen hoch.

Jetzt lachte Norman Gale. »Ich glaube, wir werden gute Freunde werden. Glauben Sie auch?«

»Ja.«

»Vielleicht essen Sie einmal abends mit mir, oder wir besuchen gemeinsam ein Kino, Miss Grey?«

»Gern.«

Nun entstand eine Pause, die Gale mit der Frage beendete: »Sind Sie zum erstenmal in Le Pinet gewesen?«

»Ja. Das kam nämlich so.« Und nun berichtete Jane, plötzlich zu Vertraulichkeiten aufgelegt, die Geschichte ihres Sweepsteak-Loses. Dann stimmten sie darin überein, daß diese irischen Lose herrlich seien, und beklagten die ablehnende Haltung der englischen Regierung.

Ihr Gespräch erfuhr eine Unterbrechung durch den jungen Herrn in braunen Sporthosen, der, unbeachtet, bereits etliche Minuten um sie herumgestrichen war. Nun lüftete er seinen Hut und redete Jane mit einer gewissen zungenfertigen Sicherheit an: »Miss Jane Grey, nicht wahr? Ich vertrete das ›Weekly Howl‹ und möchte Sie bitten, uns einen kurzen Artikel über den Flugzeug-Mord zu schreiben. Vielleicht den Standpunkt eines der Passagiere.«

»Bedaure, ich habe keine Lust dazu.«

»Warum nicht, Miss Grey? Wir würden ein gutes Honorar dafür zahlen.«

»Wieviel?«

»Fünfzig Pfund ... oder ... vielleicht auch etwas mehr. Sagen wir, sechzig.«

»Nein«, sagte Jane. »Ich will trotzdem nicht. Ich wüßte nicht, was ich schreiben sollte.«

»Oh, das ist kein Hindernis«, erklärte der junge Herr leichthin. »Sie brauchen den Artikel gar nicht zu schreiben. Einer unserer Reporter wird sich von Ihnen einige Anregungen holen und das Ganze für Sie abfassen. Durchaus nicht nötig, daß Sie sich selbst bemühen.«

»Trotzdem mag ich nicht.«

»Auch nicht für hundert Pfund? Im Ernst – ich würde die Summe auf hundert erhöhen und erbitte dann nur noch ein Bild von Ihnen.«

Aber Jane beharrte auf ihrer Weigerung. Die Idee sei ihr unsympathisch, sagte sie.

»Dann trollen Sie sich gefälligst«, mischte sich Norman Gale ein. »Miss Grey wünscht nicht länger belästigt zu werden.«

Hoffnungsvoll wandte sich der Braungekleidete nun an Norman.

»Mr. Gale, wenn ich nicht irre? Sehr angenehm, Mr. Gale! Also hören Sie: Wenn Miss Jane an Überempfindlichkeit leidet, warum wollen Sie es nicht machen? Fünfhundert Worte. Und wir zahlen Ihnen denselben Betrag, den ich soeben Miss Grey anbot. Das ist ein vorzügliches Angebot, weil nämlich die Ansicht einer Frau über die Ermordung einer anderen Frau eigentlich mehr wert ist als die Ansicht eines Mannes. Ich biete Ihnen also eine gute Chance.«

»Und ich danke dafür. Nicht eine Silbe werde ich für Sie schreiben.«

»Abgesehen von dem Honorar, erwachsen Ihnen daraus auch andere Vorteile, Mr. Gale. Emporklimmen auf der beruflichen Leiter, eine glänzende Laufbahn – alle Ihre Patienten werden es lesen.«

»Das fürchte ich ja gerade am meisten.«

»Fürchten . . .? Mein Lieber, ohne Publizität erreichen Sie heutigentags gar nichts.«

»Möglich. Jedoch kommt es auf die Art der Publizität an. Ich hoffe, daß wenigstens ein oder zwei meiner Patienten keine Zeitungen lesen und somit nicht erfahren, daß ich in einen Mordfall verstrickt worden bin. Nun haben Sie Ihre Antwort von uns beiden erhalten. Gehen Sie jetzt freiwillig, oder muß ich Sie auf den Trab bringen?«

»Warum denn aufbrausen, Mr. Gale?« fragte der junge Mann, an dem die Androhung von Gewalt einfach abglitt. »Guten Abend, meine Herrschaften! Und rufen Sie mich auf meinem Büro an, wenn Sie anderen Sinnes werden sollten. Hier ist meine Karte.« Fröhlich verließ er die einsame Teestube. »Gar nicht übel!« dachte er. »Genügt durchaus als Interview.«

Tatsächlich befand sich in der nächsten Ausgabe des »Weekly Howl« eine besondere Spalte, die die Ansichten von zwei Zeugen im Flugzeug-Mordfall brachte. Miss Jane Grey hatte erklärt, sie sei zu bekümmert, um viel über die Angelegenheit sprechen zu können. Es sei ein entsetzlicher Schock für sie gewesen, und sie hasse es, auch nur daran zu denken. Mr. Norman Gale hatte sich lang und breit über die Wirkung geäußert, die die Berührung mit einem Kriminalfall für die berufliche Laufbahn eines Mannes habe, und hatte humorvoll hinzugefügt, er hoffe, daß etliche seiner Patienten die Tageszeitungen nicht läsen und infolgedessen nicht das Schlimmste argwöhnten, wenn sie sich auf dem Leidensstuhl niederließen.

Als der junge Herr verschwunden war, meinte Jane: »Ich möchte wissen, warum er mit seinem Anliegen nicht zu wichtigeren Leuten geht.«

»Vielleicht hat er es versucht und kein Glück gehabt.« Dann blickte Norman Gale ein Weilchen grübelnd vor sich hin. »Jane«, begann er endlich, »nicht wahr, Sie verübeln es mir nicht, wenn ich Sie beim Vornamen nenne? Jane, wer . . . wer hat Ihres Erachtens diese Madame Giselle ermordet?«

»Ich habe keine Ahnung.«

»Haben Sie darüber denn nicht nachgedacht?«

»Hin und wieder. Doch erst seit heute vergegenwärtige ich mir klar, daß es einer von unseren Mitreisenden gewesen sein muß.«

»Ja, der Vorsitzende machte daraus kein Hehl. Jane, ich weiß, daß ich es nicht war, und ich weiß, daß Sie es nicht waren – weil ich Sie nämlich fast die ganze Zeit über verstohlen beobachtete.«

»Ich weiß dasselbe – aus demselben Grunde«, sagte Jane leise. »Mithin ist es einer von den übrigen gewesen. Aber wer? Haben Sie eine Vermutung?«

»Nein.«

Wieder schaute Gale vor sich hin. Er schien einen Gedankenfaden weiterzuspinnen, und als wolle sie ihn nicht stören, dämpfte Jane ihre Stimme noch mehr.

»Wir hätten doch etwas sehen müssen – ich wenigstens. Mit Ihnen verhält es sich anders. Sie saßen mit dem Gesicht nach der anderen Richtung. Aber ich? Ich sah immer gerade den Mittelgang entlang. Ich wollte sagen . . . ich würde . . .« Sie brach ab, während ihr eine jähe Röte über die Wangen huschte, denn sie entsann sich, daß ihre Augen meistenteils durch einen grünblauen Pullover gebannt gewesen waren und daß ihr Geist, durchaus nicht aufnahmefähig für die Geschehnisse um sie herum, sich fast ausschließlich mit der Persönlichkeit des Mannes in diesem grünblauen Pullover beschäftigt hatte.

Norman Gale blickte auf. »Warum errötet sie so?« dachte er. »Ah, sie ist entzückend ... Ich werde sie heiraten ... unbedingt. Aber immer hübsch langsam. Einen Schritt nach dem anderen. Vorläufig dient mir dieser Mord als gute Entschuldigung für ein öfteres Zusammensein ... Außerdem wäre es, glaube ich, wirklich gut, irgendwas zu tun ... Jener Kerl von Reporter und seine verdammte Publizität ...«

»Jane«, ergriff er das Wort, »wir wollen gemeinsam überlegen. Wer hat sie getötet? Gehen wir mal sämtliche Leute durch. Die Stewards?«

»Nein.«

»Auch meine Ansicht. Die Damen uns gegenüber?«

»Lady Horbury ist nicht die Frau, die Leute umbringen würde. Und die andere ist zu vornehm, um eine alte Französin zu töten.«

»Dann der kleine Schnauzbärtige. Aber da die Geschworenen in ihm das schwarze Schaf wittern, dürfte er bestimmt schneeweiß sein. Der Doktor? Auch das ist unwahrscheinlich.«

»Wenn er jemanden beseitigen wollte, hätte er irgend etwas nicht Aufspürbares benutzen können, und keiner würde es je gewußt haben.«

»Ja ...«, meinte Norman nachdenklich, »diese unaufspürbaren, geschmacklosen, geruchlosen Gifte sind sehr zweckdienlich, indes bezweifle ich ein bißchen, ob es sie wirklich gibt. Wie denken Sie über den Mann, der sich als Besitzer eines Blasrohrs entpuppte?«

»Er ist verdächtig. Andererseits scheint er ein netter Kerl zu sein, und daß er aus freien Stücken erklärte, er besitze solch ein Ding, entkräftet den Verdacht.«

»Und Jameson ... nein, wie heißt er doch? Ah ... James Ryder!«

»Ja, er könnte es sein.«

»Und die beiden Franzosen?«

»Das ist freilich das wahrscheinlichste. Sie sind in die fernsten Erdenwinkel gekommen und mögen einen Beweggrund haben, von dem keiner etwas ahnt. Der Jüngere sah überdies sehr unglücklich und niedergeschlagen aus.« Miss Grey nickte versonnen.

»Wenn Sie einen Mord begangen hätten, sähen Sie auch betrübt aus, Jane.«

Das junge Mädchen überhörte diesen Satz. »Aber ich finde sie sympathisch, vor allem den alten Herrn, und daher wünsche und hoffe ich, daß sie unschuldig sind.«

»Allem Anschein nach kommen wir mit unserem Überlegen nicht sehr weit.«

Jane Grey begann langsam ihre Handschuhe anzuziehen, und während sie den linken zuknöpfte, meinte sie:

»Wie sollen wir denn weiterkommen, wenn wir über die alte Frau, die ermordet wurde, gar nichts wissen? Nicht, wer ihre Feinde waren, nicht wer ihr Geld erbt und dergleichen mehr.«

»Dann halten Sie unser Überlegen für nichtige Spekulation?«

»Ist es das etwa nicht?«

»Nicht ganz.« Gale zauderte und fuhr dann mit einer gewissen Schwerfälligkeit fort: »Ich habe das Gefühl, es könnte nutzbringend sein . . .«

Fragend sah seine Gefährtin zu ihm empor.

»Mord geht nicht allein das Opfer und den Schuldigen an«, erläuterte der Zahnarzt. »Er berührt auch den Unschuldigen. Sie und ich sind unschuldig, aber der Schatten des Mordes hat uns gestreift. Und wir wissen nicht, welchen Einfluß jener Schatten auf unser Leben haben wird.«

»Still«, stieß Jane hervor, und obwohl sie einen gesunden Menschenverstand hatte, erzitterte sie jäh. »Sie machen mich ängstlich.«

»Ich bin selbst ein wenig ängstlich«, entgegnete Norman Gale. »Kein Mensch kann für seine Anlagen, und der Gedanke, etwas Unrechtes zu tun, würde mir Herzklopfen verursachen. Ich glaube nicht einmal, daß das eine schlechte Eigenschaft ist.«

# 6

Hercule Poirot suchte seinen Freund Inspektor Japp auf, der ihn mit einem dröhnenden Lachen begrüßte.

»Hallo, Sie Unglücksrabe, viel hätte nicht gefehlt, daß Sie in eine Gefängniszelle eingesperrt worden wären!«

»Ich fürchte, ein derartiger Vorfall würde mir beruflich ziemlich geschadet haben«, erwiderte der kleine Belgier ernst.

»Ja, ja, bisweilen entpuppen sich Detektive als Schwerverbrecher – in den Romanen nämlich.« Jetzt machte Japp eine Handbewegung nach der Richtung, wo ein brünetter Mann stand, auf dessen Gesicht eine leise Wehmut zu liegen schien. »Darf ich Ihnen Monsieur Fournier von der Sureté vorstellen? Er ist herübergekommen, um diesen Fall gemeinsam mit uns zu bearbeiten.«

»Ich glaube, ich hatte bereits vor Jahren das Vergnügen, Ihnen zu begegnen, Monsieur Poirot«, sagte der Franzose, indem er einen Händedruck mit dem kleinen Belgier tauschte. »Außerdem hörte ich durch Monsieur Giraud von Ihnen.« Ein kaum merkliches Lächeln spielte um seine Lippen, und Poirot, der sich denken konnte, in welchen Ausdrücken Giraud, den er selbst ironisch den »menschlichen Jagdhund« zu nennen pflegte, von ihm gesprochen hatte, erlaubte sich als Erwiderung ebenfalls ein kleines, diskretes Lächeln.

»Sie und Inspektor Japp würden mir eine Freude bereiten, wenn Sie zum Abendessen meine Gäste wären«, meinte er dann verbindlich. »Ich habe schon Maître Thibault eingeladen. Das heißt selbstverständlich, wenn Sie und mein Freund Japp gegen meine Mitarbeit nichts einzuwenden haben.«

Japp klopfte ihm herzlich auf den Rücken. »Im Gegenteil, Sie sollen Hahn im Korbe sein.«

»Wir werden es als eine Ehre betrachten«, versicherte der Franzose förmlich und verbeugte sich in seiner melancholischen Art.

»Wie ich vorhin einer reizenden jungen Dame sagte, brenne ich darauf, mich von dem Verdacht zu reinigen.«

Inspektor Japp lachte von neuem auf. »Den Geschworenen haben Sie ganz und gar nicht gefallen! Monsieur Hercule Poirot des Mordes verdächtig – das ist der köstlichste Spaß, den ich seit langem hörte!«

Durch stillschweigende Übereinkunft wurde während des ausgezeichneten Mahls, mit dem der kleine Belgier seine Freunde bewirtete, der Fall nicht erwähnt.

»Also besteht tatsächlich die Möglichkeit, in England gut zu speisen«, murmelte Fournier lobend, als er mit feinem Anstand einen Zahnstocher benutzte.

»Ein ausgezeichnetes Diner«, erkannte auch Maître Thibault an.

»Etwas französisiert, aber verdammt lecker«, lautete Inspektor Japps Urteil.

»Eine Mahlzeit muß immer angenehm für den Magen sein«, erläuterte der Gastgeber. »Sie darf ihn nicht so beschweren, daß das Denken gelähmt wird.«

»Ich kann nicht sagen, daß mein Magen mir je Scherereien bereitet hat«, lachte der Beamte von Scotland Yard. »Doch lassen wir jetzt die Magenfrage und wenden wir uns dem Geschäft zu. Monsieur Thibault hat, wie ich weiß, heute abend noch eine Verabredung, so daß es ratsam wäre, vorher die wichtigsten Punkte mit ihm zu bereden.«

»Natürlich bin ich zu jeder Auskunft bereit, Messieurs, denn jetzt kann ich ja offener reden als vor den Geschworenen, denen gegenüber mir Inspektor Japp, mit dem ich vor der Verhandlung eine kurze Rücksprache hatte, eine Politik der Zurückhaltung anempfahl: die nackten, notwendigen Tatsachen, nicht mehr.«

»Richtig«, bestätigte der Inspektor. »Man soll sein Pulver nie vorschnell verschießen. Nun aber verraten Sie uns bitte noch etwas mehr über diese Madame Giselle.«

»Leider weiß ich nur sehr wenig. Ich kenne die Tote, wie die Welt sie kannte – ihre öffentliche Stellung, sozusagen. Über ihr privates Leben weiß ich kaum Bescheid, und wahrscheinlich kann Monsieur Fournier Ihnen erschöpfendere Auskünfte darüber geben als ich. Madame Giselle war aber jedenfalls eine Persönlichkeit; sie war einzigartig. Von ihrem Vorleben ist ebenfalls kaum etwas bekannt. Als junge Frau muß sie meines Erachtens gut ausgesehen haben, bis ihr Gesicht durch die Pocken verunstaltet wurde. Im übrigen aber war sie eine Frau, die – wenigstens ist dies mein Eindruck – Freude an der Macht hatte und sie aus tiefstem Herzen auskostete. Madame Giselle war der Typ jener schlauen Französinnen, die niemals dem Gefühl gestatten, ihre geschäftlichen Interessen zu beeinträchtigen; sie genoß indes den Ruf, in ihrer Art peinlich ehrlich zu sein.«

Er sah, als wünsche er Fourniers Bestätigung, seinen Landsmann an, und dieser neigte bejahend sein dunkles, melancholisches Haupt.

»Ja, sie war ehrlich – in gewissem Sinne. Dennoch hätten sich die Gerichte mit ihr befassen können, wenn irgendwelche Beweise erhältlich gewesen wären. Das freilich . . .« Vielsagend zuckte er die Achseln. »Es hieße, so wie die menschliche Natur beschaffen ist, allzuviel zu verlangen!«

»Sie meinen?«

»Chantage.«

»Erpressung?« forschte Japp.

»Ja, Erpressung einer besonderen Art. Madame Giselle huldigte dem Grundsatz, Geld lediglich gegen Solawechsel zu verleihen; und hinsichtlich der Summen sowie der Rückzahlungsmethode handelte sie nach Gutdünken, aber seien Sie versichert, daß sie ihre eigenen Methoden hatte, die eine Rückzahlung verbürgten.«

Poirot beugte sich interessiert vor.

»Wie Maître Thibault heute bei der Voruntersuchung bekundete, gehörten Madames Kunden und Kundinnen zu den hohen Gesellschaftsklassen, die in bezug auf die Macht der öffentlichen Meinung sehr verwundbar sind. Madame Giselle besaß ihren eigenen, vorzüglich arbeitenden Nachrichtendienst, und bevor sie Geld, das heißt, große Summen verlieh, trat dieser in Aktion. Ich wiederhole Maître Thibaults Worte. ›In ihrer Art war die Verstorbene peinlich ehrlich.‹ Denn sie hielt denen die Treue, die ihr die Treue hielten. Ich glaube auch bestimmt, daß sie niemals ihr Wissen ausbeutete, um von jemandem Geld zu erhalten, das man ihr nicht schon schuldete.«

»Sie meinen, daß dieses geheime Wissen ihre Form der Sicherheit darstellte?« forschte Hercule Poirot.

»Richtig. Und bei seiner Anwendung ging sie unglaublich grausam vor, zeigte sich taub gegen jedes Gefühl. Ihr System aber, meine Herren, erwies sich als lohnend. Sehr, sehr selten mußte sie eine ausstehende Schuld aufs Verlustkonto schreiben. Ein Mann oder eine Frau in prominenter Stellung vollbringt das Unmöglichste, um das Geld zu beschaffen, das einen öffentlichen Skandal verhindern wird.«

»Und wenn sie hin und wieder doch einmal einen Verlust buchen mußte? Was dann?«

»In diesem Falle, Monsieur Poirot, wurden die Nachrichten, über die sie verfügte, veröffentlicht oder an diejenige Person, die die Sache anging, weitergeleitet.«

Ein Weilchen herrschte Schweigen in dem behaglich eingerichteten Raum. Dann erklang wiederum die Stimme des kleinen Belgiers.

»Finanziell kam ihr das nicht zustatten?«

»Nein«, erwiderte Fournier. »Wenigstens nicht direkt.«

»Aber indirekt?«

»Indirekt spornte es die anderen an, ihren Verpflichtungen nachzukommen, wie?« warf Inspektor Japp ein.

»Ja«, bestätigte der Beamte der Pariser Sureté. »Es hatte eine beträchtliche moralische Wirkung.«

»Unmoralische Wirkung möchte ich es nennen«, sagte Japp grimmig. »Nun« – nachdenklich rieb er seine Nase –, »es eröffnet uns eine stattliche Reihe von Beweggründen für den Mord. Außerdem wird die Frage brennend, wer ihr Geld erbt. Vermögen Sie uns da zu helfen, Monsieur Thibault?«

»Es war eine Tochter vorhanden, die zwar nicht mit ihrer Mutter zusammen lebte«, entgegnete der Jurist. »Ich bin sogar der Meinung, daß Madame Giselle sie zuletzt als kleines Mädchen gesehen hat. Jedoch setzte sie vor vielen Jahren ein Testament auf, nach dem, mit Ausnahme eines kleinen Legats für ihre Wirtschafterin, alles der Tochter Anne Morisot zufiel. Alles – das bedeutet nach meiner Schätzung ein Millionenvermögen.«

Hercule Poirot spitzte seine Lippen zu einem Pfiff. »Dann wird ja Mademoiselle Anne Morisot eine sehr reiche junge Dame sein!«

»Ein Glück für sie, daß sie sich nicht in dem Flugzeug befand«, sagte Japp trocken. »Sonst wäre sofort der Verdacht aufgetaucht, sie habe ihre Mutter aus dem Wege geräumt, um die Moneten zu ergattern. Wie alt ist sie denn wohl?«

»Genau weiß ich es nicht. Vermutlich vierundzwanzig oder fünfundzwanzig.«

»Hm, sie scheint mit dem Verbrechen nichts zu tun zu haben; deshalb ist es besser, wenn wir uns mit Madames Geschäften befassen. Jeder von den Reisenden leugnet die Bekanntschaft mit ihr. Ob eine Durchsicht ihrer privaten Papiere uns weiterhilft, Fournier?«

»Mein lieber Freund«, erwiderte der Franzose betrübt, »unmittelbar nach meinem Telefongespräch mit Scotland Yard begab ich mich zu ihrer Wohnung, wo sich ein Safe mit ihren Papieren befand. Doch diese waren inzwischen verbrannt worden.«

»Verbrannt? Durch wen?«

»Durch Madame Giselles Wirtschafterin Elise, die Anweisung hatte, den Safe, dessen Geheimschloß sie kannte, zu öffnen und den Inhalt zu vernichten, sobald ihrer Herrin etwas zustoßen sollte«, sagte Monsieur Thibault, ohne mit der Wimper zu zukken.

»Was ...? Aber das ist ja fast unglaublich!« rief Inspektor Japp.

»Sie sehen daran, daß Madame ihren eigenen Sittenkodex gehabt hat. Sie hielt, wie gesagt, jenen die Treue, die sich ihr treu erwiesen; sie war grausam, aber sie war auch eine Frau von Wort.«

Japp schüttelte verblüfft den Kopf und versank dann mit den anderen drei Männern in ein längeres Grübeln über den seltsamen Charakter der toten Frau ...

Endlich erhob sich Maître Thibault.

»Ich muß Sie jetzt leider verlassen, Messieurs. Wenn ich Ihnen noch mit irgendeiner weiteren Auskunft dienen kann, so stehe ich jederzeit zu Ihrer Verfügung. Meine Adresse kennen Sie ja.«

Er reichte ihnen der Reihe nach die Hand und verließ das Zimmer.

# 7

Nach seinem Weggang rückten die Zurückgebliebenen zusammen.

»Also, mutig an die Arbeit!« forderte Japp seine Gefährten auf, indem er die Kappe seines Füllfederhalters losschraubte. »Im hinteren Abteil des Flugzeugs – und nur dies hintere Abteil interessiert uns – befanden sich elf Passagiere und die beiden Stewards. Etliche der Passagiere waren Engländer, etliche Franzosen. Mit den ersteren werde ich mich beschäftigen, während ich die letzteren hiermit Monsieur Fournier überantworte. Die Nachforschungen, die in Paris angestellt werden müssen, fallen Ihnen ebenfalls zu, Fournier.«

»Nachforschungen in Paris allein genügen nicht«, entgegnete der Franzose. »Während der Sommermonate schloß Madame Giselle eine Menge Geschäfte in französischen Badeorten ab – Deauville, Le Pinet, Wimereux. Auch in den Süden, nach Antibes und Nizza, fuhr sie zu diesem Zweck.«

»Halt! Ein oder zwei Personen vom ›Prometheus‹ erwähnten Le Pinet – das dürfen wir nicht vergessen. Dann müssen wir uns mit dem Mord selbst befassen, müssen beweisen, wer vielleicht in der Lage war, das Blasrohr zu benutzen.« Inspektor Japp entrollte einen großen Plan der Flugzeugkabine und legte ihn in die Mitte des Tisches. »So, jetzt ist alles für die Vorarbeit bereit! Und ich möchte Sie bitten, mit mir die Leute durchzugehen und die Wahrscheinlichkeiten sowie – noch wichtiger – die Möglichkeiten abzuwägen. Von der Liste der Passagiere können wir von vornherein einen streichen, nämlich Monsieur Poirot.«

Der kleine Belgier schüttelte traurig seinen eiförmigen Kopf. »Sie sind zu vertrauensselig, mon cher. Sie sollten niemandem trauen. Niemandem!«

»Nun, wenn's Ihnen Spaß macht, lasse ich Sie als verdächtig stehen«, scherzte Japp. »Dann die Stewards. Vom Standpunkt der Wahrscheinlichkeit aus kommen sie kaum in Betracht. Sie haben sicher nicht Geld im großen entliehen und erfreuen sich eines guten Leumunds: anständige, nüchterne Männer. Vom Standpunkt der Möglichkeit aus dürfen wir sie freilich nicht ausscheiden, denn sie eilten hin und her und könnten theoretisch sehr wohl eine Stellung eingenommen haben, die ihnen die Benutzung des Blasrohrs gestattete. Kaum vorstellbar allerdings, daß zwei Stewards in einem Raum voller Gäste unbemerkt mit einem Blasrohr einen Giftstachel abgeschossen haben sollten! Zwar weiß ich aus Erfahrung, daß die meisten Menschen blind wie Fledermäuse sind, jedoch gibt es Grenzen. Natürlich trifft dasselbe irgendwie auch auf jede andere Person zu. Ah, es war Wahnsinn, unverfälschter Wahnsinn, auf diese Weise ein Verbrechen zu begehen. Neunundneunzig gegen eins standen die Chancen, dabei erwischt zu werden! Der Bursche, der Madame Giselle tötete, hat einen unerhörten Dusel gehabt, und von all den verdammten blöden Arten, einen Mord auszuführen ...«

Poirot, der, ruhig rauchend, mit gesenkten Augenlidern dagesessen hatte, unterbrach ihn durch eine Frage.

»Sie halten es also für eine törichte Art, mon cher?«

»Selbstverständlich, für reinen Wahnsinn.«

»Und desungeachtet gelang es. Wir sitzen hier – wir drei, denen es wahrscheinlich nicht an Erfahrung fehlt – und reden darüber, indes wissen wir nicht, wer die Tat verübte. Das nenne ich Erfolg, nenne ich Gelingen!«

»Das ist pures Glück«, beharrte Japp. »Der Mörder hätte fünf- oder sechsmal entdeckt werden können.«

Als Hercule Poirot eine verdrießliche Bewegung machte, mischte sich Fournier ein. »Was haben Sie, Monsieur Poirot?«

»Gar nichts. Aber mein Standpunkt ist, daß eine Sache nach ihren Ergebnissen beurteilt werden muß. Und diese Sache gelang.«

»Trotzdem mutet es fast wie ein Wunder an«, sagte der Franzose versonnen, worauf sein englischer Kollege ziemlich unwirsch erwiderte:

»Wunder oder kein Wunder – die Tatsache bleibt bestehen: Wir haben das ärztliche Gutachten, und wir haben die Waffe. Wenn mir vor einer Woche jemand gesagt hätte, daß ich ein Verbrechen untersuchen müßte, bei dem eine Frau mit einem in Schlangengift getauchten Dorn getötet wurde, so würde ich ihm ins Gesicht gelacht haben! Es ist eine Beleidigung, dieser Mord. Schlechtweg eine Beleidigung.«

Poirot lächelte über diesen Zornesausbruch, und Fournier meinte, als spräche er zu sich selbst: »Wer weiß, ob der Mörder nicht das Verbrechen in einem entarteten Zustand von Humor beging! Es ist sehr wichtig, eine Idee von der Psychologie des Mörders zu haben.«

Bei dem Worte Psychologie, das er verabscheute, erboste sich Japp von neuem.

»Na, Monsieur Poirot, jetzt müssen Sie doch Ihre helle Freude haben? Psychologie – was Schöneres gibt's doch nicht für Sie!«

»Mich interessiert, was Sie beide sagen.«

»Sie meinen doch nicht etwa, daß sie auf eine andere Art getötet wurde?« fragte der Inspektor mißtrauisch. »Ich kenne Ihr gewundenes Hirn.«

»Nein, nein, mon ami. Dieser Punkt beunruhigt mein Hirn nicht. Die Todesursache war jener vergiftete Dorn, den ich vom Fußboden aufnahm. Indessen stutze ich über gewisse Dinge in diesem Fall ... Doch lassen wir das vorläufig.«

»Ja, kehren wir zu unseren beiden Stewards zurück«, sagte Japp bereitwillig. »Ich denke, wir können sie auslöschen, denn es erscheint mir unwahrscheinlich, daß einer von ihnen mit dem Mord zu schaffen hatte. Pflichten Sie mir bei, Monsieur Poirot?«

»Erinnern Sie sich bitte an das, was ich vorhin äußerte. Auf dieser Stufe der Untersuchung würde ich niemanden auslöschen. Auslöschen – mon dieu! was für ein Wort!«

»Ganz nach Ihrem Belieben. Nun die Passagiere. Beginnen wir bei Sitz Nr. 16, der hier« – Japp bohrte die Bleistiftspitze auf den Plan – »nahe der Durchgangstür liegt. Er gehörte Jane Grey, der Friseuse. Sie gewann bei der irischen Lotterie und verpraßte den Gewinn in Le Pinet. Das heißt: das Mädchen ist eine Spielerin. Vielleicht steckte sie in der Klemme, pumpte Madame Giselle an, wenngleich diese ihr schwerlich einen großen Betrag geborgt oder sie sonst in der Hand gehabt haben dürfte. Und ich glaube des weiteren nicht, daß eine junge Friseuse über die Möglichkeit verfügt, sich Schlangengift zu verschaffen, das weder zum Haarbleichen noch zur Massage verwandt wird. In gewisser Hinsicht war es übrigens ein Fehler, Schlangengift zu benutzen, weil der Kreis, in dem der Täter zu suchen ist, sich dadurch von selbst verkleinert. Von hundert Leuten würden höchsten zwei über Schlangengift unterrichtet und imstande sein, es in die Finger zu bekommen.« Er blickte Poirot kühl und herausfordernd an . . .

»Was immerhin einen Punkt völlig klärt«, warf Poirot ein.

Fournier warf ihm einen neugierigen Blick zu, während Inspektor Japp weiterhin seinen eigenen Ideen nachging.

»Dadurch gewinnen wir das folgende Bild«, sagte er. »Der Mörder fällt unbedingt in eine von zwei Gattungen: Entweder ist er ein Mann, der in den fernsten Erdenwinkeln umherstrolchte; ein Mann, der etwas über Schlangen, über ihre gefährlichsten Arten und über die Sitten der Eingeborenen weiß, die das Gift im Kampf gegen ihre Feinde benutzen. Das ist Kategorie Nummer eins.«

»Und die andere?«

»Die wissenschaftliche Richtung. Forschung. Ich unterhielt mich darüber mit Winterspoon. In erstklassigen Laboratorien stellt man Versuche mit Schlangengiften an. Das Kobragift zum Beispiel wird in der Medizin gebraucht. Man behandelt neuerdings Epileptiker damit und soll schon ganz nette Erfolge erzielt haben. Außerdem arbeitet die Wissenschaft emsig an einem Serum gegen Schlangenbisse.«

»Interessant und vielsagend«, meinte Fournier.

»Ja. Aber weiter. Diese Jane Grey paßt in keine dieser Kategorien. Soweit sie in Frage kommt, sind die Beweggründe unwahrscheinlich und die Gelegenheiten, sich das Gift anzueignen, gering. Ferner ist die tatsächliche Möglichkeit, das Blasrohr zu benutzen, gleich Null. Sehen Sie her.« Eifrig beugten sich die drei Männer über die Skizze. »Hier ist Nr. 16, und ganz weit fort, durch Mitreisende und leere Sessel getrennt, Platz Nr. 2, den Madame Giselle innehatte. Wenn Jane Grey sich nicht von ihrem Platz entfernte – und jeder bezeugt, sie sei nicht aufgestanden –, so kann sie einfach die Tote nicht an der Halsseite getroffen haben.

Jetzt Sitz Nr. 12, direkt gegenüber. Inhaber der Zahnarzt Norman Gale. Für ihn gilt fast das gleiche. Ein unbedeutender junger Mann, dem sich höchstens hinsichtlich der Beschaffung des Schlangengiftes bessere Möglichkeiten boten als der Friseuse. Er kann in Kreisen verkehrt sein, die lichtscheue Geschäfte mit Rauschgiften und ähnlichem Zeug machen; er kann überdies einen Wissenschaftler zum Freund haben. Sonst scheidet er ziemlich sicher aus. Gewiß, er verließ seinen Platz, aber nur, um zur Toilette zu gehen – also nach der anderen Richtung. Nun, steht er gerechtfertigt da?«

»Ja«, sagte Fournier. »Weiter.«

»Überqueren wir jetzt den Mittelgang. Platz Nr. 17.«

»Das war ursprünglich der meinige«, ließ sich Hercule Poirot vernehmen. »Ich trat ihn einer der beiden Damen ab, da sie näher bei ihrer Freundin zu sitzen wünschte.«

»Venetia Kerr – hm, sie gehört zu der Gesellschaftsklasse, der Madame Giselles Opfer entstammten, macht aber nicht den Eindruck, als habe sie ein schuldbeladenes Gewissen. Trotzdem müssen wir ihr ein wenig Aufmerksamkeit schenken. Die Lage ihres Platzes begünstigt ein Attentat. Wenn Giselle den Kopf ein wenig gedreht hätte, um aus dem Fenster zu schauen, wäre Venetia Kerr imstande gewesen, quer durch den Raum einen Meisterschuß auf sie abzugeben. Das Zielen versteht sie sicher vortrefflich, denn sie rennt im Herbst ja ständig mit der Flinte umher. Ob aber Zielsicherheit mit der Büchse einem bei Benutzung eines Blasrohrs zustatten kommt ...? Ich vermute, es hängt beides vom Auge ab, vom Auge und von der Übung.

Und vermutlich hat sie Freunde, Männer, die sich in merkwürdigen Gegenden unseres Erdballs als Großwildjäger betätigen. Durch sie mag sie auch allerhand giftiges ... Blech!« unterbrach er sich. »Das hat ja alles weder Hand noch Fuß!«

»Ich habe Mademoiselle Kerr bei der heutigen Verhandlung gesehen, und es fällt einem schwer, sie mit einem Mord zu verquikken«, gestand der Pariser.

»Sitz Nr. 13«, fuhr Japp fort. »Lady Horbury. Sie ist nicht blütenweiß. Ich weiß etwas über sie, was Sie gleich erfahren werden, und es würde mich nicht überraschen, wenn sie ein paar dunkle Geheimnisse zu verbergen hätte.«

»Zufällig weiß ich, daß die betreffende Dame am Bakkarattisch in Le Pinet schwer verloren hat.«

»Oh, das ist eine wertvolle Auskunft, Monsieur Fournier. Ja,

Lady Horbury könnte ich mir sehr wohl als Kundin der tüchtigen Madame Giselle vorstellen!«

»Ich auch.«

»Schön. Doch wie hat sie es vollbracht? Bedenken Sie, daß sie ihren Platz nicht verließ. Sie hätte sich also – unter den Augen von zehn anderen Leuten – auf ihren Sitz knien und sich über die Rückenlehne beugen müssen. Unmöglich!«

»9 und 10«, sagte Fournier, mit dem Finger auf der Skizze weiterrutschend.

»Monsieur Hercule Poirot und Dr. Bryant«, erklärte der Inspektor. »Was hat Monsieur Poirot für seine Person anzuführen?«

»Mon estomac«, erwiderte dieser. »Oh, es ist trostlos, daß das Hirn sich bisweilen von dem Magen knechten lassen muß!«

»Ich verstehe Sie, Monsieur Poirot. Auch mir geht es in der Luft stets sehr schlecht.« Und Fourniers melancholischer Ausdruck nahm noch um einen Grad zu.

»Also Dr. Bryant. Große Kanone in der Harley Street. Hat es sicher nicht nötig, bei einer französischen Geldverleiherin Hilfe zu suchen. Freilich – verbürgen kann man sich für keinen! Außerdem kommt jetzt meine wissenschaftliche Theorie zur Anwendung. Ein Mann wie Bryant, eine Leuchte seines Berufs, kennt fraglos alle medizinischen Forscher. Er kann im Nu ein Versuchsröhrchen Schlangengift entwenden, wenn er sich in irgendeinem derartigen großen Laboratorium befindet.«

»Man führt Buch über die Dinger«, warf Poirot ein. »So leicht wie das Abpflücken von Butterblumen auf einer Wiese ist der Diebstahl nicht.« Er sagte das im gleichgültigsten Ton der Welt.

»Selbst wenn sie Buch führen, so vermag ein geschickter Mann das entwendete Röhrchen durch ein harmloses zu ersetzen, um so mehr, als ein Arzt von Bryants Ruf über jedem Verdacht stehen würde. Nein, die Sache hat einen anderen Haken: Warum lenkte er die Aufmerksamkeit darauf? Warum sagte er nicht einfach, die Frau sei einem Herzanfall erlegen? Eines natürlichen Todes gestorben?«

Hercule Poirot hüstelte, so daß die beiden anderen ihn anblickten.

»Ich glaube, daß der Doktor zuerst sogar diesen Eindruck hatte«, erläuterte er. »Schließlich sah es ja auch sehr nach einem natürlichen, möglicherweise infolge eines Wespenstiches eingetretenen Tod aus. Erinnern Sie sich bitte, daß tatsächlich eine Wespe umherflog.«

»Wie können wir jene Wespe vergessen, da Sie dieselbe ja unaufhörlich ins Treffen führten!« hänselte der Inspektor. Doch Poirot überhörte den leisen Spott.

»Dann aber gewahrte ich den verhängnisvollen Dorn auf der Erde und nahm ihn auf«, fuhr er fort. »Und damit deutete alles auf Mord.«

»Der Dorn wäre ohnehin gefunden worden.«

»Fraglich! Es hätte sich sehr gut dem Mörder Gelegenheit bieten können, ihn unbemerkt aufzuheben.«

»Bryant?«

»Bryant oder einem anderen.«

»Hm . . . ziemlich riskant.«

»Das erscheint Ihnen so, weil Sie wissen, daß es ein Mord war«, widersprach Fournier. »Aber wenn eine Dame plötzlich am Herzschlag stirbt, und jemand das Taschentuch fallen läßt und er sich bückt, um es aufzuheben, wer wird darauf achten oder gar darüber nachgrübeln?«

»Das stimmt«, gab der Inspektor zu. »Mithin steht Bryant endgültig auf der Liste der Verdächtigen. Er konnte seinen Kopf um die Ecke seines Sitzes beugen und das Blasrohr benutzen – wiederum quer durch den Raum. Aber warum sah es niemand . . .? Nein, ich will damit nicht von neuem beginnen! Derjenige, der es tat, wurde jedenfalls nicht gesehen.«

»Und dafür muß es einen Grund geben«, sagte der Franzose, »einen Grund, der nach allem, was ich hörte, Monsieur Poirot gefallen wird.« Er lächelte leicht. »Ich meine einen psychologischen Grund.«

»Weiter, weiter, mon ami«, mahnte Poirot. »Was Sie da erwähnen, ist ungemein interessant.«

»Nehmen wir einmal an, Sie führen in der Eisenbahn an einem brennenden Hause vorüber. Sofort würden aller Augen sich nach dem Fenster wenden. Jeder würde seine Aufmerksamkeit auf einen festen Punkt richten, und in solch einem Moment könnte ein Mann einen Dolch hervorreißen und jemanden erstechen, ohne daß es die Mitreisenden sähen.«

»Das ist wahr«, pflichtete ihm der kleine Belgier bei. »Ich erinnere mich eines Falles, bei dem es sich um Gift handelte und bei dem ich beteiligt war. Da gab es, wie Sie es nennen, einen psychologisch richtigen Moment. Wenn wir herausfinden, daß es ihn während des Fluges der ›Prometheus‹ gab . . .«

»Durch Verhör der Stewards und der Passagiere müßten wir das eigentlich erfahren«, fiel Japp ein.

»Ja. Doch ist tatsächlich ein derartiger Moment eingetreten, so zwingt uns das logischerweise zu der Schlußfolgerung, daß der Mörder ihn schuf. Er ist imstande gewesen, die genaue Wirkung hervorzurufen, die dann jenen Moment verursachte.«

»Ausgezeichnet, Monsieur Poirot! Ausgezeichnet!« rief Fournier, und der Inspektor ergänzte:

»Ich werde später meine Fragen in diesem Sinne stellen, meine Herren. Nun komme ich zu Sitz Nr. 8 – Daniel Michael Clancy.« Japp legte einen gewissen Nachdruck auf den Namen. »Nach meiner Meinung ist er der Verdächtigste von allen. Fällt es einem Autor seines Schlages schwer, Interesse für Schlangengift zu heucheln und irgendeinen arglosen wissenschaftlichen Chemiker zu bewegen, ihn die gefährlichen Röhrchen anfassen zu lassen? Vergessen Sie auch nicht, daß er am Platz der Giselle vorüberschritt – als einziger der Passagiere.«

»Ich versichere Ihnen, mein Freund, daß ich diesen Punkt nicht vergessen habe«, beteuerte Poirot, worauf Japp in seinen Ausführungen fortfuhr:

»Er kann es – ohne Ihren psychologisch richtigen Moment – aus der Nähe benutzt haben, gestand er doch seine Kenntnisse bezüglich dieser Mordinstrumente offen ein. Und woher wissen wir denn, daß jenes Blasrohr, das er heute so stolz dem Vorsitzenden präsentierte, jenes ist, das er vor zwei Jahren kaufte? Ich traue dem ganzen Schwindel nicht! Nach meiner Ansicht kann es einem Mann nicht zuträglich sein, ständig über Verbrechen und Detektivgeschichten zu brüten und alle erdenklichen Fälle nachzulesen. Es setzt ihm Ideen in den Kopf.«

»Ideen muß ein Schriftsteller ja nun einmal im Kopf haben«, lächelte Poirot.

Japp tippte schon wieder auf den Plan.

»Nr. 4 war Ryder – der Platz dicht vor der Toten. Ich halte Ryder zwar nicht für den Täter, aber auslassen dürfen wir ihn keineswegs. Er ging zur Toilette, und bei der Rückkehr bot sich ihm Gelegenheit für den Mord. Was dagegen spricht, ist, daß die Archäologen es hätten sehen müssen – unweigerlich!«

»Lieber Japp, Sie haben wohl nur mit wenigen Archäologen Bekanntschaft gemacht?« fragte ihn der kleine Belgier. »Wenn die Duponts sich in ein Thema wirklich verrannt hatten, mein Freund, dann waren sie blind und taub für die Umwelt. Sie hätten dann – verstehen Sie? – fünftausend Jahre vor Christus gelebt. Das Jahr 1936 würde für sie nicht vorhanden gewesen sein.«

Inspektor Japps Züge verrieten einen leisen Zweifel.

»Na, meinetwegen«, sagte er nach einem Weilchen. »Was wissen Sie über die Duponts, Fournier?«

»Armand Dupont ist einer der bedeutendsten Archäologen Frankreichs.«

»Das tut nichts zur Sache. Ihre Plätze im Flugzeug sind, von meinem Standpunkt aus betrachtet, ganz vorteilhaft: jenseits des Ganges, aber etwas weiter nach vorn als Madame Giselle. Und da sie genügend in der Welt herumgestöbert und an den wunderlichsten Orten gegraben haben, kann ihnen ganz leicht auch mal irgendein exotisches Schlangengift in die Hände geraten sein.«

»Unmöglich ist es nicht«, räumte Fournier ein.

»Doch unwahrscheinlich nach Ihrer Ansicht, wie?«

»Monsieur Dupont lebt nur für seinen Beruf. Früher Antiquitätenhändler, gab er ein blühendes Geschäft auf, um sich der Archäologie zu widmen. Mit Herz und Seele sind er und sein Sohn bei der Sache. Und mir erscheint es unwahrscheinlich – das Wort unmöglich wage ich seit dem Stavisky-Skandal nicht mehr zu gebrauchen –, daß sie bei diesem Mordfall die Hände im Spiel haben.«

»All right!« Japp nahm den Bogen Papier an sich, auf dem er Notizen gemacht hatte, und hüstelte ein paarmal. »Dann ist die

Sachlage also die folgende: Jane Grey. Wahrscheinlichkeit – gering. Möglichkeit – gleich Null. Gale. Wahrscheinlichkeit – gering. Möglichkeit ebenfalls gleich Null. Miss Kerr. Sehr unwahrscheinlich. Möglichkeit – zweifelhaft. Lady Horbury. Wahrscheinlichkeit – gut. Möglichkeit – gleich Null. Monsieur Poirot. Fast sicher der Verbrecher; der einzige Mann an Bord, der einen psychologischen Moment schaffen konnte.«

Japp lachte ausgiebig über seinen Scherz, während Poirot nachsichtig und Fournier ein bißchen schüchtern lächelte. Dann sprach der Beamte von Scotland Yard weiter:

»Bryant. Wahrscheinlichkeit und Möglichkeit – beide gut. Clancy. Beweggrund zweifelhaft; Wahrscheinlichkeit und Möglichkeit hingegen sehr gut. Ryder. Wahrscheinlichkeit ungewiß; Möglichkeit ganz gut. Die beiden Duponts. Wahrscheinlichkeit gering; was den Beweggrund betrifft, gut in bezug auf die Gelegenheit, Gift zu bekommen. Möglichkeit – gut. Das ist eine kurze Zusammenfassung, die nicht zuviel und nicht zuwenig besagt. Jetzt liegt eine Menge Arbeit nach dem üblichen Schema vor uns. Ich werde zuerst Clancy und Bryant unter die Lupe nehmen, auskundschaften, wie es um sie steht, ob sie irgendwann in der Vergangenheit mit Geldschwierigkeiten zu kämpfen hatten, ob sie sich kürzlich mit Sorgen zu tragen schienen, was sie in den letzten Jahren taten, wo sie sich aufhielten – und dergleichen mehr. Ebenso werde ich mit Ryder verfahren und die übrigen auch nicht vernachlässigen. Wilson soll mir dabei behilflich sein. Monsieur Fournier wird die Duponts übernehmen.«

»Seien Sie versichert, daß ich nichts versäumen werde, Monsieur Japp«, versprach der Franzose. »Heute nacht noch kehre ich nach Paris zurück. Vielleicht erfahre ich jetzt, da wir etwas klarer sehen, von Madame Giselles Wirtschafterin noch das eine oder andere. Dann heißt es, dem Ortswechsel der Toten während dieses Sommers nachzuspüren. Ein- oder zweimal war sie – das weiß ich bestimmt – in Le Pinet. Auch Auskünfte über ihre Beziehungen zu Engländern wären wichtig. O ja, es wartet auf uns eine Menge Arbeit!«

Die Blicke beider Männer richteten sich auf Poirot, der mit halbgeschlossenen Augen in seinem Sessel lehnte.

»Nun, wie steht's, Monsieur Poirot?« fragte der Inspektor endlich. »Wollen Sie sich überhaupt mit der Angelegenheit befassen?«

»Ja, ich möchte Monsieur Fournier nach Paris begleiten.«

»Ausgezeichnet!«

»Was haben Sie eigentlich?« sagte Japp. »Sie hüllen sich in verdächtiges Schweigen. Sprießen einige Ihrer kleinen Ideen, alter Freund?«

»Ein paar. Ja, ja, ein paar. Aber es ist sehr schwierig.«

»Heraus mit der Sprache!«

»Erstens macht mir der Platz zu schaffen, wo das Blasrohr gefunden wurde.«

»Kein Wunder! Beinahe brachte Sie das hinter Schloß und Riegel.«

Poirot schüttelte langsam den Kopf.

»So meine ich es nicht. Ich grübele nicht, weil man es hinter meinem Sitz fand, sondern weil es überhaupt hinter einen Sitz geschoben worden ist.«

»Was gibt's da zu grübeln? Irgendwo mußte der Betreffende das Ding ja verbergen; er konnte sich nicht der Gefahr aussetzen, daß man es bei ihm entdeckte.«

»Sehr richtig. Indes werden Sie bei Besichtigung des Flugzeuges vielleicht bemerkt haben, daß sich, obwohl die Fenster nicht geöffnet werden können, dennoch in jedem ein Ventilator befindet – ein kreisrundes Loch, das sich öffnen und schließen läßt und groß genug ist, um das Hindurchstecken unseres Blasrohrs zu ermöglichen. Warum es nicht auf diese lächerlich einfache Art beseitigen? Es würde unten auf die Erde gefallen und sicherlich niemals gefunden worden sein.«

»Eine Erklärung dafür gibt es – der Mörder fürchtete, daß man ihn beobachtete.«

»Wunderbar!« spöttelte Poirot. »Das Blasrohr an die Lippen zu setzen und den tödlichen Dorn fortzublasen – davor scheute er nicht zurück; aber er fürchtete, daß man ihn sah, wenn er das Blasrohr durch das Loch warf!«

»Zugegeben, es klingt albern. Aber die Tatsache bleibt bestehen, daß er das Rohr hinter das Kissen eines Sitzes schob.«

Hercule Poirot schwieg, und nun stellte Fournier die neugierige Frage:

»Bringt Sie denn das nun auf einen Gedanken?«

»Sagen wir lieber: Es nährt eine Erkenntnis.« Mechanisch rückten Poirots Finger das unbenutzte Schreibzeug gerade, das Japp etwas verschoben hatte. Dann hob er ruckartig den Kopf. »Haben Sie übrigens jene genaue Liste über die Sachen der Passagiere anfertigen lassen?«

## 8

»Was ich versprochen habe, halte ich«, sagte Japp. Er grinste und versenkte die Hand in seine Tasche, um etliche mit Maschinenschrift bedeckte Seiten hervorzuholen. »Hier haben Sie das Verlangte. Gewissenhaft ist alles vermerkt, und ich gestehe, daß ich über etwas gestolpert bin. Aber lesen Sie erst.«

Poirot legte die Blätter auf den Tisch, strich sie sorgfältig glatt und begann dann mit der Lektüre:

### JAMES RYDER

Taschen: Leinenes Taschentuch, mit J. gezeichnet. Schweinslederne Brieftasche; sieben Einpfundnoten, drei Geschäftskarten. Brief vom Teilhaber George Elbermann, der die Hoffnung ausspricht, daß »die Verhandlungen über das Darlehen zum Erfolg geführt haben . . . sonst sind wir übel dran«. Ein Brief mit der Unterschrift »Maudie«, in dem für den nächsten Abend ein Treffen im »Trocadero« verabredet wird (billiges Papier, ungebildete Handschrift). Silbernes Zigarettenetui. Feuerzeug, Füllfederhalter. Schlüsselbund. Yale-Türschlüssel. Kleingeld in französischer und englischer Währung.

Handkoffer: Eine Menge Papiere, die Zementindustrie betreffend. Ein Exemplar des verbotenen Buches »Bootless Cup«.

## DR. BRYANT

Taschen: Zwei leinene Taschentücher. Brieftasche, enthaltend zwanzig Pfund und fünfhundert Franc. Kleingeld in französischer und englischer Währung. Konsultationsbuch. Zigarettendose, Feuerzeug, Füllfederhalter, Yale-Schlüssel, Schlüsselbund, Flöte im Kasten.

Dazu: »Memoirs of Benvenuto Cellini« und »Les Maux de l'Oreille«.

## NORMAN GALE

Taschen: Seidenes Taschentuch, Brieftasche mit einem englischen Pfund und sechshundert Franc, Wechselgeld, Geschäftskarten zweier französischer Firmen, die zahnärztliche Instrumente herstellen. Leere Zündholzschachtel. Silbernes Feuerzeug. Bruyère-Pfeife. Tabaksbeutel aus Gummi. Yale-Türschlüssel.

Handkoffer: Weißer Leinenmantel. Zwei kleine Mundspiegel. Watterollen, wie sie Zahnärzte gebrauchen, »La Vie Parisienne«, »The Strand Magazine«, »The Autocar«.

## ARMAND DUPONT

Taschen: Brieftasche mit tausend Franc und zehn Pfund. Brille mit Etui. Französisches Wechselgeld. Baumwollenes Taschentuch. Paket mit Zigaretten, Streichhölzer. Karten mit Kästchen. Zahnstocher.

Handkoffer: Manuskript für Vortrag in der Königlichen Asiatischen Gesellschaft. Zwei deutsche archäologische Veröffentlichungen. Zwei Seiten roher Skizzen von Geschirr. Mit Ornamenten versehen hohle Röhren (angeblich kurdische Pfeifenstiele). Kleiner geflochtener Untersatz. Neun Fotografien, sämtlich von Geschirr.

## JEAN DUPONT

Taschen: Brieftasche. Inhalt fünf Pfund und dreihundert Franc. Zigarettendose. Zigarettenspitze (Elfenbein). Feuerzeug. Füllfederhalter. Zwei Bleistifte. Kleines Notizbuch, vollgekritzelt. Brief in englischer Sprache von L. Marriner, der zum Lunch im Restaurant nahe Tottenham Court Road einlädt. Französisches Kleingeld.

## DANIEL CLANCY

Taschen: Taschentuch (mit Tintenflecken), Füllfederhalter (tropfend). Brieftasche mit vier Pfund und hundert Franc. Drei Zeitungsausschnitte, die kürzlich vorgefallene Verbrechen behandeln (eine Vergiftung mittels Arsen, zwei Unterschlagungen). Zwei Briefe von Maklern mit Einzelheiten über Landhäuser. Vier Bleistifte. Federmesser. Drei quittierte und vier unbezahlte Rechnungen. Brief von Gordon, mit Briefkopf S. S. Minotaur. Halbgelöste Kreuzworträtsel, aus der Zeitung herausgeschnitten. Notizbuch mit Anregungen für schriftstellerische Arbeiten. Kleingeld in italienischer, französischer, Schweizer und englischer Währung. Bezahlte Hotelrechnung aus Neapel. Großes Schlüsselbund.

In der Manteltasche: Manuskriptseiten von »Mord am Vesuv«. Kontinentales Kursbuch. Golfball. Ein Paar Socken. Zahnbürste. Bezahlte Hotelrechnung Paris.

## MISS KERR

Handtasche: Lippenstift. Zwei Zigarettenspitzen (eine aus Elfenbein, die andere aus Jade). Puderdose. Zigarettendose. Streichholzbrief. Taschentuch. Zwei englische Pfundnoten. Kleingeld. Eine Hälfte eines Kreditbriefes. Schlüssel.

Handkoffer: Ledergefüttert. Flaschen, Bürsten und Kämme usw. Manikürekasten. Schwammbeutel, enthaltend Zahnbürste, Schwamm, Zahncreme, Seife. Zwei Scheren. Fünf Briefe von Verwandten und Freunden in England. Zwei Tauchnitz-Bücher. Fotografie von zwei Spaniels.

Ferner die Zeitschriften »Vogue« und »Good Housekeeping«.

MISS GREY

Handtasche: Lippenstift, flache Puderdose. Yale-Schlüssel und ein Kofferschlüssel. Bleistift. Zigarettendose, -spitze. Streichhölzer. Zwei Taschentücher. Bezahlte Hotelrechnung aus Le Pinet. Kleines Buch, französischer Sprachführer. Hundert Franc und zehn Shilling. Französisches und englisches Kleingeld. Eine Kasino-Spielmarke, Wert fünf Franc.
In der Tasche des Reisemantels: Sechs Postkarten von Paris. Zwei Taschentücher und ein seidener Schal. Brief, gezeichnet Gladys. Ein Röhrchen Aspirin.

LADY HORBURY

Handtasche: Zwei Lippenstifte, Rouge, Puderdose. Taschentuch. Drei Tausendfrancnoten. Sechs englische Pfund. Kleingeld (französisch). Ein Brillantring. Fünf französische Marken. Zwei Zigarettenspitzen. Streichhölzer in Silberbehälter.

Handkoffer: Komplette Toilettengarnitur. Ferner Schminke, Puder, Cremes usw. Reichhaltiger Maniküreкasten (Gold). Kleine Flasche, die (in Tinte) die Aufschrift Borax-Pulver trägt.

Als Poirot am Ende der Liste angelangt war, legte Insepektor Japp seinen Zeigefinger auf den letzten Satz.

»Scharfer Blick, unser Mann! Er hatte das Gefühl, dies gewöhnliche Fläschchen passe nicht zu dem übrigen. Borax-Pulver – wer's glaubt! Kokain hieß das weiße Pulver in Wirklichkeit.«

Poirots Augen öffneten sich ein wenig mehr, und langsam nickte er zweimal.

»Vielleicht hat es mit unserem Fall nichts zu tun«, fuhr Japp fort. »Aber ich weiß sehr wohl, daß eine Frau, die sich dem Kokain hingibt, nicht allzuviel moralische Hemmungen hat. Allerdings bezweifle ich, daß unsere Gnädige die nötigen Nerven hat, um eine Sache wie diese durchzuführen, und, offen gestanden, sehe ich auch nicht, wie es ihr möglich gewesen wäre.«

Poirot nahm die Bogen und las den Inhalt zum zweiten Male. Dann legte er sie mit einem Seufzer wieder auf den Tisch. »Klipp und klar scheint alles auf eine Person als den Mörder hinzudeuten«, sagte er. »Und doch begreife ich nicht das Weshalb oder das Wie.«

Der Inspektor fuhr in die Höhe.

»Monsieur Poirot, wollen Sie etwa behaupten, daß die Durchsicht dieser Liste Sie auf die Spur des Mörders brachte? Ihnen zeigte, wer von den Reisenden im Flugzeug das Verbrechen beging?«

»Ich glaube, ja.«

Japp nahm ihm die Blätter fort, las sie aufmerksam und reichte sie Fournier, der sie ebenfalls genau zu lesen begann.

»Wollen Sie mir etwas weismachen, Monsieur Poirot?«

»Nein, nein. Was für eine Idee!«

Endlich legte der Franzose die letzte Seite aus der Hand.

»Nun?«

»Schelten Sie mich dumm – aber ich finde nicht, daß die Liste uns vorwärtsgebracht hat.«

»Nein? Auch nicht in bezug auf gewisse Merkmale des Falles?« frage Hercule Poirot. Und als der Franzose dies verneinte: »Nun gut, vielleicht habe ich unrecht.«

»Tragen Sie uns Ihre Theorie doch mal vor«, sagte Japp. »Sie zu hören lohnt sich auf alle Fälle.«

»Es lohnt sich nicht, mein Freund. Wie Sie ganz richtig bemerkten, handelt es sich lediglich um eine Theorie. Ich hoffte, auf der Liste einen gewissen Gegenstand zu finden, und ich habe ihn gefunden. Er scheint indes in die falsche Richtung zu weisen. Der richtige Fingerzeig bei der unrichtigen Person, wodurch unsere Arbeit erklecklich vermehrt wird. Ich sehe meinen Weg noch nicht klar vor mir; nur etliche Tatsachen heben sich aus dem Durcheinander hervor und fügen sich zu einem bedeutungsvollen Muster zusammen. Nein? Ihnen stellt es sich nicht so dar? Ah, dann ist es besser, wenn jeder von uns seinem eigenen Gefühl folgt und seine Arbeit danach einrichtet. Ich habe keine Gewißheit, Messieurs, nur einen bestimmten Argwohn ...«

»Und ich glaube, Sie schneiden ein bißchen auf, mein Lieber«, sagte der Inspektor, indem er sich erhob. »Also ich unternehme die nötigen Schritte in London; Sie, Fournier, kehren nach Paris zurück – und was geruht unser Monsieur Poirot zu tun?«

»Nach wie vor Monsieur Fournier nach Paris zu begleiten. Mehr denn je sogar.« Poirot schien das selbstverständlich.

»Mehr denn je ...? Bei Gott, ich wüßte gern, welche Grillen in Ihrem Hirn herumgeistern!«

»Grillen! Mein lieber Japp, das ist nicht nett.«

Fournier reichte dem kleinen Belgier respektvoll die Hand.

»Ich wünsche Ihnen einen guten Abend und spreche Ihnen meinen verbindlichsten Dank für Ihre entzückende Gastfreundschaft aus. Also werden wir uns morgen früh in Croydon treffen?«

»Ganz recht.«

»Hoffen wir, daß uns unterwegs nicht jemand ermordet!«

Die beiden Beamten brachen auf. Hercule Poirot aber rührte sich, als sei er festgewurzelt, eine halbe Stunde lang nicht vom Fleck. Endlich atmete er tief auf, beseitigte jede Spur von Unordnung, leerte die Aschenbecher und stellte die Stühle in Reih und Glied. Dann nahm er von einem Nebentischchen eine Zeitschrift, die er durchblätterte, bis er auf die gesuchte Seite stieß. »Zwei Sonnenanbeter«, stand dort als Überschrift. Und weiter: »Gräfin Horbury und Mr. Raymond Barraclough in Le Pinet.«

Hercule Poirot betrachtete die beiden lachenden Menschen im Badeanzug, die Arm in Arm vor der Kamera des Fotografen gestanden hatten.

»Man müßte auch in dieser Richtung seine Fühler ausstrecken«, murmelte der kleine Mann.

Er hatte schon die Idee, wie das zu machen war.

## 9

Am folgenden Tage war das Wetter so herrlich, daß selbst Poirots empfindlicher Magen nicht aufbegehrte, als das Flugzeug, das um 8.45 Uhr pünktlich Croydon verließ, sie über den Kanal trug. Außer ihnen saßen noch acht andere Passagiere in dem Abteil, und der Beamte der Pariser Sureté benutzte die Reise, um etliche Versuche anzustellen. Dreimal, in verschiedenen Abständen, zog er ein kleines Stück Bambus aus der Tasche und setzte es an den Mund, dabei immer in dieselbe Richtung zielend. Einmal beugte er sich hierzu um die Ecke seiner Rückenlehne, einmal hielt er den Kopf leicht seitwärts gedreht, und das drittemal kehrte er aus dem Toilettenraum zurück. Stets aber wurde er gewahr, wie der Blick irgendeines Mitreisenden ihn in sanftem Erstaunen musterte; ja, bei dem letzten Versuch waren sogar sämtliche Augenpaare auf ihn gerichtet.

Entmutigt sank Fournier in seinen Sessel nieder, und auch Poirots vergnügtes Schmunzeln heiterte ihn nicht auf.

»Sie finden es komisch, nicht wahr? Aber Sie geben hoffentlich zu, daß man die Versuche machen muß.«

»Ohne weiteres. Ich bewundere aufrichtig Ihre Gründlichkeit, mon cher. Sie spielen die Rolle des Mörders mit dem Blasrohr, und das Ergebnis ist eindeutig: jedermann sieht Sie.«

»Nicht jedermann.«

»Nein, in einem gewissen Sinne nicht. Bei jeder Gelegenheit gibt es irgendwen, der Sie nicht sieht, was für einen erfolgreichen Mord jedoch nicht ausreicht. Sie müssen natürlich sicher sein, daß niemand Sie sehen wird.«

»Und das ist unter gewöhnlichen Bedingungen unmöglich«, sagte Fournier. »Ich halte daher meine Theorie aufrecht, daß außergewöhnliche Bedingungen vorhanden gewesen sein müssen – der psychologisch richtige Moment! In jenem Moment wurde jedermanns Aufmerksamkeit mathematisch genau anderswo gefesselt. Sind Sie nicht meiner Meinung, Monsieur Poirot?«

Der kleine Belgier zögerte eine Minute.

»Ja und nein. Ich glaube wie Sie, daß ein psychologischer Grund vorhanden gewesen ist, weshalb niemand den Mörder sah. Aber meine Ideen laufen in einem anderen Kanal als die Ihren. Ich fühle, daß in diesem Fall bloße okulare Tatsachen täuschend sein können. Schließen Sie Ihre Augen, mon cher, anstatt sie weit zu öffnen. Benutzen Sie die Augen des Verstandes, nicht jene des Körpers. Lassen Sie die kleinen grauen Zellen in Tätigkeit treten . . . lassen Sie es ihre Aufgabe sein, Ihnen zu zeigen, was sich tatsächlich ereignete.«

Fournier starrte den Sprecher verdutzt an.

»Ich verstehe nicht recht, Monsieur Poirot.«

»Weil Sie aus Dingen, die Sie gesehen haben, Schlüsse ziehen. Nichts kann indes so irreführen wie die Beobachtung.«

Der Franzose machte eine Geste des Unwissens. »Ich gebe es auf, Monsieur Poirot. Ich begreife Sie nicht.«

»Unser Freund Giraud würde Sie drängen, meine Schrullen nicht zu beachten. ›Los, tun Sie etwas‹, würde er sagen. ›Im Lehnstuhl sitzen und denken, das ist die Methode eines alten Mannes, der sich auf dem absteigenden Ast befindet.‹ Aber ich behaupte, daß ein junger Hund oft so hitzig ist, daß er die Fährte überrennt.«

Nach diesen Worten schloß Hercule Poirot die Augen, vermutlich, um nachzusinnen. Doch es läßt sich nicht leugnen, daß er fünf Minuten später fest schlief.

In Paris begaben sie sich vom Flugplatz schnurstracks in die Rue Joliette, die auf der Südseite der Seine liegt. In nichts unterschied sich Nummer drei von den anderen Häusern. Ein alter Pförtner ließ sie ein und begrüßte Fournier recht mürrisch.

»Also schon wieder die Polizei! Nichts als Ungelegenheiten. Das wird das Haus in einen schönen Ruf bringen ...!« Knurrend schlurfte er in sein Zimmer zurück.

»Wir wollen zuerst Giselles Büro einen Besuch abstatten«, schlug Fournier vor.

Er zog einen Schlüssel aus der Tasche und erklärte, daß die französische Polizei die Vorsichtsmaßregel getroffen habe, bis zum Einlaufen des Ergebnisses der englischen Voruntersuchung die Tür abzuschließen und zu versiegeln.

Madame Giselles Büro war ein kleiner, dumpfer Raum, in dessen einer Ecke ein Geldschrank von etwas veralteter Art stand. Ein Schreibtisch, nüchtern und geschäftsmäßig, sowie mehrere schäbig gepolsterte Stühle bildeten das Mobiliar. Das einzige Fenster überzog eine Schmutzschicht; man hatte das Gefühl, als sei es noch niemals geöffnet worden.

Poirot nahm in dem Schreibtischsessel Platz, und seine Hand strich sanft über die hölzerne Oberfläche des Tisches. Dann betastete sie ihn von unten.

»Oh, hier ist eine Glocke«, sagte er.

»Ja. Sie klingelt unten beim Pförtner.«

»Eine weise Maßnahme! Madames Klienten sind vielleicht bisweilen lärmend geworden.«

Er öffnete ein paar Schubladen, die einen Kalender, Schreibutensilien, Federn und Bleistifte, aber weder Briefschaften noch irgend etwas von persönlicher Art enthielten, und schob sie nach einem flüchtigen Blick wieder zu.

»Ich würde Sie durch eine gründliche Untersuchung beleidigen, mein Freund«, sagte er zu Fournier. »Wenn hier etwas zu finden wäre, würden Sie es bestimmt gefunden haben.« Dann wies er auf den Geldschrank. »Kein einbruchsicheres Modell!«

»Nein. Sogar ziemlich altmodisch.«

»War er leer?«

»Ja. Die verflixte Wirtschafterin hatte alles vernichtet.«

»Ah ... die Vertrauensperson! Wir müssen sie sehen, denn dieser Raum hier sagt uns nichts. Übrigens sehr bezeichnend, nicht wahr?«

»Wieso bezeichnend?«

»Nun, dies Fehlen jeglicher persönlichen Note – ich finde das interessant.« Er erhob sich. »Kommen Sie. Mich lockt die Wirtschafterin, diese so überaus gewissenhafte, zuverlässige Frau.«

Elise Grandier, nicht mehr jung, mit einem runden Gesicht und kleinen pfiffigen Augen, warf einen raschen Blick auf Fournier, dann auf Poirot und wieder auf den Beamten der Pariser Sureté.

»Setzen Sie sich, Mademoiselle Grandier.«

»Danke, Monsieur.« Gelassen nahm sie Platz.

»Monsieur Poirot und ich sind heute von London zurückgekehrt«, begann Fournier. »Die amtliche Leichenschau, das heißt, die Voruntersuchung wegen des Todes von Madame, fand gestern statt. Es bestand kein Zweifel, daß Madame vergiftet wurde.«

»Wie schrecklich, Monsieur! Madame vergiftet! Wer hätte sich so etwas wohl träumen lassen!«

»Vielleicht können Sie uns bei unserer Arbeit helfen, Mademoiselle.«

»Gewiß will ich der Polizei beistehen, soviel ich vermag. Doch ich weiß nichts – absolut nichts.«

»Sie wissen aber, daß Madame Feinde hatte«, sagte Fournier scharf.

»Das ist nicht wahr. Warum sollte Madame Feinde gehabt haben?«

»Nicht so hitzig, Mademoiselle Grandier. Im Beruf eines Geldverleihers stellen sich leicht Mißhelligkeiten ein.«

»Ja, bisweilen waren Madames Klienten ziemlich unvernünftig«, gab Elise zu.

»Sie machten Szenen, wie? Sie drohten?«

Die behäbige Frau schüttelte den Kopf. »Nein, nein, da irren Sie, Monsieur. Nicht sie waren es, die drohten; sie winselten, sie klagten, beteuerten, daß sie nicht zahlen könnten – all das, ja.«

»Vielleicht konnten sie manchmal tatsächlich nicht zahlen, Mademoiselle«, mischte sich Poirot ein.

»Möglich.« Elise Grandier zuckte geringschätzig die Schultern. »Das ist ihre Sache. Gewöhnlich aber zahlten sie schließlich.«

»Madame Giselle war eine harte, gefühllose Frau«, sagte Fournier.

»Madame war gerecht.«

»Sie haben kein Mitleid mit den Opfern?«

»Opfer ... Opfer ...«, wiederholte Elise ungeduldig. »Sie verstehen das nicht. Ist es etwa nötig, sich in Schulden zu stürzen, über die Verhältnisse zu leben, herumzulaufen und zu pumpen? Und dann noch obendrein zu erwarten, daß ihnen das Geld geschenkt wird? Ah, das ist nicht recht und billig! Madame war stets anständig und rechtschaffen. Sie lieh – und sie erwartete die Rückzahlung. Madame selbst hatte nie Schulden. Immer kam sie redlich ihren Verpflichtungen nach. Nie, nie blieben Rechnungen unbezahlt. Und wenn Sie sagen, daß Madame hart und gefühllos gewesen sei, so trifft das nicht zu. Madame war gütig, unterstützte die Bedürftigen, zeichnete große Summen für wohltätige Zwecke. Als die Frau von Georges, dem Pförtner, erkrankte, bezahlte Madame das Krankenhaus und hinterher den Aufenthalt im Erholungsheim auf dem Lande.« Sie machte eine Pause, vor Entrüstung rot geworden. »Nein, Sie haben kein Verständnis für Madame.«

Fournier wartete noch einen Augenblick, bis ihre Empörung abgeflaut war, und dann erkundigte er sich:

»Sie äußerten vorhin, daß Madames Klienten schließlich doch

zu zahlen pflegten. Sind Ihnen die Mittel bekannt, die Madame anwandte, um dies zu erreichen?«

»Nichts ist mir bekannt.«

»Nun, immerhin genug, daß Sie es für richtig fanden, die hinterlassenen Papiere zu verbrennen.«

»Damit führte ich Madames Anweisungen aus. Wenn ihr je ein Unfall zustoßen oder sie außerhalb ihres Heims erkranken und sterben würde, sollte ich ihre Geschäftspapiere verbrennen, lautete ihr Befehl.«

»Die Papiere in dem Safe unten?« fragte Hercule Poirot.

»Ganz recht, die Geschäftspapiere.«

»Und sie befanden sich in dem Safe unten?«

Diese Hartnäckigkeit trieb Elise Grandier das Blut in die runden Wangen.

»Ich gehorchte Madames Befehlen, Monsieur.«

»Das weiß ich«, lächelte der kleine Belgier. »Aber die Papiere lagen nicht im Safe, wie? Jener Safe ist ein viel zu altmodischer Kasten – sogar ein Unkundiger hätte ihn aufbrechen können. Nicht wahr, die Papiere wurden anderswo aufbewahrt, Mademoiselle? Vielleicht in Madames Schlafzimmer?«

Pause.

»Ja, so ist es«, gestand die Frau endlich. »Obwohl Madame den Kunden gegenüber immer behauptete, die Papiere lägen unten, befanden sie sich in Wirklichkeit im Schlafzimmer.«

»Bitte, zeigen Sie uns, wo.«

Elise Grandier erhob sich und geleitete die beiden unwillkommenen Besucher zu einem sehr geräumigen Zimmer, das indes mit schweren, geschnitzten Möbeln so überfüllt war, daß man sich kaum ungehindert bewegen konnte. Hier klappte sie den Deckel einer großen antiken Truhe auf und entnahm ihr ein unmodernes Alpakakleid mit einem seidenen Unterkleid. Im Innern des Kleides saß eine riesige Tasche.

»Da drin steckten die Papiere, Monsieur. In einem großen, versiegelten Umschlag.«

»Warum haben Sie mir das verheimlicht, als ich Sie vor drei Tagen fragte?« brauste Fournier auf.

»Pardon, Monsieur, Sie fragten mich, wo die Papiere wären, die im Safe sein sollten, und ich erwiderte, daß ich sie verbrannt hätte. Das entsprach der Wahrheit. Der genaue Aufbewahrungsort schien unwichtig.«

»Richtig. Aber Sie verstehen wohl, Mademoiselle Grandier, daß jene Papiere nicht hätten verbrannt werden dürfen.«

»Ich führte Madames Befehle aus«, sagte Elise verbissen.

»Ja, Sie meinten es sicher gut«, beschwichtigte Fournier. »Nun hören Sie genau zu: Madame wurde ermordet. Es besteht die Möglichkeit, daß ihr Mörder ein Mensch ist, über den Madame Dinge wußte, die seinen Ruf gefährden. Haben Sie nicht – ich fände es durchaus verständlich – einen Blick in jene Papiere geworfen, ehe sie ein Raub der Flammen wurden ...? Seien Sie nicht vorschnell mit der Antwort, Mademoiselle. Bedenken Sie, daß Sie mit jeder Auskunft, die Sie uns dank jenen Papieren geben könnten, der Polizei den größten Dienst leisten und den Mörder Ihrer Herrin der Gerechtigkeit überantworten. Deshalb fürchten Sie sich nicht, Mademoiselle, wahrheitsgemäß zu antworten. Haben Sie Einsicht in jene Schriftstücke genommen?«

Elise Grandier atmete hörbar.

»Nein, Monsieur«, sagte sie mit Nachdruck, »ich habe nichts gelesen. Ich habe den Umschlag verbrannt, ohne auch nur das Siegel zu lösen.«

## 10

Fournier schien sie mit seinen Blicken durchbohren zu wollen. Doch als er erkannte, daß sie die Wahrheit sprach, wandte er sich mit einer Geste, die Niedergeschlagenheit bekundete, ab.

»Sie handelten ehrenhaft, Mademoiselle. Aber es ist schade ... jammerschade.«

»Tut mir leid, Monsieur.«

Der Beamte setzte sich in eines der Sesselungetüme und blätterte in seinem Notizbuch.

»Als ich Sie das erstemal fragte, behaupteten Sie, Mademoiselle, die Namen von Madames Klienten nicht zu kennen. Nichtsdestoweniger geben Sie heute zu, daß sie gewinselt und um Mitleid gebeten hätten. Mithin wissen Sie etwas über diesen Kundenkreis Madame Giselles?«

»Ich will es Ihnen erklären. Madame erwähnte nie einen Namen, sie erörterte nie ihre geschäftlichen Angelegenheiten. Doch schließlich ist man Mensch, nicht wahr? Bisweilen sprach Madame zu mir wie zu sich selbst, ganz so, als wäre ich gar nicht anwesend ...«

»Ein Beispiel bitte, Mademoiselle«, fiel Poirot ein.

»Ein Beispiel ...? Warten Sie, ich will nachdenken – ah ja! Sagen wir, ein Brief kommt. Madame öffnet ihn. Sie lacht auf, kurz und trocken, und murmelt: ›Du heulst und jammerst, meine feine Dame. Doch das hilft dir nichts – zahlen mußt du trotzdem.‹ Oder sie pflegte mir gegenüber zu äußern: ›Was für Narren! Was für Narren! Sich einzubilden, ich liehe ihnen große Summen ohne geziemende Sicherheit! Wissen ist Sicherheit, Elise. Wissen ist Macht.‹ Dergleichen Worte ließ sie bisweilen fallen.«

»Haben Sie je einige von Madames Kunden gesehen?«

»Nein, Monsieur. Sie blieben ja unten im ersten Stock, und sehr oft kamen sie nach Einbruch der Dunkelheit.«

»Ist Ihre Herrin vor ihrer Reise nach England hier gewesen?«

»Sie kehrte erst tags zuvor heim.«

»Von wo?«

»Sie hatte vierzehn Tage in Deauville, Le Pinet, Paris-Plage und Wimereux zugebracht – ihre übliche Septemberrunde. Als sie zurückkam, war sie sehr gut gelaunt. Die Geschäfte gingen vortrefflich, sagte sie, die Tour habe sich gelohnt. Dann befahl sie mir, die Universal Airlines anzuläuten und für den nächsten Tag einen Platz nach England zu bestellen. Für das Flugzeug, das in der Frühe abgeht, war kein Platz mehr erhältlich, doch bekam sie noch einen für den Mittagsflug.«

»Und der Grund ihrer Reise? Lag etwas Dringendes vor?«

»O nein, Monsieur. Madame reiste ziemlich häufig nach England und teilte es mir meistens einen Tag vorher mit.«

»Fand sich an jenem Abend einer der Kunden ein?«

»Ich glaube, doch bin ich nicht sicher. Möglicherweise weiß es Georges.«

Fournier kramte jetzt etliche Bilder hervor – Fotografien, von Presseleuten aufgenommen, als verschiedene Zeugen das Gerichtsgebäude nach dem Verhandlungstermin zusammen verließen.

»Können Sie irgendwen wiedererkennen, Mademoiselle?«

Elise Grandier betrachtete die einzelnen Aufnahmen gewissenhaft und gab sie dem Beamten zurück.

»Nein, Monsieur.«

»Dann müssen wir es bei Georges versuchen.«

»Ja. Leider aber hat Georges ziemlich schlechte Augen.«

Fournier schob sein Buch in die Tasche.

»Nun wollen wir nicht länger stören. Kommen Sie, Poirot. Was ist los? Suchen Sie etwas?«

Tatsächlich wanderte Hercule Poirot im Zimmer umher und schaute in alle Winkel.

»Ja, ich halte nach etwas Umschau, was ich nicht sehe.«

»Was ist es?«

»Bilder. Bilder von Madame Giselles Verwandten – von ihrer Familie.«

»Sie hatte keine Familie«, erklärte Elise. »Sie stand allein in der Welt.«

»Sie hatte eine Tochter«, gab Poirot prompt zur Antwort.

»Ja, eine Tochter wohl.« Die Wirtschafterin seufzte.

»Nach meiner Meinung hat Madame das Kind aber zuletzt als Baby gesehen.«

»Wie ...?«

Elise Grandier warf die Hände mit einer Geste auseinander, die ihre Unkenntnis versinnbildlichen sollte.

»Ich bin darüber nicht unterrichtet. Das spielte sich in den Tagen ab, als Madame jung war – jung, hübsch und arm. Vielleicht war sie auch verheiratet, vielleicht aber auch nicht. Ich möchte fast das letztere annehmen. Zweifellos traf sie irgendwelche Anordnungen wegen des Kindes. Madame selbst aber hatte die Pocken, kämpfte mit dem Tode, und als sie genas, war ihre Schönheit dahin. Hinfort gab es keine Torheiten mehr, keine Romanzen, nur noch Geschäfte.«

»Aber sie hat ihr Vermögen dieser Tochter vermacht?«

»Gewiß. Wem hätte sie es sonst vermachen sollen, wenn nicht

ihrem eigenen Fleisch und Blut? Blut ist dicker als Wasser, und Freunde besaß Madame nicht. Geld war ihre Leidenschaft – immer mehr davon zusammenzuraffen. Sie verbrauchte sehr wenig, da sie keinen Luxus liebte.«

»Wissen Sie, daß sie Ihnen ein Legat aussetzte?«

»Ja. Madame war immer großmütig. Abgesehen von meinem Lohn, erhielt ich alljährlich eine schöne Summe. Ich bin Madame zu viel Dank verpflichtet.«

»So, nun werden wir gehen«, sagte Fournier abermals. »Unten will ich nur noch ein paar Worte mit dem alten Georges wechseln.«

»Gestatten Sie mir, daß ich Ihnen in zwei Minuten folge, mein Lieber«, bat plötzlich Hercule Poirot.

»Wie Sie wünschen.«

Fournier verschwand, und noch einmal durchwanderte Poirot das Zimmer. Dann setzte er sich und betrachtete stumm die rundliche Frau, die unter diesen forschenden Augen unruhig wurde.

»Was . . . was verlangt Monsieur noch zu wissen?«

»Mademoiselle Grandier, ist Ihnen bekannt, wer Ihre Herrin ermordet hat?«

»Nein. Ich schwöre es bei Gott, dem Allmächtigen.«

»Gut.« Wieder ließen Poirots durchdringende Augen die Frau nicht los. »Ich glaube Ihnen. Doch Wissen ist ein Ding und Verdacht ein anderes. Haben Sie eine Idee, nur eine ganz schwache, wer es gewesen sein könnte?«

»Nein. Ich habe es bereits dem Inspektor gesagt.«

»So . . .? Meinen Sie nicht, daß ein gewisser Unterschied darin besteht, ob man zu einem Polizeibeamten oder zu einem Privatmann spricht?«

»Vielleicht.« Ein Ausdruck der Unentschlossenheit trat in Elises Augen, und Poirot, dem dies nicht entging, beugte sich zur ihr hinüber.

»Soll ich Ihnen etwas sagen, Mademoiselle Grandier? Es gehört zu meinen Gepflogenheiten, nichts zu glauben, was man mir erzählt – das heißt nichts, was nicht bewiesen wird. Ich verdächtige nicht erst diese und hernach jene Person; ich verdächtige jeden. Jeden, der mit einem Verbrechen im leisesten Zusammenhang steht, betrachte ich als einen Verbrecher, bis die betreffende Person sich als unschuldig erweist.«

»Wollen Sie etwa sagen, daß Sie mich, mich im Verdacht haben, Madames Mörder zu sein?« fauchte Elise Grandier los. »Oh, das ist stark! Solch ein Gedanke ist eine unglaubliche Bösartigkeit!« Ihr umfangreicher Busen hob und senkte sich stürmisch. »Eine hundsgemeine Niederträchtigkeit!«

»Nein, Mademoiselle Elise«, erwiderte Poirot ruhig. »Des Mordes verdächtige ich Sie nicht. Der Mörder ist unter den Passagieren des Flugzeuges zu suchen. Aber Sie können sein Helfershelfer sein, indem Sie irgendwem Einzelheiten über Madame Giselles Reise zukommen ließen.«

»Monsieur, ich bin unschuldig! Ich schwöre, daß ich nichts dergleichen getan habe.«

Abermals mußte Elise Grandier Poirots Blicken standhalten, und es dauerte ein Weilchen, ehe er ihr zunickte.

»Ich glaube Ihnen. Trotzdem verheimlichen Sie irgend etwas, Mademoiselle. O ja, leugnen Sie es nicht ...! In jedem Fall krimineller Art spielt sich beim Verhör von Zeugen derselbe Vorgang ab. Jeder hält irgend etwas zurück. Bisweilen ist es etwas ganz Harmloses, das auf das Verbrechen gar keinen Bezug hat. Doch – ich wiederhole – etwas gibt es immer. Sie, Mademoiselle, machen von der Regel keine Ausnahme. Still, still, nicht leugnen! Ich bin Hercule Poirot und weiß, was ich sage. Als mein Freund Fournier Sie vorhin ausfragte, wurden Sie gelegentlich unsicher. Auch jetzt können Sie mir nicht frei in die Augen sehen. Also, was haben Sie der Polizei bisher an Tatsachen oder sonstigem verschwiegen?«

»Nichts von Wichtigkeit.«

»Wollen Sie mir nicht auch das Unwichtige mitteilen? Erinnern Sie sich, daß ich nicht im Dienste der Polizei stehe«, setzte er hinzu, als sie zauderte.

Elise Grandier starrte auf das Teppichmuster hinab.

»Ich ... ich befinde mich in einer schwierigen Lage, Monsieur, und ich möchte in Madames Sinne handeln.«

»Vier Augen sehen oft mehr als zwei, Mademoiselle. Wollen Sie mich nicht um Rat fragen? Wollen wir nicht gemeinsam an das Problem herantreten?«

Die Frau hob jetzt den Blick, unschlüssig zweifelnd.

»Sie sind ein treuer Wachhund, Mademoiselle Elise«, lächelte Hercule Poirot. »Nicht wahr, es ist eine Frage der Loyalität gegen Ihre tote Herrin?«

»Ja. Madame vertraute mir. Von dem Tag an, da ich in ihren Dienst trat, habe ich alle ihre Anweisungen getreulich ausgeführt.«

»Aus Dankbarkeit für eine große Hilfe?«

»Oh, Monsieur ist scharfsinnig! Ja. Warum soll ich es abstreiten? Ich war betrogen und um meine Ersparnisse geprellt worden – und hatte ein Kind. Madame war gut zu mir. Sie brachte das Kind bei Bauern unter, auf einem schönen Hof und bei rechtschaffenen Leuten. Und bei dieser Gelegenheit erwähnte sie auch, daß sie selbst Mutter sei.«

»Weihte sie Sie in die Einzelheiten ein?«

»Nein. Sie sprach davon wie von einem Teil ihres Lebens, der vorüber und abgeschlossen ist. Für das kleine Mädchen sei gut gesorgt. Es würde zu einem Beruf erzogen und würde später, bei Madames Tode, ihr Geld erben.«

»Von dem Vater des Kindes sprach sie nicht?«

»Nein. Ich habe das Gefühl, daß er Engländer gewesen ist.«

»Was veranlaßt Sie zu diesem Glauben?«

»Eigentlich nichts Bestimmtes, Monsieur. Es lag nur immer eine gewisse Bitterkeit in Madames Stimme, wenn sie die Engländer erwähnte, und außerdem schien es mir, als ob sie sich freute, wenn bei den Geschäften Engländer in ihre Gewalt gerieten. Verstehen Sie mich recht, Monsieur, es ist nur eine Mutmaßung ...«

»... die wertvoll sein mag und Möglichkeiten eröffnet«, ergänzte der Belgier. »Und Ihr eigenes Kind, Mademoiselle? War es ein Mädchen oder ein Knabe?«

»Ein Mädchen. Aber es ist tot – schon fünf Jahre.«

»Oh, das tut mir herzlich leid.« Poirot ließ ein paar Sekunden verstreichen. »Mademoiselle Elise, was haben Sie denn nun eigentlich verheimlicht?«

Die Wirtschafterin stand auf und verließ das Zimmer. Als sie nach etlichen Minuten zurückkehrte, hielt sie ein kleines, abgegriffenes schwarzes Notizbuch in der Hand.

»Dies Büchlein gehörte Madame und begleitete sie überallhin. Bei ihrer Abreise nach England konnte sie es aber nicht finden. Dann entdeckte ich es hernach hinter dem Kopfende des Bettes und nahm es mit in mein Zimmer, um es bis zu Madames Heimkehr aufzubewahren. Als die Todesnachricht eintraf, verbrannte ich befehlsgemäß die Papiere, aber nicht das Buch, weil mir dies nicht geheißen worden war.«

»Wann erfuhren Sie die Nachricht?«

Elise zögerte, so daß Poirot ihr die Antwort ersparte.

»Sie erfuhren sie durch die Polizei, die Madames Papiere durchsehen wollte und den Safe leer fand. Und in treuem Gehorsam gegen die Tote gaben Sie an, daß Sie die Papiere verbrannt hätten. In Wirklichkeit haben Sie sie erst hinterher verbrannt.«

»Sie haben recht, Monsieur«, gestand Elise Grandier. »Während die Polizisten unten alles durchstöberten, holte ich die Papiere aus der Truhe und vernichtete sie, sobald sich mir Gelegenheit bot. Ich mußte Madames Auftrag ausführen. Sehen Sie das ein? Aber bitte, teilen Sie es nicht der Polizei mit.«

»Ich glaube, daß Sie sich von den besten Absichten leiten ließen. Dennoch ... aber warum an etwas Unabänderliches Bedauern verschwenden? Eine Notwendigkeit, Monsieur Fournier über die genaue Stunde der Vernichtung aufzuklären, besteht nicht. Jetzt möchte ich aber sehen, ob das Büchlein uns von Nutzen ist.«

»Schwerlich, Monsieur. Die Nummern, die es enthält, sind ohne die Dokumente und Listen bedeutungslos.«

Hercule Poirot nahm ihr das Notizbuch, von dem sie sich sichtlich ungern trennte, aus der Hand und durchblätterte es. Neben den Nummern standen auch Worte, Bleistifteintragungen in einer schrägen Schrift, die sich alle zu gleichen schienen. Der Nummer folgten einige wenige beschreibende Einzelheiten, zum Beispiel:

»CX 265. Frau eines Obersten. Steht zur Zeit in Syrien. Regimentsgelder.

GF 342. Französischer Abgeordneter. Verbindung mit Stavisky.«

Ganz am Ende des Buches waren mit Bleistift Verabredungen vermerkt, wie:

»Le Pinet, Montag, halb elf, Kasino. Savoy Hotel, fünf Uhr. A. B. C., Fleet Street, elf Uhr.«

Elise Grandier beobachtete Poirot ängstlich.

»Nicht wahr, es ist bedeutungslos, Monsieur? Madame verstand es natürlich, doch nicht ein uneingeweihter Leser.«

Hercule Poirot ließ das Büchlein in seiner Tasche verschwinden.

»Es kann sich als ungemein wertvoll erweisen, Mademoiselle. Sie taten klug daran, es mir anzuvertrauen. Und Gewissensbisse brauchen Sie sich nicht zu machen, denn Madame Giselle verlangte ja niemals, daß Sie das Buch verbrennen sollten.«

»Ja, das stimmt«, sagte Elise, und ihr Gesicht erhellte sich etwas.

»Infolgedessen ist es Ihre Pflicht, es der Polizei auszuhändigen. Im übrigen werde ich dafür sorgen, daß Ihnen aus Ihrer Geheimniskrämerei keine Ungelegenheiten erwachsen.«

»Ich danke Ihnen, Monsieur.«

Jetzt endlich griff Poirot nach seinem Hut.

»Nun will ich meinen Kollegen nicht länger warten lassen. Doch halt – noch eine Frage. Als Sie den Platz für Madame Giselle bestellten, riefen Sie da den Flugplatz Le Bourget an oder das Büro der Gesellschaft?«

»Das Büro der Universal Airlines, Monsieur.«

»Auf dem Boulevard des Capucines, nicht wahr?«

»Ja, Boulevard des Capucines Nr. 245.«

Hercule Poirot notierte sich die Nummer und ging mit ein paar freundlichen Abschiedsworten hinaus.

## 11

Fournier, erhitzt und verärgert aussehend, hielt Zwiesprache mit dem alten Georges.

»Was Besseres hat die Polizei wohl nicht zu tun, als einem wieder und wieder dieselben Fragen zu stellen?« kläffte der Alte mit seiner heiseren Stimme. »Wofür eigentlich? Hofft sie, daß man früher oder später von der Wahrheit abweicht und ihr Lügen auftischt? Angenehme Lügen natürlich, Lügen, die diesen Herren in den Kram passen!«

»Ich verlange keine Lügen, sondern die Wahrheit.«

»Na also, die Wahrheit habe ich Ihnen ja bereits gesagt. Ja, Madame erhielt, bevor sie nach England reiste, Besuch von einer Dame. Da zeigen Sie mir diese Bilder, da bestürmen Sie mich, ob ich nicht die Frau unter ihnen wiedererkenne. Begreifen Sie denn nicht, was ich Ihnen bereits ein dutzendmal auseinandersetzte? Daß ich schwache Augen habe? Daß es dunkel wurde? Daß ich sie nicht aus der Nähe sah? Kurz und gut: ich erkenne die Dame nicht wieder, und wenn sie mir gegenüberstände, würde ich sie vermutlich auch nicht wiedererkennen. Fünfmal habe ich Ihnen das nun schon vorgekaut!«

»Und Sie erinnern sich auch nicht, ob sie klein oder groß, jung oder alt war? Das kann ich Ihnen wirklich kaum glauben«, sagte Fournier erzürnt.

»Dann glauben Sie es eben nicht. Was kümmert's mich ...? Eine Bekanntschaft mit der Polizei – na, das wünsche ich meinem ärgsten Feinde nicht! Wenn Madame nicht hoch in der Luft getötet worden wäre, würden Sie wahrscheinlich behaupten, ich, Georges, hätte sie vergiftet. Das sähe der Polizei ähnlich.«

Hercule Poirot kam einer erbosten Antwort Fourniers zuvor, indem er dessen Arm nahm. »Der Magen meldet sich, mein Lieber. Ein einfaches, aber schmackhaftes Mahl, lautet mein Rezept.«

Fournier schaute auf die Uhr.

»Wahrhaftig, es ist eins. Mit diesem Menschen hier sich abzurackern ...« Grimmig starrte er Georges an.

Poirot lächelte dem Alten ermutigend zu.

»Wir verstehen uns, die namenlose Dame war weder groß noch klein, weder blond noch dunkel, weder fett noch schlank. Doch das eine vermögen Sie mir fraglos zu sagen: War sie schick?«

»Schick?« wiederholte Georges, ziemlich aus der Fassung gebracht.

»Das genügt. Sie war also schick. Und ich habe das Empfinden, daß ihr ein Badeanzug ausgezeichnet stehen müßte.«

Georges riß verdutzt die Augen auf und plapperte wiederum ein Wort nach.

»Badeanzug . . .? Was wollen Sie mit einem Badeanzug?«

»Oh, nur ein kleiner Einfall von mir. Eine reizende Frau sieht in einem Badeanzug noch reizender aus. Sind Sie anderer Meinung? Da, schauen Sie her!«

Er reichte dem Alten eine aus dem Magazin »Sketch« herausgerissene Seite, und es entging ihm nicht, wie dieser beim Anblick des Bildes zusammenzuckte.

»Eh, sind Sie jetzt meiner Meinung?«

»Wenn die beiden da überhaupt nichts anhätten, machte es auch nicht viel Unterschied«, sagte der Pförtner nach einer verdächtig langen Pause.

»Gönnen wir es ihnen doch, den wohltätigen Einfluß der Sonne auf ihrer Haut zu spüren«, lächelte Hercule Poirot, worauf sich Georges zu einem heiseren Gekicher herabließ.

Bei dem Mittagessen, das Poirots Vorschlägen entsprach, holte der kleine Belgier Madame Giselles schwarzes Büchlein hervor und trat tapfer für Elise Grandier ein.

»Es ist natürlich, sehr natürlich. Die Polizei – bei diesem Wort erzittern Leute von Elises Bildung und Klasse. Überall, in jedem Lande, werden Sie diese Erfahrung machen.«

»Und da ernten Sie dann Lorbeeren«, entgegnete Fournier. »Der Privatdetektiv holt stets mehr aus den Zeugen heraus als die Behörden. Indes gibt es auch eine Kehrseite des Bildes. Wir haben den ganzen amtlichen Apparat zu unserer Verfügung.«

»So lassen Sie uns freundschaftlich gemeinsam arbeiten«, lächelte Hercule Poirot. »Dies Omelett ist übrigens wundervoll.«

In der Zeitspanne zwischen dem Omelett und der Seezunge blätterte der Beamte der Sureté in dem schwarzen Büchlein. Dann machte er eine Eintragung in sein eigenes Notizbuch.

»Haben Sie alles durchgelesen?« fragte er Poirot.

»Nein. Gestatten Sie?«

Jetzt vertiefte sich Poirot in Madame Giselles Aufzeichnungen, und als der Käse serviert wurde, legte er das Buch auf den Tisch.

»Gewisse Vermerke . . .«, begann Fournier.

»Fünf«, berichtete Poirot.

»Zugegeben fünf.« Und aus seinem Notizbuch las der Franzose

vor: »CL 52. Englische Gräfin. Gatte; RT 362. Doktor, Harley Street; MR 24. Fälschte Antiquäten; XVB 724. Engländer. Unterschlagung; GF 45. Versuchter Mord. Engländer.«

»Großartig, mon ami«, lobte Hercule Poirot. »Von all den Eintragungen scheinen nur jene fünf irgendeine Beziehung zu den Passagieren des ›Prometheus‹ zu haben. Nehmen wir sie einmal der Reihe nach vor.«

»Englische Gräfin, Gatte«, sagte Fournier. »Das könnte Lady Horbury betreffen. Sie ist, wie man mir berichtete, eine leidenschaftliche Spielerin. Nichts wäre demnach wahrscheinlicher, als daß sie bei Giselle Geld lieh. Das Wort Gatte läßt sich auf zweierlei Art deuten. Entweder erwartete Giselle, daß der Gatte die Schulden seiner Frau beglich, oder sie kannte ein Geheimnis Lady Horburys, das sie dem Gatten zu enthüllen drohte.«

»Ich neige zu der zweiten Lesart, um so mehr, als ich wetten möchte, daß die Frau, die Giselle am Abend vor dem Flug besuchte, Lady Horbury hieß. Unser kratzbürstiger Pförtner legte eine gewisse Ritterlichkeit an den Tag, und seine unentwegte Behauptung, daß er sich absolut nicht an die Besucherin erinnere, dünkt mich ziemlich vielsagend. Lady Horbury ist eine ungewöhnlich hübsche Frau. Überdies beobachtete ich, wie er zusammenfuhr – oh, nur ganz wenig –, als ich ihm eine Fotografie von ihr im Badeanzug zeigte. Ja, ja, es war Lady Horbury, die jenen abendlichen Besuch in der Rue Joliette machte.«

»Mit anderen Worten: sie folgte der Giselle von Le Pinet nach Paris«, sagte Fournier nachdenklich. »Hm . . . das sieht fast aus, als ob sie in heller Verzweiflung gewesen sei.«

»Das mag schon stimmen«, meinte Hercule Poirot in gleichgültigem Ton.

»Aber . . .?«

»Mein Freund, ich sagte Ihnen schon in London, daß meines Erachtens der richtige Fingerzeig auf die falsche Person deutet. Doch tappe ich selbst noch im dunkeln. Mein Fingerzeig kann nicht verkehrt sein; trotzdem . . .« Er ließ den Satz unvollendet.

»Wollen Sie mich nicht Näheres wissen lassen, Monsieur Poirot?«

»Nein. Ich kann mich irren, vollkommen irren. Und sollte dies der Fall sein, so leite ich möglicherweise auch Sie auf ein falsches Geleise. Bitte, Ihren nächsten Vermerk.«

»RT 362. Doktor. Harley Street.«

»Vielleicht Dr. Bryant. Ganz dürfen wir dies bei unseren Nachforschungen nicht ausschalten.«

»Das ist Inspektor Japps Sache.«

»Und die meinige«, versicherte Poirot energisch. »Ich habe nämlich auch die Hand im Spiele.«

»MR 24. Fälschte Antiquitäten. Zugegeben, es ist weit hergeholt, aber ein wenig paßt es auf die Duponts. Ich freilich glaube nicht daran. Monsieur Dupont ist ein Archäologe von Weltruf.«

»Was die Sache für ihn sehr erleichtern würde. Bedenken Sie, mein lieber Fournier, wie kristallklar, wie erhaben und wie wert der Bewunderung das Leben der meisten Schwindler von Format ist, bis man hinter ihre Schliche kommt!«

»Wahr, sehr wahr«, bestätigte der Franzose mit einem Seufzer. Dann las er die nächste Eintragung vor: »XVB 724. Engländer. Unterschlagung.«

»Nicht sehr hilfreich«, urteilte Poirot. »Wer kann unterschlagen? Ein Anwalt? Ein Bankbeamter? Jeder, der einen Vertrauensposten im geschäftlichen Leben bekleidet. Kaum aber ein Autor, ein Zahnarzt oder ein Doktor. Mr. James Ryder ist der einzige Vertreter von Handel und Industrie. Er mag Geld unterschlagen und hinterher ein Darlehen bei Giselle aufgenommen haben, um den Diebstahl zu vertuschen. Was die letzte Buchung – GF 45. Versuchter Mord, Engländer – anbetrifft, so gewährt sie uns ein sehr weites Feld. Autor, Zahnarzt, Friseuse, Doktor, Steward, blaublütige Aristokratin: jeder einzelne könnte GF 45 sein. Tatsächlich sind, auf Grund ihrer Nationalität, nur die Duponts ausgenommen. Es ist manches Mal doch gut, Franzose zu sein . . .«

Er winkte den Kellner herbei und verlangte die Rechnung.

»Und was nun, mein Freund?« fragte er, als sie beglichen war.

»Zur Sureté«, erwiderte Fournier. »Vielleicht warten dort Nachrichten auf mich.«

»Schön. Ich will Sie begleiten. Anschließend habe ich eine kleine Erkundung vor, bei der Sie mir sicher beistehen werden.«

*

Auf der Sureté erneuerte Poirot die Bekanntschaft mit Fourniers höchstem Chef, dem er vor etlichen Jahren im Verlauf eines seiner Fälle begegnet war. Monsieur Gilles streckte ihm beide Hände entgegen.

»Ich bin beglückt, daß Sie dem Fall Interesse entgegenbringen, Monsieur Poirot«, versicherte er.

»Wundert Sie das? Es ereignete sich doch unter meinen Augen. Hercule Poirot schlummert, während ein Mord verübt wird!«

Monsieur Gilles schüttelte taktvoll den Kopf.

»Oh, diese mangelhaften Maschinen! Ich habe selbst ein- oder zweimal erfahren, wie wenig sie Wind und Wetter gewachsen sind.«

»Man könnte dann glauben, daß eine Armee einem auf dem Magen marschiere«, klagte der Belgier. »Und wie die zarten Windungen des Hirns unter den Tücken des Verdauungsapparates leiden! Wenn die Seekrankheit mich packt, bin ich, Hercule Poirot, ein Geschöpf ohne graue Zellen, ohne Ordnung, ohne Methode, bin ich nichts als ein Mitglied der menschlichen Rasse, mit einer Intelligenz, die nicht einmal den Durchschnitt erreicht! Es ist beklagenswert, doch leider wahr. Und da wir gerade von diesen Dingen reden – wie geht es meinem tüchtigen Freunde Giraud?«

Gilles, die Bedeutung der Worte »diese Dinge« weise überhörend, entgegnete, daß Giraud auf der Rangliste einige Stufen höher gerückt sei. »Er ist sehr eifrig, und seine Energie kennt keine Ermüdung.«

»So war er immer«, sagte Hercule Poirot. »Er jagte und rannte und hetzte hin und her. Er krabbelte auf allen vieren. Bald war er hier, bald war er dort und gleich darauf wieder woanders. Nicht eine Sekunde gönnte er sich Ruhe, um zu überlegen.«

»Ah, Monsieur Poirot, das ist nun einmal Ihre schwache Seite! Ein Mann wie Fournier wird Ihnen besser zusagen. Er entstammt der neuesten Schule – alles für die Psychologie. So lieben Sie es ja.«

»Gewiß, gewiß.«

»Und weil er überdies das Englische sehr gut beherrscht, wurde er nach Croydon hinübergeschickt. Übrigens ein fesselnder Fall, Monsieur Poirot. Ein vergifteter Dorn aus einem Blasrohr! Das

Ganze hoch oben in den Wolken ... Ich frage Sie: Hat man dergleichen schon mal gehört?«

»Nie! Nie!« bestätigte Poirot. »Mit unfehlbarer Sicherheit legen Sie den Finger ... Ah, da kommt unser guter Fournier. Sie haben Neuigkeiten?«

Das melancholische Gesicht Fourniers strahlte beinahe. »Ja. Sogar wichtige Neuigkeiten. Ein griechischer Antiquitätenhändler Zeropoulos hat über den Verkauf eines Blasrohrs und einiger Dorne berichtet, der drei Tage vor dem Mord erfolgte. Ich schlage jetzt vor, Monsieur« – hier verbeugte er sich respektvoll vor seinem Vorgesetzten – »diesen Griechen zu verhören.«

»Unbedingt. Will Monsieur Poirot Sie begleiten?«

»Wenn Sie erlauben, ja. Das ist eine sehr interessante Wendung.«

Zeropoulos' Geschäft, das keineswegs zu den erstklassigen zählte, lag in der Rue St. Honoré. Es bot den Kauflustigen eine Menge persischer Keramik, ein oder zwei Bronzen von Louristan, minderwertigen indischen Schmuck, Stickereien und seidene Gewebe aus vielerlei Ländern und gänzlich wertlose Perlen sowie ägyptische Erzeugnisse in Massen. Es ist einer der Läden, wo man sozusagen eine Million Franc für einen Gegenstand ausgeben kann, der eine halbe wert ist, oder zehn Franc für eine Ware, deren Wert vierzig Centimes nicht übersteigt. Und in der Hauptsache erfreute es sich des Zuspruchs amerikanischer Touristen und kleiner Kunstsammler. Zeropoulos selbst war ein feister, kleiner Mann mit kohlschwarzen Augen und flinker Zunge.

Die Herren von der Polizei ...? Hohe Ehre, hohe Ehre! Vielleicht bespräche man die Angelegenheit besser im Privatbüro. Ja, ja, er habe ein Blasrohr und Dorne verkauft. »Südamerikanische Kuriosität, meine Herren. Sie verstehen, ich handle ein bißchen mit allem! Allerdings habe ich meine Spezialitäten. Persien steht bei mir in vorderster Linie. Monsieur Dupont, der hochgeschätzte Monsieur Dupont, kennt mich gut. Er pflegte häufig zu kommen, um sich meine Sammlung anzusehen, zu erfahren, welche neuen Erwerbungen ich gemacht habe, und sein Urteil über die Echtheit gewisser fraglicher Stücke abzugeben. Was für ein Mann! Welch ein unerschöpfliches Wissen! Welch ein untrügliches Auge! Welch ein untrügliches Gefühl für echt und unecht ...! Aber ich schweife von dem Zweck Ihres Hierseins ab. Ich besitze eine Sammlung – eine wertvolle Sammlung, die allen Kunstkennern bekannt ist –, und außerdem habe ich ... nun, meine Herren, nennen wir es mal ohne Beschönigung: Kuriositäten! Ausländischen, überseeischen Krimskrams, teils aus der Südsee, teils aus Indien, aus Japan, aus Borneo. Für diese Dinge habe ich gewöhnlich keine festgesetzten Preise. Wenn irgendwer Interesse verrät, mache ich rasch eine Schätzung und stelle eine entsprechende Forderung. Natürlich beginnt der Betreffende zu feilschen, und nach langem Hin und Her begnüge ich mich schließlich mit der Hälfte. Aber auch so ist der Gewinn noch gut. Denn meistens erwerbe ich diese Sachen von Seeleuten, denen ich sehr wenig dafür zahle.«

Der Grieche schöpfte Atem und fuhr, entzückt über sich selbst, seine Wichtigkeit und den herrlichen Fluß seiner Erzählung, fort:

»Dieses Blasrohr und die Dorne lagen schon lange bei mir, vielleicht zwei Jahre. In jener falschen Schale dort, zusammen mit einem Kaurihalsband, einem roten indianischen Kopfschmuck, zwei roh geschnitzten Götzen und einigen nicht sehr schönen Jadekugeln. Niemand beachtet sie, niemand begehrt sie, bis dieser Amerikaner kommt und fragt, was das für Dinger sind.«

»Ein Amerikaner?« unterbrach Fournier den Redestrom.

»Ja, ja, ein Amerikaner – unverkennbar ein Amerikaner. Nicht gerade der beste Typ eines Yankees. Einer von der Sorte, die keinerlei Verständnis besitzt und eben nur eine Merkwürdigkeit mit heimbringen will, einer von denen, die die Antiquitätenverkäufer in Ägypten bereichern und die lächerlichsten Skarabäen, die die Glasindustrie je erzeugt hat, erstehen. Hurtig gehe ich auf seine Frage ein, erzähle ihm von den Gewohnheiten gewisser Stämme und ihren tödlichen Giften. Ich erläutere, wie selten solch ein Stück auf den Markt gelangt, und das reizt seine Kauflust. Er fragt nach dem Preis, und ich nenne ihn. Es ist mein amerikanischer Preis, der allerdings den wirtschaftlichen Schwierigkeiten, von denen auch Amerika nicht ganz verschont blieb, etwas Rechnung trägt. Ich warte, daß er mit dem Feilschen beginnt, aber nichts Derartiges geschieht. Schlankweg zahlt er das

Verlangte. Ich bin wie betäubt! Oh, warum hatte ich nicht mehr gefordert ...? Doch nun ist's zu spät. Also gebe ich ihm das Blasrohr nebst den Dornen, nett in ein Paketchen verschnürt, und er geht davon. Hinterher aber, als ich in der Zeitung von diesem aufregenden Mord las, wurde ich stutzig und setzte mich mit der Polizei in Verbindung.«

»Wir sind Ihnen zu großem Dank verpflichtet, Monsieur Zeropoulos«, sagte Fournier höflich. »Glauben Sie, daß Sie imstande wären, dieses Blasrohr und den Dorn zu identifizieren? Gegenwärtig sind sie in London, doch es wird sich ermöglichen lassen, sie Ihnen zu zeigen, wenn sich die Notwendigkeit ergeben sollte.«

»Das Blasrohr war ungefähr so lang« – Zeropoulos maß die Größe auf seinem Schreibtisch ab – »und so dick wie ... wie dieser Federhalter. Dazu gehörten vier dornartige Pfeilchen, unten zugespitzt und leicht verfärbt, und mit einem kleinen roten Seidenflaum daran.«

»Rot?« fragte Hercule Poirot erregt.

»Ja, Monsieur, kirschrot – allerdings etwas verblichen.«

»Das ist merkwürdig«, ließ sich jetzt Fournier vernehmen. »Sind Sie sicher, daß nicht einer der vier Dorne einen gelbschwarzen Seidenflaum hatte?«

»Gelbschwarz? Nein!« versicherte der Händler.

Fournier sah Poirot an und gewahrte ein sonderbares, befriedigtes Lächeln auf des kleinen Belgiers Zügen. Warum wohl? Weil Zeropoulos log oder aus einem anderen Grunde?

»Es ist sehr wohl möglich, daß dieses Blasrohr nichts mit dem Fall zu tun hat«, meinte der französische Inspektor. »Dessenungeachtet würden Sie mich durch eine genaue Beschreibung des Amerikaners zu neuem Dank verpflichten, Monsieur Zeropoulos.«

Dieser spreizte ein Paar schwärzliche orientalische Hände.

»Es war eben der richtige Amerikaner. Seine Stimme saß in der Nase. Er konnte nicht Französisch, er wälzte Kaugummi im Munde, er hatte schildpattgefaßte Brillengläser, war groß und nach meiner Ansicht nicht sehr alt.«

»Blond oder dunkel?«

»Das weiß ich nicht genau. Er behielt nämlich während seines Einkaufs den Hut auf.«

»Würden Sie den Mann wohl wiedererkennen?«

»Auch das weiß ich nicht. Bei mir gehen so viele Amerikaner ein und aus, und er stach in nichts von der großen Masse ab.«

Jetzt zeigte Fournier ihm die Sammlung von Pressebildern, doch keiner der fotografierten Zeugen glich, so fand der Grieche, seinem amerikanischen Kunden.

»Ein erfolgloser Gang«, sagte Fournier betrübt, als sie den Laden verließen.

»Davon bin ich noch nicht überzeugt«, widersprach Hercule Poirot. »Die Preisschilder hatten die gleiche Form, und außerdem schienen mir zwei Punkte in Zeropoulos' Erzählung beachtenswert. Und nun, mein Freund, begleiten Sie mich bitte auf einem anderen Gang.«

»Wohin?«

»Boulevard des Capucines. Zum Büro der Fluggesellschaft.«

»Den Gang können Sie sich sparen, Monsieur Poirot. Wir haben dort bereits flüchtig nachgeforscht, aber man konnte uns nichts Interessantes mitteilen.«

Poirot klopfte seinem Gefährten freundlich auf die Schulter. »Eine Antwort hängt von den Fragen ab, und Sie wußten nicht, auf welche Fragen es ankommt.«

»Wissen Sie es?«

»Eh . . . ich habe eine gewisse kleine Idee!«

Das Büro der Universal Airlines war ganz klein. Ein schmissig aussehender, dunkelblonder Mann saß hinter einem hellpolierten Schalter, und ein Bursche von ungefähr fünfzehn Jahren vor einer Schreibmaschine.

Fournier zeigte seine Legitimation, worauf der Mann, der sich als Jules Meunier vorstellte, seine Hilfsbereitschaft beteuerte. Auf Poirots Veranlassung wurde der Junge hinausgeschickt. »Denn es handelt sich um eine vertrauliche Angelegenheit«, raunte der kleine Belgier.

»Ja, Messieurs?« sagte Jules Meunier, von einer angenehmen Neugier befallen.

»Um die Ermordung Madame Giselles.«

»Ah . . .! Darüber habe ich bereits etliche Fragen beantwortet.«

»Ich weiß, ich weiß. Indes ist es wichtig, die genauen Tatsachen zu erfahren. Wann ließ Madame Giselle ihren Platz reservieren?«

»Auch das sagte ich bereits. Sie bestellte ihn telefonisch am 17. September.«

»Für das Mittagsflugzeug des folgenden Tages?«

»Ja, Monsieur.«

»Oh! Dann habe ich ihre Wirtschafterin falsch verstanden. Diese sagte mir, Madame habe einen Platz für morgens 8.45 Uhr bestellt.«

»Nein, nein. Oder vielmehr . . . Madames Wirtschafterin verlangte einen Platz für die erste Maschine, aber da die Plätze schon vergriffen waren, gaben wir ihr einen für das Mittagsflugzeug.«

»Ah, nun ist mir alles klar. Allerdings . . ., hm, das ist eigenartig. Wirklich eigenartig.«

»Was, Monsieur?«

»Ein Freund von mir, der sich plötzlich zu einer Reise nach England entschloß und das Flugzeug um 8.45 Uhr benutzte, erwähnte zufällig, es sei halb leer gewesen.«

Jules Meunier kramte in etlichen Papieren und putzte sich hierauf gründlich die Nase.

»Vielleicht irrt sich Ihr Freund im Tage.«

»Nein. Es war der Mordtag, weil mein Freund noch hinzusetzte, daß er beinahe das erste Flugzeug versäumt hätte und dann tatsächlich einer der Passagiere des ›Prometheus‹ gewesen sein würde.«

»Das ist freilich sonderbar. Manchmal finden sich jedoch die Fluggäste nicht rechtzeitig ein, so daß es natürlich freie Plätze gibt, und manchmal unterlaufen ja auch Versehen. Ich werde mich mit Le Bourget in Verbindung setzen; dort lassen sie es bisweilen an der nötigen Genauigkeit fehlen. Es ist bedauerlich . . . es . . .«

Der leicht fragende Blick Poirots schien Jules Meunier unangenehm zu sein. Seine Augen wanderten hin und her, und ein kleiner Schweißtropfen perlte auf seiner Stirn.

»Zwei immerhin mögliche Erklärungen«, warf Poirot hin, »doch – so will es mir wenigstens scheinen – nicht die wahren. Meinen Sie nicht, Monsieur Meunier, es wäre besser, wenn Sie mit der Sprache herausrückten?«

»Wie ... wie bitte?«

»Sie verstehen mich sehr gut. Dies ist kein Firlefanz, sondern ein Mordfall. Mord, Monsieur Meunier! Vergessen Sie das gefälligst nicht. Wenn Sie eine Auskunft für sich behalten, so wird Ihnen das teuer zu stehen kommen, denn Sie vereiteln die Absichten der Justiz.«

Zu dem einen Schweißtropfen auf Meuniers Stirn hatten sich mehrere gesellt, und die Hände des Mannes bebten.

»Los«, befahl Poirot mit ungewöhnter Härte. »Wir wünschen genaue Auskunft. Wie hoch war der Betrag? Und wer zahlte ihn an Sie?«

»Ich ... ahnte nichts ... Böses. Ich ... dachte ...«

»Wieviel, und durch wen?«

»F ... fünftausend Franc«, stammelte der Mann, in die Enge getrieben. »Ich hatte den Fremden nie zuvor gesehen. Ich ... oh Gott, dies wird mich ruinieren.«

»Mut, Mann. Das Schlimmste wissen wir ja nun. Erzählen Sie, wie es sich zutrug.«

Die Schweißtropfen rieselten jetzt über Stirn und Wangen herab, und ruckartig kamen die Worte aus Jules Meuniers Munde.

»Nein, ich hatte nichts Böses im Sinn. Ein Mann kam herein. Sagte, er flöge am nächsten Tage nach England. Er brauche ein Darlehen von ... von Madame Giselle, aber ihr Zusammentreffen solle unabsichtlich aussehen. Er meinte, das gäbe ihm eine bessere Chance. Dann sagte er, ihm sei bekannt, daß sie am folgenden Tage nach England reisen wolle. Er verlangte nichts weiter von mir, als daß ich erklären möge, das morgendliche Fleugzeug sei besetzt, und daß ich ihr im ›Prometheus‹ den Platz Nr. 2 gäbe. Ich schwöre, Messieurs, daß ich keine große Sünde darin sah. ›Welchen Unterschied kann es ausmachen?‹ dachte ich. Amerikaner sind nun einmal so ... sie bevorzugen bei Geschäften eine formlose, ungezwungene Art ...«

»Amerikaner?« Jetzt mischte sich Fournier ein.

»Ja, der Herr war Amerikaner.«

»Beschreiben Sie ihn.«

»Er war groß, hielt sich gebückt, hatte graues Haar, eine Hornbrille und einen kleinen Ziegenbart.«

»Bestellte er auch für sich einen Platz?«

»Ja, Monsieur. Sitz Nr. 1, der neben dem lag, den ich Madame Giselle geben sollte.«

»Auf wessen Namen?«

»Silas ... Silas Harper.«

Poirot schüttelte den Kopf.

»Niemand unter den Passagieren hieß so, und niemand hatte den Platz Nr. 1 inne.«

»Ich ersah das aus der Zeitung, und deshalb dachte ich, daß ich die Sache nicht zu erwähnen brauche. Da dieser Mann das Flugzeug nicht benutzte ...«

Fournier machte eine ungeduldige Handbewegung.

»Sie haben der Polizei wertvolle Auskünfte verschwiegen«, sagte er kalt. »Glauben Sie nicht, daß wir das so hingehen lassen!«

Zusammen mit Hercule Poirot schritt er hinaus, während Jules Meunier, aschfahl und zitternd an allen Gliedern, ihnen angstvoll nachstarrte.

Draußen auf dem Bürgersteig zog Fournier den Hut und verneigte sich.

»Meine Hochachtung, Monsieur Poirot. Was brachte Sie auf diesen Gedanken?«

»Zwei getrennte Sätze. Den einen hörte ich heute morgen aus dem Munde eines Mitreisenden, der seinem Nachbarn erzählte, er habe am Morgen des Mordtages in einem fast leeren Flugzeug den Kanal überquert. Dann erwähnte Elise Grandier, sie habe im Büro der Universal Airlines angerufen und Bescheid erhalten, die Plätze für den Frühflug seien sämtlich vergeben. Nun, diese beiden Aussagen standen sich schroff gegenüber. Weiterhin erinnerte ich mich, daß der Steward des ›Prometheus‹ bei seinem Verhör angab, ihm sei Madame Giselle bekannt, weil er sie einmal beim Frühdienst angetroffen habe. Mithin pflegte sie gewöhnlich das Flugzeug 8.45 Uhr zu benutzen. Doch irgend jemand wünschte, daß sie diesmal um die Mittagsstunde abflöge – jemand, der ebenfalls die Reise mit dem ›Prometheus‹ machte. Weshalb behauptete der Angestellte der Fluggesellschaft, für 8.45 Uhr sei schon alles gebucht? Ein Irrtum oder eine absichtliche Lüge? Ich vermutete das letztere ... und hatte recht.«

»Mein Gott, jede Minute wird dieser Fall verworrener«, rief Fournier. »Zuerst schienen wir auf der Spur einer Frau zu sein. Jetzt ist es ein Mann. Dieser Amerikaner . . .«

Er brach ab, weil er die skeptische Bewegung Poirots sah.

»Mon cher«, sagte der kleine Belgier, »es ist so lächerlich einfach, hier in Paris als Amerikaner aufzutreten! Eine nasale Stimme, der Kaugummi, der kleine Ziegenbart, die Hornbrille – da haben Sie das ganze Zubehör des Amerikaners der Bühnenstücke.«

Er nahm die herausgerissene Magazinseite aus der Tasche, so daß Fournier fragte:

»Was gucken Sie sich da an?«

»Eine Gräfin im Badeanzug.«

»Wie? Sie meinen . . . Aber nein, sie ist klein, reizend, zart; sie könnte nicht einen großen, gebeugten Amerikaner verkörpern, obwohl sie Schauspielerin war. Diese Idee geben Sie nur getrost auf.«

»Ich habe sie ja niemals gehabt«, erwiderte Hercule Poirot.

Und trotzdem betrachtete er ernst das bedruckte Blatt.

## 12

Geistesabwesend häufte Lord Horbury einen Berg Nieren auf seinen Teller.

Stephen Horbury war 27 Jahre alt. Er hatte einen schmalen Kopf und ein langes Kinn, und jeder mußte ohne weiteres den Sportsmann in ihm erkennen, der ein gut Teil seiner Zeit im Freien verbringt. Im übrigen war er gutherzig, ein bißchen dünkelhaft, unendlich treu und unüberwindlich halsstarrig. Jetzt stocherte er in seinem Nierenhaufen herum, öffnete dann eine Zeitung, die er gleich darauf stirnrunzelnd wieder fortwarf, schob seinen Teller zurück, trank einen Schluck Kaffee und erhob sich. Unschlüssig stand er eine Minute neben seinem Stuhl, um endlich mit einem leichten Nicken das Speisezimmer zu verlassen und in das obere Stockwerk hinaufzusteigen.

Dort pochte er zögernd an eine Tür. »Herein!« rief eine klare, hohe Stimme.

Lord Horbury folgte der Aufforderung und betrat ein nach Süden gelegenes großes, schönes Schlafzimmer. In dem geschnitzten Eichenbett aus der Tudorzeit lag Cicely Horbury, unendlich lieblich in dem rosa Chiffongewand und dem rotblonden Gelock ihres Haares.

Ein Frühstückstablett mit den Überbleibseln von Orangensaft und Kaffee stand auf einem Tischchen neben ihr, und ihre Zofe ging ordnend im Zimmer hin und her.

Jedem Mann hätte man es verzeihen müssen, wenn er beim Anblick von soviel Lieblichkeit etwas schneller geatmet hätte; aber den Grafen Horbury berührte das bezaubernde Bild, das sein Weib bot, nicht. Vor drei Jahren, ja, da hatte die bezaubernde Anmut seiner Cicely den jungen Mann in einen Rausch versetzt, da war er unsinnig, wild, leidenschaftlich verliebt gewesen. Vorüber all das!

»Du, Stephen?« sagte Lady Horbury überrascht.

»Ich möchte gern mit dir allein sprechen.«

»Madeleine, lassen Sie das jetzt«, befahl Cicely der Zofe. »Gehen Sie hinaus.«

»Sehr wohl, M'lady«, murmelte die Französin, während sie aus den Augenwinkeln einen neugierigen Blick auf Lord Horbury warf.

Stephen wartete, bis die Tür sich hinter ihr geschlossen hatte, und trat nun etwas näher an das eichene Prunkbett heran.

»Ich möchte genau wissen, Cicely, was dich veranlaßt, hierherzukommen.«

Sie zuckte die schmalen, schönen Schultern.

»Warum soll ich nicht?«

»Warum nicht? Nun, ich dächte, es gäbe genug Gründe.«

»Pah! Gründe.«

»Ja, Gründe. Du wirst dich entsinnen, daß wir übereinkamen, es sei, wie die Dinge zwischen uns liegen, besser, die Posse des Zusammenlebens aufzugeben. Du solltest das Stadthaus zu deiner Verfügung haben und ein reichliches, sehr reichliches Einkommen. Innerhalb gewisser Grenzen solltest du deine eigenen Wege gehen. Warum diese plötzliche Rückkehr?«

Wieder ein Achselzucken. »Ich hielt es für besser . . .«

»Des Geldes halber, wie?«

»Mein Gott, wie ich dich hasse!« stieß der reizende Frauenmund hervor. »Du bist der geizigste Mensch, der auf dieser Erde lebt.«

»Geizig? Geizig – das wagst du zu sagen, nachdem um deiner sinnlosen Verschwendung willen eine Hypothek auf Horbury ruht?«

»Horbury ... Horbury ... das ist das einzige, was dir am Herzen liegt! Pferde und Jagen und Schießen, dazu die Ernte und langweilige alte Pächter. Oh, welch ein Leben für eine Frau ...!«

»Manchen Frauen gefällt es.«

»Ja, Frauen wie Venetia Kerr, die selbst ein halbes Pferd ist. Solch eine Frau hättest du heiraten sollen.«

Lord Horbury wanderte zum Fenster.

»Es ist ein bißchen spät, das zu sagen. Ich heiratete dich.«

»Und du kannst es nicht ändern«, lachte Cicely hämisch auf. »Du möchtest mich gern loswerden, aber es gelingt dir nicht.«

»Müssen wir dies alles wieder erörtern?«

»Verbohrt und altmodisch, das bist du. Die meisten meiner Freunde lachen sich kaputt, wenn ich ihnen deine Aussprüche erzähle.«

»Es steht ihnen frei zu lachen. Wollen wir nicht zu dem Ausgangspunkt unseres Gesprächs zurückkehren: dem Grund für dein Eintreffen?«

Aber seine Frau schien dazu keine Lust zu haben. Sie keifte:

»Du hast in den Zeitungen bekanntgegeben, daß du eine Verantwortung für meine Schulden nicht übernähmst. Nennst du das eine ritterliche Handlung?«

»Ich bedaure, daß ich zu dem Schritt gezwungen war. Du wirst dich erinnern, daß ich dich warnte. Zweimal habe ich gezahlt. Doch es gibt Grenzen. Deine unsinnige Spielleidenschaft ... Aber warum darüber reden? Ich verlange jetzt also zu wissen, weshalb du nach Horbury gekommen bist. Du hast dies Fleckchen Erde stets gehaßt und dich hier zu Tode gelangweilt.«

»Ich hielt es für besser – gerade jetzt«, sagte Cicely mürrisch.

»Besser – gerade jetzt?« Grübelnd wiederholte er die Worte. Und dann fragte er schneidend: »Cicely, hast du dir von der alten Französin Geld geborgt?«

»Von welcher? Ich weiß nicht, was du meinst.«

»Du weißt genau, was ich meine. Ich meine die Frau, die im Flugzeug ermordet wurde – in dem Flugzeug, mit dem du heimreistest. Hast du von ihr Geld geborgt?«

»Nein. Was ist das wieder für eine schrullige Idee!«

»Cicely, sei kein Narr. Wenn sie dir Geld lieh, tust du besser daran, es mir zu gestehen. Bedenke, daß die Sache noch nicht zu Ende ist. Der Spruch der Geschworenen lautete: vorsätzlicher Mord durch Unbekannt. Die Polizei beider Länder arbeitet fieberhaft, und es ist nur eine Frage der Zeit, wann die Wahrheit ans Tageslicht kommt. Bestimmt hat die Tote Aufzeichnungen über ihre Geschäfte hinterlassen. Wenn eine Verbindung zwischen dir und ihr bestand, so sollten wir nicht warten, bis es durchsickert. Wir müssen vorher Foulks Rat einholen.«

Foulk & Wilbraham waren die Anwälte, die seit Generationen die Interessen der Horburys und ihres Gutes vertreten hatten.

»Habe ich bei dieser verdammten Voruntersuchung nicht als Zeugin ausgesagt, daß ich von der Frau nie gehört hätte?«

»Das beweist nicht viel«, meinte Cicelys Gatte trocken; »sei versichert, daß die Polizei bald alles aufdeckt.«

Erbost setzte sich Lady Horbury in ihrem Bett aufrecht hin. »Vielleicht glaubst du gar, daß ich sie umbrachte, daß ich aufstand und vergiftete Dorne zu ihr hinüberpustete, wie? Oh, diese blöde Geschichte!«

»Das Ganze klingt verrückt«, gab Stephen zu. »Aber ich möchte, daß du dir deine Lage vergegenwärtigst.«

»Welche Lage? Es gibt keine Lage, verstehst du? Natürlich glaubst du mir mal wieder nicht ein Wort – das kenne ich ja allmählich. Und warum überhaupt diese plötzliche Besorgnis? Scherst du dich etwa darum, was mit mir geschieht? Du verabscheust mich. Du haßt mich. Du wärest heilfroh, wenn ich morgen ins Gras bisse. Warum also heucheln?«

»Übertreibst du nicht ein wenig? Auf jeden Fall kümmert mich, altmodisch wie ich bin, mein Familienname, worüber du vermutlich höhnisch lachst. Was gilt dir der Name, den ich von vielen Generationen vor mir übernommen habe, schuldenlos übernommen. Schulden sind nichts Lächerliches für mich!«

Und während sie ihn verständnislos ansah, machte er jäh kehrt und verließ das Zimmer.

In seinen Schläfen klopfte es wie Hammerschläge, und ein Gedanke jagte den anderen.

»Verabscheuen? Hassen? Ja, das stimmt wahrlich. Aber sollte ich wirklich froh sein, wenn sie morgen stürbe? Mein Gott, ja! Ich würde mich fühlen wie ein Mann, vor dem sich die Gefängnistore auftun. Was für eine verdrehte, scheußliche Angelegenheit das Leben ist! Als ich sie zum ersten Male erblickte, ach, wie ein anbetungswürdiges Kind sah sie aus. So blond, so licht, so lieblich ...! Blöder junger Narr! Ich war verrückt, verzehrte mich in Sehnsucht nach ihr. Sie schien der Inbegriff von allem Süßen und Reinen zu sein, und die ganze Zeit über war sie, wie sie heute ist: gewöhnlich, lasterhaft, gehässig, hohlköpfig. Nicht einmal ihre Lieblichkeit berührt mich heute noch.«

Er pfiff, und ein Spaniel tobte heran, der mit treuen Augen zu ihm emporschaute.

»Gute alte Betsy«, sagte Stephen, indem er die langen, befransten Ohren tätschelte. »Ein Hund wie du, Betsy, ist mehr wert als fast sämtliche Frauen, die mir begegnet sind.« Und einen alten Hut auf den Kopf stülpend, verließ er in Gesellschaft des vierbeinigen Freundes das Haus.

Der ziellose Rundgang durch seinen Besitz begann seine gepeinigten Nerven allmählich zu beruhigen. Er streichelte den Hals seines Lieblingspferdes, wechselte ein paar Worte mit dem Stallknecht, ging hierauf zum Wirtschaftshof, wo er ein Schwätzchen mit der Frau des Pächters hielt, und als er, Betsy dicht auf den Fersen, einen schmalen Weg entlangspazierte, traf er Venetia Kerr auf einer braunen Stute.

Zu Pferde sah Venetia am besten aus. Lord Horbury blickte mit Bewunderung, Zärtlichkeit und einem seltsamen Gefühl des Geborgenseins zu ihr empor.

»Guten Morgen, Venetia. Warst du draußen auf der Koppel?«

»Ja. Wie gefällt dir meine Braune?«

»Prächtig. Hast du den Zweijährigen gesehen, den ich von Chattisley gekauft habe?«

Fünf Minuten lang unterhielten sie sich über Pferde. Dann sagte er unvermittelt:

»Cicely ist hier.«

»Hier in Horbury?« Es gelang Venetia nicht ganz, ihre Überraschung zu verbergen.

»Ja. Diese Nacht traf sie ein.«

Nun wurde es still zwischen ihnen. Venetia spielte versonnen mit den Zügeln ihres Pferdes, und Stephen Horbury verfolgte mit den Augen den Zickzackflug eines gelben Falters.

»Du warst ja bei der Verhandlung, Venetia«, begann er, eigentümlich gepreßt. »Wie . . . verlief sie?«

Sie überlegte einen Moment.

»Ziemlich nichtssagend. Keiner sagte etwas einigermaßen Wichtiges.«

»Und die Polizei ließ nicht irgend etwas durchblicken?«

»Nein.«

»Muß unangenehm für dich gewesen sein, wie?«

»Ein Genuß bestimmt nicht, Stephen. Aber der Vorsitzende benahm sich ganz anständig.«

Stephen Horbury riß ein Blatt von der Hecke ab.

»Hast du einen Verdacht, wer der Täter sein könnte?«

»Nein«, entgegnete Venetia Kerr und machte eine Pause, weil sie nach Worten suchte, die am besten und taktvollsten das ausdrückten, was sie zu sagen wünschte. Und schließlich brachte sie es mit einem kleinen Lachen vor. »Cicely oder ich waren es jedenfalls nicht. Das weiß ich. Sie würde mich und ich sie entdeckt haben.«

Stephen lachte ebenfalls.

»Dann ist alles in Ordnung«, meinte er fröhlich. Es sollte wie ein Scherz klingen, doch ihr entging die Erleichterung in seiner Stimme nicht. Also hatte er gedacht . . .

»Wir beide kennen uns doch eigentlich schon sehr lange, Venetia«, fing er von neuem an.

»O ja. Entsinnst du dich noch der schrecklichen Tanzstunden, mit denen man uns als Kinder plagte?«

»Natürlich. Sag, Venetia, war Cicely mit dieser Giselle irgendwie bekannt?« Stephens Blick ruhte forschend auf Miss Kerr.

»Darüber kann ich dir keine Auskunft geben. Ich war ja im Süden Frankreichs und habe den Klatsch aus Le Pinet noch nicht erfahren.«

»Was denkst du denn?«

»Offen gestanden, erstaunen würde es mich nicht.« Und als Stephen nickte, setzte sie freundlich hinzu: »Brauchst du dir darüber den Kopf zu zerbrechen? Ihr führt zwei ziemlich getrennte Leben. Dies ist doch ihre Angelegenheit, nicht deine.«

»Solange sie meine Frau ist, geht es auch mich an.«

»Würdest du, wenn du die Möglichkeit hättest, dich scheiden lassen?«

»Wenn ich einen stichhaltigen Grund hätte, unbedingt«, sagte er verbissen.

»Das weiß ich wohl auch«, meinte Venetia Kerr nachdenklich.

»Ja.«

Sie schwiegen, und Venetia dachte: »Sie hat nicht mehr Moral als eine Katze. Aber sie nimmt sich in acht, um ihm keine Handhabe zu geben.« Dann sagte sie laut: »Also ist nichts zu machen.«

Er schüttelte den Kopf und faßte plötzlich die Zügel ihres Pferdes. »Venetia, wenn ich frei wäre – würdest du mich heiraten?«

Ihr Blick ruhte auf dem Pferdehals, während sie mit einer Stimme, die nichts von ihren Gefühlen verriet, leichthin erwiderte:

»Ganz ausgeschlossen wäre es nicht.«

Stephen! Sie hatte Stephen immer geliebt, immer, seit den längst entschwundenen Tagen der Tanzstunde und des Herumtollens in Wald und Flur.

Und Stephen hatte sie gern gehabt, aber nicht gern genug, um dagegen gefeit zu sein, einer gerissenen, berechnenden kleinen Schauspielerin ins Garn zu gehen.

»Wir würden ein wundervolles Leben zusammen führen, Venetia ...«

Bilder stiegen vor seinem Geiste auf: Fuchsjagden, gemütliche Teestunden am knisternden Kaminfeuer, der Geruch von feuchter Erdkrume und Blättern, Kinder ... All die Dinge, die Cicely niemals mit ihm teilen, die sie ihm niemals schenken würde. Ein Nebel legte sich über seine Augen, und wie aus der Ferne hörte er Venetias noch immer matte, beherrschte Stimme.

»Stephen, wenn wir auf und davon gingen, müßte sich Cicely ja wohl oder übel von dir scheiden lassen.«

»Mein Gott, glaubst du, ich ließe dich einen solchen Schritt tun!« rief er heftig.

»Mir wäre es gleichgültig.«

»Aber mir nicht.«

»Ja, so ist er«, dachte sie wehmütig. »Immer auf den guten Ruf bedacht, mit allerlei Vorurteilen behaftet. Doch ich möchte gar nicht, daß er anders wäre!«

»Jetzt muß ich weiter, Stephen«, sagte sie. »Auf Wiedersehen.«

Leise berührte sie ihr Pferd mit dem Absatz.

Als sie sich dann noch einmal umwandte, um ihm zuzuwinken, trafen sich ihre Augen und verrieten all das, was ihre sorgfältig gewählten Worte verschwiegen hatten. An einer Biegung des Wegs entfiel ihr die Reitpeitsche.

Ein einsamer Spaziergänger hob sie auf und überreichte sie ihr mit einer übertriebenen Verbeugung.

»Ein Ausländer«, überlegte sie, während sie ihm dankte. »Habe ich das Gesicht nicht schon früher gesehen?« Die Hälfte ihrer Gedanken ging die Sommertage in Juan les Pins durch; die andere Hälfte weilte noch bei Stephen Horbury.

Doch just, als sie daheim anlangte, wurde in ihrem halb träumenden Hirn eine Erinnerung lebendig. »Dieser Spaziergänger...! Es war der kleine Mann, der mir im Flugzeug seinen Platz anbot und von dem es bei der Voruntersuchung hieß, er sei Detektiv. Was sucht er hier? Um Gottes willen, was sucht er hier...?«

# 13

Am Morgen nach der Voruntersuchung stellte sich Jane Grey mit etwas Herzklopfen bei Mr. Antoine ein.

Mr. Antoine, der sich gern als Ausländer gebärdete, obwohl ihn seine Mutter in einer Londoner Vorstadt zur Welt gebracht hatte, begrüßte Jane mit einem unheilverkündenden Stirnrunzeln. Es war ihm zur zweiten Natur geworden, in gebrochenem Englisch zu sprechen, sobald er sich innerhalb seines Frisiersalons befand, und so mischte er auch in die Strafpredigt, die er Jane hielt, einige ausländische Brocken. Er schalt sie eine komplette imbécile. Warum mußte sie überhaupt mit dem Flugzeug reisen? Was für eine hoffärtige, verrückte Idee! Ihre escapade würde seinem Unternehmen unendlich schaden. Nachdem er seinem Ärger noch weiter Luft gemacht hatte, konnte Jane endlich ihre Freundin Gladys begrüßen. Gladys war eine ätherische Blondine mit stolzem Benehmen und einer kraftlosen nüchternen Stimme. Im Privatleben war ihre Stimme heiser und munter.

»Gräm dich nicht, Liebste«, sagte sie zu Jane. »Der Alte ist sich noch nicht klar darüber, nach welcher Seite die Katze springen wird. Und nach meiner Meinung springt sie nach einer anderen Seite, als er denkt. – Adieu, adieu, Kindchen, da segelt die geliebteste von meinen Kundinnen herein, vermutlich wieder in gräßlicher Laune. Wenn sie nur nicht ihren verdammten Schoßhund mitgebracht hat!«

Eine Sekunde später hauchte Gladys' kraftlose, matte Stimme: »Guten Morgen, Madame. Wie, ohne Ihren süßen kleinen Pekinesen . . .? Haarwäsche, nicht wahr?«

Jane betrat derweil die angrenzende Kabine, wo eine Frau wartete, die ihr Gesicht im Spiegel begutachtete.

»Wirklich, mein Gesicht sieht heute morgen schrecklich aus«, sagte sie zu ihrer Freundin, die gelangweilt in einer drei Wochen alten Zeitschrift blätterte. Bei Janes Erscheinen ließ diese das Heft sinken und starrte das junge Mädchen an.

»Sie ist es«, meinte die Leserin, während der gelangweilte Ausdruck verschwand. »Ich bin sicher.«

»Guten Morgen, meine Damen«, grüßte Jane mit jener Heiterkeit, die man von ihr erwartete und die sie ganz mechanisch und ohne die mindeste Anstrengung hervorbringen konnte. »Sie waren lange nicht bei uns, Madame« – dies galt der anderen Frau –, »sind Sie verreist gewesen? Vielleicht drüben auf dem Kontinent?«

»Antibes«, erklärte diese und musterte Jane nun ebenfalls neugierig.

»Wie schön! Und das Wetter war gut ...? Kopfwäsche und Wasserwellen, oder kommt heute auch Färben an die Reihe?«

Die Kundin, vorübergehend von ihrem Anblick abgelenkt, lehnte sich nach vorn und prüfte aufmerksam das Haar.

»Ich denke, wir können es noch eine Woche verschieben.« Dann richtete sie ihre Blicke wieder auf Jane. »Sagen Sie: sind Sie nicht das Mädchen, das gestern vor den Geschworenen als Zeugin erschien – das Mädchen, das in dem Flugzeug saß?«

»Ja, Madame.«

»Oh, wie aufregend! Wie schrecklich aufregend! Erzählen Sie doch, wie es war.«

Jane Grey tat ihr Bestes.

»Ja, Madame, es war alles furchtbar, wirklich ...«

Sie begann eine lebhafte Schilderung, beantwortete Fragen, wie sie kamen. Wie hatte die alte Französin ausgesehen? Entsprach es den Tatsachen, daß sich zwei französische Detektive in dem Flugzeug befanden und daß hinter dem Ganzen wieder ein französischer Regierungsskandal steckte? Und Lady Horbury? War sie wirklich so schön, wie man behauptete? Wer hatte nach ihrer Meinung den Mord begangen? Es hieß ja auch, die Sache solle vertuscht werden, aus irgendwelchen Gründen der Politik ... ob das wohl stimmte?

Dieses erste Verhör war nur der Vorläufer von vielen anderen. Jede den Salon betretende Dame wünschte, von »dem Mädchen, das in dem Flugzeug saß«, bedient zu werden. Jede sagte hinterher zu ihren Freundinnen: »Liebste, stellen Sie sich vor, das Fräulein bei meinem Friseur ist das betreffende Mädchen ... Wie? Ja, selbstverständlich. Ich würde Ihnen unbedingt raten, hinzugehen. Mr. Antoine versteht sein Fach ... Jeanne heißt sie, glaube ich.

Ein nettes, kleines Ding mit großen Augen. Wenn Sie sie nett bitten, wird sie Ihnen alles ausführlich berichten ...«

Ende der Woche fühlte Jane Grey, daß ihre Nerven zu leiden begannen, und manchmal, wenn sie das schon so oft Wiederholte von neuem herleiern mußte, hätte sie losschreien oder dem jeweiligen Plagegeist den Fön ins Gesicht werfen mögen.

Schließlich aber verfiel sie auf ein besseres Mittel, ihren Gefühlen Linderung zu verschaffen. Sie trat an Mr. Antoine heran und forderte kühn eine Gehaltserhöhung.

»Das wagen Sie?« tobte er los. »Sie haben die Unverschämtheit, mehr zu verlangen, wenn ich Sie nur aus Großmut behalte? Sie, die in einen Mordfall verwickelt sind? Viele Menschen, weniger gütig als ich, würden Sie umgehend entlassen haben.«

»Reden Sie keinen Unsinn«, erwiderte Jane kaltblütig, »ich bin eine Zugkraft in diesem Salon, was Sie sehr genau wissen. Wenn Sie wünschen, daß ich gehe, so gehe ich. Bei Prunier oder drüben bei Pierre Richet wird man mir ohne weiteres den verlangten Lohn zahlen.«

»Und woher sollen die Kunden erfahren, daß Sie zu der Konkurrenz gegangen sind?«

»Ich habe bei der Voruntersuchung zwei Reporter kennengelernt, die schon dafür sorgen würden, daß es bekannt wird.«

Und weil Mr. Antoine fürchtete, es könne sich so verhalten, bewilligte er brummend Janes Forderungen. Gladys gratulierte ihrer Freundin von Herzen.

»Gut gemacht, Kindchen«, lachte sie. »Diesmal hat Antoine den kürzeren gezogen. Wenn ein Mädchen sich nicht selbst hilft, ist es verloren. Jane, ich bewundere dich!«

»Oh, ich lasse mich nicht unterkriegen«, versicherte Jane, ihr kleines Kinn kampflustig reckend. »Ich habe stets allein für mich sorgen müssen.«

»Und das ist manchmal verdammt schwer. Zeig dem Alten nur weiterhin die Zähne. Schwäche führt in diesem Leben zu nichts – aber Gott sei Dank kranken weder du noch ich daran.«

Nach diesem Zwischenfall sagte Jane Grey ihre Schilderung, die sie täglich mit kleinen Abwandlungen mehrmals wiederholte, wie eine Bühnenrolle her. Das Versprechen, mit Norman Gale abends zu speisen und ein Theater zu besuchen, hatte sie gehalten, und jedes Wort, das an diesen reizenden Abenden zwischen ihnen gewechselt wurde, schien die Gleichartigkeit ihres Fühlens und Denkens zu bestätigen.

Sie liebten Hunde und verabscheuten Katzen. Sie haßten Austern und fanden, daß geräucherter Lachs eine Delikatesse sei. Sie schwärmten für die Garbo, kritisierten Katherine Hepburn. Sie mochten keine korpulenten Frauen und bewunderten echtes jettschwarzes Haar. Sie verwarfen hochrot gefärbte Fingernägel, verspürten einen Widerwillen gegen laute Stimmen und geräuschvolle Restaurants und zogen Autobusse der Untergrundbahn vor. Es grenzte fast an ein Wunder, daß zwei Wesen in so vielen Punkten derart übereinstimmen konnten.

Eines Tages, als sie in Mr. Antoines Salon ihre Tasche öffnete, fiel ein Brief von Norman heraus, den sie, leicht errötend, rasch aufhob. Doch für Gladys war es nicht rasch genug gewesen.

»Wer ist dein Freund, Jane?«

»Ich verstehe nicht, was du meinst«, erwiderte Jane Grey.

»Flunkere nicht! Als ob du mir weismachen könntest, daß der Brief vom Großonkel deiner Mutter wäre! Ich bin doch nicht erst gestern geboren. Wer ist es, Jane?«

»Ein ... Mann, den ich in Le Pinet traf. Von Beruf Zahnarzt.«

»Zahnarzt«, sagte Gladys abfällig. »Ich hoffe, daß er dann wenigstens sehr weiße Zähne und ein sympathisches Lächeln hat.«

Jane Grey versicherte, daß dies der Fall sei. »Außerdem hat er ein braunes Gesicht und leuchtend blaue Augen«, ergänzte sie.

»Ein braunes Gesicht kann jeder haben«, belehrte Gladys die jüngere Freundin. »Es kann von der Seeluft und auch aus der Retorte der Chemiker stammen. Leuchtend blaue Augen ... na, das klingt schon besser. Aber ein Zahnarzt? Ich an deiner Stelle hatte, wenn er mich küßt, immer das Gefühl, daß er gleich sagen würde: ›Bitte, öffnen Sie den Mund etwas weiter‹!«

»Sei nicht albern, Gladys.«

»Und sei du nicht so empfindlich, mein Kind ... Ja, Mr. Antoine, ich komme schon ... Eingebildeter Pinsel! Hetzt uns Mädels umher, als wäre er Gott der Allmächtige.«

*

Der Brief, der dieses Zwiegespräch zwischen den beiden Kolleginnen entfesselte, schlug ein gemeinsames Dinner am Samstagabend vor. Zur Mittagsstunde, als Jane ihr erhöhtes Gehalt in Empfang nahm, war sie in solch gehobener Stimmung, daß sie sich zu dem Luxus eines Mittagessens im Corner House entschloß, wo Geigenklänge ihr Mahl begleiten würden.

Sie nahm an einem Tisch Platz, an dem schon eine Dame vorgerückten Alters und ein junger Mann saßen. Die Dame, mit ihrer Mahlzeit bereits ziemlich fertig, rief bald den Kellner, zahlte, raffte eine Menge Pakete zusammen und brach auf.

Jane las, ihrer Gewohnheit getreu, während des Essens in einem Buch. Als sie eine Seite umblätterte, fiel ihr Blick zufällig auf den jungen Mann, der sie gespannt ansah. Jetzt neigte er sich ein wenig zu ihr herüber.

»Verzeihung, Mademoiselle, erkennen Sie mich nicht? Es ist wahr, wir sind einander nicht vorgestellt worden, sofern man Mord und gemeinsame Zeugenaussage vor den Geschworenen nicht Vorstellung nennen will.«

Jane betrachtete den jungen Herrn aufmerksamer. Er hatte ein offenes, knabenhaftes Gesicht, das mehr durch seine ungemeine Beweglichkeit als durch Schönheit fesselte.

»Natürlich«, sagte sie. »Wie dumm von mir! Sie sind ...«

»Jean Dupont.«

Durch Janes Hirn zuckte die Erinnerung an einen Ausspruch Gladys', der sich vielleicht nicht durch übergroßes Feingefühl auszeichnete: »Wenn dir ein Mann nachläuft, kannst du sicher sein, daß sich bald noch ein zweiter einfindet. Das scheint so eine Art Naturgesetz zu sein. Bisweilen sind es drei oder vier.«

In Jane Greys strengem, arbeitsreichem Leben war bisher für Freunde kein Platz gewesen; doch nun tauchten sie offenbar von allen Seiten auf. Denn Duponts Gesicht, das sich über den schmalen Tisch beugte, zeigte mehr als höfliches Interesse. Jean Dupont gefiel es, daß er Jane gegenübersaß. Ja, er war sogar hocherfreut darüber.

»Sie sind also noch in England«, sagte das junge Mädchen und verwünschte sofort im stillen diese alberne Bemerkung.

»Ja. Mein Vater hat auch in Edinburgh einen Vortrag gehalten, und wir blieben dann noch bei Freunden. Aber jetzt – morgen – kehren wir nach Frankreich zurück.«

»Soso.«

»Hat die Polizei übrigens noch niemand verhaftet?«

»Nein. Die Zeitungen erwähnen letzthin den Fall überhaupt nicht mehr. Vielleicht gibt die Polizei die Suche auf.«

»Das glaube ich nie und nimmer. Sie arbeitet im dunkeln«, meinte er mit einer ausdrucksvollen Geste.

»Nicht so«, verwies ihn Jane unbehaglich. »Da bekommt man ja eine Gänsehaut.«

»Ja, es ist scheußlich, in nächster Nähe gewesen zu sein, als ein Mord ausgeführt wurde ... Und ich saß noch näher als Sie, Mademoiselle. Viel näher!«

»Wer das Verbrechen wohl begangen hat? Ich habe wieder und wieder darüber nachgegrübelt.«

Jean Dupont zuckte die Schultern. »Ich bin es nicht gewesen. Sie war zu häßlich.«

»Nun, ich vermute, Sie würden eher eine häßliche Frau töten als eine gutaussehende.«

»Keineswegs. Wenn eine Frau hübsch ist, liebt man sie ... sie behandelt einen schlecht ... sie macht einen eifersüchtig, verrückt vor Eifersucht. Schön, ich werde sie töten; das wird eine Befriedigung sein, sagt man sich.«

»Und ist es eine Befriedigung?«

»Das weiß ich nicht, Mademoiselle, weil ich es noch nicht probiert habe.« Er lachte und schüttelte dann den Kopf. »Doch wer wird sich die Mühe machen, eine häßliche alte Frau wie die Giselle zu töten?«

»Wenn man bedenkt, daß sie auch einmal jung und vielleicht sogar hübsch gewesen ist!« sagte Jane trübe.

»Ja. Daß Frauen alt werden, ist die große Tragödie des Lebens.«

»Sie scheinen viel über Frauen und ihr Aussehen nachzudenken, Monsieur Dupont.«

»Natürlich. Das mutet Sie seltsam an, weil Sie Engländerin sind. Ein Engländer denkt zuerst an seine Arbeit, seine Stellung, dann an seinen Sport und ganz, ganz zuletzt an seine Frau. Ja, ja, so verhält es sich. Ich lernte in einem kleinen syrischen Hotel einen Engländer kennen, dessen Gattin schwer erkrankt war. Er selbst mußte an einem gewissen Datum irgendwo im Irak sein. Nun, ob Sie es glauben oder nicht: Er verließ seine schwerkranke Frau, um rechtzeitig ›seinen Dienst anzutreten‹. Und sowohl er als auch die Frau fanden das ganz selbstverständlich, hielten es für edelmütig, selbstlos. Aber der Doktor, der kein Engländer war, nannte ihn einen Barbaren. Eine Frau, ein menschliches Wesen – das sollte an erster Stelle stehen; seinem Beruf nachzugehen ist viel weniger wichtig.«

»Ich meine, die Arbeit geht vor.«

»Warum, Mademoiselle? Sehen Sie, Sie stehen auch auf demselben Standpunkt wie die beiden. Doch nun hören Sie meine Lesart: Durch Verrichtung seiner Arbeit bekommt man Geld; durch Verwöhnen und Pflegen seiner Frau gibt man es aus – mithin ist das letztere viel nobler und idealer als das erste.«

Jane lachte.

»Nebenbei bemerkt«, fuhr er fort, »war es für mich, der ich erst zum zweiten Male in England bin, neulich bei der Verhandlung sehr interessant, drei junge und reizende Frauen zu studieren, von denen keine der anderen glich.«

»Und welche Meinung hegen Sie von uns dreien?« fragte das junge Mädchen belustigt.

»Jene Lady Horbury – pah, den Typ kenne ich gut! Er ist sehr international und sehr, sehr kostspielig. Sie finden ihn rund um die Bakkarattische geschart ... das weiche Antlitz ... den harten Ausdruck ... und Sie wissen genau, was in fünfzehn Jahren daraus geworden sein wird. Lady Horbury lechzt nach Sensationen. Hohes Spiel, vielleicht auch Rauschgift, sonst ist sie uninteressant.«

»Und Miss Kerr?«

»Miss Kerr ist englisch bis auf die Knochen. Sie gehört zu jenem Menschenschlag, dem jeder Ladeninhaber an der Riviera Kredit gewähren würde. Und unsere Geschäftsleute sind scharfsinnig. Miss Kerrs Kleidung, obwohl im Schnitt erstklassig, hat etwas Männliches. Miss Kerr schreitet dahin, als gehöre ihr der Erdball. Nicht, daß sie eingebildet wäre – nein, sie ist eben eine Engländerin.«

»Und ich . . .? Was dachten Sie von mir?«

Das war natürlich eine verfängliche Frage, und sie hätte in jedem anderen Munde wie ein Fischen nach Komplimenten geklungen; aber der junge Mann hörte nur die harmlose Unschuld.

»Von Ihnen? Da sagte ich zu mir: Wie nett, wie furchtbar nett würde es sein, wenn ich sie eines Tages wiedersähe! Und nun sitze ich Ihnen wahrhaftig gegenüber. Bisweilen meinen die Götter es gut mit uns Sterblichen.«

»Sie sind Archäologe, nicht wahr?« lenkte Jane ab. »Sie beschäftigen sich mit Ausgrabungen?«

Und mit ungeteilter Aufmerksamkeit lauschte sie, während Jean Dupont von seiner Arbeit erzählte.

»Wie viele Länder haben Sie kennengelernt, wieviel haben Sie gesehen!« rief Jane schließlich mit einem kleinen Seufzer. »Ich hingegen werde nie von hier fortkommen und nie etwas sehen.«

»Locken Sie denn jene wilden, unzivilisierten Teile der Erde? Bedenken Sie, dort können Sie Ihr Haar nicht legen lassen.«

»Das hat die Natur besorgt, nicht ein Friseur«, erklärte Jane lachend. Plötzlich aber schaute sie auf die Uhr und verlangte hastig die Rechnung.

Jean Dupont malte, ein wenig verwirrt, Hieroglyphen auf das Tischtuch.

»Mademoiselle, würden Sie es nicht als Zudringlichkeit auffassen, wenn ich Sie bitte, heute abend mit mir zu speisen? Wie ich Ihnen sagte, fahre ich morgen nach Frankreich zurück.«

»Das tut mir leid – ich habe schon eine Verabredung.«

»Oh, wie schade! Werden Sie bald wieder nach Paris kommen?«

»Kaum.«

»Und ich weiß nicht, wann ich wieder nach London komme! Es ist traurig!«

Einen Augenblick hielt er Janes Hand fest in der seinen. »Trotzdem hoffe ich auf ein Wiedersehen, Mademoiselle«, sagte er, und es klang, als meine er es ehrlich.

# 14

Um die Zeit, als Jane Mr. Antoines Geschäft verließ, sprach Norman Gale in fürsorglichem Ton zu einer Patientin. »Diese Stelle ist etwas empfindlich ... Sagen Sie es mir, wenn ich Ihnen weh tue.«

Seine erfahrene Hand führte den elektrischen Bohrer. »So, nun ist's schon vorüber! Miss Roß?«

Mary Roß, dicht neben ihm stehend, rührte auf einer Platte eine kleine weiße Mischung, mit der Gale den kranken Zahn füllte.

»Paßt es Ihnen, wenn Sie wegen der übrigen Plomben Dienstag wiederkommen?« fragte der junge Mann, als er mit der Behandlung fertig war.

Seine Patientin ließ, während sie sich emsig den Mund ausspülte, eine fließende Erklärung vom Stapel. Sie verreise leider ... sie bedaure unendlich, aber gegenwärtig vermöge sie noch keine feste Verabredung zu treffen. Ja, gewiß, sie würde Bescheid geben, wenn sie zurückgekehrt sei.

Und eiligst flüchtete sie aus dem Zimmer.

»So, das ist alles für heute, Miss Roß.«

»Lady Higginson telefonierte vorhin: sie könne nächste Woche nicht zur Behandlung kommen«, berichtete die Assistentin. »Und einen neuen Termin wollte sie nicht vereinbaren. Oh ... ich vergaß. Auch Oberst Blunt sagte ab.«

Norman Gale nickte verbissen. Jeden Tag war es das gleiche. Die Leute riefen an, warfen unter allerhand Vorwänden und Entschuldigungen die Verabredungen über den Haufen. Der eine reiste angeblich aufs Land, der andere beabsichtigte nach dem Festland hinüberzufahren, der dritte litt an Schnupfen, während der vierte geschäftliche Abhaltungen vorschützte. Aber gleichgültig, welchen Grund sie nannten – den wirklichen hatte Norman kurz zuvor, als er den Bohrer ergriff, in den Augen seiner letzten Patientin gelesen: eine jähe, panische Angst!

Er wäre imstande gewesen, die Gedanken der Frau niederzuschreiben. »Richtig, er saß ja in dem Flugzeug, als jene Französin ermordet wurde ... Mein Gott, es passieren ja die seltsamsten

Dinge. Häufig hört man von Menschen, die plötzlich den Verstand verlieren und die sinnlosesten Verbrechen begehen. Es ist wirklich nicht ungefährlich, sich von ihm behandeln zu lassen. Der Mann kann ein blutdürstiger Irrer sein. Äußerlich soll man es ihnen ja gar nicht anmerken ... Und dennoch – ich glaube, dieses eigenartige Flackern in seinem Auge hat mich schon manchmal stutzig gemacht ...«

»Dann werden wir allem Anschein nach eine sehr geruhsame Woche vor uns haben, Miss Roß«, sagte Norman Gale.

»Ja. Es sind eine Menge Patienten ausgeschieden. Oh, Mr. Gale, auch die restlichen genügen; Sie haben ohnehin im Sommer übermäßig gearbeitet.«

»Jetzt im Herbst laufe ich aber keine Gefahr, mich zu überanstrengen, wie?«

Miss Roß antwortete nicht sofort, und dann rettete sie das Telefon, das draußen im Vorzimmer läutete, vor einer Antwort. Sie ging hinaus, um den Hörer abzunehmen.

Alleingeblieben, warf Gale einige Instrumente in den Sterilisator und führte dabei ein Selbstgespräch. »Warum die Sachlage beschönigen? Mir hat der Tod dieser Französin beruflich großen Schaden gebracht. Jane hingegen genützt. Absichtlich rennen die Frauen in Antoines Salon, um sie anzuglotzen. Na ja, auch unter gewöhnlichen Umständen kommt man sich scheußlich hilflos vor, wenn man auf dem zahnärztlichen Behandlungsstuhl sitzt!

Was für eine wunderliche Sache doch so ein Mord ist! Allerlei nie geahnte Folgen erwachsen daraus ...

Aber zurück zu den Tatsachen! Als Zahnarzt scheine ich vorläufig ausgespielt zu haben ... Möchte wissen, wie sich meine Patienten benehmen würden, wenn die Polizei Lady Horbury verhaftete? Ob sie wieder angelaufen kämen? Schwer zu entscheiden ... Aber was kümmert es mich ...? Oh, es kümmert mich doch – um Janes willen. Jane ist entzückend. Ich brauche sie zu meinem Glück. Und ich kann sie nicht besitzen – noch nicht ... Eine verdammte Lage!« Er lächelte. »Ich fühle, es wird noch alles gut werden ... sie mag mich gern. Sie wird warten. Ja, ich sollte nach Kanada auswandern und dort Geld machen.«

Jetzt kehrte Miss Roß zurück.

»Es war Mrs. Lorrie. Zu ihrem Bedauern ...«

»... meinetwegen mag sie sich zum Teufel scheren«, fiel Gale ihr ins Wort. »Es leben die Ratten! Es wird hohe Zeit für Sie, Miss Roß, sich nach einem anderen Posten umzusehen; dies hier scheint mir ein sinkendes Schiff zu sein.«

»Oh, Mr. Gale, ich denke nicht daran, Sie zu verlassen.«

»Gutes Mädchen! Sie sind also keine Ratte. Aber ernsthaft gesprochen: Wenn dieser Fall nicht bald geklärt wird, bin ich erledigt.«

Als er am selben Abend mit Jane beim Dinner saß, behauptete er halb unbewußt, er befinde sich in ausgezeichneter Stimmung. Aber Janes scharfe Augen ließen sich nicht täuschen. Sie bemerkte plötzliche Augenblicke von Geistesabwesenheit, die kleine Falte, die sich zwischen seine Brauen schob, die harte Linie um den Mund.

»Norman, geht die Praxis nicht gut?« forschte Jane endlich.

Er streifte sie mit einem raschen Blick und sah dann fort.

»Nun, nicht allzugut. Es ist die stille Jahreszeit.«

»Seien Sie nicht so einfältig!« stieß sie hervor.

»Jane!«

»Ja, es ist mein Ernst. Bilden Sie sich ein, ich fühlte nicht, wie niedergeschlagen Sie sind?«

»Ich bin nicht niedergeschlagen. Nur verärgert, weil die Leute ihre Zähne nicht durch einen eventuellen Mörder behandeln lassen wollen.«

»Wie grausam!«

»Ja, Jane. Ich bin nämlich ein ganz tüchtiger Zahnarzt, und ein Mörder bin ich nicht.«

»Es ist gottlos, wie die Leute sich benehmen!« entrüstete sich das junge Mädchen. »Irgend jemand müßte etwas dagegen tun.«

»So etwas Ähnliches sagte heute vormittag auch meine Assistentin, Miss Roß.«

»Wie sieht sie aus?«

»Miss Roß?«

»Ja.«

»Oh – ich weiß nicht recht. Groß, starke Knochen, eine Nase wie ein Schaukelpferd. Dazu ungemein gewissenhaft.«

»Nun, das klingt ja ganz nett«, sagte Jane gnädig.

Norman Gale freute sich über seine Diplomatie. Mary Roß war in Wirklichkeit gar nicht so knochig, wie er schilderte; dazu hatte sie ein sehr pikantes Gesicht, umrahmt von rotem Haar. Doch Norman empfand sehr richtig, daß es besser sei, dies nicht zu erwähnen.

»Ich möchte selber etwas tun«, gestand er, auf Janes frühere Bemerkung zurückgreifend, »möchte etwas entdecken oder jemanden beschatten.«

Plötzlich zupfte Jane ihn am Ärmel.

»Da drüben sitzt Mr. Clancy, der Schriftsteller. Ihn könnten wir ja beschatten.«

»Und das Kino?«

»Ich pfeife auf das Kino«, erklärte Jane Grey, indem sie unwillkürlich in die Tonart ihrer Freundin Gladys verfiel. »Wer weiß, vielleicht kundschaften wir etwas aus.«

Ihr Eifer wirkte ansteckend, und nach kurzer Beratung beschlossen sie, zu zahlen, damit sie hierdurch nicht aufgehalten würden, wenn Mr. Clancy aufstünde. Als der kleine Mann sich dann endlich erhob und in die Dean Street hinausschritt, folgten ihm Norman und Jane tatsächlich ziemlich dicht auf den Fersen.

»Für den Fall, daß er ein Taxi nimmt«, erläuterte das Mädchen.

Mr. Clancy nahm jedoch kein Taxi. Den Mantel über dem Arm gelegt, wandelte er gemütlich durch Londons Straßen. Sein Gang war etwas fahrig. Bisweilen bewegte er sich mit eiligem Schritt vorwärts, bisweilen verlangsamte er das Tempo, bis er kaum noch vom Fleck kam. Einmal, kurz ehe er eine Straße überquerte, stand er still, mit dem einen Fuß frei in der Luft über dem Rinnstein, und gemahnte in dieser Stellung an eine Zeitlupenaufnahme.

Auch seine Richtung war verworren. Zum Beispiel führte er einmal so viele rechtwinklige Drehungen aus, daß er dieselbe Straße zweimal entlangschritt. Janes Hoffnungsbarometer stieg.

»Er fürchtet, verfolgt zu werden, und versucht deshalb, uns abzuschütteln«, sagte sie erregt.

»Glauben Sie?«

»Bestimmt. Niemand würde sich so in Kreisen bewegen.«

»Oh!«

Sie waren ziemlich schnell um eine Ecke gebogen und wären beinahe auf ihr Wild geprallt. Mr. Clancy verharrte breitbeinig vor einem Fleischerladen, der zwar geschlossen war. Aber irgend etwas oberhalb des ersten Stockwerkes schien des Schriftstellers Aufmerksamkeit zu fesseln. »Famos!« stieß er laut hervor. »Welch ein Glück!«

Schnell nahm er ein kleines Buch und schrieb sehr sorgfältig etwas auf, wobei der Mantel ins Rutschen kam und fortan auf dem Boden schleifte. Dann ging es weiter, nunmehr in munterem, flottem Schritt, zu dem eine leise gesummte Melodie den Takt angab. Endgültig schlug Mr. Clancy jetzt die Richtung nach Bloomsbury ein. Manchmal, wenn er den Kopf seitwärts wandte, konnten die Verfolger erkennen, wie er die Lippen bewegte.

»Der ist vollkommen durcheinander«, erklärte Jane Grey. »Er redet mit sich selbst, ohne es zu wissen.«

Als er wartete, um – geleitet von der Verkehrsampel – den Fahrdamm zu überqueren, standen Norman und Jane an seiner Seite. Tatsächlich Dr. Clancy sprach mit sich. Sein Gesicht sah weiß und abgespannt aus, und deutlich fing das Paar einige der gemurmelten Worte auf: »Warum sagt sie nichts? Warum? Es muß ein Grund vorliegen . . .«

Die Ampel strahlte jetzt grün. Kaum stand der kleine Autor auf dem jenseitigen Bürgersteig, so knurrte er: »Endlich sehe ich klar. Natürlich! Schon deshalb muß sie mundtot gemacht werden.«

Vor Aufregung kniff Jane ihren Begleiter heftig in den Arm.

Nun raste Mr. Clancy mit Siebenmeilenstiefeln weiter, die beiden Menschen, die ihm ständig auf den Fersen blieben, offenbar gar nicht gewahrend. Und stetig schleifte der Mantel über das Pflaster dahin. Schließlich – mit verwirrender Plötzlichkeit – machte der Kleine vor einem Hause halt, schloß die Tür auf und verschwand im Innern.

Norman und Jane schauten sich an.

»Es ist sein eigenes Haus, Cardington Square 47. Er nannte die Adresse bei der Verhandlung.«

»Vielleicht wird er noch einmal herauskommen«, meinte Jane. »Und wenn nicht, so haben wir immerhin etwas gehört. Irgend jemand, eine Frau, soll mundtot gemacht werden, und irgendeine andere Frau will nicht sprechen. Oh, Norman, es klingt beinahe wie eine Kriminalgeschichte.«

Da kam eine Stimme aus der Dunkelheit. »Guten Abend«, wünschte sie ... Norman und Jane prallten erschrocken zurück.

Der Eigentümer dieser Stimme trat aus dem Schatten hervor, zwei mächtige Schnurrbartbüschel zeigten sich im Licht der Straßenlaterne.

»Eh bien«, lächelte Hercule Poirot, »ein schöner Abend für eine Hetzjagd, nicht wahr?«

## 15

Von den beiden überraschten jungen Menschen faßte sich Norman Gale zuerst. »Oh, Sie sind es, Monsieur ... Monsieur Poirot! Versuchen Sie noch immer, sich von dem Verdacht zu reinigen?«

»Sieh da! Sie erinnern sich unserer kleinen Unterhaltung? Und ausgerechnet den armen Mr. Clancy verdächtigen Sie?«

»Sie ebenfalls«, sagte Jane schlagfertig. »Sonst wären Sie ja nicht hier.«

Er betrachtete ruhig ihr junges, frisches Gesicht. »Haben Sie je über Mord nachgedacht, Mademoiselle? Über Mord im allgemeinen? Kaltblütig und leidenschaftslos?«

»Bis ganz vor kurzem haben sich meine Gedanken wohl nie damit beschäftigt.«

Hercule Poirot nickte.

»Ja, und jetzt denken Sie daran, weil ein Mord Sie persönlich berührt hat. Doch ich, Mademoiselle, ich hatte viele Jahre mit Verbrechen zu tun und habe meine eigene Art, die Dinge anzusehen. Was würden Sie hauptsächlich im Auge haben, wenn Sie einen Mord aufzuklären versuchten?«

»Den Mörder zu finden«, sagte Jane Grey.

»Die Gerechtigkeit«, sagte Gale.

Der Belgier schüttelte den Kopf. »Es gibt wichtigere Dinge, als den Mörder zu finden. Gerechtigkeit ist ein schönes Wort, doch bisweilen fällt es schwer, genau zu erläutern, was man damit meint. Nach meiner Ansicht ist das Wichtigste, den Unschuldigen zu entlasten.«

»Das versteht sich von selbst«, erwiderte das junge Mädchen. »Wenn jemand angeklagt wird ...«

»Nicht einmal das. Es braucht gar keine Anklage vorzuliegen. Aber bis eine Person eindeutig der Schuld überführt wurde, läuft jeder andere, der mit dem Verbrechen verquickt ist, Gefahr, mehr oder weniger darunter zu leiden.«

»Wie wahr das ist!« pflichtete Gale ihm aus tiefster Seele bei. Und Jane ergänzte: »Als ob wir das nicht am besten wüßten!«

»Aha!« Poirot blickte von einem zum anderen. »Also haben Sie es bereits am eigenen Leibe gespürt?« Dann sagte er kurz: »Zur Sache! Da unsere Ziele die gleichen sind, wollen wir uns zusammentun. Ich möchte unserem findigen Freund Mr. Clancy einen Besuch abstatten und vorschlagen, daß Mademoiselle mich als meine Sekretärin begleitet. Hier ist ein Notizbuch und ein Bleistift zum Stenografieren.«

»Ich kann nicht stenografieren«, japste Jane.

»Das schadet nichts. Aber Sie besitzen einen hellen Verstand. Sie können glaubwürdige Bleistiftzeichen in das Buch kritzeln, nicht? Schön. Was Mr. Gale anbelangt, so schlage ich vor, daß er uns in etwa einer Stunde wiedertrifft. Vielleicht bei ›Monseigneur‹? In der oberen Etage? Bon!« Und obwohl Norman den Mund öffnete, als wolle er Einspruch erheben, schritt Poirot, gefolgt von der etwas verwirrten Jane, auf die Haustür zu und klingelte.

Eine ältere, ziemlich mürrische Frau in strengem Schwarz öffnete.

»Zu Mr. Clancy«, sagte Poirot kurz.

»Ihr Name, Sir?«

»Hercule Poirot.«

Die Frau führte sie treppauf.

»Mr. Eer Küle Prott«, meldete sie, die Tür zu einem Zimmer aufreißend.

Poirot entsann sich sofort der Aussage des Schriftstellers in Croydon, daß er ein ziemlich unordentlicher Mann sei. Das Zimmer – ein langer Raum mit drei Fenstern, sämtlich an der einen Längswand, und Regalen und Bücherschränken an den anderen –

befand sich in einem Zustand des Chaos. Papiere lagen verstreut umher, desgleichen Pappdeckel und Bananen. Bierflaschen mußten sich mit aufgeschlagenen Büchern vertragen, Sofakissen mit einer Posaune, Porzellan mit Radierungen. Doch vor allem besaß Mr. Clancy einen erstaunlichen Reichtum von Füllfederhaltern.

Augenblicklich kämpfte er inmitten dieses Durcheinanders mit einem Fotoapparat und einem Film.

»Du meine Güte!« sagte Mr. Clancy, als der Besucher gemeldet wurde. Er stellte den Apparat auf den Tisch, und prompt fiel der Film auf den Fußboden und entrollte sich, während der Hausherr sich mit ausgestreckten Händen der Tür zuwandte.

»Sehr erfreut, Sie zu sehen.«

»Hoffentlich erinnern Sie sich meiner«, sagte Poirot. »Dies ist meine Sekretärin, Miss Grey.«

»Willkommen, Miss Grey.« Er schüttelte ihr die Hand und richtete hierauf das Wort wieder an Hercule Poirot. »Ja, natürlich erinnere ich mich Ihrer ... wenigstens ... wo trafen wir uns doch? War es nicht im Skull-Klub?«

»Wir machten zusammen im Flugzeug eine sehr unheilvolle Reise von Paris nach London, Mr. Clancy.«

»Richtig, richtig! Und Miss Grey ebenfalls. Nur entsinne ich mich nicht, daß sie Ihre Sekretärin war. Mir schwebt sogar dunkel vor, sie sei in einem Schönheitssalon oder dergleichen tätig.«

Jane schaute hilfesuchend Poirot an, der sich der Lage aber völlig gewachsen zeigte.

»Ihr Gedächtnis trügt Sie nicht, Mr. Clancy. Aber als tüchtige und umsichtige Sekretärin hat Miss Grey bisweilen andere Arbeit, wenn auch vorübergehender Art, zu leisten – Sie verstehen wohl?«

»Gewiß«, versicherte der Schriftsteller. »Ich vergaß, daß Sie ja Detektiv sind – ein echter. Kein Mann von Scotland Yard. Nehmen Sie Platz, Miss Grey. Nein, nein, bitte nicht dort – ich glaube, der Stuhl ist mit Marmelade befleckt. Wenn ich diesen Stapel fortschiebe ... O weh, jetzt poltert alles herunter. Na, schadet nichts! Und Sie sitzen am besten hier, Monsieur Poirot. Keine Angst, die Rückenlehne ist nicht wirklich gebrochen; sie knackt nur ein wenig, wenn man sich dagegenlehnt. Vielleicht täten Sie allerdings gut daran, sich nicht allzu fest anzulehnen. Ja, Sie sind Privatdektiv wie der William Rice meiner Bücher. Das Publikum schätzt meinen William Rice sehr. Er pflegt an seinen Nägeln zu knabbern und eine Menge Bananen zu verzehren. Warum ich ihn im ersten Buch an den Nägeln knabbern ließ, weiß ich selbst nicht – es ist doch eine scheußliche Angewohnheit. Aber da ich einmal damit anfing, muß er es in jedem Buche tun. Ein bißchen einförmig, wie? Der Einfall mit den Bananen ist besser; man kann sie prächtig ausschlachten. Flüchtende Verbrecher zum Beispiel, die auf einer fortgeworfenen Schale ausgleiten. Ich esse selbst viel Bananen, und vermutlich gab mir das die Idee ein. Aber die Nägel beiße ich mir nicht ab. Etwas Bier gefällig, Monsieur Poirot?«

»Ich danke, nein.«

Mr. Clancy seufzte, setzte sich dann gleichfalls nieder und starrte den kleinen Belgier ernst an.

»Ich errate, weshalb Sie mich aufsuchen. Wegen der Ermordung von Madame Giselle. Wieder und wieder habe ich darüber nachgegrübelt. Sie mögen sagen, was Sie wollen: Es bleibt erstaunlich. Ein vergifteter Pfeil und ein Blasrohr im Flugzeug! Wie ich Ihnen schon erzählte, habe ich das Thema sowohl in Buchform als auch bei einer Kurzgeschichte verwandt. Natürlich war der Mord auf dem ›Prometheus‹ ein entsetzlicher Vorfall, aber er hat mich gepackt.«

»Als Autor, Mr. Clancy, nicht wahr? Das verstehe ich durchaus ...« Monsieur Poirot erwies sich als guter Bücherkenner.

Der Schöpfer von William Rice strahlte.

»Wirklich? Nun, man sollte ja eigentlich meinen, jeder müsse es verstehen, sogar die Behörden. Nichts dergleichen! Argwohn – das ist alles, was ich bei dem Inspektor und den Geschworenen erntete. Da lasse ich mich herbei, der Polizei einen Wink zu geben, damit ich zu guter Letzt noch von diesen Tröpfen verdächtigt werde. Aber ich habe meine Methoden!« lachte Mr. Clancy fröhlich auf.

»Methoden? Inwiefern?«

Der Schriftsteller legte seinem Besucher vertraulich die Hand aufs Knie.

»Es ihnen heimzuzahlen, Monsieur Poirot. Ich werde jenen Inspektor – Japp heißt er ja wohl – in meinem nächsten Buch bringen. Ah, sie sollen sehen, wie William Rice mit ihm fertig wird!«

»Zwischen zwei Bananen, sozusagen«, flocht Poirot ein.

»Zwischen zwei Bananen – das ist köstlich!« Abermals lachte Mr. Clancy.

»Sie haben als Schriftsteller einen großen Vorteil, Monsieur«, sagte Hercule Poirot. »Sie können Ihrem Herzen im gedruckten Wort Luft machen und überwinden Ihre Feinde durch die Macht Ihrer Feder.«

»Ja. Im übrigen bekomme ich mehr und mehr die Überzeugung, daß sich dieser Mordfall als eine wirklich glückliche Angelegenheit für mich erweist. Ich beabsichtige, das Ganze genau so zu schreiben, wie es sich zutrug. Als Roman natürlich, den ich ›Mysterium über dem Kanal‹ betiteln werde. Genaue Schilderungen sämtlicher Passagiere. Oh, das Buch wird sich verkaufen wie warme Semmeln – wenn ich es noch rechtzeitig herausbringen kann.«

»Meinen Sie nicht, daß Ihnen daraus einige Beleidigungsklagen oder derartiges entstehen werden?« mischte sich Jane zum erstenmal in das Gespräch, worauf Mr. Glancy sein strahlendes Gesicht ihr zuwandte.

»Nein, nein, mein liebes Fräulein. Freilich, wenn ich einen der Passagiere zum Mörder stempelte – nun ja, dann würde man mich wohl belangen. Doch das Stärkste an dem Buch ist die völlig unerwartete Lösung im letzten Kapitel.«

»Und wie heißt diese Lösung?« fragte Poirot eifrig.

»Ah, Sie werden staunen! Als Pilot verkleidet, schleicht sich ein junges Mädchen auf dem Flugplatz Le Bourget auf den ›Prometheus‹ und verbirgt sich unter Madame Giselles Platz. Es hat eine Ampulle des neuesten Gases bei sich, das es entweichen läßt und das die Fluggäste für drei Minuten betäubt. In dieser Zeitspanne tötet das Mädchen Madame Giselle mit dem vergifteten Dorn und bringt sich durch einen Fallschirmabsprung aus der rückwärtigen Tür in Sicherheit.«

Hercule Poirot und seine angebliche Sekretärin verständigten sich durch einen schnellen Blick.

»Und warum wird die Verbrecherin nicht ebenfalls durch das Gas bewußtlos?« erkundigte sich Jane.

»Gasmaske«, erklärte Mr. Clancy.

»Soso. Sie springt also in den Kanal hinunter?«

»Es braucht ja nicht der Kanal zu sein, liebes Fräulein. Ich werde die französische Küste draus machen.«

»Leider könnte sich aber niemand unter dem Sitz verstecken, Mr. Clancy, weil der Raum nicht ausreicht.«

»In meinem Flugzeug wird der Raum ausreichen«, versetzte der Schriftsteller entschlossen.

»Allerhand!« bewunderte Poirot. »Und die Beweggründe der jungen Dame?«

»Da schwanke ich noch. Wahrscheinlich wurde ihr Geliebter durch die Giselle ruiniert und beging Selbstmord.«

»Und wie verschaffte sie sich das Gift?«

»Ja, das ist überhaupt der Glanzpunkt«, begeisterte sich Mr. Clancy. »Sie ist nämlich Schlangenbeschwörerin und entzieht das Gift ihrer Lieblingsschlange.« Das war seine Phantasie.

»Mon dieu!« sagte Poirot, und noch einmal: »Mon dieu! Sollte das nicht vielleicht ein bißchen zu sensationell sein?«

»Sie können überhaupt nicht sensationell genug schreiben«, belehrte ihn der Schriftsteller. »Besonders, wenn Sie Pfeilgift oder dergleichen zur Sprache bringen. Wollen Sie denn etwa, daß ein Kriminalroman dem wirklichen Leben gleicht? Nehmen Sie doch nur die Geschehnisse aus den Zeitungen – langweilig und trübe wie Gossenwasser!«

»Nicht so stürmisch, Monsieur. Wollen Sie etwa sagen, daß unsere kleine Angelegenheit langweilig wie Gossenwasser sei?«

»Nein; sie nicht. Bisweilen dünkt sie mich einfach unwirklich.«

Poirot rückte den knackenden Stuhl ein wenig näher an den Hausherrn heran, und seine Stimme wurde vertraulich.

»Monsieur Clancy, Sie sind ein Mann mit Hirn und Vorstellungskraft. Die Polizei, die das nicht zu würdigen wußte, ist Ihnen mit Argwohn entgegengetreten, anstatt Sie um Rat zu fragen. Ich aber, ich, Hercule Poirot, wünsche Ihren Rat.«

Mr. Clancy wurde puterrot vor Vergnügen. »Oh, das ist sehr nett von Ihnen.«

»Sie haben Kriminologie studiert«, führte der kleine Belgier weiter aus. »Ihre Ideen werden wertvoll sein. Es würde mich sehr interessieren, zu erfahren, wer nach Ihrer Meinung das Verbrechen verübte.«

»Hm ...« Clancy zauderte, streckte mechanisch die Hand nach einer Banane aus und begann zu essen. Dann wiegte er, während der Eifer aus seinem Gesicht schwand, langsam den Kopf. »Sehen Sie, Monsieur Poirot, da gibt es einen grundlegenden Unterschied. Wenn Sie schreiben, können Sie alles nach Belieben drehen und wenden, wohingegen im wirklichen Leben eine wirkliche Person vorhanden ist. Sie haben keine Macht über die Tatsachen. Ehrlich gestanden fürchte ich, daß ich als wirklicher Detektiv nicht das geringste tauge.«

Und traurig warf er die Bananenschale in den Kamin.

»Mache ausfindig, wem durch das Verbrechen Nutzen erwächst, heißt im allgemeinen meine Losung.«

»Die sicher ausgezeichnet ist«, ergänzte der Schriftsteller. »Doch in diesem Falle stößt man auch hier auf Schwierigkeiten. Das Vermögen der Giselle soll, so habe ich gehört, eine Tochter erben. Nichtsdestoweniger könnte ihr Tod auch einigen Fluggästen Vorteil bringen – sofern sie ihr nämlich Geld schuldeten und sich außerstande sahen, es ihr zurückzuzahlen.«

»Sehr richtig. Allein es gibt auch noch andere Lösungen. Nehmen wir einmal an, Madame Giselle habe von einem Mitreisenden etwas gewußt – meinetwegen um nur ein Beispiel zu nennen, daß er mal einen Mordversuch unternahm.«

»Warum denn einen Mordversuch?« sagte Mr. Clancy erstaunt. »Welch eine sonderbare Annahme!«

»In diesem Fall muß man an alles denken, Monsieur!«

»Denken nutzt nichts. Wissen, darauf kommt es an.«

»Eine sehr treffende Bemerkung, Mr. Clancy ... Übrigens dies Blasrohr, das Sie kauften ...«

»Der Teufel hole jenes Blasrohr! Ich wollte, ich hätte es nie erwähnt.«

»Haben Sie es nicht am Charing Cross Road gekauft? In welchem Geschäft dort?«

»Es kann Driver gewesen sein, vielleicht aber auch Miller &

Smith. Ich weiß es nicht mehr. Das habe ich ja diesem lästigen Inspektor Japp bereits längst gesagt, und er wird es inzwischen wohl nachgeprüft haben.«

»Ich erkundige mich aus einem anderen Grunde«, erläuterte Hercule Poirot. »Zwecks Ausführung eines Experimentes möchte ich nämlich gern selbst solch ein Ding kaufen.«

»Ach so! Aber ob Sie eins finden? Es ist ja schließlich kein Massenartikel.«

»Trotzdem will ich mein Heil versuchen. Vielleicht sind Sie so nett, Miss Grey, sich gleich mal die beiden Firmen zu notieren.«

Jane öffnete das Notizbuch und kritztelte rasch einige, wie sie hoffte, sachgemäß aussehende Schnörkel, um dann – für den Fall, daß Poirots Anweisung echt gewesen sein sollte – die Namen in normaler Schrift auf der anderen Seite des Blattes zu vermerken.

»Und nun habe ich Ihre Zeit schon zu lange in Anspruch genommen und scheide mit tausend Dank für Ihre Liebenswürdigkeit.« Poirot erhob sich von seinem knackenden Stuhl.

»Wollen Sie nicht wenigstens noch eine Banane essen?«

»Sie beschämen mich durch Ihre Güte, Monsieur Clancy.«

»Unsinn ... Ich fühle mich heute abend sehr glücklich, und zwar deshalb, weil ich eine Stockung in meiner Arbeit überwunden habe. Ich konnte für den Verbrecher in einer Kurzgeschichte keinen guten Namen finden, und vorhin entdeckte ich einen sehr passenden über dem Schaufenster eines Fleischerladens. Pargiter. Er klingt so lebenswahr und wird dem Publikum gefallen.« Er lächelte Jane an. »Ja, ja, Miss Grey, das sind so Nöte eines Autors, von denen Sie nichts ahnen. Ah ... Sie müssen mir gestatten, daß ich Ihnen etwas schenke«, rief er unvermittelt und schoß an dem jungen Mädchen vorüber auf ein Bücherregal los. »Hier! ›Die scharlachrote Blüte.‹ Ich erwähnte bereits in Croydon, daß es jenes Buch ist, das vom Pfeilgift der Wilden handelt.«

»Darf ich es wirklich annehmen?«

»Natürlich, Miss Grey ... Oh, ich sehe, daß Sie nicht die bei uns übliche Pitman-Stenografie anwenden«, lenkte er plötzlich ab.

»Miss Grey ist immer auf der Höhe der Zeit«, erklärte Poirot rasch, da er Janes Verlegenheit gewahrte. »Sie bedient sich des neuesten, in der Tschechoslowakei erfundenen Systems.«

»Ja? Was für ein erstaunliches Land muß doch die Tschechoslowakei sein! Alles scheint von dorther zu kommen: Schuhe, Gläser, Handschuhe und nun gar auch ein neues stenografisches System. Wirklich erstaunlich. Man kann da auf Großes gefaßt sein.«

Er schüttelte den beiden die Hand und beteuerte, es tue ihm ungeheuer leid, daß er ihnen so wenig habe helfen können.

Doch als sie draußen waren, lächelte er pfiffig hinter ihnen drein.

## 16

Ein Auto brachte sie von Bloomsbury zum Restaurant ›Monseigneur‹, wo Norman Gale sie erwartete.

»Nun?« fragte er, nachdem Poirot dem Kellner seine Wünsche geäußert hatte.

»Miss Grey hat sich als erstklassige Sekretärin erwiesen.«

»Im Gegenteil«, erwiderte Jane. »Er entdeckte, als er hinter mir vorbeischritt, meine sinnlosen Kritzeleien, was auf eine scharfe Beobachtungsgabe schließen läßt.«

»Nicht wahr, Mademoiselle? Ja, ja, der gute Mr. Clancy ist nicht so zerstreut, wie man glauben möchte.«

»Brauchten Sie jene beiden Adressen wirklich, Monsieur Poirot?«

»Ja.«

»Aber wenn die Polizei . . .«

Hercule Poirot machte eine etwas verächtliche Handbewegung. »Ah, die Polizei! Meine Fragen würden anders lauten als die ihrigen, obwohl ich vorläufig glaube, daß sie überhaupt keine Fragen gestellt hat. Es dünkt sie vermutlich überflüssig, weil das im Flugzeug gefundene Blasrohr von einem Amerikaner in Paris gekauft wurde.«

»Einem Amerikaner? Aber es befand sich ja gar kein Amerikaner an Bord.«

Poirot lächelte väterlich.

»Ganz recht. Den Amerikaner schickt uns das Schicksal nur, damit die Sache noch verworrener wird.«

»Wurde es tatsächlich von einem Mann gekauft?« mischte sich jetzt Gale ein.

»Ja, von einem Mann«, wiederholte der Belgier mit einem rätselhaften Gesichtsausdruck.

»Mr. Clancy war es jedenfalls nicht!« sagte Jane. »Er besaß bereits ein Blasrohr, so daß er kein anderes gekauft haben würde.«

»Bravo, Mademoiselle! So muß man vorgehen: jeden der Reihe nach verdächtigen und ihn alsdann von der Liste streichen.«

»Wie viele haben Sie bis jetzt schon gestrichen?«

»Nicht so viele, wie Sie wahrscheinlich denken, Mademoiselle ... Aber sprechen wir jetzt lieber von anderen Dingen. Zum Beispiel, wie dieses Drama auf das Leben meiner beiden jungen Freunde hier eingewirkt hat.«

Jane Grey berichtete von dem Andrang bei Mr. Antoine und ihrer daraus herrührenden Gehaltserhöhung.

»Also Ihre Lebenslage hat sich gebessert«, meinte Poirot, »voraussichtlich indes nur für eine gewisse Zeit. Selbst ein Neun-Tage-Wunder währt nicht länger als neun Tage.«

Jane lachte. »Das ist wahr.«

»In meinem Falle wird es, fürchte ich, länger als neun Tage währen«, sagte Norman Gale. Und er erzählte seine Erfahrungen.

»Ja, es wird bestimmt länger als neun Tage oder neun Wochen oder gar neun Monate währen«, bemerkte Poirot, der teilnehmend zugehört hatte, nachdenklich.

»Die Sensation stirbt rasch; Furcht hingegen ist langlebig.«

»Würden Sie mir raten, durchzuhalten?«

»Haben Sie denn irgendeinen anderen Plan, Mr. Gale?«

»Ja, den ganzen Krempel hinschmeißen und in Kanada oder sonstwo von neuem beginnen.«

»Oh, das dürfen Sie nicht tun!« rief Jane.

Norman schaute ihr in die Augen, während sich Poirot taktvoll seinem gebratenen Hähnchen widmete.

»Ich möchte auch nicht fort«, gestand Norman Gale.

»Wenn ich herausfinde, wer Madame Giselle tötete, erübrigt es sich, Mr. Gale«, sagte Hercule Poirot fröhlich.

»Glauben Sie wirklich, es wird Ihnen gelingen?«

»Mademoiselle!« Der kleine Belgier blickte die Fragerin vorwurfsvoll an. »Wenn man mit Ordnung und Methode an ein Problem herangeht, so gibt es keine Schwierigkeit, es zu lösen. Keine!« wiederholte er streng und schwieg dann eine Sekunde. »Freilich – wenn ich Hilfe hätte, würde die Lösung rascher erfolgen.«

»Was für Hilfe?«

Abermals schien Poirot die Antwort zu überlegen.

»Hilfe von Mr. Gale«, erklärte er langsam. »Und später vielleicht auch von Ihnen, Mademoiselle.«

»Was kann ich tun?« forschte der junge Zahnarzt.

»Was?« Sehr behutsam, um die englische Empfindlichkeit nicht zu verletzten, benutzte Poirot einen Zahnstocher. »Also rundheraus: Ich benötige einen Erpresser.«

»Wie bitte?« Norman Gale starrte den älteren Mann an, als habe er nicht recht gehört.

»Jawohl, einen Erpresser.«

»Aber wofür?«

»Parbleu, zum Erpressen.«

»Gewiß, gewiß. Ich meine . . . warum?«

»Warum? Das ist meine Angelegenheit«, erwiderte Poirot ziemlich schroff. Gleich darauf fuhr er in geschäftsmäßigem Tone fort: »Mein Plan ist folgender: Sie werden einen an die Gräfin Horbury gerichteten Brief schreiben. Das heißt, ich werde ihn schreiben, und Sie werden ihn abschreiben und den Umschlag mit dem Vermerk ›Persönlich‹ versehen. In dem Brief werden Sie um eine Unterredung bitten, daran erinnern, daß Sie bei einer gewissen Gelegenheit zusammen mit ihr im Flugzeug nach England reisten, und endlich auch andeuten, daß Sie gewisse Daten betreffs Madame Giselles geschäftlicher Verfahren in Händen haben.«

»Und dann?«

»Dann bewilligt die Dame Ihnen die Unterredung, in deren Verlauf Sie ihr mancherlei sagen und schließlich zehntausend Pfund verlangen werden.«

»Sie sind verrückt!«

»Durchaus nicht«, sagte Poirot. »Ich bin vielleicht überspannt, doch nicht verrückt.«

»Und angenommen, Lady Horbury benachrichtigt die Polizei? Dann wandere ich ins Gefängnis.«

»Keine Angst! Sie wird die Polizei nicht benachrichtigen.«

»Das können Sie nicht wissen.«

»Mein Lieber, ich weiß so gut wie alles.«

»Mir behagt die Sache aber nicht.«

»Sie werden die zehntausend Pfund ja nicht verdienen – wenn das Ihr Gewissen erleichtert«, sagte Poirot mit einem Zwinkern.

»Trotzdem ... verstehen Sie doch, Monsieur Poirot ... Ihr Plan kann mich für alle Zeit ruinieren.«

»Die Dame wird nicht zur Polizei laufen – ich versichere es Ihnen.«

»Es genügt, wenn sie es ihrem Gatten mitteilt.«

»Auch ihm wird sie es nicht mitteilen.«

»Egal – mir behagt es nicht.«

»Behagt es Ihnen, Ihre Patienten zu verlieren und Ihre Laufbahn gefährdet zu sehen?«

»Nein. Indes ...«

Poirot lächelte freundlich.

»Sie spüren den natürlichen Widerwillen, und außerdem empört sich Ihre Ritterlichkeit. Beides ist begreiflich. Aber glauben Sie mir, daß Lady Horbury diese schönen Gefühle nicht verdient. Sie ist sogar ein ziemlich schmutziger Charakter. Außerdem handelt es sich ja gar nicht um richtige Erpressung. Sie, Mr. Gale, sollen lediglich eine gewisse Wirkung hervorrufen. Hernach, wenn der Boden vorbereitet ist, greife ich ein.«

»Wenn Sie mich ins Gefängnis bringen ...«

»Nein, nein, nein«, unterbrach ihn Poirot. »Ich bin in Scotland Yard genügend bekannt, und sollte sich etwas ereignen, so nehme ich die Schuld auf mich. Doch ich wiederhole: Es wird sich nichts anderes ereignen, als was ich prophezeit habe.«

Seufzend gab Norman Gale schließlich allen weiteren Widerstand auf.

»Gehen Sie eigentlich manchmal ins Theater, Mademoiselle?« wandte sich der Belgier plötzlich an Jane.

»Ja, ziemlich oft.«

»Haben Sie zufällig das Stück ›Tief unten‹ gesehen?«

»Ja, vor einem Monat. Es ist recht gut.«

»Ein amerikanisches Stück, nicht wahr?«

»Ja.«

»Erinnern Sie sich der Rolle des Harry, die Raymond Barraclough spielt?«

»Oh, ich fand ihn sogar vorzüglich.«

»Wirklich? Er versteht also, die Frauen zu fesseln.«

»Unbedingt«, gab Jane lachend zu.

»Und als Schauspieler?«

»Vorzüglich – ich sagte es ja bereits.«

»Dann muß ich ihn sehen«, erklärte Poirot, und das junge Mädchen starrte ihn ganz verdutzt an. Was für ein drolliger kleiner Mann! Hopste von einem Gegenstand zum andern wie ein Vogel von Zweig zu Zweig . . .!

Vielleicht las er ihre Gedanken, denn lächelnd fragte er:

»Sie billigen meine Methoden offenbar nicht, Mademoiselle?«

»Sind Sie nicht manchmal etwas sprunghaft?«

»Nein. Ich verfolge meinen Weg logisch.«

»Nun, ich werde niemals begreifen, warum Sie dies oder jenes sagen.«

»Sehr einfach. Um die Leute zum Reden zu bewegen.«

»Und wenn sie nicht wollen?«

»Jeder liebt es, von sich zu sprechen. Aus dieser Erkenntnis schlägt auch mancher Quacksalber Kapital. Er ermutigt die Patienten, zu ihm zu kommen, sich hinzusetzen und ihm allerlei zu erzählen. Wie sie als Zweijährige aus dem Kinderwagen fielen, wie ihre Mutter eine Birne aß und der Saft auf das gelbe Seidenkleid tropfte und wie sie als Baby den Vater am Barte zupften. Und dann sagt er zu ihnen, in Zukunft würden sie nicht mehr an Schlaflosigkeit leiden und nimmt ihnen zwanzig Shilling ab, die sie ihm gern zahlen, denn sie haben sich ja so gut, so ungewöhnlich gut unterhalten. Und vielleicht schlafen sie danach.«

»Wie lächerlich, Monsieur Poirot!«

»Nein, es ist gar nicht so lächerlich, wie Sie denken, Mademoiselle Jane. Es basiert auf einem grundlegenden Bedürfnis der menschlichen Natur: dem Bedürfnis, zu sprechen, sich zu offenbaren. Verweilen Sie selbst nicht auch gern bei Ihren Kindheitserinnerungen, bei Ihrer Mutter, Ihrem Vater?«

»Ich bin in einem Waisenhaus erzogen worden.«

»Ah, das ändert manches. Da hatten Sie sicher nicht viele frohe Stunden.«

»Es war ganz lustig. Wir gehörten nicht zu jenen armen Waisen, die aus öffentlichen Mitteln unterhalten werden und in scheußlichen roten Mützen und Mänteln herumlaufen müssen.«

»Sind Sie in England aufgewachsen?«

»Nein, in Irland. Unweit Dublin.«

»Ah! Also sind Sie Irin? Daher das dunkle Haar und die blaugrauen Augen, mit dem Blick ...«

»... als ob sie mit einem rußigen Finger eingesetzt worden seien«, erklärte Norman Gale.

»Wie bitte?«

»Das pflegt man von irischen Augen zu sagen: Sie sind mit einem rußigen Finger eingesetzt worden.«

»Wirklich? Das ist zwar nicht fein ausgedrückt, doch immerhin wird es irgendwie den Tatsachen gerecht.«

Er verbeugte sich vor Jane. »Die Wirkung jedenfalls ist reizend.«

Jane Grey lachte und stand auf.

»Sie werden mir den Kopf verdrehen, Monsieur Poirot. Gute Nacht, und Dank für die Einladung. Wenn Norman wegen Erpressung im Gefängnis sitzt, sind Sie zu einer neuen verpflichtet.«

Bei der Erinnerung glitt ein Schatten über Norman Gales Gesicht ...

Als Hercule Poirot eine halbe Stunde später heimkehrte, schloß er ein Schubfach auf, dem er eine Liste mit elf Namen entnahm. Vier dieser Namen versah er mit einem kleinen Vermerk. Dann nickte er ein paarmal versonnen.

»Ich glaube, ich weiß es«, murmelte er. »Doch ich muß meiner Sache sicher sein. Also weiter!«

# 17

Henry Mitchell nahm gerade vor einem Teller mit Bratwurst und Kartoffelbrei Platz, als sich ein Besucher einstellte, in dem er überrascht den schnurrbärtigen Herrn erkannte, der jenen verhängnisvollen Flug über den Kanal mitgemacht hatte.

Hercule Poirot gab sich sehr leutselig. Er bestand darauf, daß Mr. Mitchell sich in seinem Mittagessen nicht stören lasse, zollte Mrs. Mitchell, die ihn mit offenem Mund anstarrte, ein anmutiges Kompliment und sank hierauf etwas erschöpft – denn es sei für die Jahreszeit sehr warm – in einen Lehnstuhl. Nach weiteren Bemerkungen über das Wetter kam er dann allmählich auf den Grund seines Besuches zu sprechen.

»Scotland Yard ist, fürchte ich, bei der Untersuchung dieses Falles auf einem toten Punkt angelangt«, warf er so nebenbei hin.

»Kein Wunder, Sir«, erwiderte der Steward. »Wenn keiner von den Mitreisenden im Flugzeug etwas sah, wie sollen andere hinterher was herausfinden?«

»Nächtelang hat Henry über diese Sache nicht schlafen können«, schaltete seine Frau ein, worauf Mitchell erklärend ergänzte:

»Ich hatte zuerst Angst, ich könnte meine Stellung verlieren. Doch die Gesellschaft hat sich sehr anständig benommen und gibt zu, daß mich kein Verschulden trifft.«

»Selbstverständlich trifft dich kein Verschulden«, bestätigte die dralle Mrs. Mitchell.

»Nun, man hätte mir einen Strick daraus drehen können, daß ich den Tod der Dame nicht früher bemerkte, Ruth. Wenn ich versucht hätte, sie aufzuwecken, als ich bei den übrigen Gästen einkassierte . . .«

». . . so wäre damit auch wenig geändert worden«, unterbrach ihn Hercule Poirot. »Der Tod ist nach Ansicht der Sachverständigen auf der Stelle eingetreten.«

»Trotzdem lastet die Sache auf mir. Jedesmal, wenn ich mich zum Dienst begebe, habe ich Beklemmungen. Und dann der Herr von Scotland Yard, Sir, der mich immer und immer wieder fragt, ob sich während des Fluges nichts Ungewöhnliches ereignet hätte! Da wird man ja das Gefühl nicht los, als ob man was vergessen haben müßte. Dabei verlief der Flug in jeder Hinsicht ereignislos, bis . . . bis das Schreckliche eintrat.«

»Blasrohre und vergiftete Pfeile – heidnisch nenne ich das!« entrüstete sich Mitchells Gattin.

»Sie haben recht«, sagte Poirot mit einer schmeichelnden Miene, als habe ihre Bemerkung großen Eindruck auf ihn gemacht. »Ein englischer Mord wird nicht auf diese Weise begangen.«

»Bestimmt nicht, Sir.«

»Ich vermag beinahe zu erraten, aus welchem Teil Englands Sie stammen, Mrs. Mitchell.« Monsieur Poirot war bestrickend.

»Aus Dorset, Sir. Nicht weit von Bridgeport. Dort bin ich zu Hause.«

»Eine reizende Gegend, Mrs. Mitchell.«

»Ja. London hält keinen Vergleich damit aus. Meine Familie ist schon über zweihundert Jahre in Dorset ansässig; es ist mir also sozusagen in Fleisch und Blut übergegangen.«

»Wie könnte es anders sein!« Jetzt wandte sich der Belgier wieder an Mitchell. »Eins möchte ich Sie noch gern fragen.«

Das Gesicht des Mannes verdüsterte sich.

»Ich habe alles, was ich weiß, gesagt, Sir. Wahrhaftig.«

»Ja, ja. Es handelt sich auch nur um eine Kleinigkeit: War vielleicht irgend etwas auf Madame Giselles Tablett in Unordnung?«

»Sie meinen, als ich sie tot fand?«

»Ja. Die Löffel und Gabeln, das Salzfaß oder dergleichen.«

»Nein. Bis auf die Kaffeetassen war überdies alles abgeräumt. Wenn etwas Verdächtiges dagewesen wäre, hätte es die Polizei bemerkt; sie hat das Flugzeug ja bis zum letzten Winkel durchsucht.«

»Nun, es ist auch nicht wichtig. Gelegentlich werde ich Ihren Kollegen Davis mal fragen.«

»Er versieht jetzt Dienst bei Frühflügen, Sir.«

»Ist ihm die Sache auch so nahegegangen?«

Mitchell zuckte die Achseln. »Die Jugend, Sir, nimmt alles leichter. Und vielleicht gefällt es ihm sogar, wenn die Leute ihn zu einem Gläschen einladen und er berichten muß.«

»Hat er etwa eine Freundin? Dann wird seine Verbindung mit dem Verbrechen ihn in deren Augen vermutlich sehr interessant machen.«

»Er liebäugelt mit der Tochter des alten Johnson vom ›Goldenen Hahn‹«, erzählte Mrs. Mitchell. »Aber sie ist ein verständiges Mädchen, und es wird ihr eher mißfallen, daß in seiner Gegenwart ein Mord geschah.« Sie plapperte jetzt ganz vernünftig.

»Ein sehr gesunder Standpunkt«, meinte Poirot lobend, indem er sich erhob. »Ich danke Ihnen, Mr. Mitchell, und bitte Sie, sich nicht mit dummen Gedanken abzugeben. Sie haben keinerlei Grund dazu. Freute mich sehr, Sie kennenzulernen, Mrs. Mitchell.«

Als das Ehepaar wieder allein war, sagte der Steward: »Die einfältigen Geschworenen glaubten, er sei der Mörder. Doch wenn mich nicht alles täuscht, gehört er zur Geheimpolizei.«

»Und wenn mich nicht alles täuscht, steckt hinter dem Ganzen eine politische Verschwörung«, versetzte die dralle Mrs. Mitchell.

Poirot, der erklärt hatte, daß er gelegentlich mit Albert Davis sprechen werde, führte diese Unterredung schon wenige Stunden später herbei.

Im Schankzimmer des ›Goldenen Hahns‹ stellte er ihm dieselbe Frage wie dem älteren Kollegen.

»Nein, es war nichts in Unordnung, Sir. Sie meinen umgestürzt oder verschoben, nicht wahr?«

»Ich meine nicht nur das, sondern auch, ob vielleicht etwas fehlte oder ob irgend etwas auf dem Tablett lag, was dort eigentlich nicht hingehörte.«

»Ach so!« Davis spielte versonnen mit dem Fuß seines Glases. »Etwas lag da allerdings – ich bemerkte es beim Aufräumen, als die Polizei mit der Durchsuchung fertig war. Doch vermutlich ist es nebensächlich. Die tote Dame hatte nämlich zwei Teelöffel auf ihrer Untertasse liegen. Dergleichen Versehen geschehen ja manchmal, wenn wir eilig servieren.«

»Fehlte ein Löffel auf der Untertasse eines anderen Passagiers?«

»Ich glaube nicht, Sir. Mitchell oder ich werden wohl irrtümlich zwei Löffel hingelegt haben. Wie gesagt, in der Eile passiert einem so etwas mal. Erst vergangene Woche gab ich einem Passagier zwei Fischmesser. Immerhin ist das noch besser, als wenn man was vergißt, denn dann muß man das Servieren unterbrechen und das Vergessene holen.«

»Richtig. Wie gefallen Ihnen denn eigentlich die französischen Mädchen, Davis?«

»Die englischen sind gut genug für mich, Sir.«

Und Albert Davis lächelte vergnügt einem derben, blonden Mädchen hinter der Theke zu.

## 18

Mr. James Ryder war ziemlich überrascht, als ihm eine Visitenkarte mit dem Namen Hercule Poirot gebracht wurde.

Sehr flott gekleidet und eine Blume im Knopfloch, spazierte der kleine Belgier einige Minuten später ins Zimmer.

»Sie werden mir die Störung hoffentlich verzeihen«, sagte er. »Es handelt sich um den Tod von Madame Giselle.«

»Ja? Wollen Sie nicht Platz nehmen? Eine Zigarre gefällig?«

»Ich danke, Mr. Ryder, aber ich rauche stets meine eigenen Zigaretten. Vielleicht probieren Sie eine.«

Ryder betrachtete Poirots dünne Zigaretten etwas kritisch.

»Nein, nein, will lieber bei meiner Sorte bleiben. So ein zierliches Ding könnte ich zu leicht verschlucken.«

Er lachte herzlich. »Der Inspektor war übrigens vor ein paar Tagen hier«, erzählte er, als seine Zigarre qualmte. »Ich weiß nicht, warum diese Burschen einen nicht endlich in Frieden lassen.«

»Sie müssen wohl Erkundigungen einziehen«, versetzte Hercule Poirot sanft.

»Dann sollen sie sich gefälligst nicht so verdammt beleidigend benehmen«, rief Mr. Ryder voller Erbitterung.

»Vielleicht sind Sie ein bißchen überempfindlich.«

»Ich befinde mich in einer kitzligen Lage, Monsieur Poirot, weil ich gerade vor der Ermordeten saß. Bei Gott, ich habe mir den Platz nicht ausgesucht, und wenn ich geahnt hätte, daß man diese

Frau ermorden würde, wäre ich nicht mit jenem Flugzeug heimgekehrt. Das heißt ... vielleicht hätte ich es doch getan.«

»Ist aus dem Schlimmen Gutes erwachsen?« erkundigte sich der Besucher lächelnd.

»Spaßig, daß Sie das sagen, denn in gewisser Weise stimmt es! Ich habe Ärger genug gehabt, habe genügend Andeutungen schlucken müssen. Und warum, frage ich Sie, hängen sich diese Polizisten an mich? Warum gehen Sie nicht zu Dr. Bryant und plagen ihn mit Fragen? Doktoren können sich am leichtesten gefährliche Gifte verschaffen, die kaum Spuren hinterlasssen. Wie aber soll ich zu Schlangengift kommen? Das verraten Sie mir bitte!«

Hercule Poirot überhörte diese letzte Aufforderung.

»Sie äußerten, daß trotz aller Mißhelligkeiten ...«, begann er und wurde von Mr. Ryder unterbrochen.

»O ja, es gab auch eine erfreuliche Seite. Warum soll ich Ihnen verschweigen, daß ich eine hübsche runde Summe von den Zeitungen einsteckte? Berichte eines Augenzeugen, verstehen Sie? Freilich war die Phantasie des Journalisten tüchtiger als meine Augen, aber das schadet ja nichts.«

»Es ist interessant, wie ein Verbrechen die Leben von völlig außenstehenden Personen berührt. Nehmen Sie sich zum Beispiel: Ihnen fällt plötzlich eine ganz unerwartete Summe in den Schoß – eine Summe, die Ihnen in dem Moment vielleicht besonders willkommen ist.«

»Geld ist immer willkommen«, versetzte James Ryder.

»Gewiß. Manchmal liegt aber ein zwingender Bedarf vor. Aus diesem Grunde begehen Männer Unterschlagungen, fälschen die Bücher ...« Er bewegte andeutend die Hände. »Alle möglichen Arten von Verwicklungen entstehen.«

»Lassen Sie uns deswegen nicht trübsinnig werden.«

»Sie haben recht, Monsieur Ryder. Warum bei der dunklen Seite des Bildes verweilen? Dies Geld kam Ihnen natürlich sehr gelegen, da Ihre Bemühungen, in Paris ein Darlehen zu erhalten, fehlgeschlagen waren.«

»Woher, zum Teuel, wissen Sie das?« fragte James Ryder verdrießlich.

Hercule Poirot lächelte.

»Jedenfalls ist es wahr.«

»Wahr ist es allerdings; aber ich lege keinen Wert darauf, daß es bekannt wird.«

»Trauen Sie meiner Verschwiegenheit!«

»Bisweilen entscheidet eine ganz geringfügige Summe über das Geschick eines Mannes«, führte Ryder aus. »Eine ganz kleine Summe flüssiges Geld, um ihm über eine Krise hinwegzuhelfen, und wenn er dieses lächerliche Sümmchen nicht aufbringen kann, dann ist's um seinen Kredit geschehen! Ja, es ist verflixt wunderlich. Geld ist wunderlich. Kredit ist wunderlich. Und am Ende auch das Leben.«

»Sehr richtig.«

»Übrigens, was führt Sie eigentlich zu mir?«

»Eine etwas heikle Sache«, erwiderte Poirot. »Es ist mir zu Ohren gekommen – durch Zufall, bei Ausübung meines Berufs, verstehen Sie? –, daß Sie, ungeachtet Ihrer gegenteiligen Aussage, mit dieser Madame Giselle zu tun hatten.«

»Wer wagt das zu behaupten? Es ist eine Lüge – eine hundsgemeine Lüge! Ich habe diese Frau nie gesehen.«

»Nanu? Das ist aber eigenartig!«

»Eigenartig? Nein, eine verdammte Verleumdung!«

»Regen Sie sich doch nicht so auf«, versuchte Poirot den Empörten zu beschwichtigen. »Es muß eine Verwechslung vorliegen.«

»Ich danke für die Verwechslung! Mich mit dieser piekfeinen Geldverleiherin in einem Atem zu nennen . . .! Weltdamen mit Spielschulden – das sind ihre Kunden gewesen.«

Poirot putzte ein nicht sichtbares Stäubchen von seinem Ärmel und erhob sich.

»Nichts für ungut, Monsieur Ryder. Es tut mir aufrichtig leid, daß man mich falsch unterrichtet hat. Tragen Sie es mir nicht nach.« Und mit einem herzlichen Händedruck nahm er Abschied und schritt zur Tür.

# 19

Lady Horbury saß in ihrem Schlafzimmer am Grosvenor Square. Goldene Bürsten und Tuben mit Gesichtscreme, Dosen mit mannigfarbigem Puder – exquisiter Luxus rund um sie herum. Aber inmitten dieses Luxus saß Cicely Horbury mit trockenen Lippen und einem Gesicht, auf dem das Rouge in häßlichen Flecken hervortrat.

Zum vierten Male las sie den eben erhaltenen Brief.

»Geehrte Frau Gräfin!

Es betrifft die verstorbene Madame Giselle.

Ich habe gewisse Dokumente in Händen, die sich früher im Besitz der Toten befanden. Wenn die Angelegenheit Sie oder Mr. Raymond Barraclough interessiert, bin ich gern zu einem Besuch bereit, damit wir die Frage erörtern.

Oder sollten Sie es vorziehen, daß ich deswegen mit Ihrem Gatten verhandle?

Ergebenst John Robinson.«

Blöde, dasselbe wieder und wieder zu lesen . . .

Als ob sich dadurch die Worte und ihre Bedeutung änderten!

Cicely nahm den Umschlag auf – zwei Umschläge. Der erste trug den Vermerk »Persönlich«; auf dem zweiten stand »Privat und sehr vertraulich«.

Privat und sehr vertraulich . . . oh, das Biest! Das Biest . . .! Und jene verlogene alte Französin, die geschworen hatte, daß alle Anordnungen getroffen seien, um im Falle ihres plötzlichen Ablebens die Kunden zu schützen!

»Möge sie ihre Gemeinheit in der Hölle büßen!« murmelte Cicely. Dann legte sie beide Hände an die Schläfen. »O Gott, meine Nerven . . . sie halten nicht durch. Nein, das ist nicht anständig, bei Gott nicht.« Ihre zitternde Hand griff nach einer Flasche mit goldenem Verschluß.

»Es wird mich stärken . . .«

Sie schnüffelte das Pulver ein.

Ah, jetzt konnte sie denken! Was tun? Natürlich mit dem Mann sprechen. Woher sie allerdings Geld nehmen sollte – ob sie es in der Carlos Street versuchte?

Doch das hatte Zeit! Vorerst den Mann sehen, herausfinden, was er wußte.

Und so erhob sie sich vom Toilettentisch, setzte sich an den schönen antiken Sekretär und schrieb in ihrer großen, ungeformten Handschrift:

»Lady Horbury ist geneigt, Mr. John Robinson morgen vormittag um elf Uhr zu empfangen.«

»Wird es so gehen?« fragte Norman Gale.

»Um Himmels willen!« entsetzte sich Poirot. »Wollen Sie in einem Lustspiel auftreten?«

»Sie sagten doch, eine leichte Verkleidung würde nichts schaden«, entschuldigte sich der junge Zahnarzt verlegen.

Poirot seufzte und zog den andern vor den Spiegel.

»Betrachten Sie sich selbst, mehr verlange ich nicht. Betrachten Sie sich! Möchten Sie Nikolaus spielen für die Kinder? Zugegeben: Ihr Bart ist nicht weiß; nein, er ist schwarz – die Farbe der Schurken. Aber was für ein Bart! Ein Bart, der zum Himmel schreit! Ein billiger und lächerlich stümperhaft befestigter Bart. Dann bitte die Augenbrauen. Haben Sie denn eine krankhafte Vorliebe für falsche Haare? Man riecht den Klebstoff ja auf mehrere Meter Entfernung. Und wenn Sie glauben, es merke niemand, daß Sie ein Stück Heftpflaster an einem Zahn befestigt haben, so irren Sie sich gewaltig. Mein junger Freund, es ist nicht Ihr Handwerk – entschieden nicht –, eine Rolle zu spielen.«

»Verzeihung, ich habe ziemlich viel bei Theateraufführungen im Freundeskreis mitgewirkt«, versetzte Norman Gale steif.

»Das kann ich mir kaum vorstellen. Oder aber man hat Ihnen hinsichtlich der Kostümierung nicht erlaubt, Ihre eigenen Ideen zu verwirklichen. Selbst bei Rampenlicht würde Ihre Erscheinung nicht überzeugend wirken. Am Grosvenor Square jedoch, bei hellem Tageslicht . . .« Poirot beendigte den Satz durch ein beredtes Achselzucken.

»Nein, mein Freund«, begann er von neuem, »Sie sind ein Erpresser, kein Komödiant. Ich wünsche, daß die Gnädige Sie fürchtet und nicht bei Ihrem Anblick vor Lachen stirbt. Mein Urteil verwundert Sie, nicht wahr? Ich kann's nicht ändern. Im gegenwärtigen Augenblick ist nur die Wahrheit dienlich. Gehen Sie nebenan ins Badezimmer und machen Sie mit diesen Narrenpossen ein Ende.«

Niedergeschmettert gehorchte Norman Gale. Als er eine Viertelstunde später wieder zum Vorschein kam, das Gesicht vom Frottieren und Schrubben ziegelrot, nickte Hercule Poirot zufrieden.

»Très bien. Der Schwank ist vorbei; das ernste Geschäft beginnt. Einen kleinen Schnurrbart will ich Ihnen gestatten; aber ich werde ihn Ihnen selbst anlgen.« Ein Weilchen hantierte er an Normans Oberlippe. »Und jetzt wird das Haar anders gescheitelt – so! Das genügt. Nun möchte ich hören, ob Sie wenigstens Ihre Sätze können.«

Er lauschte aufmerksam und nickte dann abermals.

»Nicht schlecht! Also los und viel Glück!«

»Das erhoffe ich von ganzem Herzen«, sagte Gale kleinlaut. »Doch vermutlich erwartet mich ein zornschnaubender Gatte mit ein paar Polizisten.«

»Keine Angst. Alles wird wie am Schnürchen gehen«, versicherte Hercule Poirot.

»Wer's glaubt!« murmelte Norman Gale rebellisch. Und mit innerem Widerstreben brach er auf, um die abscheuliche Mission auszuführen.

Am Grosvenor Square wurde er in ein kleines Zimmer geführt, das zwei Minuten später auch Lady Horbury betrat.

Norman riß sich zusammen. Er durfte auf keinen Fall zeigen, daß er ein Neuling in diesem Fach war.

»Mr. Robinson?« sagte Cicely.

»Zu Ihren Diensten.« Blöde Antwort, schalt er sich innerlich, gerade wie ein Ladenaufseher. Das macht die Furcht.

»Ich bekam Ihren Brief«, hörte er Cicely Horburys Stimme.

Norman gab sich einen Ruck. Was? Der alte Narr hatte gemeint, er tauge nicht zum Schauspieler ...? Und ziemlich frech entgegnete er laut:

»Und wie stellen Sie sich dazu, Lady Horbury?«

»Ich weiß nicht, was Sie meinen.«

»Sie zwingen mich also, Einzelheiten zu erwähnen ...? Jedem ist bekannt, wie angenehm ein – na, nennen wir es mal ein Wochenende – an der See sein kann. Aber Ehemänner sind meist anderer Ansicht. Ich glaube, daß Sie ganz genau wissen, Lady Horbury, welche Beweise vorliegen. Eine prachtvolle Frau, die alte Giselle. Gab sich nie mit halben Sachen ab. Aussagen des Hotelpersonals bilden erstklassiges Beweismaterial. Die Frage ist nur, wer es am meisten braucht: Sie oder Lord Horbury? Wie gesagt, das ist die Frage.«

Cicely Horbury erbebte.

»Ich will nichts als verkaufen«, sagte Norman, und seine Stimme wurde um einen Grad gewöhnlicher, als er noch mehr in der Rolle des Mr. Robinson aufging. »Wollen Sie kaufen?«

»Wie ... wie haben Sie dies ... Beweismaterial in die Hand bekommen?« stammelte die junge Frau.

»Das steht hier ja nicht zur Erörterung, Lady Horbury. Ich besitze es, das ist das Wesentliche.«

»Ich glaube es Ihnen nicht. Zeigen Sie es mir.«

»O nein.« Mit einem gerissenen Grinsen schüttelte Gale den Kopf. »Wohlweislich habe ich nichts mitgebracht. So grün bin ich nicht. Wenn wir zu einer Einigung gelangen, dann liegt die Sache anders. Ich bin bereit, Ihnen den Kram zu zeigen, ehe Sie mir das Geld aushändigen. Alles, wie es sich gehört!«

»Wie ... wieviel?«

»Zehntausend Pfund.«

»Unmöglich. Ich könnte niemals einen Betrag von auch nur annähernd dieser Höhe flüssigmachen.«

»Oh, Sie können noch viel mehr, wenn Sie es ernsthaft versuchen!« lachte der Besucher frech. »Juwelen sind vielleicht nicht mehr so begehrt wie früher, doch Perlen sind noch Perlen. Aber um einer Dame gefällig zu sein, will ich mich mit achttausend begnügen. Das ist mein letztes Wort. Und im übrigen gewähre ich Ihnen zwei Tage Bedenkzeit.«

»Wahrhaftig, ich kann das Geld nicht aufbringen.«

Norman seufzte.

»Nun, vielleicht ist es auch nicht mehr als recht und billig, daß Lord Horbury aufgeklärt wird. Wenn ich nicht irre, erhält eine schuldig geschiedene Frau keinen Unterhalt – und Mr. Barraclough ist zwar ein vielversprechender junger Schauspieler, aber Riesengagen bezieht er noch nicht. Jetzt kein Wort mehr! Ich verlasse Sie, damit Sie genügend Zeit zum Überlegen haben. Und wohlgemerkt: ich scherze nicht. Genausowenig, wie Madame Giselle zu scherzen pflegte.«

Dann ging er, ehe die Unglückliche eine Silbe erwidern konnte.

Unten auf der Straße wischte er sich die Stirn.

»Uff! Gott sei Dank, daß es überstanden ist!«

Eine Stunde mochte verflossen sein, als der Diener Lady Horbury eine Karte brachte.

»Mr. Hercule Poirot.«

Cicely warf die Karte auf den Tisch. »Wer ist das? Ich kann ihn nicht empfangen.«

»Er sagte, er käme auf Veranlassung von Mr. Raymond Barraclough.«

»Oh.« Sie überlegte. »Gut. Führen Sie ihn herein.«

Der Diener verschwand und ließ gleich darauf Poirot eintreten.

Lady Horbury kam ihm einen Schritt entgegen. »Mr. Barraclough schickt Sie?«

»Setzen Sie sich, Madame.« Poirots Ton war freundlich, aber bestimmt.

Mechanisch folgte sie seinem Geheiß, worauf Poirot neben ihr Platz nahm.

»Ich bitte Sie, Madame, mich als einen Freund zu betrachten, der gekommen ist, um Ihnen zu raten. Sie befinden sich, das weiß ich, in großer Verlegenheit.«

»Durchaus nicht«, leugnete sie schwach.

»Hören Sie, Madame, ich verlange nicht, daß Sie Ihre Geheimnisse preisgeben. Es ist unnötig, da ich ohnehin eingeweiht bin. Ich kannte sie schon vorher. Wissen, Madame – das ist das Wichtigste für einen guten Detektiv.«

»Detektiv?« Ihre Augen weiteten sich. »Oh, jetzt entsinne ich mich: Sie flogen ebenfalls mit dem ›Prometheus‹. Sie waren es, der ...«

»Ganz recht, Madame, ich war es. Doch zurück zu unserer Angelegenheit. Wie gesagt, ich dringe nicht darauf, daß Sie sich mir anvertrauen. Sie sollen nicht mir erzählen, was geschah, sondern ich will es Ihnen erzählen. Heute vormittag, vielleicht vor einer Stunde hatten Sie Besuch. Wie hieß der Mann? Brown vielleicht?«

»Robinson«, hauchte Cicely.

»Das kommt auf dasselbe hinaus – Brown, Smith, Robinson –, er legt sich bald diesen, bald jenen Namen zu. Zu Ihnen kam er, Madame, um Geld von Ihnen zu erpressen. In seinem Besitz befinden sich gewisse Beweise . . . Indiskretionen, nicht wahr. Jedenfalls Beweise, die nach Madame Giselles Tod irgendwie an ihn übergegangen sind und die er Ihnen für siebentausend Pfund anbietet.«

»Acht.«

»Also acht. Und Sie, Madame, können diese Summe nur unter größten Schwierigkeiten aufbringen.«

»Ich kann es überhaupt nicht«, stieß sie verzweifelt hervor, »denn ich stecke bereits in Schulden. O Gott, ich weiß nicht, was ich anfangen soll!«

»Beruhigen Sie sich, Madame. Ich biete Ihnen meine Hilfe an.«

»Sie?« Cicely starrte dem kleinen Belgier in die Augen. »Woher ist Ihnen dies alles denn bekannt?«

»Sehr einfach, Madame, weil ich Hercule Poirot bin. Eh bien, fürchten Sie sich nicht. Ich werde mit diesem Mr. Robinson verhandeln.«

»Ja? Und wieviel fordern Sie dafür?« fragte Lady Horbury.

»Nur eine Fotografie mit Unterschrift, eine Fotografie von einer sehr schönen Dame . . .«

»Hat denn niemand mit mir Erbarmen?« schrie sie auf. »O Gott, meine Nerven . . . Ich werde noch verrückt.«

»Nein, nein. Vertrauen Sie Hercule Poirot. Eins allerdings ist nötig: Ich muß die Wahrheit wissen, Madame; Sie dürfen mir nichts verheimlichen.«

»Und Sie werden mich aus dieser Patsche befreien?«

»Ich schwöre Ihnen, daß Sie niemals wieder etwas von Mr. Robinson hören werden.«

»Sei es – ich will Ihnen alles gestehen.«

»Gut. Nicht wahr, Sie haben sich von Madame Giselle Geld geborgt?«

Cicely Horbury nickte stumm.

»Wann? Ich meine, wann fing es an?«

»Vor acht Monaten.«

»Verluste am Spieltisch, wie?«

»Ja. Ich hatte ein schauderhaftes Pech.«

»Lieh die Giselle Ihnen so viel, wie Sie wollten?«

»Anfänglich nicht. Zuerst nur eine kleine Summe.«

»Wer schickte Sie zu ihr hin?«

»Raymond ... Mr. Barraclough sagte mir, er habe gehört, daß sie Geld an Damen der Gesellschaft verleihe.«

»Später borgte sie Ihnen dann mehr?«

»Ja, soviel ich benötigte. Es schien mir damals wie ein Wunder.«

»Es war Madame Giselles besondere Art von Wunder«, versetzte Poirot trocken. »Ich vermute, daß vorher Sie und Mr. Barraclough ... hm ... Freunde geworden waren.«

»Ja.«

»Aber Sie hüteten sich ängstlich, daß Ihr Gatte etwas davon erfuhr?«

»Stephen ist ein Musterknabe!« rief Lady Horbury ärgerlich »Er hat mich satt und möchte jemand anders heiraten. Er wäre bei dem Gedanken, sich von mir scheiden lassen zu können, vor Vergnügen in die Luft gesprungen.«

»Und Sie wollen keine Scheidung?«

»Nein. Ich ... ich ...«

»Ihnen gefällt Ihre Stellung«, ergänzte Hercule Poirot, »und auch das sehr reichliche Einkommen, über das Sie verfügen. Ganz natürlich. Die Frauen – na ja, dann erhob sich die Frage der Rückzahlung, nicht wahr?«

»Ja, und ich konnte meinen Verpflichtungen ihr gegenüber nicht nachkommen. Ah, wie die alte Hexe da ihren schmutzigen Charakter offenbarte! Sie wußte über mich und Raymond Bescheid, kannte genau die Orte und Daten und alles – wie sie es in Erfahrung gebracht hat, ist mir schleierhaft.«

»Sie hatte ihre eigenen Methoden, Madame. Vermutlich drohte sie nun, dies Beweismaterial Lord Horbury auszuhändigen, nicht?«

»Ja, sofern ich nicht alles abbezahlte.«

»Und Sie konnten nicht zahlen?«

»Nein.«

»Mithin war ihr Tod für Sie eine glückliche Fügung.«

»Er kam so gelegen, daß ich es kaum fassen konnte. Es war zu schön«, erklärte Cicely Horbury ernsthaft.

»Ja, zu schön«, wiederholte Hercule Poirot mit einem gewissen Nachdruck. »Aber vielleicht machte es Sie auch ein bißchen nervös?«

»Nervös?«

»Nun, schließlich sind Sie der einzige unter den Passagieren gewesen, der Grund hatte, ihren Tod zu wünschen. Und obendrein hatten Sie sie am Abend vorher in Paris aufgesucht und eine reichlich stürmische Szene mit ihr erlebt, Madame.«

»Oh, wie sie mich behandelt hat, diese Teufelin! Nicht einen Zollbreit gab sie nach. Fast möchte ich sagen, daß es ihr Freude bereitete, meine Verzweiflung zu sehen. Sie war ein Biest durch und durch.«

»Dessenungeachtet bekundeten Sie vor den Geschworenen, daß Sie der Frau nie zuvor begegnet seien.«

»Natürlich, was hätte ich denn sonst sagen können?«

Hercule Poirot betrachtete sie nachdenklich.

»Ja, Madame, Sie konnten nichts anders sagen.«

»Scheußlich war es – nichts als Lügen, Lügen und wieder Lügen. Jener gräßliche Inspektor hat mich auch hier noch mit Fragen gepeinigt. Aber ich fühlte mich ziemlich sicher, denn ich merkte ganz genau, daß er bloß auf den Busch klopfte und nichts Genaues wußte.«

»Wenn man mutmaßt, soll man mit Dreistigkeit und Sicherheit mutmaßen«, erklärte Hercule Poirot weise.

»Außerdem«, fuhr Cicely fort, ohne auf Poirots Einwurf zu achten, »redete ich mir ein, daß nichts ruchbar werden könnte, nachdem während der ersten Tage nichts durchgesickert war. Wirklich, ich fühlte mich geborgen, bis gestern dieser entsetzliche Brief eintraf.«

»Also hatten Sie während der ganzen Zeit gar keine Angst?«

»Natürlich hatte ich Angst.«

»Wovor? Vor einer Bloßstellung oder einer Verhaftung wegen Mordes?«

Cicely Horbury wurde leichenblaß.

Es war das erstemal, daß jemand vor ihr diese grauenvolle Möglichkeit aussprach, mit der sie nie im Ernst gerechnet zu haben schien. Ihr war, als hörte ihr Herzschlag auf – zwischen Wunsch und Wunscherfüllung schob sich plötzlich die Ahnung der Sühne, die jeden Täter bedrohte.

»Mord ...? Aber ich ... Barmherziger Gott, glauben Sie das doch nicht! Ich habe sie nicht getötet, ich nicht!«

»Sie haben sicher häufig gewünscht, daß sie stürbe.«

»Ja, aber getötet habe ich sie nicht ... Oh, Sie müssen mir glauben, Monsieur Poirot, Sie müssen! Ich habe mich ja nicht von meinem Platz fortgerührt. Ich ...«

Sie brach ab, die blauen Augen flehend auf ihn gerichtet.

Hercule Poirot nickte beschwichtigend.

»Ich glaube Ihnen, Madame, und zwar aus zwei Gründen. Erstens wegen Ihres Geschlechts und zweitens wegen einer Wespe.«

»Wie ...? Eine ...« Es war offensichtlich, daß sie mit dem Insekt nichts anzufangen wußte.

»Jawohl, eine Wespe«, wiederholte der Detektiv. »Das klingt Ihnen unsinnig, wie? Nun, sprechen wir nicht mehr davon. Ich werde also mit diesem Mr. Robinson Verbindung aufnehmen und gebe Ihnen mein Wort, daß Sie ihn nie wiedersehen oder von ihm hören werden. Als Belohnung für meine Dienste erbitte ich von ihnen die Beantwortung zweier kleiner Fragen. Weilte Mister Barraclough am Tage vor dem Mord in Paris?«

»Ja, wir speisten zusammen. Aber er hielt es für richtiger, wenn ich den alten Drachen allein aufsuchte.«

»Ah! Und jetzt die zweite Frage. Ihr Künstlername vor Ihrer Heirat lautete Cicely Bland. War das Ihr wirklicher Name?«

»Nein. Eigentlich hieß ich Martha Jebb. Der andere Name jedoch ...«

»... eignete sich für Ihren Beruf besser. Und wo wurden Sie geboren?«

»In Doncaster. Warum?«

»Eitel Neugierde, die Sie mir hoffentlich verzeihen werden.

Und darf ich Ihnen jetzt als Abschied noch einen Rat geben, Lady Horbury? Warum einigen Sie sich nicht mit Ihrem Gatten über eine gutwillige, stille Scheidung?«

»Damit er jene Frau heiratet?«

»Ganz recht – damit er jene Frau heiratet. Sie haben ein großmütiges Herz, Madame, und für Ihren Unterhalt wird Ihr Gatte bestimmt sorgen.«

»Für einen bescheidenen vielleicht.«

»Pah! Sobald Sie frei sind, heiraten Sie einen Millionär.«

»Gibt es die heutzutage noch?«

»Bestimmt, Madame. Der Mann, der früher drei Millionen besaß, nennt heute vielleicht noch zwei sein eigen. Auch das genügt.«

Cicely lachte.

»Sie reden sehr überzeugend, Monsieur Poirot! Sind Sie denn auch ganz sicher, daß jener schreckliche Robinson mich nicht wieder belästigen wird?«

»Nehmen Sie das Wort Hercule Poirots zum Unterpfand«, sagte der Besucher feierlich.

Cicely schien geneigt, ihm zu glauben . . .

## 20

Inspektor Japp ging mit seinem militärischen Schritt durch die Harley Street und machte vor der Tür des Hauses Nr. 239 halt. Hier fragte er nach Dr. Bryant.

»Sind Sie angemeldet, Sir?«

»Nein«, gestand Japp. »Einen Augenblick.« Und auf eine dienstliche Karte kritzelte er rasch die Sätze: »Würde Ihnen sehr dankbar sein, wenn Sie mir ein paar Sekunden schenkten. Ich werde Sie nicht lange aufhalten.«

Dann steckte er die Karte in einen Umschlag, klebte ihn zu und gab ihn dem Butler.

Dieser führte den Besucher in ein Wartezimmer, wo bereits zwei Damen und ein Herr saßen, und Inspektor Japp vertiefte sich in eine der herumliegenden Zeitschriften.

Jetzt erschien der Butler wieder und trat dicht an Japp heran. Er machte einen etwas verlegenen Eindruck.

»Wenn es Ihnen nichts ausmacht, noch kurze Zeit zu warten«, sagte er halblaut, »so wird Dr. Bryant Ihnen zur Verfügung stehen. Er ist allerdings heute morgen sehr beschäftigt.«

Japp nickte. Er hatte gegen das Warten nichts einzuwenden. Im Gegenteil, es war ihm recht willkommen, da die beiden Damen ein Gespräch begannen. Offensichtlich hegten sie eine sehr hohe Meinung von Dr. Bryants Tüchtigkeit. Dann kamen noch mehr Patienten.

»Die Praxis bringt Geld ein«, dachte der Scotland-Yard-Beamte, »und er dürfte es deshalb kaum nötig haben, sich Geld zu leihen. Aber vielleicht hat er vor langer Zeit einmal ein Darlehen aufgenommen. Heute jedenfalls blüht seine Praxis; doch bei dem leisesten Hauch eines Skandals ginge sie in die Brüche. Das ist das Schlimmste, was einen Arzt treffen kann.«

Eine Viertelstunde später trat der Butler von neuem an ihn heran. »Dr. Bryant läßt bitten, Sir.« Japp betrat das Zimmer.

Der Arzt saß an seinem Schreibtisch, ein wenig abgespannt anscheinend, aber nicht im geringsten erstaunt über den Besuch eines Polizeibeamten. Höflich erhob er sich und reichte Japp die Hand.

»Was kann ich für Sie tun, Inspektor?« frage er, als er sich wieder setzte und Japp, einer einladenden Handbewegung folgend, auf einem Stuhl ihm gegenüber Platz nahm.

»Ich muß mich zuerst entschuldigen, daß ich in Ihre Sprechstunde platze; doch wie ich Ihnen schrieb, werde ich nicht lange stören.«

»Es handelt sich sicher um den Tod im Flugzeug, wie?«

»Ja, Sir. Wir bearbeiten die Sache noch.«

»Mit irgendwelchem Erfolg?«

»Es geht langsamer vorwärts, als uns lieb ist«, bekannte der Inspektor. »Ehrlich gestanden, komme ich, um Sie wegen dieses Schlangengiftes zu fragen.«

»Da würden Sie bei Winterspoon bessere Auskunft erhalten«, erwiderte Bryant lächelnd. »Er ist Fachmann auf dem Gebiet.«

»Zu sehr Fachmann, Doktor. Und wie alle Fachleute redet er

so, daß kein Laie ihm richtig folgen kann. Überdies hat dieser Fall sozusagen auch eine medizinische Seite. Ist es wahr, daß Schlangengift bisweilen Epileptikern eingeimpft wird?«

»Ich bin Hals- und Ohrenspezialist«, erinnerte Dr. Bryant, »und deshalb für Epilepsie eigentlich nicht zuständig, Inspektor. Ich glaube zwar gehört zu haben, daß man Injektionen von Kobragift mit leidlichem Erfolg angewandt hat. Aber wie gesagt, es schlägt nicht in mein Gebiet; ich kann mich deshalb nicht dafür verbürgen.«

»Das weiß ich. Ich dachte auch nur, daß Sie, als Passagier des ›Prometheus‹, an dem Fall Interesse nehmen und womöglich irgendeine Idee haben könnten, die nützlich für mich ist. Es führt zu nichts, wenn ich zu einem Fachmann gehe und nicht recht weiß, was ich ihn fragen soll.« Er musterte den Arzt erwartungsvoll.

Dr. Bryant spielte nachdenklich mit einem Brieföffner.

»Wahrscheinlich gibt es keinen Menschen, den das Erlebnis eines Mordes völlig unberührt läßt«, sagte er. »Ich gebe zu, daß ich interessiert bin und auch ziemlich viel über die Sache gegrübelt habe.«

»Und Ihre Meinung, Sir?«

»Das Ganze ist so phantastisch, daß man in Versuchung gerät, es unwirklich zu nennen. Eine erstaunliche Art, einen Mord zu begehen. Der Täter muß eine Person mit einer tollkühnen Geringschätzung des Risikos sein.«

»Sehr richtig, Sir.«

»Die Wahl des Giftes ist gleichfalls erstaunlich.«

»Ja. Ich vermute, daß höchstens ein Mann unter tausend je von einem Reptil wie der Baumschlange gehört hat, und unter hunderttausend hat vielleicht einer mit dem Gift hantiert. Ihnen selbst, Sir, der Sie doch Arzt sind, ist es vermutlich noch nicht in die Hände gekommen.«

»Ich habe einen Freund, der sich mit tropischen Forschungen beschäftigt. In seinem Laboratorium gibt es verschiedene Sorten von getrockneten Schlangengiften – das Gift der Kobra zum Beispiel –, aber ich entsinne mich nicht, dort irgendein Präparat der Baumschlange gesehen zu haben.«

»Winterspoon hat mir hier drei Namen aufgeschrieben«, sagte

Japp, indem er dem Arzt ein Papier reichte. »Er meinte, dort würde ich möglicherweise Auskünfte erhalten. Kennen Sie einen dieser Leute?«

»Professor Kennedy kenne ich oberflächlich, Heidler hingegen gut. Berufen Sie sich auf mich, und ich bin sicher, daß er alles daransetzen wird, um Ihnen zu helfen. Carmichael arbeitet in Edinburgh und ist mir persönlich nicht bekannt.«

»Danke, Sir. Und nun will ich Sie nicht länger Ihren Patienten entziehen.«

Als Japp wieder auf die Straße trat, schmunzelte er vergnügt.

»Takt – das ist die Hauptsache«, murmelte er. »Ich will wetten, daß er nicht gemerkt hat, worum es mir zu tun war.«

## 21

Als Japp sein Büro in Scotland Yard betrat, fand er Hercule Poirot vor, den er herzlich begrüßte.

»Was verschafft mir diese Freude, Monsieur Poirot? Haben Sie Neuigkeiten?«

»Neuigkeiten wollte ich mir von Ihnen holen, mein guter Japp.«

»Bedaure. Ich kann Ihnen keine auftischen oder wenigstens so gut wie keine. Der griechische Händler in Paris hat das Blasrohr richtig identifiziert, Fournier bombardiert mich von dort aus mit Briefen über seinen psychologischen Moment. Darauf habe ich die Stewards ausgequetscht, bis ich blau im Gesicht war, aber sie beharren darauf, daß es keinen psychologischen Moment gegeben und daß sich nichts Überraschendes oder Ungewöhnliches während des Fluges ereignet habe.«

»Es hat sich möglicherweise ereignet, als die beiden im vorderen Abteil bedienten.«

»Ich habe die Passagiere ja auch befragt. Allesamt können sie nicht lügen.«

»In einem Kriminalfall, dessen Untersuchung mir oblag, logen sie alle.«

»Sie und Ihre Fälle ... Aber um der Wahrheit die Ehre zu geben – ich bin nicht sehr glücklich. Je mehr ich mich mit der Sache beschäftige, desto weniger kommt dabei heraus. Der Chef behandelt mich merklich kühl. Aber was tun? Glücklicherweise ist es einer dieser halb ausländischen Fälle. Wir können ihn den Franzosen aufhalsen, und in Paris sagen sie, der Mord sei durch einen Engländer begangen und mithin unsere Angelegenheit.«

»Glauben Sie ernstlich, daß die beiden Duponts ihn verübt haben?«

»Wenn Sie mich auf Ehre und Gewissen fragen, so muß ich nein antworten. Was ist denn schon so ein Archäologe? Ewig buddelt er in der Erde herum und redet davon, was Tausende von Jahren früher geschah. Als ob er es wüßte! Doch wer kann ihm widersprechen? Wer kann ihm, wenn er behauptet, irgendeine halbvermoderte Perlenschnur sei fünftausenddreihundertzwanzig Jahre alt, etwas anderes beweisen? Ja, die Duponts sind vielleicht Lügner – obwohl sie ihr Gerede selbst zu glauben scheinen –, aber harmlose. Nein, unter uns gesagt, Monsieur Poirot, ich halte das französische Archäologenpaar nicht für Mörder. Dann schon eher unseren Clancy. Er benimmt sich seltsam. Rennt herum und murmelt was in den Bart. Ihm liegt etwas auf der Seele.«

»Die Fabel eines neuen Buches vielleicht.«

»Möglich. Außerdem finde ich, soviel ich mich auch bemühe, keinen Beweggrund. Die CL 52 in Madame Giselles schwarzem Buch ist meines Erachtens Lady Horbury, aber ich kann nichts von ihr erfahren. Oh, sie ist ein hartgesottenes Frauenzimmer, glauben Sie mir!«

Poirot unterdrückte klugerweise ein Lächeln.

»Die Stewards?« fuhr Japp fort. »Was sollten sie wohl mit der Giselle zu schaffen haben?«

»Und Dr. Bryant?«

»Tja ... da laufen so mancherlei Gerüchte um, über ihn und eine Patientin. Hübsche, nette Frau – übler Gatte, der dem Rauschgiftlaster frönt. Wenn Bryant sich nicht in acht nimmt, wird er sich eines Tages vor der Ärztekammer zu verantworten haben. Jenes RT 362 paßt ganz gut auf ihn, und ich will Ihnen auch nicht verhehlen, daß ich zu wissen glaube, wie er sich Schlangengift verschaffen könnte. Ich komme eben von ihm, und gerade über diesen Punkt verplapperte er sich ziemlich. Aber Vermutungen sind keine Tatsachen. Tatsachen!« Japp lachte verärgert auf. »Die sind rar in diesem Mordfall ... Ryder scheint einwandfrei dazustehen. Er gab an, er sei wegen eines Darlehens, das er nicht bekam, nach Paris gereist, nannte Namen und Adressen, die ich nachprüfte. Alles in Ordnung. Vor anderthalb Wochen etwa ging's der Firma schlecht, aber sie hat es offenbar überwunden. Nieten – wohin man auch die Fühler streckt! Die ganze Affäre ist ein Wirrwarr.«

»Undurchsichtig ist sie – das stimmt. Aber kein Wirrwarr, denn Wirrwarr kann nur in einem kranken, verwirrten Hirn existieren«, belehrte ihn der Belgier.

»Nennen Sie es, wie Sie wollen, Monsieur Poirot; das Ergebnis ändert sich dadurch nicht. Fournier ist ebenfalls mit seiner Weisheit zu Ende. Und Sie? Ich vermute, Sie haben uns den Rang abgelaufen.«

»Sie spotten meiner, mon ami! Mit Regel und Methode komme ich auf einmal immer nur einen Schritt weiter, und der Weg, der vor mir liegt, ist noch lang.«

»So? Na, das freut mich. Ich dachte schon, Sie hätten alles ergründet! Verraten Sie mir doch ein bißchen über diese methodischen Schritte.«

»Ich habe mir eine kleine Tabelle gemacht – so.« Poirot zog ein Papier aus der Tasche und entfaltete es. »Meine Idee lautet: Ein Mord ist eine Handlung, ausgeführt, um ein gewisses Ergebnis zu schaffen.«

»Wiederholen Sie das noch einmal langsam.«

»Es ist nicht schwierig, mein Freund.«

»Wahrscheinlich nicht; aber bei Ihnen klingt es so.«

»Nein, nein, es ist höchst einfach. Hören Sie zu: Sie brauchen Geld, und Sie bekommen es, wenn eine Tante stirbt. Bien – Sie führen eine Handlung aus, das heißt, Sie töten die Tante und schaffen damit das Ergebnis, nämlich, das Geld zu erben.«

»Ich wünschte, daß ich etliche solcher Tanten besäße« seufzte Japp melancholisch. »Weiter! Jetzt begreife ich Ihren Gedankengang. Man könnte ebensogut sagen: Es muß ein Motiv geben.«

»Lieber Japp, ich ziehe meine Fassung vor. Eine Handlung ist ausgeführt – Mord in diesem Falle. Welches sind jetzt die Ergebnisse jener Handlung? Durch Untersuchung der verschiedenen Ergebnisse sollten wir die Lösung unseres Rätsels finden. Die Ergebnisse einer einzigen Handlung können sehr voneinander abweichen, und jene besondere Handlung berührt eine Menge verschiedener Leute. Nun gut, ich untersuche heute, drei Wochen nach dem Verbrechen, das Ergebnis in elf verschiedenen Fällen.«

»An Ihnen ist ein spitzfindiger Philosoph verlorengegangen«, hänselte der Inspektor. Trotzdem aber beugte er sich interessiert über das Blatt und las:

Miss Grey. Ergebnis: einstweilige Verbesserung. Erhöhtes Gehalt.

Gale. Ergebnis: schlecht. Verlust von Patienten.

Lady Horbury. Ergebnis: gut, wenn sie CL 52 ist.

Miss Kerr. Ergebnis: schlecht, da es seit Giselles Tod unwahrscheinlicher geworden ist, daß Lord Horbury Beweise von der Untreue seiner Frau bekommt, die ihm eine Scheidung ermöglichen.

»Hm«, unterbrach Japp seine Lektüre. »Sie meinen also, sie habe ein Auge auf Lord Horbury geworfen? Alter Freund, Sie wittern gar zu gern Liebesgeschichten.«

Nach dieser Bemerkung, die Poirot mit einem milden Lächeln hinnahm, wandte sich der Inspektor wieder dem Papier zu.

Clancy. Ergebnis: gut. Verspricht sich hohe Einkünfte von einem Buch, das den Mord behandelt.

Dr. Bryant. Ergebnis: gut, wenn RT 362.

Ryder. Ergebnis: gut, weil er durch Artikel eine kleine Summe Bargeld einkassierte, die der Firma über die Krise hinweghalf. Des weiteren gut, wenn Ryder XVB 724 ist.

Dupont. Ergebnis: unbeeinflußt.

Jean Dupont. Ergebnis: das gleiche wie beim Vater.

Mitchell. Ergebnis: unbeeinflußt.

Davis. Ergebnis: unbeeinflußt.

»Und Sie bilden sich ein, daß dies Ihnen helfen wird?« fragte Japp zweifelnd.

»Es gibt einem immerhin eine klare Einteilung«, erläuterte Poirot. »In vier Fällen – Mr. Clancy, Miss Grey, Mr. Ryder und vermutlich auch Lady Horbury – steht das Ergebnis auf der Kreditseite; in den Fällen von Mr. Gale und Miss Kerr indes auf der Debetseite. In vier Fällen liegt, soweit wir wissen, überhaupt kein Ergebnis vor; und in einem – Dr. Bryant – ist entweder kein Ergebnis oder ein deutlicher Gewinn vorhanden.«

»Infolgedessen?«

»Infolgedessen müssen wir suchen.«

»Wird nichts dabei herauskommen«, prophezeite Japp trübe. »Wir sind gehemmt, solange die Pariser uns nicht neues Material schicken. Ich wette, daß ich aus Giselles Wirtschafterin mehr herausgeholt hätte als Fournier.«

»Und ich bezweifle es, mein Freund. Das Fesselndste an diesem ganzen Verbrechen ist die Persönlichkeit der Toten. Eine Frau ohne Freunde, ohne Verwandte, ohne – so möchte ich sagen – persönliches Leben. Eine Frau, die einst jung war, die einst liebte und litt und dann mit fester Hand die Läden schloß. Vorüber all das! Nicht ein Bild, nicht eine Erinnerung, nicht eine Nippsache. Marie Morisot wurde Madame Giselle, eine Geldverleiherin.«

»Glauben Sie, daß es in ihrer Vergangenheit einen Fingerzeig gibt?«

»Vielleicht.«

»Nun, wir könnten ihn gebrauchen! Vorläufig haben wir überhaupt keine Anhaltspunkte.«

»Sie irren, mon cher. Ich wenigstens habe drei: die Wespe, das Gepäck der Passagiere und den überzähligen Kaffeelöffel.«

»Monsieur Poirot, Sie sind übergeschnappt!« sagte Inspektor Japp liebenswürdig. Und nach einer Pause fügte er hinzu: »Was meinen Sie denn mit dem Kaffeelöffel?«

»Madame Giselle hatte zwei auf ihrer Untertasse liegen.«

»Das bedeutet, nach einem alten Volksglauben, eine Hochzeit.«

»In diesem Falle bedeutete es ein Begräbnis«, verbesserte Hercule Poirot.

## 22

Als Norman Gale, Jane und Poirot sich zum Dinner trafen, vernahm der junge Zahnarzt erfreut, daß seine Dienste als Erpresser hinfort nicht mehr benötigt würden. Er sei tot, der gute Mr. Robinson, erklärte Poirot und forderte seine beiden jungen Gäste auf, zum Gedächtnis des Verblichenen einen Schluck Wein zu trinken.

»Möge er in Frieden ruhen«, lachte Norman, indem er sein Glas hob.

»Was ist geschehen?« forschte Jane Grey, zu Hercule Poirot gewandt.

»Ich habe ausfindig gemacht, was ich wissen wollte, Mademoiselle.«

»Bestanden Verbindungen zwischen ihr und Giselle?«

»Ja.«

»Das ergab ja schon meine Unterredung mit ihr«, warf Norman Gale ein.

»Aber mir lag an einem genauen Sachverhalt«, sagte Poirot.

Das junge Paar sah ihn fragend an, aber der kleine Belgier begann, statt Auskunft zu erteilen, in herausfordernder Weise die Wechselbeziehungen von Laufbahn und Leben zu erörtern.

»Die meisten Menschen wählen – gleichgültig, was sie Ihnen erzählen – die Berufe, die sie im geheimen wünschen. Ein Mann, der in einem Büro arbeitet, wird Ihnen vielleicht beteuern, wie er sich danach sehne, als Forscher ferne Länder zu durchstreifen; doch bald werden Sie erkennen, daß er es zwar liebt, Bücher, die sich mit einem solchen Forscherdasein befassen, zu lesen, daß er selbst indes die Sicherheit und den bescheidenen Komfort eines Kontorschemels vorzieht.«

»Gemäß Ihrer Theorie wäre also mein Wunsch nach Auslandsreisen nicht echt, Monsieur Poirot«, erwiderte Jane. »Und meine wahre Berufung wäre die Pflege und das Ondulieren von Frauenhaar. Nun, das stimmt nicht.«

Poirot lächelte ihr väterlich zu.

»Sie sind noch jung. Natürlich versucht man dieses und jenes;

aber das, mit dem man hinterher sozusagen seßhaft wird, ist das Leben, das man vorzieht.«

»Und wenn ich es nun vorzöge, reich zu sein?«

»Ah, das ist allerdings schwieriger.«

»Ich kann Ihnen nicht beipflichten«, mischte sich Norman Gale ein. »Durch Zufall, nicht infolge meiner Wahl, bin ich Zahnarzt. Mein Onkel, der Zahnarzt war, hatte den Wunsch, daß ich seinen Beruf ergriffe, aber mich lockten das Abenteuer und die weite Welt. Darum ging ich eines schönen Tages auf und davon, um mich in Südafrika als Farmer zu betätigen. Doch es fehlte mir an der nötigen Erfahrung, und wohl oder übel mußte ich das Anerbieten des alten Mannes annehmen, zurückkehren und mit ihm gemeinsam arbeiten.«

»Und jetzt tragen Sie sich mit dem Gedanken, abermals die zahnärztliche Praxis an den Haken zu hängen und nach Kanada auszuwandern. Sie haben ja einen Kolonie-Komplex!«

»Diesmal sehe ich mich dazu gezwungen.«

»Ah, es ist kaum glaublich, wie oft die Umstände einen zwingen, das zu tun, was man zu tun begehrt.«

»Nichts zwingt mich zu reisen«, sagte Jane verschmitzt, »ich wollte, ich würde dazu gezwungen.«

»Eh bien, Mademoiselle, ich mache Ihnen einen Vorschlag. Nächste Woche fahre ich nach Paris. Wenn Sie Lust haben, können Sie mich als meine Sekretärin begleiten. Ich werde Ihnen ein gutes Gehalt zahlen.«

Jane schüttelte den Kopf.

»Ich darf die Stellung bei Antoine nicht aufgeben. Es ist ein guter Posten.«

»Der Posten als meine Sekretärin ist nicht weniger gut.«

»Ja, aber leider nur vorübergehend.«

»Seien Sie beruhigt, Mademoiselle, ich werde Ihnen einen anderen, ähnlichen, besorgen.«

»Vielen Dank, Monsieur Poirot. Aber ich wage es nicht.«

Hercule Poirot betrachtete das junge Mädchen einige Sekunden mit rätselhaftem Lächeln.

*

Drei Tage später klingelte bei ihm das Telefon.

»Monsieur Poirot«, klang Janes Stimme etwas verzagt über den Leitungsdraht, »ist die Stelle noch frei?«

»Ja. Ich reise erst Montag nach Paris.«

»Und es ist Ihnen Ernst? Ich kann kommen?«

»Gewiß, Mademoiselle. Aber weshalb sind Sie anderen Sinnes geworden?«

»Ich habe mich mit Antoine überworfen. Das heißt, mir riß einer Kundin gegenüber die Geduld. Oh, die Dame war eine ... nein, ich kann das telefonisch nicht sagen. Jedenfalls wurde ich nervös, und anstatt sie mit honigsüßen Worten zu besänftigen, redete ich frei von der Leber weg, was ich dachte.«

»Ah, der Gedanke an die unbegrenzte Weite!«

»Wie bitte?«

»Ich sagte, daß Ihr Geist bei einem gewissen Thema verweilte.«

»Nicht mein Geist, meine Zunge ging mit mir durch. Ja, ich machte mir Luft und genoß es! Und ihr quollen die Augen fast aus dem Kopf, geradeso wie bei ihrem scheußlichen Pekinesen. Die Folge ist leider, daß ich mir eine andere Stellung suchen muß; doch zuvor möchte ich Sie gern nach Paris begleiten.«

»Gut, abgemacht. Die nötigen Anweisungen werde ich Ihnen während der Überfahrt erteilen.«

Poirot und seine neue Sekretärin reisten nicht auf dem Luftwege, wofür Jane im stillen ihrem Schöpfer dankte. Sie mochte nichts vom Flugzeug wissen, sie wollte nicht an jene zusammengesunkene Gestalt im schwarzen Kleid erinnert werden ...

Von Calais nach Paris hatten sie ein Abteil für sich allein, so daß Poirot Jane etwas in seine Pläne einweihen konnte.

»Ich muß verschiedene Leute in Paris sprechen. Zuerst den Anwalt, Maître Thibault. Dann Monsieur Fournier von der Sureté – einen melancholischen, aber intelligenten Mann. Und endlich die Duponts. Während ich mich mit dem Vater beschäftige, werde ich den Sohn Ihnen überlassen. Ich denke, daß Jean Dupont sich Ihrer noch vom Gericht her erinnern wird.«

»Ich habe ihn seitdem schon gesehen«, sagte Jane, wobei eine leichte Röte in ihre Wangen stieg.

»Wirklich? Bei welcher Gelegenheit?«

Das junge Mädchen schilderte ihr Zusammentreffen im Corner House.

»Ausgezeichnet!« rief der Detektiv. »Ah, es war eine prachtvolle Idee von mir, Sie nach Paris mitzunehmen. Nun hören Sie aufmerksam zu, Mademoiselle Jane. Soweit angängig, erörtern Sie die Angelegenheit Giselle nicht; sollte indes Jean Dupont die Sache anschneiden, so gehen Sie ruhig darauf ein. Es wäre nicht schlecht, wenn Sie, ohne es tatsächlich zu sagen, den Eindruck erwecken könnten, daß Lady Horbury der Tat verdächtig ist. Was aber den Grund meiner Pariser Reise anbelangt, so können Sie sagen, daß ich mich mit Fournier beraten und besonders den Geschäften Lady Horburys nachspüren wolle.«

»Arme Lady Horbury – Sie gebrauchen sie als Leimrute!«

»Warum soll sie in ihrem Leben nicht ausnahmsweise auch mal zu etwas nützlich sein?«

Jane sah ein Weilchen zum Fenster hinaus, an dem herbstliche Felder vorüberglitten. Dann fragte sie leise:

»Nicht wahr, Ihnen erscheint der junge Dupont verdächtig?«

»Nein, nein, nein«, versicherte Poirot eifrig. »Ich wünsche nur Auskünfte zu sammeln.« Er sah das junge Mädchen scharf an. »Er gefällt Ihnen, wie? Er hat Sex-Appeal?«

Jane Grey lachte über den Satz.

»Nein, das trifft ganz und gar nicht auf Jean Dupont zu. Er ist sehr schlicht und rein. Das kommt wohl daher, weil er solch ein weltabgewandtes Leben führt.«

In Poirots klugen Augen blitzte der Schalk auf.

»Sie haben recht, mein Kind. Zum Beispiel hat er sich nicht mit Zähnen befaßt und ist nicht durch den Anblick eines von der Öffentlichkeit verehrten Helden ernüchtert worden, der auf dem zahnärztlichen Stuhl vor Angst schlottert.«

»Ich glaube nicht, daß Norman schon derartige Helden als Patienten eingefangen hat.«

»Es wäre ja auch Zeitverschwendung, da er nach Kanada geht.«

»Neuerdings spricht er von Neuseeland, weil er meint, das Klima bekäme mir besser.«

»Auf jeden Fall ist er ein guter Patriot – er klebt an den britischen Dominions.«

»Ich hoffe, daß es überhaupt nicht nötig sein wird«, sagte Jane, den Blick fragend auf ihren neuen Chef gerichtet.

»Mit anderen Worten: Sie vertrauen dem Papa Poirot? Nun, ich will mein möglichstes tun – das verspreche ich Ihnen. Aber ich habe das feste Gefühl, Mademoiselle, daß es da eine Gestalt gibt, die noch nicht aus den Kulissen hervorgetreten ist . . . eine Rolle, bis jetzt noch ungespielt.« Er furchte die Stirn. »Ja, Mademoiselle, es gibt einen unbekannten Faktor in diesem Fall. Alles und jedes deutet darauf hin . . .«

Zwei Tage nach ihrer Ankunft in Paris speisten Hercule Poirot und seine Sekretärin in einem kleinen Restaurant, und die beiden Duponts waren Poirots Gäste.

Jane fand den alten Dupont ebenso sympathisch wie seinen Sohn, doch bot sich ihr kaum Gelegenheit, mit ihm zu reden, da Poirot ihn von Anfang an ganz für sich beanspruchte. Mit Jean verstand sie sich genauso vortrefflich wie in London; sein offenes, jungenhaftes Wesen gefiel ihr hier wie dort.

Nichtsdestoweniger mühte sie sich, während sie lachte und plauderte, ständig, Brocken von dem Gespräch der beiden älteren Herren aufzufangen, weil sie gern wissen wollte, welche Auskünfte Poirot wohl benötigte. Die Unterhaltung hatte indes offenbar den Mord überhaupt nicht berührt. Geschickt leitete Poirot, dessen Interesse für archäologische Forschungen in Persien ernst und aufrichtig zu sein schien, seinen Gefährten in die Vergangenheit zurück. Und Jean Duponts Vater freute sich über den gelungenen Abend, denn selten bescherte ihm das Schicksal einen so klugen, wissensdurstigen Zuhörer.

Von wem die Anregung ausging, das junge Paar möge noch ein Kino besuchen, wurde Jane nicht ganz klar; doch als sie fort waren, zog Poirot seinen Stuhl näher an den Tisch heran und erwähnte nun auch die geschäftliche Seite archäologischer Forschung.

»Vermutlich ist es in diesen Zeiten der Geldknappheit oft schwer, genügende Mittel zu bekommen«, warf er hin. »Nehmen Sie auch private Schenkungen an?« – Er sah fast hilflos drein . . .

Der alte Dupont lachte aus voller Kehle.

»Mein lieber Freund, auf den Knien erflehen wir sie! Aber unsere besondere Art der Ausgrabung läßt die große Masse der Menschheit kalt; sie verlangt blendendere Beute, vor allem Gold, bedeutende Mengen von Gold. Es ist befremdlich, wie wenig der Durchschnittsmensch für Keramik übrig hat. Und dabei kann Keramik die ganze menschliche Entwicklungsgeschichte widerspiegeln. Zeichnungen, Inschriften . . .«

Armand Dupont schwamm im richtigen Fahrwasser. Er beschwor Poirot, sich nicht durch die bestechenden Abhandlungen Billers, die wirklich verbrecherisch falschen Daten von Lempers und die hoffnungslos unwissenschaftliche Schilderung Burmans beirren zu lassen, und Poirot versprach feierlich, daß keine Veröffentlichung dieser gelehrten Persönlichkeit sein Urteil trüben solle. Dann fragte er:

»Würde beispielsweise eine Schenkung von fünfhundert Pfund . . .?«

Armand Dupont fiel vor Erregung beinahe quer über den Tisch.

»Monsieur Poirot, Sie . . . Sie bieten das an? Mir? Um unseren Ausgrabungen zu nützen? Das ist ja großartig, ist beinahe unfaßbar! Die größte private Schenkung, die uns zuteil wurde.«

Hercule Poirot hüstelte. »Allerdings – allerdings knüpfe ich eine gewisse Bedingung daran.«

»Ah, selbstverständlich! Ich verstehe – ein Andenken. Eine antike Ziegel, eine alte irdene Urne.«

»Nein, nein, Sie verstehen mich falsch«, rief Poirot rasch, ehe Dupont sich in neuen Eifer reden konnte.

»Es handelt sich um meine Sekretärin, jene reizende junge Dame, die uns heute abend Gesellschaft leistete – wenn sie Sie auf Ihrer Expedition begleiten dürfte?«

Diese Eröffnung wirkte auf den alten Dupont zweifellos etwas ernüchternd.

»Hm . . . möglicherweise ließe es sich machen«, entgegnete er, sein Kinn streichend. »Ich muß aber erst meinen Sohn fragen. Es begleiten uns nämlich schon mein Neffe und seine Frau. Sollte gewissermaßen Familienangelegenheit sein. Ich werde mit Jean sprechen.«

»Mademoiselle interessiert sich leidenschaftlich für Töpferwaren. Die Vergangenheit bezaubert sie förmlich, und der Traum ihres Lebens ist es, zu graben. Außerdem stopft sie in geradezu vorbildlicher Art Strümpfe und näht nicht minder gut Knöpfe an.«

»Ein nützliches Talent.«

»Nicht wahr ...? Und nun erzählten Sie mir vorhin über die Keramik von Susa ...«

Es bedurfte nur dieser Anregung, um Armand Dupont zu einem Monolog über seine ureigenen Theorien betreffs Susa I. und Susa II. zu veranlassen.

Poirot erreichte sein Hotel just in dem Augenblick, als sich Jane in der Halle von Jean Dupont verabschiedete. Während der Fahrstuhl sie nach oben trug, sagte der kleine Belgier:

»Mademoiselle, ich habe einen beneidenswerten Posten für Sie. Sie werden im Frühling die Duponts nach Persien begleiten.«

Jane starrte ihn verblüfft an.

»Reden Sie irre?«

»Oh, Mademoiselle, wenn der alte Herr Dupont Ihnen demnächst das Anerbieten macht, greifen Sie bestimmt mit beiden Händen entzückt zu.«

»Und ich sage Ihnen, daß ich bestimmt nicht nach Persien gehen werde. Im Frühjahr werde ich wohl mit Norman Gale in Muswell Hill oder Neuseeland sein.«

Poirot tätschelte ihr väterlich die rosige Wange.

»Mein liebes Kind, vom nächsten März trennen uns noch einige Monate. Etwas planen bedeutet noch nicht eine Fahrkarte kaufen. Genauso habe ich heute über eine Schenkung gesprochen, aber noch keineswegs den Scheck wirklich ausgeschrieben. Ah, ehe ich's vergesse! Morgen muß ich für Sie ein Handbuch über prähistorische Keramik des Nahen Ostens kaufen, denn ich habe gesagt, daß Sie sich leidenschaftlich dafür interessieren.«

Jane Grey seufzte.

»Sekretärin bei Ihnen zu sein ist kein müheloses Amt! Sonst noch etwas?«

»Ja. Ferner habe ich behauptet, daß Sie ausgezeichnet Socken stopfen und Knöpfe annähen?«

»Muß ich auch das morgen durch Beweise erhärten?«

»Oh, vielleicht begnügen sich die Herren in diesem Punkt mit meinem Wort«, meinte Hercule Poirot.

## 23

Um halb elf Uhr spazierte am folgenden Vormittag der melancholische Beamte der Pariser Sureté in Poirots Wohnzimmer und schüttelte dem kleinen Belgier warm die Hand.

»Monsieur Poirot, es drängt mich, über eine gewisse Sache mit Ihnen zu sprechen«, begann Fournier lebhafter als gewöhnlich. »Ich habe, glaube ich, endlich begriffen, was Sie in London über das Auffinden des Blasrohrs sagten.«

»Ah!« Poirots Gesicht erhellte sich.

»Ja, ich habe über Ihre Worte nachgedacht«, fuhr Fournier fort und ließ sich in einen bequemen Sessel fallen. »Wieder und wieder hielt ich mir vor, was Sie damals äußerten: ›Warum wurde das Blasrohr gefunden, da man es doch so leicht durch den Ventilator hätte hinauswerfen können?‹ Und ich denke, jetzt habe ich die richtige Antwort. Das Blasrohr wurde gefunden, weil der Mörder wünschte, daß wir es fänden.«

»Bravo!« lobte Hercule Poirot.

»Nicht wahr, das meinten Sie damals? Nun ging ich einen Schritt weiter und stellte mir die Frage: ›Weshalb wünschte er, daß wir es fänden?‹ Und hierauf lautet meine Antwort: Weil das Blasrohr nicht benutzt worden ist.«

»Bravo! Bravo! Genau meine Schlußfolgerung.«

»Ich sagte mir: der vergiftete Dorn, ja; aber nicht das Blasrohr. Demnach schleuderte man den mörderischen Dorn mit etwas anderem durch die Luft, mit irgendeinem Ding, das ein Mann oder eine Frau normalerweise an die Lippen setzen konnte, ohne daß es auffiel. Und ich entsann mich, welchen Wert Sie einer genauen Liste über das Hab und Gut der Passagiere beigemessen hatten. Dann stutzte ich, weil bei Lady Horbury zwei Zigarettenspitzen und bei den Duponts etliche kurdische Pfeifen erwähnt wurden.«

Fournier machte eine Pause und sah Poirot an. Doch dieser schwieg.

»Sowohl die Zigarettenspitzen als auch die Pfeifen konnte man unbedenklich zum Munde führen. Unbedenklich, das heißt, ohne Aufsehen zu erregen . . . Habe ich recht oder nicht?«

Hercule Poirot zauderte, ehe er erwiderte:

»Sie sind auf der rechten Fährte; aber gehen Sie noch etwas weiter. Und vergessen Sie nicht die Wespe.«

»Die Wespe?« Fournier riß erstaunt seine dunklen Augen auf. »Nein, Monsieur Poirot, da vermag ich Ihnen nicht zu folgen. Was die Wespe . . .«

Das helle Klingeln des Telefons unterbrach seinen Satz, und Poirot nahm den Hörer ab.

»Hallo, hallo! Ah, guten Morgen. Ja, ich bin es selbst, Hercule Poirot.« Und sich zu Fournier wendend, raunte er. »Maître Thibault.« Dann sprach er weiter in den Apparat: »Ja, ja, natürlich. Sehr gut, danke. Und Ihnen? Monsieur Fournier? Ja, er sitzt hier neben mir. Einen Augenblick, bitte.«

Er reichte den Hörer seinem Besucher und erklärte rasch: »Thibault hat Sie bei der Sureté angerufen und dort erfahren, daß Sie hier sind. Seine Stimme klingt aufgeregt. Sprechen Sie lieber mit ihm.«

Fournier nahm das Telefon.

»Hier Fournier . . . Was . . . ? Tatsächlich . . . ? Ja, ja, unbedingt. Ich bin überzeugt, daß er will. Wir werden sofort kommen.«

Er legte den Hörer nieder, offenbar von Maître Thibaults Erregung angesteckt.

»Monsieur Poirot, die Tochter! Die Tochter von Madame Giselle.«

»Wie?«

»Ja, sie ist angekommen, um ihre Erbschaft zu fordern.«

»Woher kommt sie?«

»Aus Amerika, wenn ich richtig verstanden habe. Thibault hat sie gebeten, sich um halb zwölf wieder bei ihm einzufinden. Er fragt, ob wir der Unterredung nicht beiwohnen möchten.«

»Aber selbstverständlich! Wir brechen unverzüglich auf . . . Ich will nur eine Benachrichtigung für Mademoiselle Grey zurücklassen.«

Rasch nahm er ein Blatt Papier und schrieb:

»Unvorhergesehene Ereignisse haben mich gezwungen, auszugehen. Wenn Monsieur Jean Dupont anläutet oder sich einstellt, so seien Sie liebenswürdig zu ihm. Plaudern Sie mit ihm über Socken und

Knöpfe, aber noch nicht über prähistorische Töpfe und Schalen. Er bewundert Sie, aber er ist klug!
Auf Wiedersehen. Hercule Poirot«

»Und nun in den Kampf, mein Freund!« rief er fröhlich. »Darauf habe ich gewartet – auf das Erscheinen der schemenhaften Gestalt, deren Vorhandensein ich irgendwie schon längst spürte. Jetzt – bald – werde ich alles verstehen.«

Maître Thibault bereitete den beiden Herren einen äußerst liebenswürdigen Empfang. Und nach einem Austausch von Komplimenten, von höflichen Fragen und Antworten lenkte der Anwalt auf Madame Giselles Erbin über.

»Gestern erhielt ich einen Brief, und heute vormittag kam die junge Dame persönlich zu mir«, sagte er.

»Wie alt ist Mademoiselle Morisot?«

»Mademoiselle Morisot – oder vielmehr Mrs. Richards, denn sie ist verheiratet – zählt genau vierundzwanzig Jahre.«

»Hat sie Urkunden vorgelegt, um sich auszuweisen?« fragte Fournier.

»Gewiß. Gewiß.« Thibault schlug ein Aktenstück, das neben ihm lag, auf. »Erstens dies hier.«

Es war eine beglaubigte Abschrift der Heiratsurkunde von George Leman, Junggeselle, und Marie Morisot, beide aus Quebec stammend. Hierauf entnahm Maître Thibault dem Aktenstück den Geburtsschein von Anne Morisot Leman nebst verschiedenen anderen Dokumenten und Papieren.

»Das wirft immerhin ein gewisses Licht auf das frühere Leben der Giselle«, meinte der Beamte der Sureté.

Thibault nickte.

»Es scheint, daß Marie Morisot Kindergärtnerin oder Gouvernante gewesen ist, bevor ihr Weg sich mit dem dieses Leman kreuzte, der, offenbar ein Tunichtgut, sie bald nach der Heirat im Stich ließ. Sie selbst nahm dann ihren Mädchennamen wieder an und reiste kurz darauf – nach meiner Ansicht in Begleitung eines Mannes – nach Frankreich, während das Kind in Quebec, und zwar im Institut de Marie, zurückblieb und aufgezogen wurde. Von Zeit zu Zeit sandte die Mutter Geld und schließlich auch eine größere Summe, die dem Kind bei Erreichung des einundzwanzigsten Lebensjahres ausbezahlt werden sollte. Zu dieser Zeit lebte Marie Morisot oder Leman fraglos ein irreguläres Dasein und hielt es für besser, jede persönliche Verbindung zu lösen.«

»Wie erfuhr das Mädchen denn, daß sie Erbin eines bedeutenden Vermögens war?«

»Ich habe in verschiedenen Zeitungen diskrete Anzeigen erscheinen lassen. Die Leiterin des ›Institut de Marie‹ muß eine von ihnen gelesen und Mrs. Richards benachrichtigt haben. Mrs. Richards hielt sich übrigens gerade in Europa auf. Allerdings stand sie bereits im Begriff, nach Amerika zurückzukehren.«

»Wer ist Richards?«

»Ich glaube, ein Amerikaner oder Kanadier, und wie ich hörte, von Beruf Fabrikant chirurgischer Instrumente«, gab Thibault zur Antwort.

»Hat er seine Frau nicht begleitet?«

»Nein, er ist noch in Amerika.«

»Vermag Mrs. Richards uns irgendeinen halbwegs möglichen Grund für die Ermordung ihrer Mutter zu nennen?«

»Nein«, erklärte der Anwalt kopfschüttelnd. »Sie weiß gar nichts über die Verstorbene. Sie erinnerte sich nicht einmal des Mädchennamens ihrer Mutter, obwohl die Leiterin des Instituts ihn gelegentlich erwähnt hatte.«

»O weh«, sagte Fournier traurig, »es sieht ganz danach aus, als ob ihr Erscheinen auf der Bühne uns bei der Lösung des Mordproblems nicht im geringsten hilft. Viel habe ich allerdings auch nicht davon erwartet; ich pirsche gegenwärtig in anderer Richtung. Meine Nachforschungen haben die Anzahl der verdächtigten Personen auf drei verringert.«

»Vier«, ließ sich Hercule Poirot vernehmen.

»Sie meinen, es seien vier?«

»Ich meine das nicht, mein Lieber. Jedoch angesichts der Theorie, die Sie mir vorhin darlegten, können Sie sich nicht auf drei Personen beschränken.« Er zählte rasch an den Händen her. »Die zwei Zigarettenspitzen, die kurdischen Pfeifen und eine Flöte. Erinnern Sie sich der Flöte nicht?«

Fournier stieß einen Laut der Überraschung aus, aber in dieser

Sekunde öffnete sich die Tür, und ein betagter Bürovorsteher brummte: »Die Dame ist wieder da.«

»Ah, nun werden Sie die Erbin mit eigenen Augen sehen«, sagte Maître Thibault. »Bitte, treten Sie näher, Madame. Darf ich Ihnen Monsieur Fournier von der Sureté vorstellen, der die Untersuchung wegen des Ablebens Ihrer Mutter bei uns in Frankreich leitet? Und dies ist Monsieur Hercule Poirot, dessen Namen Sie vielleicht vom Hörensagen kennen. Madame Richards.«

Giselles Tochter war eine dunkle, schick aussehende junge Frau, elegant, doch unauffällig gekleidet. Sie reichte jedem der Herren die Hand und murmelte ein paar verbindliche Worte.

»Ich muß freilich eingestehen, meine Herren, daß ich in dieser Sache kaum die Gefühle einer Tochter habe. Denn ich bin während meines ganzen Lebens vollkommen Waise gewesen.«

In Beantwortung von Fourniers Fragen sprach sie mit dankbarer Anhänglichkeit von Mère Angélique, der Leiterin des »Institut de Marie«. »Sie war stets die Güte selbst zu mir.«

»Wann haben Sie das Institut verlassen, Madame?«

»Mit achtzehn Jahren, Monsieur, um mir meinen Lebensunterhalt selbst zu verdienen. Ich lernte frisieren und maniküren, arbeitete eine Zeitlang auch in einem Modesalon. In Nizza lernte ich dann meinen Mann kennen, der wenig später nach Amerika zurückkehrte. Aber seine Geschäfte führten ihn bald wieder nach Holland, wo wir vor einem Monat in Rotterdam heirateten. Leider mußte er nach Kanada zurück, während ich noch in Europa blieb. Doch nun wollte auch ich die Reise nach drüben antreten.«

Anne Richards sprach leicht und fließend – vielleicht beherrschte sie das Französische besser als das Englische.

»Wie erfuhren Sie von der Tragödie?«

»Ich las sie natürlich in den Zeitungen, Monsieur, aber ich wußte nicht – das heißt, ich vergegenwärtigte es mir nicht –, daß das Opfer meine Mutter war. Dann erhielt ich hier in Paris ein Telegramm von Mère Angélique, die mir die Adresse Maître Thibaults angab und mich an meiner Mutter Mädchennamen erinnerte.«

Fournier nickte grübelnd.

Ein Weilchen noch lösten Fragen und Antworten einander ab,

doch schienen sie nur zu bestätigen, daß Mrs. Richards bei der Suche nach dem Mörder kaum behilflich sein konnte, da sie weder über das Leben ihrer Mutter noch über deren geschäftliche Verbindungen unterrichtet war. Nachdem sie das Hotel genannt hatte, in dem sie wohnte, nahmen Fournier und Hercule Poirot Abschied von ihr.

»Sie sind enttäuscht, mein Bester«, sagte der Franzose. »Hatten Sie sich eine andere Vorstellung von der Tochter gemacht? Argwöhnten Sie, sie sei eine Betrügerin? Oder halten Sie etwa Madame Richards noch jetzt für eine Betrügerin?«

Poirot schüttelte in einer seltsam mutlosen Art den Kopf.

»Nein, dafür halte ich sie nicht. Die Beweise ihrer Identität sind überzeugend ... Trotzdem – ich werde das Gefühl nicht los, als hätte ich sie bereits früher gesehen. Oder erinnert sie mich an irgendwen?«

»Eine Ähnlichkeit mit der Toten?« mutmaßte Fournier. »Doch wohl kaum.«

»Nein ... das ist es nicht. Mein Gott, wie kann mich mein Gedächtnis nur so schmählich im Stich lassen! Ich bin sicher, daß ihr Gesicht mich an jemanden erinnert.«

Fournier betrachtete ihn forschend von der Seite.

»Die fehlende Tochter hat Ihnen immer zu schaffen gemacht, wie?«

»Natürlich«, sagte Poirot, die Brauen ein wenig emporziehend. »Können Sie etwa leugnen, daß dieser jungen Frau aus Giselles Tod ungeheure Vorteile erwachsen?«

Hercule Poirot schritt ein Weilchen schweigend neben seinem Gefährten her, ganz in seine eigenen Gedanken vertieft. Endlich erläuterte er:

»Mein Freund, in die Hände dieser Frau geht ein ungeheures Vermögen über. Wundert es Sie, daß ich sie da gleich zu Beginn in den Kreis der Verdächtigen einbezogen habe? In dem Flugzeug befanden sich drei Frauen. Eine von ihnen, Miss Kerr, entstammt einer hochangesehenen Familie. Aber die anderen beiden? Seit Elise Grandier die Vermutung äußerte, der Vater von Madame Giselles Kind sei Engländer, beherrschte mich der Gedanke, daß eine der beiden anderen Frauen vielleicht die Tochter sein könnte.

Das Alter stimmte ungefähr. Überdies war Lady Horbury eine Choristin mit ziemlich dunklem Vorleben, die sich einen Bühnennamen zugelegt hatte, und Miss Grey war, wie ich gelegentlich aus ihrem eigenen Munde erfuhr, in einem Waisenhause aufgewachsen.«

»Aha! Aus der Richtung weht der Wind!« rief der Franzose. »Unser Freund Japp würde Sie jetzt übererfinderisch schelten.«

»Ja, er wirft mir immer vor, daß ich die Dinge zu erschweren liebe. Doch er tut mir unrecht. Ich gehe stets in der denkbar einfachsten Weise vor. Und niemals weigere ich mich, Tatsachen anzunehmen.«

»Aber Sie sind enttäuscht? Erwarteten Sie mehr von dieser Anne Morisot?«

Sie betraten gerade Poirots Hotel, und auf dem Tischchen neben dem Empfangsschalter lag ein Gegenstand, der Fournier an eine vor zwei Stunden geäußerte Bemerkung seines Gefährten erinnerte.

»Ich habe Ihnen noch nicht dafür gedankt, Monsieur Poirot, daß Sie mich auf den Schnitzer aufmerksam gemacht haben, den ich mir leistete«, sagte er. »Es ist unverzeihlich, daß ich, nachdem mich die zwei Zigarettenspitzen Lady Horburys und die kurdischen Pfeifen der beiden Duponts stutzig machten, die Flöte Dr. Bryants vergaß. Allerdings hatte ich ihn nie ernstlich im Verdacht; er ist nicht der Mensch ...«

Jäh brach er ab. Denn der Herr, der, die Hand auf den Flötenkasten gelegt, mit dem Empfangschef sprach, drehte sich um. Sein Blick fiel auf Poirot, und ein ernstes Lächeln des Wiedererkennens glitt über sein Gesicht.

Während sich Fournier taktvoll im Hintergrund hielt, ging Poirot auf den Neuankömmling zu.

»Dr. Bryant, Sie hier?«

»Ja.«

Eine Frau, die neben dem Arzt gestanden hatte, entfernte sich in der Richtung des Fahrstuhls, und Poirot warf ihr einen flüchtigen Blick nach.

»Können Ihre Patienten ein Weilchen ohne Sie fertig werden, Monsieur le docteur?«

Dr. Bryant lächelte – jenes wehmütige Lächeln, dessen sich der kleine Belgier so gut entsann.

»Ich habe keine Patienten mehr.« Dann ging er zu einem kleinen Tisch hinüber. »Trinken Sie ein Glas Sherry mit mir, Monsieur Poirot?«

»Gern.«

Sie nahmen Platz, und der Doktor bestellte, worauf er in Stillschweigen versank, bis die beiden Gläser vor ihnen standen.

»Nein, ich habe keine Patienten mehr. Ich habe aufgegeben.«

»Ein plötzlicher Entschluß?« fragte Poirot.

»Eigentlich nicht.« Wieder schwieg er einen Augenblick, um dann, sein Glas hebend, hinzuzufügen: »Es ist ein notwendiger Entschluß. Ich verzichte freiwillig, ehe man mich aus der Liste der Ärzte streicht. Für jeden kommt einmal ein Wendepunkt im Leben, ein Augenblick, wo man am Kreuzweg steht und sich für eine Richtung entscheiden muß. Mein Beruf war mir sehr ans Herz gewachsen; es ist mir wahrlich nicht leicht geworden, ihn aufzugeben. Aber andere Forderungen treten an mich heran. Es handelt sich um das Glück eines Menschen ...«

Hercule Poirot antwortete nicht. Er wartete.

»Sehen Sie, da ist eine Dame, eine Patientin von mir«, fuhr Dr. Bryant fort. »Ich liebe sie zärtlich. Sie hat einen Gatten, der ihr unendlichen Kummer bereitet. Er ist den Rauschgiften verfallen. Wenn Sie Arzt wären, Monsieur Poirot, würden Sie ermessen können, was das bedeutet. Eigenes Geld besitzt sie nicht, so daß sie ihn nicht verlassen kann ... Ich habe eine Zeitlang geschwankt ... doch jetzt sehe ich meinen Weg klar vor mir: Sie und ich befinden uns auf der Reise nach Kenia, wo wir ein neues Leben beginnen werden. Ich hoffe, daß sie endlich ein wenig Glück kennenlernen wird. Sie hat so lange gelitten ...«

Wiederum schwieg er, und Poirot betrachtete verstohlen sein müdes, aber von einem inneren Frieden verklärtes Gesicht. Dann gab sich Dr. Bryant einen Ruck.

»Ich erzähle Ihnen dies, Monsieur Poirot, weil es bald Gemeingut der Öffentlichkeit sein wird. Je eher Sie es erfahren, desto besser.«

Poirot nickte verstehend. Nach einer Minute lenkte er ab: »Sie nehmen Ihre Flöte mit, sehe ich.«

»Meine Flöte ist meine älteste Gefährtin«, lächelte der Arzt. »Wenn alles andere versagt – Musik bleibt.«

Seine Hand glitt leise über den Flötenbehälter. Und nun erhob er sich mit einer Verbeugung. Auch Hercule Poirot erhob sich.

»Meine aufrichtigsten Wünsche für Ihre Zukunft, Monsieur le docteur – und für Madame«, sagte er warm.

Als Fournier sich wieder zu seinem Freunde gesellte, meldete dieser ein Ferngespräch nach Quebec an.

## 24

»Was jetzt?« rief Fournier. »Nimmt diese Erbin von Madame Giselle noch immer Ihre Gedanken in Anspruch? Das artet ja allmählich zu einer fixen Idee aus!«

»Keineswegs«, widersprach der Belgier. »Keineswegs. Aber in allen Dingen muß Ordnung und Methode herrschen. Man muß eine Sache erst beendigen, bevor man die nächste in Angriff nimmt.«

Er blickte sich um. »Ah, da ist Mademoiselle Jane. Wie wär's, wenn Sie mit dem Frühstück schon anfingen?«

Fournier fügte sich und begab sich mit Jane in den Speisesaal.

»Nun?« fragte das junge Mädchen neugierig. »Wie ist sie?«

»Sie ist etwas über Mittelgröße, dunkel, mit mattem Teint, einem spitzen Kinn ...«

»Es klingt, als ob Sie aus einem Paß vorläsen«, unterbrach ihn Jane. »Die Beschreibung in meinem Paß ist übrigens direkt beleidigend; sie besteht aus den Worten Durchschnitt und gewöhnlich. Nase: Durchschnitt. Mund: gewöhnlich; Stirn: gewöhnlich; Kinn: gewöhnlich.«

»Aber die Augen sind nicht gewöhnlich«, meinte Fournier.

»Sie sind grau, was man wirklich nicht eine sehr aufregende Farbe nennen kann.«

»Und wer sagt Ihnen, Mademoiselle, daß es keine aufregende Farbe ist?« fragte der Franzose, sich über den Tisch beugend.

»Ihre Beherrschung der englischen Sprache ist bewunderungswürdig«, lachte Jane Grey. »Erzählen Sie mir mehr über diese Anne Morisot. Ist sie hübsch?«

»Ziemlich«, drückte sich Fournier vorsichtig aus. »Und sie heißt nicht Anne Morisot, sondern Anne Richards. Sie ist verheiratet.«

»War ihr Gatte auch da?«

»Nein.«

»Warum denn nicht?«

»Weil er in Kanada weilt oder sonstwo in Amerika.«

Fournier erläuterte die näheren Umstände von Annes Leben, und gerade als er dem Schluß zusteuerte, erschien Hercule Poirot ... ein wenig niedergeschlagen, wie es dem Franzosen schien.

»Was gibt es?«

»Ich sprach mit Mère Angélique selbst. Wirklich romantisch, dieses transatlantische Telefon! Da unterhält man sich über den halben Erdball hinweg ganz klar und verständlich ...! Also Mère Anélique bestätigte, was Mrs. Richards uns über ihre Kindheit erzählt hat, und urteilte ganz frank und frei über die Mutter, die Quebec mit einem im Weinhandel tätigen Franzosen verließ. Damals freute es die fromme Oberin, daß das Kind dem Einfluß der Mutter entzogen wurde, die nach ihrer Ansicht abwärts glitt. Geld wurde regelmäßig geschickt, aber nicht ein einziges Mal regte Giselle ein Wiedersehen an.«

»Mithin war Ihr Ferngespräch eine Wiederholung dessen, was wir heute vormittag vernommen haben.«

»So ziemlich. Allerdings fügte Mère Angélique noch einige Einzelheiten hinzu. Anne Morisot verließ das Institut de Marie vor sechs Jahren, betätigte sich auf dem Gebiet der Schönheitspflege, wurde hinterher Zofe bei einer Dame und reiste als solche von Quebec nach Europa. Allzuoft schrieb sie nicht, aber immerhin hörte Mère Angélique zweimal im Jahr von ihr. Als sie dann einen Bericht über die Geschworenenverhandlung in der Zeitung las, sagte sie sich, daß diese Marie Morisot die Marie Morisot aus Quebec sei.«

»Wie steht's mit dem Gatten?« fragte Fournier.

»Nun, da wir endgültig wissen, daß Giselle verheiratet war, könnte der Gatte Bedeutung gewinnen.«

»Von dieser Erwägung ausgehend, führte ich das Telefongespräch«, bekannte Poirot. »George Leman, Giselles nichtswürdiger Mann, fiel gleich zu Anfang des Krieges.« Er schwieg, und dann stieß er brüsk hervor: »Was habe ich doch eben gesagt ...? Nein, nicht die letzte Bemerkung – die vorletzte? Ich habe das Gefühl, als ob ich, unwissentlich, etwas Wichtiges gesagt hätte.«

Fournier wiederholte, so gut er konnte, den Inhalt, aber den kleinen Mann befriedigte dies nicht.

»Nein, nein, das ist es nicht, was ich meinte. Na, lassen wir's.« Und er wandte sich Jane zu und zog sie in das Gespräch.

Gegen Ende des Mahles schlug er vor, den Kaffee in der Halle zu trinken.

Jane Grey fand den Einfall ausgezeichnet und streckte die Hand nach Tasche und Handschuhen aus, die auf dem Tisch lagen.

Als sie die Sachen aufnahm, zuckte sie leicht zusammen.

»Was gibt's, Mademoiselle?«

»Nichts, gar nichts«, erwiderte sie lachend. »Ich habe einen eingerissenen Nagel, den ich abfeilen muß.«

Jäh fiel Hercule Poirot, der bereits aufgestanden war, wieder auf seinen Stuhl zurück.

»Donnerwetter!« sagte er ruhig.

»Monsieur Poirot, was fehlt Ihnen?« schrie das Mädchen erschreckt.

»Nichts fehlt mir mehr, mein Kind. Jetzt weiß ich, warum mir das Gesicht von Madame Giselles Tochter so bekannt vorkam. Ich habe sie schon früher gesehen ... in jenem Flugzeug am Mordtag. Lady Horbury ließ sie wegen einer Nagelfeile holen. Denn Anne Morisot war Lady Horburys Zofe.«

Diese plötzliche Enthüllung, die eine fast betäubende Wirkung auf Jane Grey und ihre beiden Gefährten hatte, zeigte den Fall in einem gänzlich neuen Licht. Aus einer vom Schauplatz der Tragödie weit entfernten Person verwandelte sich Anne Morisot in einen Passagier des Flugzeugs, in dem das Verbrechen begangen worden war. Wahrhaftig, eine aufregende Veränderung ...

Und jeder der drei Menschen brauchte ein paar Minuten, um sich den neuen Verhältnissen anzupassen.

# 25

Poirot machte eine wilde Geste mit den Händen. Seine Augen waren geschlossen, und sein Gesicht war wie unter physischem Schmerz verzerrt.

»Einen Augenblick, einen kleinen Augenblick nur«, flehte er. »Ich muß denken, sehen, mir vergegenwärtigen, wie dies meine Ideen über den Fall beeinflußt. Ich muß mich zurückversetzen ... Ah, verflucht sei mein unglücklicher Magen, der mich apathisch machte gegen die äußere Welt!«

»Dann befand sie sich also in Wirklichkeit im Flugzeug!« staunte Fournier. »Ah, das klärt vieles.«

»Ich entsinne mich ihrer«, sagte Jane. »Ein großes, dunkles Mädchen. Madeleine, rief Lady Horbury sie.«

»Ja, ja, Madeleine«, bekräftigte, ohne die Augen zu öffnen, Hercule Poirot.

»Lady Horbury sandte sie wegen eines roten Köfferchens nach dem hinteren Teil des Flugzeugs.«

»Das heißt, daß Anne Morisot dicht an dem Sitz vorüberging, den ihre Mutter innehatte?« fragte Fournier, und als Jane Grey dies bejahte, sauste seine Faust mit lautem Krach auf die Tischplatte hinab.

»Donnerwetter!« schrie er. »Weshalb hat das denn keiner früher erwähnt? Warum schloß man sie nicht in den Kreis der verdächtigen Personen ein?«

»Ich sagte es Ihnen ja, mein Freund«, erwiderte Poirot müde. »Mein unglücklicher Magen.«

»Ja, ja, das ist verständlich. Indes gab es andere Mägen, die nicht revoltierten – die Stewards, die übrigen Passagiere.«

»Ich glaube, es erklärt sich dadurch, daß dieser Zwischenfall so früh geschah, bereits kurz nach dem Aufsteigen in Le Bourget. Und eine Stunde später lebte Giselle noch«, erläuterte das junge Mädchen.

»Das ist allerdings merkwürdig. Kann vielleicht eine verzögernde Wirkung des Giftes vorliegen?« überlegte Fournier. »Derartiges kommt vor.«

Hercule Poirot stöhnte und barg seinen Kopf in den Händen

»Ich muß denken. Ich muß denken ... Sollten meine Ideen denn gänzlich falsch gewesen sein?«

»Mein Bester, Irrtümer unterlaufen auch mir bisweilen«, sagte der Franzose. »Und es besteht die Möglichkeit, daß sie auch Ihnen unterlaufen sind. Dann bleibt einem nichts anderes übrig, als seinen Stolz zu überwinden und seine Ideen einer Revision zu unterziehen.«

»Gewiß, gewiß. Die verspätete Wirkung des Giftes ist tatsächlich befremdend – fast möchte man behaupten, unmöglich! Aber wo Gifte im Spiele sind, ereignet sich das Unmögliche. Man muß mit Idiosynkrasien rechnen ...«

Poirots Stimme erstarb.

»Gegenwärtig wäre es wohl unklug, Anne Morisot aus ihrer vermeintlichen Sicherheit zu reißen«, führte Fournier aus. »Sie ahnt nicht, daß Sie sie erkannt haben, und da wir das Hotel kennen, in dem sie wohnt, und außerdem durch Thibault, der die gesetzlichen Formalitäten hinausschieben kann, eine Verbindung mit ihr aufrechtzuerhalten vermögen, wollen wir sie vorläufig nicht belästigen. Wir müssen auch noch den Beweis erbringen, daß Anne Morisot Schlangengift in ihrem Besitz hatte. Ferner ist da noch dieser Amerikaner, der das Blasrohr kaufte und den Angestellten der Airlines bestach. Vielleicht entpuppt er sich als der Gatte Richards. Wissen wir denn, ob er sich tatsächlich in Kanada aufhält?« – Er schwieg nachdenklich und sah zu Boden ...

»Sehr richtig – der Gatte ... Ja, der Gatte. Ah, warten Sie, warten Sie, Fournier!« Poirot preßte beide Hände gegen die Schläfen. »So geht es nicht«, murmelte er. »Ich gebrauche die kleinen grauen Zellen nicht in einer ordnungsmäßigen, methodischen Weise. Nein, ich ziehe sprunghaft Folgerungen. Meine Gedanken bewegen sich vielleicht in einer von anderen gewollten Richtung. Doch halt! Auch das stimmt nicht. Denn wenn meine ursprüngliche Idee ...« Der Rest des Satzes war ein unverständliches Gemurmel.

»Verzeihung, Monsieur Poirot«, begann Jane. Aber der Kleine beachtete sie nicht. Ein paar Minuten hielt er noch geistesabwesend seine Hände gegen die Schläfen, dann setzte er sich plötzlich kerzengerade hin und rückte zwei Gabeln und ein Salzfäßchen zurecht, die seinen Sinn für Symmetrie beleidigten.

»Wir wollen gemeinsam überlegen«, sagte er. »Anne Morisot ist entweder schuldig oder unschuldig. Wenn sie unschuldig ist, warum hat sie dann gelogen? Warum hat sie die Tatsache verschwiegen, daß sie Zofe bei Lady Horbury war?«

»Ja, warum wohl?« fragte auch Fournier.

»Mithin nehmen wir an, daß Anne Morisot schuldig ist, weil sie gelogen hat. Doch warten Sie! Wenn nun meine erste Vermutung stimmte, würde sie dann in keinem Widerspruch stehen zu Annes Schuld oder zu Annes Lüge? Ja – ja ... es ginge, unter einer Voraussetzung. Doch in jenem Falle – ich meine, wenn die Voraussetzung zutrifft – sollte Anne Morisot überhaupt nicht in dem Flugzeug gewesen sein?«

Die beiden anderen hörten ihm mit höflichem, wenn auch ziemlich oberflächlichem Interesse zu. »Jetzt begreife ich, was mein englischer Kollege Japp meint«, dachte Fournier. »Er braut sich Schwierigkeiten zusammen, der gute alte Poirot; er setzt alles daran, damit eine nunmehr einfache Sache verwickelt klingt. Er kann nicht eine glatte, gerade Lösung hinnehmen, ohne zu behaupten, daß sie zu seinen vorherigen Ideen paßt.« Und Jane Grey dachte: »Ich verstehe nicht ein bißchen von seinem Gerede! Warum konnte Anne Morisot nicht in dem Flugzeug sein? Sie mußte sich doch nach Lady Horburys Anordnungen richten ... Mir scheint, er ist ein Prahlhans ...«

Plötzlich zog Hercule Poirot mit einem Zischen den Atem ein.

»Ja, es besteht eine Möglichkeit, und es dürfte nicht schwer sein, sie ausfindig zu machen«, sagte er, indem er sich erhob.

»Wohin, mein Lieber?« erkundigte sich Fournier.

»Wiederum zum Telefon.«

»Noch einmal ein Gespräch um den halben Erdball?«

»Nein, ein Gespräch mit London.«

»Scotland Yard?«

»Nein, mit Lord Horburys Haus am Grosvenor Square. Wenn ich nur das Glück habe, Lady Horbury daheim anzutreffen!«

»Seien Sie vorsichtig«, warnte Fournier. »Wenn Anne Morisot auf irgendwelchen Umwegen erfährt, daß wir ihretwegen Erkundigungen eingezogen haben, so kommt das unserer Arbeit nicht zugute.«

»Keine Angst. Ich werde verschwiegen sein«, versicherte Poirot. »Nur eine einzige Frage von ganz harmloser Art werde ich stellen.« Er lächelte. »Kommen Sie mit mir, damit Sie es mit eigenen Ohren hören.«

»Nein, nein.«

»Bitte. Ich bestehe darauf.«

Die beiden Männer gingen zum Telefon, während Jane es sich in der Halle bequem machte. Es währte eine geraume Zeit, bis die Verbindung hergestellt war, aber dann lächelte Poirot das Glück, denn Cicely Horbury befand sich zu Hause.

»Wollen Sie Lady Horbury bitte bestellen, daß Hercule Poirot sie von Paris aus sprechen möchte«, sagte er zu dem Butler, der sich in London meldete. Es verstrichen ein paar Sekunden. »Hallo, sind Sie es, Lady Horbury? Nein, nein, es ist alles in bester Ordnung. Wirklich, ich schwöre es Ihnen. Ich wollte Sie nur etwas fragen. Ja ... Wenn Sie von Paris nach England fliegen, behalten Sie Ihre Zofe dann für gewöhnlich bei sich, oder benutzt sie den Zug? Den Zug ... Und bei jener besonderen Gelegenheit ... Ah, ich verstehe ...! Sind Sie sicher? Wie, sie ist nicht mehr bei Ihnen? Von heute auf morgen verschwunden? Mais oui, schwärzester Undank! Ganz recht – man macht immer wieder traurige Erfahrungen mit Zofen und Dienern ... Nein, nein, Sie brauchen sich nicht zu sorgen. Auf Wiedersehen! Und besten Dank für die Auskunft.«

Er legte den Hörer auf die Gabel und drehte sich blitzschnell nach Fournier um ... mit funkelnden, grünlichen Augen.

»Mein Freund, Lady Horburys Zofe reiste für gewöhnlich mit der Eisenbahn und dem Dampfer. Und an dem Tag von Giselles Ermordung entschied Lady Horbury erst in allerletzter Minute, daß Madeleine ebenfalls das Flugzeug benutzen solle.« Er packte den Arm des Franzosen. »Rasch, Fournier. Wir müssen zu ihrem Hotel. Sollte meine kleine Idee korrekt sein – und mehr denn je bin ich davon überzeugt –, so ist Eile geboten.«

»Aber ich ...«

Fournier redete ins Leere, da Poirot bereits auf die Drehtür zujagte. Und mit langen Schritten rannte er hinter dem Kleinen her.

Hercule Poirot stand schon mit einem Fuß auf dem Trittbrett eines Taxis und nannte dem Chauffeur Anne Morisots Adresse.

»Aber fahren Sie schnell, so schnell Sie können!« mahnte er.

Fournier kletterte ihm nach, während das Auto bereits anfuhr. Unsanft fiel er in eine Ecke.

»Weshalb dieses verrückte Tempo?« stieß er hervor.

»Weil Anne Morisot, sofern meine kleine Idee stimmt, in höchster Gefahr schwebt.«

»Na, na!« meinte Fournier etwas skeptisch.

»Ich habe Angst, mein Lieber, entsetzliche Angst . . . Mein Gott, wie dies Taxi schleicht!« – Poirot war ungeheuer erregt . . .

Das Taxi sauste in diesem Augenblick mit beträchtlicher Geschwindigkeit dahin und verdankte es nur dem vorzüglichen Augenmaß des Fahrers, daß es ungefährdet durch den Trubel des Verkehrs kam.

»Ja, es schleicht derartig, daß in spätestens einer Minute ein Verkehrsunfall geschehen wird«, entgegnete Fournier trocken. »Und Mademoiselle Grey sitzt derweilen in der Halle und wartet auf unsere Rückkehr vom Telefon. Finden Sie unser Benehmen sehr höflich?«

»Höflichkeit oder Unhöflichkeit – wenn es sich um Tod und Leben handelt, ist alles andere gleich.«

»Tod und Leben?« Der Franzose zuckte die Achseln, und im stillen überlegte er: »Wie bringe ich ihm nur Vernunft bei? Dieser störrische Alte gefährdet vielleicht die Geschichte. Sobald die Frau merkt, daß wir hinter ihre Schliche gekommen sind . . .«

»Lieber Monsieur Poirot, wir müssen sorgsam vorgehen«, sagte er in leiser, beschwörender Stimme.

»Still! Sie verstehen nicht . . . Diese Angst foltert mich geradezu.«

Mit einem Ruck hielt das Taxi vor dem ruhigen Hotel, in dem Anne Morisot wohnte, und als Poirot unter dem Portalbogen stand, versuchte Fournier noch einmal sein Heil.

»Monsieur Poirot, ich habe die größte Hochachtung, die höchste Bewunderung für Ihre Methoden, jedoch fühle ich, daß wir uns vor jeder Übereilung hüten müssen. Hier in Frankreich trage ich die Verantwortung für die Führung dieses Falles . . .«

»Übereilung haben Sie von mir nicht zu befürchten«, unterbrach ihn der Belgier. »Wir ziehen Erkundigungen beim Portier ein. Wenn Madame Richards sich hier befindet und sich nichts ereignet hat, dann können wir in Ruhe unsere künftigen Schritte erörtern. Haben Sie auch hiergegen etwas einzuwenden?«

»Nein.«

»Gut.«

Poirot betrat die Halle und ging auf den Empfangsschalter zu.

»Bei Ihnen wohnt, glaube ich, eine Mrs. Richards.«

»Nein, Monsieur. Sie wohnte hier, bis heute.«

»Wie, sie ist abgereist?« fiel Fournier ein.

»Ja, Monsieur.«

»Wann hat sie das Hotel verlassen?«

Der Mann warf einen Blick auf die Uhr, ehe er antwortete.

»Vor einer reichlichen halben Stunde.«

»Kam ihre Abreise unerwartet? Wohin ist sie gereist?«

»Wohin?« wiederholte der Pförtner eisig und schien weitere Auskünfte verweigern zu wollen. Doch als Fournier sich auswies, änderte sich sein Verhalten.

Nein, die Dame habe keine Adresse hinterlassen. Und die Abreise sei plötzlich erfolgt, da Mrs. Richards ursprünglich von einem achttägigen Aufenthalt gesprochen habe.

Weitere Fragen. Die Liftboys wurden gerufen, der Hausknecht, die Zimmermädchen, schließlich auch der Empfangschef.

Dieser gab an, ein Herr sei gekommen, während die Dame in der Stadt gewesen sei; er habe auf sie gewartet und hernach gemeinsam mit ihr gespeist. Was für ein Herr? Ein Amerikaner, ein unverkennbarer Amerikaner, dessen Eintreffen sie offenbar überrascht habe. Nach dem Essen habe die Dame befohlen, man möge ihr Gepäck herunterschaffen und in ein Taxi bringen. Wohin war sie gefahren? Zum Nordbahnhof – wenigstens hatte sie dies dem Fahrer zugerufen. Und der Amerikaner? Nein, sie war allein fortgefahren.

»Nordbahnhof«, sagte Fournier. »Das könnte England bedeuten, den Zwei-Uhr-Schnellzug. Möglicherweise ist es aber auch eine Finte. Wir müssen nach Boulogne telefonieren und ferner jenes Taxi aufspüren.«

Es machte den Eindruck, als habe Poirots Angst nun auch von Fournier Besitz ergriffen, und rasch und umsichtig setzte er die Räder des Gesetzes in Bewegung.

Gegen fünf Uhr sah Jane Grey, die mit einem Buch in der Hotelhalle saß, Poirot kommen und öffnete den Mund zu ein paar vorwurfsvollen Worten.

Aber sie sprach sie nicht aus. Irgend etwas in seinem Gesicht ließ sie schweigen.

»Das Leben ist schrecklich, Mademoiselle«, sagte er und nahm ihre beiden Hände in die seinen.

»Was ist geschehen?« fragte sie verstört.

»Man hat in Boulogne eine Frau tot aufgefunden, im England-Expreß, in einem Abteil erster Klasse ...«

Janes Gesicht wurde schneeweiß.

»Anne Morisot?«

»Ja, Anne Morisot. Mit der rechten Hand umkrampfte sie eine kleine blaue Glasflasche, die Blausäure enthalten hatte.«

»Selbstmord also?«

Hercule Poirot schob die Antwort ein paar Sekunden hinaus. Dann sagte er mit der Miene eines Menschen, der seine Worte sorgfältig wählt: »Ja, die Polizei denkt, es sei Selbstmord.«

»Und Sie?«

»Was kann man denn sonst denken ...?«

»Aber warum hat sie sich getötet? Aus Gewissensbissen? Oder weil sie Entdeckung fürchtete?«

Der Belgier schüttelte langsam den Kopf.

»Das Leben, Mademoiselle, kann entsetzlich grausam sein. Man braucht ungeheuer viel Mut.«

»Um sich zu töten? Ja, sicher gehört Mut dazu«, sagte Jane leise.

»Auch um zu leben braucht man Mut.«

# 26

Am nächsten Tag verließ Poirot Paris, während Jane mit einer langen Liste zu erledigender Dinge zurückblieb. Die meisten von ihnen dünkten sie ziemlich sinnlos, trotzdem aber führte sie alles nach besten Kräften aus. Jean Dupont sah sie zweimal. Er erwähnte die Expedition, an der sie teilnehmen sollte, und da Jane nicht wagte, ihn ohne Befehl Poirots zu enttäuschen, machte sie gute Miene zum bösen Spiel und lenkte die Unterhaltung auf weniger verfängliche Dinge.

Fünf Tage später rief sie ein Telegramm nach England zurück. Norman holte sie am Bahnhof ab, und sie besprachen die letzten Ereignisse. Der Selbstmord hatte wenig Staub aufgewirbelt. Die Zeitungen brachten eine unscheinbare Notiz, daß im Schnellzug Paris–Boulogne eine kanadische Dame, Mrs. Richards, sich das Leben genommen habe. Aber ein Zusammenhang mit dem Mord im Flugzeug wurde nicht erwähnt.

Beide, Norman Gale und Jane, sahen die Zukunft in etwas rosigerem Licht, weil sie beide hofften, daß die Belästigungen zu Ende sein würden. Norman allerdings war nicht ganz so zuversichtlich wie Jane.

»Sie mögen Anne Morisot der Ermordung ihrer Mutter verdächtigt haben«, führte er aus, »doch nun, da sie allem aus dem Wege gegangen ist, wird man sich wohl kaum die Mühe machen, den Fall weiterzuverfolgen. Und solange die Sache vor der Öffentlichkeit nicht ganz klar liegt, sehe ich nicht, daß uns armen Teufeln geholfen ist. In den Augen der Öffentlichkeit haftet der Verdacht noch genauso an uns wie früher.«

Ähnlich äußerte er sich auch, als er etliche Tage später Poirot im Piccadilly-Hotel traf. Der Detektiv lächelte.

»Sie sind um nichts besser als die übrigen; Sie denken, ich sei ein alter Mann, der nichts mehr leistet. Hören Sie: Heute abend lade ich Sie zum Essen ein. Japp kommt und auch unser Freund Monsieur Clancy. Ich habe verschiedenes zu erzählen, was für Sie ebenfalls interessant sein dürfte.«

Das Essen verlief in angenehmster Weise. Japp gefiel sich in der

Rolle des gutmütigen Gönners, Norman war neugierig, und Mr. Clancy beinahe so aufgeregt wie damals, als er den verhängnisvollen Dorn erkannt hatte.

Nach dem Essen, als der Kaffee serviert wurde, räusperte sich Poirot ein wenig verlegen, aber keineswegs frei von Selbstbewußtsein.

»Meine Freunde«, sagte er, »Monsieur Clancy fesseln meine Methoden, wie er sie nennt, ungemein. Wenn es Sie daher nicht langweilt, möchte ich Ihnen jetzt eine kleine zusammenfassende Schilderung der Methoden geben, die ich im Fall Giselle angewandt habe.«

Er machte eine Pause und überflog einige Notizen, und Inspektor Japp benutzte die Zeit, um Norman zuzuraunen: »Wie er sich bläht, was? Eitelkeit ist der Beiname unseres Freundes!«

Poirot warf ihm einen vorwurfsvollen Blick zu und begann.

»Über die ersten Geschehnisse im Flugzeug kann ich hinweggehen, da sie allen zur Genüge bekannt sind. Lassen Sie mich mit dem Moment anfangen, als ich, zufällig oder von meinem Glücksstern geleitet, auf den Fußboden schaute und dort, halb von dem schwarzen Kleid Madame Giselles verborgen, etwas erspähte, was man im ersten Augenblick für eine tote Wespe hätte halten können. In Wirklichkeit war es ein bei den Wilden als Waffe gebräuchlicher Dorn, an dem ein winziger schwarzgelber Seidenflaum haftete.

Gleich darauf hörten wir aus Mr. Clancys Munde, daß die Eingeborenen derartige Dorne mittels eines Blasrohrs fortzuschleudern pflegen, und späterhin wurde, wie Sie ebenfalls wissen, das Blasrohr selbst entdeckt, wenn es wirklich das Blasrohr war...

Als wir Croydon erreichten, schwirrten verschiedene Ideen in meinem Hirn umher, aber sobald ich den Fuß endgültig auf festen Boden gesetzt hatte, begann es wieder in seiner gewohnten Schärfe zu arbeiten.«

»Weiter, Monsieur Poirot«, grinste Japp. »Nur keine falsche Bescheidenheit!«

Abermals rügte Poirot diese Hänselei durch einen Seitenblick.

»Zwei Punkte beschäftigten mich sofort lebhaft«, fuhr er fort.

»Vor allem die zweckdienliche Anwesenheit der Wespe, die Monsieur Dupont erschlagen hatte, und ferner die Auffindung des Blasrohrs. ›Warum warf es der Mörder nicht durch eine Ventilatoröffnung fort?‹ fragte ich nach der Verhandlung meinen Freund Japp. Ein Blasrohr, an dem noch Teilchen des Preisschildes klebten, mußte unweigerlich über kurz oder lang identifiziert werden.

Zu welcher Lösung gelangte ich? Daß der Mörder die Entdeckung des Blasrohrs wünschte!

Weshalb aber? Nur eine Antwort schien logisch. Wenn ein vergifteter Dorn und ein Blasrohr gefunden wurden, würde man selbstverständlich mutmaßen, der Mord sei mit diesem Blasrohr verübt worden. Demnach hatte der Verbrecher ihn in Wirklichkeit auf andere Art begangen.

Hinwiederum erklärten die medizinischen Gutachter, daß der vergiftete Dorn tatsächlich die Todesursache war. Ich schloß die Augen und fragte mich: ›Welches ist die sicherste und zverlässigste Art, einen vergifteten Dorn in die Schlagader zu bohren?‹ Und die Antwort bot sich mir sofort: mit der Hand!

Das aber warf unmittelbar neues Licht auf die Entdeckung des Blasrohrs, das einem unweigerlich den Gedanken an Entfernung aufzwang. Wenn ich mich nicht jämmerlich irrte, so war der Mörder Madame Giselles direkt zu ihrem Platz gegangen und hatte sich über sie gebeugt.

Gab es eine derartige Person? Ja, sogar zwei. Die beiden Stewards. Jeder von ihnen konnte sich Madame Giselle nähern und sich herabneigen, ohne daß es als ungewöhnlich auffiel.

Gab es außer ihnen noch jemanden?

Nun, da war Mr. Clancy – der einzige Passagier, der dicht an Giselles Platz vorüberschritt. Zudem hatte er als erster die Theorie von dem Blasrohr und dem Dorn entwickelt.«

Wild fuchtelnd sprang der Schriftsteller von seinem Stuhl empor.

»Ich protestiere«, schrie er, »ich protestiere! Das ist eine schändliche Beleidigung.«

»Setzen Sie sich, mein Lieber!« befahl Hercule Poirot. »Bin ich denn schon zu Ende? Ich muß Ihnen doch alle Stufen erläutern, dank derer ich zu meinem abschließenden Urteil gelangt bin.

Nun hatte ich drei mögliche Verdächtige – Mitchell, Davis und Mr. Clancy. Auf den ersten Blick machte keiner den Eindruck eines Mörders, nichtsdestoweniger durften Nachforschungen in dieser Hinsicht nicht verabsäumt werden.

Alsdann prüfte ich die Möglichkeiten der Wespe. Oh, sie war sehr bedeutsam, diese Wespe. Anfänglich hatte sie niemand bemerkt, während sie ungefähr um die Kaffeestunde mehreren Mitreisenden aufgefallen war. Mutete das nicht allein schon ziemlich sonderbar an? Ich baute mir eine gewisse Theorie des Verbrechens auf. Der Mörder zeigte der Welt zwei getrennte Lösungen der Tragödie. Nach der ersten und einfachsten war Madame Giselle von einer Wespe gestochen worden und an Herzschwäche verschieden. Der Erfolg jener Lösung hing davon ab, ob der Verbrecher imstande war, sich den Dorn wieder anzueignen. Inspektor Japp und ich stimmten darin überein, daß es sich unschwer ermöglichen ließ – solange noch niemand etwas Unlauteres argwöhnte. Ich stutzte auch über das schwarzgelbe Seidenflöckchen, das man unzweifelhaft absichtlich mit dem kirschroten vertauscht hatte – eben um eine Wespe vorzutäuschen.

Unser Mörder näherte sich also dem Tisch seines Opfers, stößt ihm den Dorn in den Hals und läßt die Wespe frei. Das ungemein starke Gift wird den Tod auf der Stelle herbeiführen. Wenn Giselle aufschrie, würde es vermutlich infolge des Dröhnens der Motoren nicht gehört werden. Und sollte es wider Erwarten doch jemand hören – nun, so erklärte ja die umhersummende Wespe den Schrei. Die arme Frau war eben gestochen worden.

Das war, wie gesagt, Plan Nr. 1. Angenommen jedoch, daß – wie es tatsächlich geschah – der vergiftete Dorn entdeckt wurde, bevor der Mörder seiner wieder habhaft werden konnte? Für diesen Fall hatte er ein zweites Eisen im Feuer. Die Theorie des natürlichen Todes scheidet aus. Anstatt das Blasrohr durch das Fenster zu werfen, stopft er es an einen Platz, wo es bei der Durchsuchung des Flugzeugs von der Polizei gefunden werden muß. Und natürlich nimmt diese sofort an, daß jenes Blasrohr das Werkzeug des Verbrechens gewesen sei. Damit wird die Vorstellung von einer gewissen Entfernung geschaffen: Der Verdacht wird in eine vorher sorgsam ausgeklügelte Richtung gelenkt.

Mich aber ließ das Problem der Wespe nicht los. Wenn der Mörder die Wespe mit auf das Flugzeug gebracht und sie in dem psychologisch richtigen Moment fliegen ließ, so mußte er einen kleinen Behälter für sie gehabt haben.

Daher meine Wißbegier hinsichtlich des Inhalts, den Taschen und Handgepäck der Passagiere bargen.

Und hier setzte eine völlig unerwartete Entwicklung ein. Ich fand, wonach ich fahndete – aber, so schien mir, bei der falschen Person. In Monsieur Gales Tasche steckte eine leere Streichholzschachtel.

Indessen war Norman Gale laut einstimmiger Zeugenaussagen nie den Mittelgang des Abteils entlanggeschritten, sondern nur aufgestanden, um die Toilette aufzusuchen, und alsdann zu seinem Platz zurückgekehrt.

Dessenungeachtet gab es ein Verfahren, durch das Gale das anscheinend Unmögliche vollbracht und das Verbrechen verübt haben konnte – wie der Inhalt seines Handkoffers zeigte.«

»Mein Handkoffer?« fragte der junge Zahnarzt, und seine Miene spiegelte Belustigung und Ratlosigkeit wider. »Ehrlich gesagt, erinnere ich mich gar nicht mehr genau, was er alles enthielt.«

Poirot schenkte ihm ein liebenswürdiges Lächeln.

»Nur eine Minute Geduld! Ich werde noch darauf zu sprechen kommen. Vorderhand aber schildere ich Ihnen meine ersten Ideen.

Vom Standpunkt des Möglichen aus gesehen, hatte ich also vier Personen, die Madame Giselle ermordet haben konnten: die beiden Stewards, Clancy und Gale. Jetzt jedoch betrachtete ich den Fall aus einem anderen Gesichtswinkel – jenem des Motivs. Wenn ein Motiv mit einer Möglichkeit übereinstimmt – ha, dann habe ich meinen Mörder! Doch leider vermochte ich nichts Derartiges zu finden. Mein Freund Japp hat mich – übrigens nicht zum erstenmal – beschuldigt, daß ich mich darin gefiele, die Dinge schwieriger zu gestalten. Ganz im Gegenteil, ich gab dieser Frage nach dem Motiv die allerschlichteste Fassung. Wem würde es zum Vorteil gereichen, wenn Madame Giselle nicht mehr lebte?

Unbedingt ihrer unbekannten Tochter, da diese ein Vermögen erbte. Dann stieß ich auf gewisse Personen, die sich in Giselles Macht befanden – oder sagen wir lieber, die sich möglicherweise in ihrer Macht befanden. Damit sah ich mich dem Problem der Auslese gegenüber. Nur bei einem einzigen Passagier des Flugzeugs konnte ich feststellen, daß er Beziehungen zu der ermordeten Französin gehabt hatte: bei Lady Horbury.

In Lady Horburys Fall lag das Motiv offen da. Sie hatte Giselle am Abend zuvor in Paris besucht, vollkommen verzweifelt. Und sie besaß einen Freund, einen jungen Schauspieler, der gut und gern den amerikanischen Käufer des Blasrohrs gespielt und weiterhin den Angestellten der Universal Airlines bestochen haben mochte, damit dieser die Giselle mit dem mittäglichen Flugzeug reisen lassen sollte.

Wie die Dinge lagen, hatte ich sozusagen ein Problem in zwei Hälften. Ich sah nicht, wie es für Lady Horbury möglich war, das Verbrechen zu begehen; und ich konnte nicht erkennen, welches Motiv die Stewards, Mr. Clancy oder Norman Gale treiben sollte, es zu begehen.

In meinem Hirn aber bohrte unablässig der Gedanke an Giselles unbekannte Tochter und Erbin. Waren einige meiner vier verdächtigen Personen verheiratet? Und wenn – konnte eine der Ehefrauen diese Anne Morisot sein?

Mitchells Frau strich ich sehr rasch; sie ist vom alten guten Dorset-Schlag. Aber Davis warb um ein Mädchen, dessen Vater und Mutter noch leben. Mr. Clancy führte ein Junggesellendasein, und Mr. Gale war offensichtlich bis über beide Ohren in Miss Jane Grey verschossen.

Ich will nicht verschweigen, daß ich heimlich Miss Greys Vorleben aufs genaueste prüfte, nachdem ich zufällig von ihr erfahren hatte, daß sie in einem Waisenhaus bei Dublin aufgewachsen war. Doch schon bald überzeugte ich mich, daß keine Verwandtschaft zwischen ihr und Giselle bestand.

Dann fertigte ich, wie mein Freund Japp weiß, eine Liste über die Ergebnisse an.

Den Stewards erwuchs durch Madame Giselles Tod weder ein Verlust noch ein Gewinn. Mr. Clancy plante ein Buch über das Thema, von dem er sich Ruhm und klingende Münze versprach.

Mr. Gale verlor zusehends seine Patienten – also nichts Förderndes auf dieser Linie!

Und dennoch hegte ich dazumal die feste Überzeugung, daß Mr. Gale der Mörder sei. Die leere Streichholzschachtel, der Inhalt seines Handkoffers – das sind Dinge, sagte ich mir, die man nicht übersehen kann. Anscheinend brachte ihm der Tod Giselles statt Gewinn nur Verlust. Doch warum sollte dieser Schein nicht trügen?

Daher entschloß ich mich, die Bekanntschaft mit Mr. Gale zu pflegen. Nach meiner Erfahrung verrät sich im Lauf der Unterhaltung jeder früher oder später.

Jeder Mensch hat einen unwiderstehlichen Drang, über sich selbst zu reden.

Ich versuchte, Mr. Gales Vertrauen zu erringen, und überredete ihn sogar, mir zu helfen, indem er sich Lady Horbury als angeblicher Erpresser näherte.

Und da unterlief ihm der erste Fehler.

Ich hatte eine leichte Verkleidung angeregt. Er aber stellte sich bei mir in einer geradezu unmöglichen, lächerlichen Aufmachung ein. Eine Posse war das Ganze! Niemand, selbst nicht der untalentierteste Stümper, konnte eine Rolle so schlecht spielen, wie er sie mir da vorspielte. Aus welchem Grunde stellte er sich so unbegabt?

Weil er im Bewußtsein seiner eigenen Schuld sich scheute, sein Talent als Schauspieler zu offenbaren.

Nachher jedoch, als ich seine lächerliche Verkleidung berichtigt hatte, zeigte sich seine kunstvolle Gewandtheit. Er spielte seine Rolle so ausgezeichnet, daß Lady Horbury ihn nicht wiedererkannte. Und dies überzeugte mich, daß er sich in Paris als Amerikaner verkleidet und auch im Flugzeug die nötige Rolle gespielt haben konnte.

Inzwischen plagte mich die Sorge um Mademoiselle Jane. Entweder steckte sie mit ihm unter einer Decke, oder sie war völlig unschuldig, und im letzteren Fall lief sie Gefahr, sein Opfer zu werden. Ein Tag konnte und mußte kommen, der sie als Frau eines Mörders sah. Das war mir so klar, wie nur etwas sein kann.

Um eine übereilte Heirat zu verhindern, nahm ich Mademoiselle als meine Sekretärin mit nach Paris, und während wir uns dort befanden, meldete sich die fehlende Erbin. Sofort stutzte ich wegen einer Ähnlichkeit, über die ich mir indes nicht klarzuwerden vermochte. Als mir dann endlich die Augen aufgingen, war es zu spät.

Zuerst schien die Entdeckung, daß sie sich in dem Flugzeug befunden und in dieser Beziehung gelogen hatte, alle meine Theorien über den Haufen zu werfen. Hier war die Person, für deren Schuld erdrückende Beweise vorlagen!

Doch wenn sie schuldig war, so hatte sie einen Helfershelfer – den Mann, der das Blasrohr kaufte und den Angestellten der Airlines bestach. Wer war dieser Mann? Ihr Gatte etwa?

Und dann sah ich plötzlich die wahre Lösung. Wahr allerdings nur, sofern ein Punkt bewiesen werden konnte.

Denn für meine Lösung war es nötig, daß Anne Morisot eigentlich nicht hätte mitfliegen sollen.

Ich telefonierte mit Lady Horbury und erhielt eine Antwort, die meinen Ideen entsprach: Die Zofe, Madeleine, hatte das Flugzeug infolge einer erst in letzter Minute von ihrer Herrin getroffenen Entscheidung benutzt.«

Poirot hielt inne, worauf Mr. Clancy etwas unsicher einwarf: »Verzeihung, mir ist da manches nicht ganz klar . . .«

»Wann hörten Sie denn endlich auf, mich als den Mörder zu betrachten?« forschte Norman Gale.

Der Belgier schnellte zu ihm herum.

»Niemals! Sie sind der Mörder . . .! Warten Sie, ich werde Ihnen alles darlegen. Während der letzten Wochen haben Inspektor Japp und ich allerhand Arbeit geleistet. Es stimmt, daß Sie Ihrem Onkel John Gale zu Gefallen Zahnarzt wurden. Als Sie in seine Praxis eintraten, nahmen Sie sogar seinen Namen an; denn Sie waren der Sohn seiner Schwester, nicht seines Bruders. Ihr richtiger Name lautet Richards. Und als Richards lernten Sie im vergangen Winter Anne Morisot in Nizza kennen, als sie dort mit ihrer Herrin weilte. Die Geschichte, die sie uns im Büro Maître Thibaults erzählte, war wahr, soweit die Daten ihrer Kindheit in Betracht kamen; den letzten Teil jedoch hatten Sie sorgfältig umgemodelt. Anne Morisot kannte nämlich den Mädchennamen ihrer Mutter. Giselle, in Monte Carlo anwesend, wurde ihr oder Ihnen gezeigt, und bei dieser Gelegenheit wurde auch ihr eigentlicher

Name erwähnt. Nun vergegenwärtigten Sie sich, daß dort ein riesiges Vermögen winkte. Es reizte Ihre Spielernatur. Dann erfuhren Sie durch Anne Morisot Lady Horburys Verbindung zu Giselle, worauf sich allmählich der Plan des Verbrechens in Ihrem Kopf formte. Giselle mußte in einer Weise ermordet werden, die den Verdacht auf Lady Horbury lenkte. Ihre Pläne reiften und trugen schließlich Frucht. Sie bestachen Meunier von der Fluggesellschaft, so daß Giselle im gleichen Flugzeug reiste wie Lady Horbury. Anne Morisot hatte Ihnen beiläufig berichtet, daß sie selbst für die Überfahrt den Dampfer benutzte. Infolgedessen rechneten Sie auch nicht mit Annes Anwesenheit im Flugzeug, die Ihre Pläne ernstlich gefährdete. Wenn es durchsickerte, daß Giselles Tochter und Erbin mit dem Flugzeug gereist war, würde sich natürlich der Argwohn auf sie richten. Nach Ihrem ursprünglichen Plan sollte sie ihre Ansprüche auf die Erbschaft anhand eines einwandfreien Alibis geltend machen, da sie zur Zeit des Verbrechens im Eisenbahnwagen oder auf dem Schiff gewesen sein würde.

Und dann hätten Sie Anne Morisot geheiratet, die damals in Sie vernarrt war. Aber Sie legten nur auf das Geld Wert, nicht auf das Mädchen selbst.

Hinzu kam eine andere Verwicklung. In Le Pinet sahen Sie Mademoiselle Jane Grey und verloren Ihr Herz an sie. Und Ihre Leidenschaft trieb Sie, ein noch gefährlicheres Spiel zu wagen.

Sie beabsichtigten, sowohl das Geld als auch das Mädchen, das Sie liebten, zu gewinnen. Ja, Norman Gale, Sie verübten einen Mord um des Geldes willen und waren durchaus nicht gesonnen, auf die Früchte des Verbrechens zu verzichten. Daher schüchterten Sie Anne Morisot ein, indem Sie ihr auseinandersetzten, daß man sie unbedingt des Mordes beschuldigen würde, wenn sie mit ihren berechtigten Erbschaftsforderungen sofort hervortrete.

Und dann beschwatzten Sie sie, einige Tage Urlaub zu nehmen und sich mit Ihnen in Rotterdam trauen zu lassen.

Sie schärften ihr ein, wie sie ihr Geld zu verlangen habe.

Sie solle nichts von ihrer Beschäftigung als Zofe sagen und es möglichst so darstellen, als ob sie und ihr Gatte drüben gewesen seien, als der Mord geschah.

Unglücklicherweise fiel das für Anne Morisots Pariser Reise und für ihre Erbschaftsforderung angesetzte Datum mit meiner Ankunft in Paris zusammen, wohin mich Miss Grey begleitet hatte.

Das paßte Ihnen durchaus nicht in den Kram; konnten doch sehr leicht Mademoiselle Jane oder ich selbst in Anne Morisot die Madeleine erkennen, die Lady Horburys Zofe gewesen war.

Sie suchten daher rechtzeitig mit ihr die Verbindung aufzunehmen, was Ihnen indes nicht glückte. Schließlich kamen Sie ebenfalls nach Paris und fanden heraus, daß Anne den Anwalt bereits aufgesucht hatte. Als sie ins Hotel zurückkehrte, erzählte sie Ihnen von Ihrem Zusammentreffen mit mir. Die Dinge nahmen eine gefährliche Wendung, und so entschlossen Sie sich, rasch zu handeln.

Von vornherein beabsichtigten Sie, daß Ihre junge Gattin sich des ererbten Reichtums nicht lange erfreuen solle. Unmittelbar nach der Hochzeit hatten Sie beide eine letztwillige Verfügung getroffen und sich gegenseitig zum Alleinerben eingesetzt. Welch eine rühende Geste ...!

Ursprünglich hatten Sie wohl vor, ein ziemlich gemächliches Tempo zu wählen. Sie würden, so vermute ich, nach Kanada gegangen sein – angeblich wegen der Abnahme Ihrer Praxis. Dort hätten Sie sich wieder den Namen Richards zugelegt, und Ihre Gattin hätte sich dort mit Ihnen getroffen. Vermutlich wäre Mrs. Richards dann binnen kurzem von irgendeiner Krankheit dahingerafft worden, ihr Vermögen einem scheinbar untröstlichen Witwer hinterlassend. Dann wären Sie als Norman Gale, den in Kanada eine glückliche Spekualtion zum reichen Mann gemacht hatte, nach England heimgekehrt ...! Jetzt aber, nach Anne Morisots heikler Begegnung mit mir, hielten Sie es für nötig, blitzschnell zu handeln.«

Während Poirot eine Sekunde Atem schöpfte, warf Norman Gale den Kopf in den Nacken und lachte hellauf.

»Ihre Gabe, die Absichten anderer Leute im voraus zu wissen, grenzt beinahe an Hellsichtigkeit, Monsieur Poirot!« meinte er spöttisch. »Aber Sie betrachten Ihre Phantasie doch wohl kaum als Beweismaterial, wie?«

»Vielleicht nicht«, gab der Belgier ruhig zurück. »Doch über etwas Beweismaterial verfüge ich auch.«

»Wirklich?« schnarrte der Zahnarzt. »Haben Sie etwa Beweismaterial dafür, wie ich die alte Giselle tötete, nachdem jeder meiner Mitpassagiere genau weiß, daß ich meinen Platz nicht verließ?«

»Ich werde Ihnen genau sagen, wie Sie das Verbrechen verübten. Sie befanden sich auf Urlaub, Mr. Gale, und nichtsdestoweniger steckte in Ihrer Reisetasche ein weißleinener Mantel von der Art, wie sie Ärzte und Zahnärzte während der Sprechstunden zu tragen pflegen. Warum führten Sie auf einer Erholungsfahrt einen solchen Mantel mit sich? Warum? Weil er dem Mantel eines Stewards ähnelte ...

Als der Kaffee serviert worden war und die Stewards im anderen Abteil bedienten, begaben Sie sich auf die Toilette, schlüpften in den Leinenmantel, stopften sich Watteröllchen in die Wangen, so daß sie dicker wurden, kamen wieder heraus, ergriffen einen Kaffeelöffel, der in dem Silberkasten der Anrichte lag, und eilten, den Löffel in der Hand, mit dem schnellen Schritt des Stewards den Mittelgang hinab zu Giselles Platz. Sie stachen ihr den Dorn in die Ader, öffneten die Streichholzschachtel und ließen die Wespe fliegen, gingen rasch wieder zur Toilette, wo Sie sich wieder in Norman Gale verwandelten, und schlenderten dann gemächlich auf ihren Platz zurück. Das Ganze war innerhalb weniger Minuten vollbracht.

Niemand achtet sonderlich auf einen Steward. Die einzige Person, die Sie erkannt haben könnte, war Mademoiselle Jane. Aber Sie kennen die Frauen! Sobald sich eine Frau allein sieht, benutzt sie die Gelegenheit, um einen Blick in ihren Spiegel zu werfen, sich die Nase zu pudern und vielleicht auch die Lippen einen Hauch roter zu färben.«

»Höchst interessant!« höhnte Gale. »Nur war es leider nicht so. Sonst noch etwas?«

»Oh, noch eine Menge! Wie ich vorhin sagte, läßt ein Mensch sich im Lauf der Unterhaltung gehen ... Sie waren unklug genug, zu erwähnen, daß Sie eine Zeitlang auf einer Farm in Südafrika gearbeitet haben. Das eine erwähnten Sie freilich nicht, nämlich, daß es sich bei dieser Farm um eine Schlangenfarm handelte ...«

Zum erstenmal zeigte Norman Gale Merkmale von Furcht. Er

versuchte zu sprechen, aber die Zunge versagte ihm den Dienst. Statt seiner sprach Poirot.

»Sie arbeiteten dort unter Ihrem eigenen Namen Richards. Auf einem Bild, das wir dorthinschickten, hat man Sie wiedererkannt, und anhand dieses Bildes sind Sie in Rotterdam als der Mann Richards identifiziert worden, der Anne Morisot heiratete.«

Mit Norman Gale schien eine Veränderung vorzugehen. Der schöne, stattliche junge Mann wurde zu einem furchtsamen Geschöpf, das mit scheuen Augen verstohlen nach einem Fluchtweg spähte und keinen fand . . . Wohin sollte er sich wenden . . .?

»Hast war es, die Ihren Plan zunichte machte«, erklärte Hercule Poirot. »Die Oberin des ›Institut de Marie‹ beschleunigte die Dinge, indem sie an Anne Morisot telegrafierte. Dies Kabel nicht zu beachten hätte verdächtig ausgesehen. Sie, Norman Gale, verstanden es, Ihrer Frau einzureden, daß einer von Ihnen beiden des Mordes beschuldigt werden würde, wenn sie gewisse Tatsachen nicht verheimliche. Als Sie Anne dann später in Paris trafen, beschleunigten Sie Ihrerseits die Dinge aus Angst, daß ich Giselles Tochter allzusehr auf den Zahn fühlen könnte – vielleicht aber auch, weil Anne selbst Ihnen mit Mißtrauen zu begegnen begann. Kurz, Sie lockten sie aus dem Hotel fort und in den England-Expreß; Sie flößten ihr mit Gewalt Blausäure ein und drückten ihr die leere Flasche in die Hand.«

»Verdammte Lügen!« brüllte Norman Gale.

»O nein. Wir haben eine Stelle an ihrem Halse entdeckt, die sehr vielsagend ist . . .«

»Verdammte Lügen, ich wiederhole es!«

»Außerdem haben Sie Fingerspuren auf der Flasche hinterlassen.«

»Sie lügen. Ich trug . . .«

»Ah, Sie trugen Handschuhe . . .? Ich denke, Monsieur, dieses kleine Zugeständnis genügt uns!«

»Sie verfluchter Schnüffler! Sie aufgeblasener kleiner Affe . . .«

Fahl vor Wut, das Gesicht bis zur Unkenntlichkeit verzerrt, machte Gale einen Sprung auf Poirot zu. Inspektor Japp war indes schneller. Ihn mit eisernem Griff haltend, sagte er:

»James Richards, alias Norman Gale, ich trage einen Haftbefehl bei mir, der wegen vorsätzlichen Mordes gegen Sie erlassen wurde. Ich mache Sie darauf aufmerksam, daß alles, was Sie hinfort äußern, als Beweismaterial verwandt wird.«

Ein furchtbares Zittern durchlief den Körper des Mannes; er schien dem Zusammenbruch nahe.

Rasch bemächtigten sich seiner ein paar Polizisten und führten ihn ab.

»Oh, Monsieur Poirot!« rief Mr. Clancy und schüttelte beide Hände des kleinen Belgiers. »Das ist das aufregendste Erlebnis meines Lebens. Monsieur Poirot, Sie waren wundervoll!«

»Nein, nein«, lächelte Hercule Poirot bescheiden. »Japp verdient genausoviel Lob wie ich. Er hat schier Unglaubliches geleistet, um Gale als Richards zu identifizieren. Die kanadische Polizei fahndet nach Richards. Ein Mädchen, mit dem er sich drüben einließ, hatte Selbstmord begangen, doch nach und nach gelangten Tatsachen ans Tageslicht, die auf Mord deuten.«

»Grauenhaft!« stöhnte der Schriftsteller.

»Ein Schlächter«, sagte Poirot. »Und doch anziehend für Frauen.«

»Diese arme Jane Grey!«

»Ja. Das Leben kann entsetzlich sein, sagte ich in Paris zu ihr. Aber sie hat Mut, sie wird sich durchbeißen.«

Mit zerstreuter Hand ordnete er einen Zeitungshaufen, der sich bei Gales wildem Sprung verschoben hatte. Plötzlich fesselte irgend etwas seine Aufmerksamkeit – eine Momentaufnahme von Venetia Kerr bei einem Rennen. »Im Gespräch mit Lord Horbury und einer Freundin«, stand darunter.

»Hier sehen Sie«, sagte er und reichte Mr. Clancy das Blatt. »In einem Jahr wird es heißen: Demnächst findet die Vermählung Lord Horburys mit Miss Venetia Kerr statt! Und wissen Sie, Mr. Clancy, wer diese Heirat bewerkstelligt hat? Hercule Poirot! Doch das ist nicht die einzige Heirat, die ich in die Wege geleitet habe.«

»Lady Horbury und Mr. Barraclough?«

»Ach nein. Die Angelegenheit interessiert mich nicht im geringsten.« Er beugte sich etwas vor. »Nein – ich meine eine Heirat zwischen Jean Dupont und Miss Jane Grey. Sie werden es erleben!«

# 27

Einen Monat später kam Jane zu Poirot.

»Ich müßte Sie eigentlich hassen, Monsieur.«

Hercule Poirot, dem das Herz weh tat, als er ihr blasses Gesicht und die tiefen, dunklen Ringe unter den Augen sah, erwiderte freundlich:

»Hassen Sie mich ein wenig, wenn es Ihnen wohl tut, mein Kind. Aber ich bin der Meinung, daß Sie zu denen gehören, die lieber der bitteren Wahrheit ins Auge sehen, als in einem verlogenen Paradies leben. Und vielleicht hätten Sie gar nicht allzulange darin gelebt. Denn Frauen zu beseitigen ist ein Laster, das sich nicht leicht abgewöhnen läßt.«

»Er war so liebenswürdig und bestechend!«, sagte Jane und fügte dann leiser hinzu: »Nie werde ich mich wieder verlieben.«

»Selbstverständlich nicht«, pflichtete ihr Poirot bei. »Diese Seite des Lebens ist für Sie abgetan.«

Das junge Mädchen nickte. »Aber Arbeit brauche ich – interessante Arbeit, in der ich ganz aufgehen kann.« Poirot lehnte sich in seinem Sessel zurück und schaute zur Zimmerdecke empor.

»Ich würde Ihnen raten, mit den Duponts nach Persien zu reisen. Eine interessantere Arbeit läßt sich schwer finden.«

»Aber ... aber ich habe gedacht, das sei damals nur ein Vorwand von Ihnen gewesen.«

»Im Gegenteil, Mademoiselle. Archäologie und prähistorische Keramik haben mich so in ihren Bann geschlagen, daß ich den Scheck, den ich damals in Paris als Schenkung versprach, abschickte. Heute früh hörte ich, daß die Duponts mit Ihrer Teilnahme an der Expedition fest rechnen. Können Sie eigentlich zeichnen?« Was Monsieur Poirot sich vorgenommen hatte, führte er auch durch.

»In der Schule zeichnete ich sogar sehr gut.«

»Wunderbar! Das wird Ihnen sehr zustatten kommen.«

Jane Grey spielte verlegen mit dem Verschluß ihrer Handtasche.

»Monsieur Poirot, Sie haben ... Sie haben das Geld doch nicht ... doch nicht meinetwegen geopfert?« stotterte sie. »Aus Gutmütigkeit?«

»Gutmütigkeit?« Poirot tat, als sei ihm schon der Gedanke an derartiges verhaßt. »In Geldangelegenheiten kenne ich keine Gutmütigkeit, merken Sie sich das. Da bin ich kalter Geschäftsmann, Mademoiselle.«

Er schien so beleidigt, daß Jane ihn schleunigst um Verzeihung bat. Dann erhob sie sich.

»Es wäre sicher angebracht, wenn ich das Museum besuchte und mir einige Stücke prähistorischer Keramik ansähe.«

»Eine ausgezeichnete Idee.«

Auf der Schwelle zauderte sie und kehrte wieder um. »Monsieur Poirot, vielleicht hat Sie in diesem besonderen Fall keine Gutmütigkeit geleitet, aber zu mir persönlich sind Sie unendlich gut gewesen.« Sie drückte einen Kuß auf seine Stirn und rannte hinaus.

»Das war reizend!« schmunzelte Hercule Poirot.

# HOBBY BASTELN

Waltraud Tenner

## für junge Leute

Verlag
für die Frau
Leipzig

ISBN 3-7304-0229-3

Tenner, Waltraud:
Basteln für junge Leute / Waltraud Tenner. Fotos, Zeichn.: Lore Jacobi. – 1. Aufl. – Leipzig : Verlag für die Frau, 1989. – 64 S. : Ill. (z. T. farb.)
(Hobby) ISBN 3-7304-0229-3
NE: GT

Fotos, Zeichnungen und Buchgestaltung:
Lore Jacobi

ISBN 3-7304-0229-3

1. Auflage 1989

Druckgenehmigung: 126/405/15/89
Lichtsatz: INTERDRUCK Graphischer Großbetrieb Leipzig – III/18/97
Reproduktion, Druck und buchbinderische Verarbeitung: Sachsendruck Plauen
Printed in the German Democratic Republic
LSV 9189 · Best.-Nr. 672 549 6
01280

# Vorwort

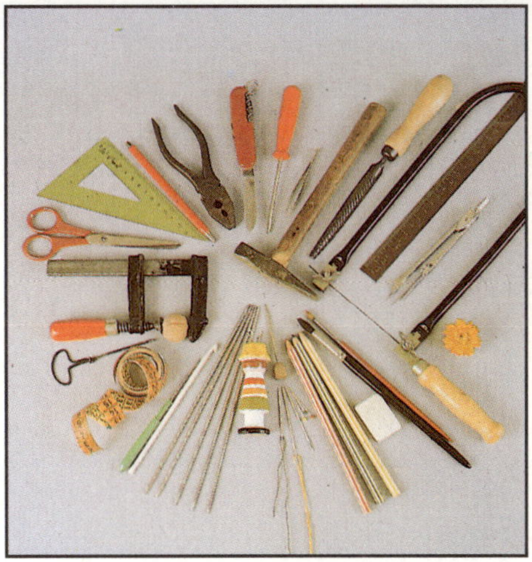

Mit diesem Buch möchten wir vor allem jungen Leuten Mut machen zum Handarbeiten und zum Basteln. Wir wenden uns besonders an diejenigen, die sich bisher mit solchen Arbeiten nur wenig oder überhaupt nicht beschäftigt haben. Deshalb haben wir die unterschiedlichsten Techniken ausgewählt: angefangen vom Stricken mit dem Strickliesel bis hin zum Schneiden, Sägen und Bemalen. Aber auch Näharbeiten, einfache Häkeleien und Strickereien sind dabei.
Was aber viel wichtiger ist: Wir haben nur solche Materialien verwendet, die in jedem Haushalt vorhanden sind und möglicherweise bisher ganz unnütz die Kästen gefüllt haben: Stoff- und Holzreste, Korken, aufgedröseltes Wollgarn, Schachteln und Bänder, Reste von Strick- und Stickgarn, Stücke von Kordel und Spitzenstoff.
Unsere Gegenstände nachzuarbeiten, kostet in den meisten Fällen keinen Pfennig, allerdings fast immer ein bißchen, manchmal sogar viel Geduld und hin und wieder auch etwas Übung, die ja bekanntlich den Meister macht.
Die Hauptsache aber ist: Das, was du selbst gearbeitet hast, kannst du zu allen möglichen praktischen oder schmückenden Zwecken verwenden. Da gibt es Spielzeuge für klein und groß, Wandschmuck unterschiedlichster Art, Dinge für dein Zimmer, Geschenkideen für jung und älter, »Modelle«, mit denen du dich selbst schmücken kannst, wärmende Hüllen und allerlei Kleinigkeiten, die willkommen sein werden, wenn man mit Kindern eine längere Reise antritt oder Wartezeiten überstehen muß.
Als uns die Autorin den Vorschlag unterbreitete, ihre Arbeiten in einem schmalen Buch vorzustellen, war es ihr Wunsch, andere anzuregen, ähnliches zu versuchen, Neues auszuprobieren, vielleicht sogar mit Material und Farben zu experimentieren. Am einfachsten ist es natürlich, ihre Vorschläge nach der Anleitung in Wort und Bild nachzuarbeiten.
Es ist aber ebensogut möglich, sie nach eigenem Gutdünken abzuwandeln – in Farbe, Material oder auch in der Arbeitstechnik. Dann wirst du zu ganz anderen Ergebnissen kommen. Das wäre für dich ein weiterer Gewinn, wenn du auf solche Weise schöpferisch tätig wirst, dir neue Entwürfe ausdenkst und sie dann nach deinem Geschmack ausführst. Ein gelegentlicher Mißerfolg sollte dich nicht entmutigen.
Wir würden uns freuen, wenn du uns darüber berichtest, ob und wie dir unsere Anregungen geholfen haben. Vielleicht schickst du uns sogar ein Foto von deinem Puppentheater, deinem Angelspiel, dem Setzkasten, dem Schal oder den Hausschuhen, die du selbst gearbeitet hast.

# Unser Reisetheater

*Du brauchst dazu:*
*1 Holzkästchen, das einen Deckel mit breiterem Rand hat (oder einen stabilen Karton),*
*2 runde Holzstäbe in Länge des Kästchens,*
*einfarbigen dünnen Stoff (15 cm × 30 cm),*
*kleine Plast- oder Metallringe, Dederonschnur,*
*Farbe, farblosen Lack, Pinsel, Verdünner, Bohrer,*
*Bleistift, Lineal, Filzstifte, evtl. Teppichband.*
*Für die Puppen: Stick- oder Stopftwist oder Wollgarnreste in verschiedenen Farben, Häkelnadel Nr. 2, Nähgarn, Schere, Nadel, Faschingspapierkugeln oder eine mit Stoff bezogene Wattekugel.*

Klappe das Kästchen auf, so daß der Deckel senkrecht steht. Hast du nur einen Pappkarton zur Verfügung, klebst du zuvor den Deckel mit Teppichband an der Schachtel fest. Zeichne oben am übergreifenden Deckelrand, etwa 1,5 cm vom äußeren Rand entfernt, rechts und links je einen Punkt an. Bohre durch diesen Punkt je ein Loch von 1 cm Durchmesser. Entsprechende Löcher werden an gleicher Stelle auch durch den unteren Deckelrand gebohrt. Durch diese vier Löcher steckst du die beiden gleichlangen Rundstäbe. Schneide aus einfarbigem Stoff zwei gleichgroße Vorhangteile zu, umsäume sie. Nähe am oberen Rand die Ringe fest. Fädle beide Vorhanghälften auf die Dederonschnur und knote deren Enden straff um die Rundstäbe (evtl. Löcher einbohren). Die Schnur muß straff gespannt sein. Bemale das Theater und lackiere es.

Für das Häkeln der Fingerpüppchen brauchst du ein bißchen Geduld und Übung. Kannst du noch nicht so gut häkeln, empfehlen wir dir die Fingerpuppen auf Seite 6. Miß die Länge deines Zeigefingers; sie entspricht der Höhe der Figuren. Häkle in Runden aus festen Maschen die Grundformen von unten nach oben. Als Arme genügt eine Luftmaschenkette, deren Enden als Hände umgeschlagen und fest umwickelt werden.

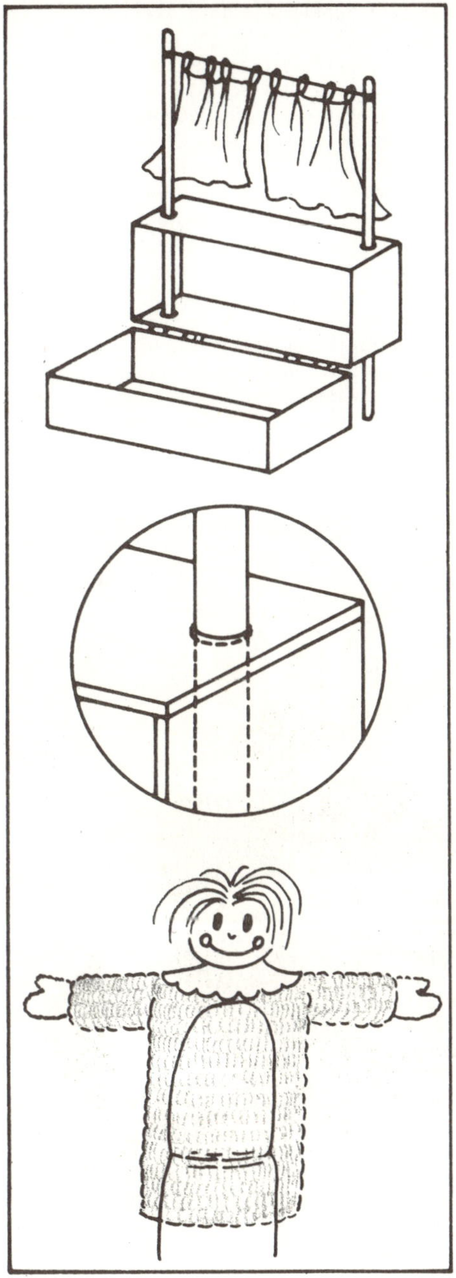

Häkle den Püppchen Jäckchen, Pullover oder Umschlagtücher. Als Kopf kannst du Faschingskugeln verwenden. Durchstich sie einmal von unten und einmal von oben; so kannst du sie dann am gehäkelten Puppenkörper befestigen. Mit Filzstift malst du die Gesichter auf. Du kannst als Kopf auch einen Wattebausch straff mit einem Stück Dederonstrumpf überziehen. Binde den Stoff fest ab und sticke das Gesicht auf.

Für die Frisuren wickelst du Wolle über ein Stück Pappe (5 cm × 13 cm). In der Mitte nähst du die Fäden mehrmals mit kleinen Stichen zusammen. Streife dann die Wicklungen von der Pappe und klebe oder nähe sie auf den Kopf auf. Schmuckknöpfe werden zur Krone, Zahnstocher zum Degen.
Die fertigen Figuren werden zusammen mit dem Vorhang im Kästchen verpackt und gehen so mit auf die Reise.

# Möbel für ein Puppenhaus

*Du brauchst dazu:*
*Schulgarn (dunkelbraun und hellbraun), Häkelnadel, Streichholzschachteln, Watte, Holzperlen,*
*Zeichenpapier, Kleber, Nähgarn, Nähnadel, Messer.*

Fertige zuerst die Grundform für die Schränke an. Dazu schneidest du von 4 Streichholzschachteln je ein Drittel ab. Lege zweimal zwei der größeren Schachtelteile aufeinander und klebe die Hüllen aneinander. Die fehlenden Rückwände der Schächtelchen ergänzt du durch Zeichenkartonstücke und klebst dann noch eine Rückwand auf die gesamte Grundform auf. Häkle aus dem dunklen Garn ein Rechteck aus festen Maschen (Umfang × Tiefe der Grundform). Lege es um die Grundform herum und nähe es zusammen. Als Füße werden an den Ecken Holzperlen befestigt. Aus dem hellen Garn häkelst du mit festen Maschen für die vier Schübe die Vorderseiten, klebst sie auf und nähst als Griffe Holzperlen an.
Die übriggebliebenen kleineren Schachtelteile klebst du übereinander, bereitest sie ebenso vor und umhäkelst sie in gleicher Weise. Auch sie bekommen Füße und Griffe aus Holzperlen.
Der Ohrensessel hat als Sitz und als Bodenfläche je ein gehäkeltes Quadrat (hell), für die Seiten häkelst du ein Rechteck (dunkel) und eine Lehne. Nähe die Teile zusammen und fülle den »Sitzwürfel« mit Watte. Auch hier bilden Perlen die Füße.

# Fingerpuppen aus abgeschnittenen Handschuhen

*Du brauchst dazu:*
*Die »Finger« von alten Handschuhen, Wollreste, Häkelnadel, Schere, Nähnadel, Garn.*

Schneide die »Finger« der Handschuhe so weit unten wie möglich ab. Mit Nadel und Faden fängst du an den Schnittkanten die Maschen auf und umstichst den Rand sorgfältig. Danach stickst du das Gesicht auf. Als Frisur stickst du ein paar Wollschlaufen ein und schneidest sie auf. In Schulterhöhe befestigst du eine Luftmaschenkette als Arme. Wenn du magst, kannst du den Püppchen noch eine Jacke häkeln oder ein Umschlagtuch umbinden.
Aus Handschuhfingern lassen sich auch Tiere gestalten: Die Katze bekommt statt der Arme einen Luftmaschenschwanz; der Löwe erhält eine gewaltige Mähne aus Wollschlaufen und der Wolf eine lange Zunge und spitze Ohren.

# Die gehäkelte Sitzecke fürs Puppenhaus

*Du brauchst dazu:*
*Schulgarn, Häkelnadel Nr. 3, Schaumstoffflocken oder Watte,*
*Nadel, Schere.*

Für den Teppich häkelst du ein Rechteck (etwa 16 cm × 10 cm) aus Stäbchen oder festen Maschen. An den Schmalseiten knüpfst du Fransen ein: Schneide dafür 6 cm lange Wollfäden, lege sie jeweils in der Mitte zusammen, ziehe die Mitte mit der Häkelnadel durch den Teppichrand und dann die beiden Enden durch die entstandene Schlaufe.
Für die Hocker häkelst du 2 Quadrate (2 cm × 2 cm = Sitz- und Bodenfläche) und als Seitenwände ein Rechteck (2 cm × 8 cm). Nähe die Flächen zum Würfel zusammen, bis auf eine kleine Öffnung zum Füllen. Fülle den Würfel mit Schaumstoffflocken (vorher kleinschneiden) oder Watte und schließe die Öffnung. Der Tisch wird auf gleiche Weise gefertigt, hat aber eine runde »Platte« von 5 cm Durchmesser und eine runde Standfläche von 2,5 cm Durchmesser. Der Tischfuß (gerolltes Rechteck) wird ebenfalls gefüllt. Den Rand der Tischplatte kannst du mit Picots (Mäusezähnchen) verzieren.
Die Sitzfläche des Sofas wird wie die Würfelhocker gefertigt, nur mit anderen Maßen: Boden und Sitzfläche = 2 cm × 11 cm; Seitenwand = 26 cm × 2,5 cm. Die Teile werden zusammengenäht und ausgestopft. Die Lehne wird an die Sitzfläche angehäkelt. Links und rechts häkelst du in jeder Reihe 1 feste Masche weniger, daß eine Rundung entsteht. Schließlich kannst du noch winzige Kissen für die Sitzecke häkeln.

# Puppentheater für Türrahmen und Garten

*Du brauchst dazu:*
*2 m × 1,40 m festen Stoff, farbige Stoffreste, Nähnadel, Nähgarn, Schere, Schneiderkreide, Stecknadeln, Zeichenpapier, 2 lange Stäbe (Scheibengardinenstäbe oder Besenstiele), 6 m Kordel, 10 mittelgroße Schlüsselringe.*

Die Breite des Puppentheaters richtet sich nach der Türbreite, die Höhe nach deiner Körperhöhe; denn du sollst bequem hinter dem Theater stehen und spielen können. Unser Theater mißt 85 cm × 95 cm.

Schneide nach den gewählten Maßen ein Stoffrechteck zu und versäubere die Ränder, damit der Stoff nicht ausfranst. Den oberen Rand schlägst du erst 1 cm, dann 3 bis 5 cm um und steckst den Umschlag mit Stecknadeln fest. Er muß so breit sein, daß sich die Stäbe in diesen »Tunnelsaum« einschieben lassen. Hefte den Saum und steppe ihn mit der Nähmaschine fest. Miß vom oberen Rand aus 60 cm nach unten ab, markiere eine Querlinie, hefte einen zweiten »Tunnel« in der gleichen Breite wie oben ab (↑ Abb.) und nähe auf dieser Linie eine Quernaht. Durch diese beiden Tunnel werden die Stäbe zur Stabilisierung des Theaters geschoben.

Bevor du die Guckkastenbühne ausschneidest, entwirfst du auf einem Zeichenblatt das Motiv, mit dem du das Theater schmücken möchtest. Du kannst die Motivteile aus Stoff ausschneiden und dann unterhalb des unteren »Tunnels« aufnähen – applizieren –, entweder mit Langettenstich oder mit der Nähmaschine im Zickzackstich. Wenn dir das zu schwierig erscheint, malst du das Motiv mit Stoffarbe auf.

Markiere mit Schneiderkreide den Ausschnitt für die Bühne. Nähe entlang der Linie Schrägband auf, farblich passend zum Stoff. Erst jetzt schneide den Bühnenausschnitt heraus. Schlage das Schrägband nach innen um und nähe es fest.

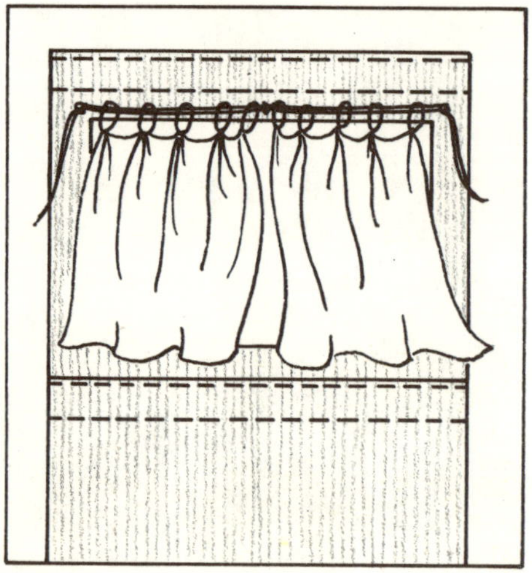

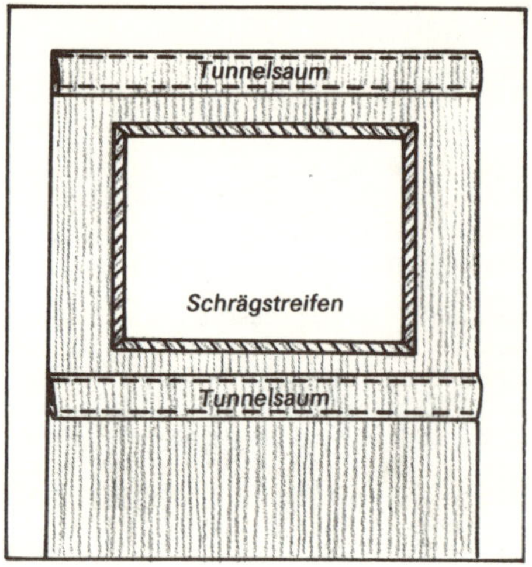


Das ausgeschnittene Rechteck legst du auf einen andersfarbigen Stoffrest. Gib ringsherum mindestens 5 cm zu und markiere die Linien mit Schneiderkreide. Schneide das Rechteck aus. Teile es längs in der Mitte und umsäume die beiden Teile. Am oberen Rand nähst du je 5 Schlüsselringe in gleichmäßigen Abständen an. Befestige in der Mitte des oberen Bühnenrandes eine 1 m lange Kordel so, daß du links und rechts die beiden Vorhanghälften aufziehen kannst. Ziehe die Kordel ganz straff und nähe sie links und rechts an den Bühnenecken fest. Die Kordelenden werden verknotet und hängen als Schmuck herunter.

Auf der Innenseite des Puppentheaters können verschieden große Taschen aufgenäht werden, in denen die Puppen und die Requisiten Platz finden.

Zum Schluß werden nun die beiden Stäbe durch die Tunnel gezogen und die Stabenden mit Kordel verbunden, wie es die Abbildung zeigt. Die Kordelenden verknotest du und läßt sie zu beiden Seiten herunterhängen.

Willst du im Garten Theater spielen, bindest du diese Kordelenden an zwei links und rechts stehenden Stühlen fest. So stabilisieren sie das an einem Ast hängende Puppentheater.

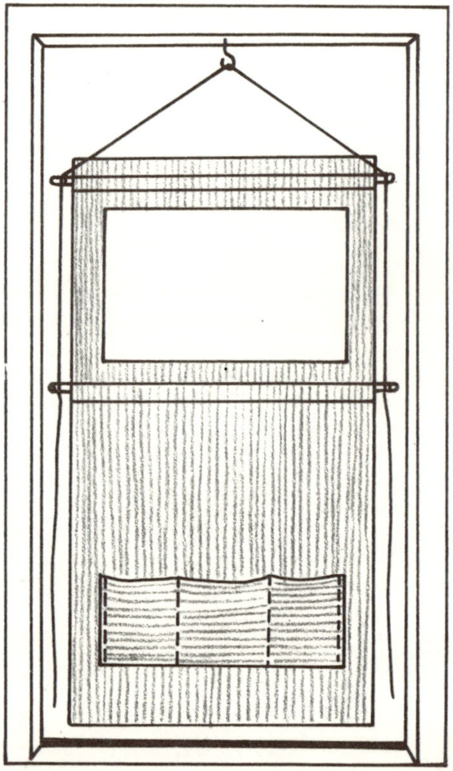

# Eine Marionette

*Du brauchst dazu:*
*1 Stück Stoff (40 cm × 40 cm), Stoffreste,*
*2 dünne Holzstäbe (Schaschlykstäbe),*
*Näh- und Wollgarn, Schaumstoffflocken,*
*kleine Knöpfe, Schere, Pappe, Kleber.*

Wenn es möglich ist, franst du die vier Ränder des fadengerade geschnittenen Stoffstücks aus, oder du versäuberst es ringsum mit einem ganz schmalen Saum. Lege es zweimal zusammen und markiere den Mittelpunkt. Öffne das Tuch. Lege in die Mitte eine Handvoll Schaumstoffflocken oder einen faustgroßen Wattebausch und spanne den Stoff so straff wie möglich darüber. Binde den Stoff unterhalb des Wattebauschs fest ab; die Kopfform ist fertig. Sticke ein Gesicht auf und nähe für die Haare etwa 3 cm lange Schlaufen auf, die dann zur Gestaltung der Frisur aufgeschnitten werden. Bastle aus Pappe einen Hut, klebe ihn auf den Kopf.
Verbinde die beiden Stäbe in T-Form, wie es die Abb. S. 30 zeigt. An den Enden 1 und 2 befestigst du 30 cm lange Fäden. Schlage die linke und die rechte Ecke des Stoffs etwa 2 cm ein, gib etwas Watte in den Umschlag und binde ihn mit den Enden der beiden Fäden fest ab. So entstehen die Hände. Am Stabende 3 befestigst du einen 25 cm langen Faden, dessen anderes Ende im »Nacken« der Puppe festgenäht wird. Schmücke das Kleid mit Knöpfen und Taschen.

# Der Pudel als Stabpuppe

*Du brauchst dazu:*
*Schwarzes Wollgarn,*
*Häkelnadel Nr. 3, Nähgarn,*
*3 Knöpfe, Zirkel, Pappe, Schere.*

Für den Pudel kannst du aufgedröseltes Wollgarn verwenden. Als Pudelkörper häkelst du in Runden aus festen Maschen einen 20 bis 25 cm langen Schlauch mit einem Durchmesser von 6 cm. Am Ende schließt du ihn durch häufiges Abnehmen in wenigen Häkelrunden, unten bleibt er offen.
Für Krönchen, Schnäuzchen, Pfoten und Schwanz des Pudels brauchst du Pompons aus schwarzer Wolle, zwei größere und fünf kleinere. Für jeden Pompon brauchst du zwei Kreisflächen aus Pappe, für die großen mit 9 cm Durchmesser, für die kleinen mit 6 cm Durchmesser. Um den Mittelpunkt ziehst du mit dem Zirkel einen Innenkreis von 2 cm Durchmesser; diese Kreisfläche wird ausgeschnitten. Nun werden die doppelt liegenden »Ringe« mit Wolle umwickelt, bis das Loch in der Mitte gefüllt ist. Schneide dann mit einer spitzen Schere zwischen den Pappringen die Wicklungen ringsherum auf. Zwischen den Pappscheiben werden die Fäden mit einem langen Wollfaden fest umwikkelt. Den Faden verknoten. Der Faden dient dann gleich zum Festnähen der Pompons. Entferne die Pappringe. Die beiden großen Pompons werden als Krönchen und als Schnäuzchen aufgenäht; die kleinen Pompons werden zu Füßen und Schwänzchen. Die Knöpfe nähst du als Augen und Nase auf. Nun mußt du nur noch zwei Ohren aus festen Maschen häkeln und annähen.
Wenn du einen 30 cm langen Stab in den Pudel steckst, kannst du ihn zum Theaterspielen benutzen; ausgestopft ist er ein niedliches Kuscheltier.

# Stabpuppe

*Du brauchst dazu:*
*1 Holzlöffel, Filz-, Stoff- und Wollgarnreste,*
*1 Stück Stoff (60 cm × 30 cm),*
*40 cm mittelstarken Draht, Watte,*
*Nähgarn, Nähnadel, Häkelnadel, Kleber.*

Biege den Draht in der Mitte zusammen und wickle das doppelt liegende Drahtstück oben um den Löffelstiel. Biege die Drahtenden 1,5 cm um, umwickle sie mit etwas Watte und einem Stückchen Stoff und binde das ganze als Hände fest ab.
Für das Kleid legst du das Stoffstück rechts auf rechts aufeinander und nähst beide Seiten von unten nach oben zusammen; oben bleiben 2 cm frei. Wende das Kleid, nachdem du den unteren Rand versäubert hast. An der Bruchlinie oben schneidest du in der Mitte ein Halsloch von 1 cm Durchmesser ein, damit du den Löffelstiel hindurchschieben kannst; die Öffnungen links und rechts sind die Ärmellöcher. Gib der Puppe einen Häkelkragen oder schneide einen Kragen aus Stoff zurecht, den du noch mit einer »Fliege« schmückst. Die Innenseite des Kochlöffels wird als Gesicht gestaltet, angeklebte Wollfäden ergeben das Haar.

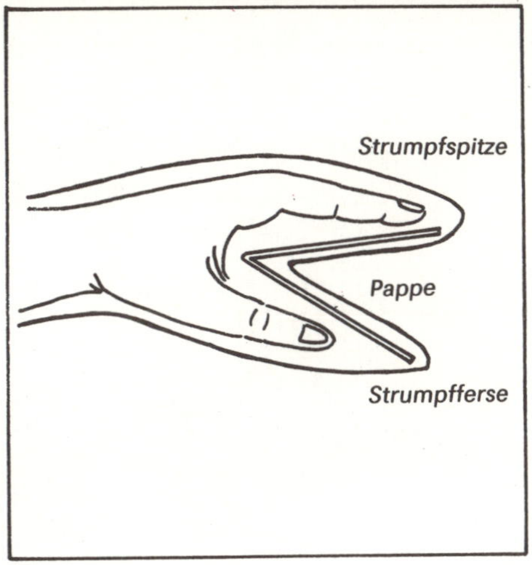

## Das Strumpfkrokodil

*Du brauchst dazu:*
*1 ausrangierten Wollstrumpf, winzige Fellreste,*
*ein paar bunte Wollfäden, etwas gelben und roten Filz,*
*2 Knöpfe, Pappe, Bleistift, Schere, Nähgarn, Nähnadel, Falzbein.*

Zeichne auf die Pappe ein Rechteck von 20 cm × 8 cm. Runde die Ecken ab und schneide die Form aus. Kennzeichne die Mittellinie und ritze sie leicht ein, damit du einen sauberen Bruch erhältst. Knicke das Pappstück in diesem Bruch zusammen und schiebe es so in den Strumpf, daß die abgerundeten Enden in der Strumpfspitze und in der Ferse stecken. Dadurch hast du das Maul des Krokodils stabilisiert.
Nun gestaltest du das Krokodil, gibst ihm Zunge und Augen, vor allem aber ein »grimmiges« Aussehen.
Nach diesem Prinzip kannst du auch andere Figuren gestalten und sie dann beim Handpuppenspiel verwenden.

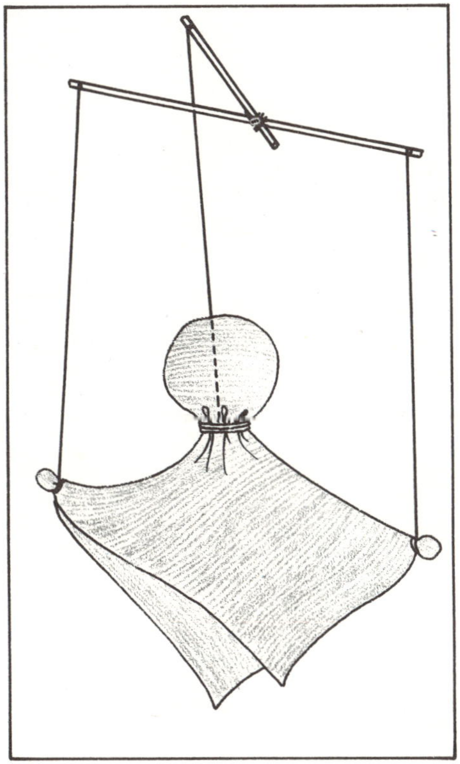

## Ein geflochtener Krake

*Du brauchst dazu:*
*etwa 50 g schwarzes Wollgarn,*
*2 helle Knöpfe und 1 roten Knopf, Schaumstoffflocken oder Watte und*
*ein Stück Dederon (Strumpfstück),*
*Nähgarn, Nähnadel, Schere.*

Schneide das Wollgarn (am besten nimmst du aufgedröselte Wolle!) in 240 gleichlange Fäden von 50 cm Länge. Binde sie mit schwarzem Garn etwa 4 cm vom oberen Ende entfernt zusammen. Überziehe eine Handvoll Schaumstoffflocken oder einen faustgroßen festen Wattebausch mit dem Dederonstück, binde es ab und schneide den überflüssigen Stoff ab. Dann legst du den Watteball zwischen die zusammengebundenen Fäden dicht unter die Bindestelle und verteilst die Fäden so darüber, daß der Watteball nicht sichtbar ist. Unterhalb dieses »Kopfes« bindest du die Fäden noch einmal ganz fest ab. Nun werden mit jeweils 30 Wollfäden 8 Zöpfe geflochten, die unten ebenfalls fest abzubinden sind. Nähe die Knöpfe als Augen und Mund am Kopf fest.

# Hampelmax und Hampelmoritz

*Du brauchst dazu:*
*2 Sperrholzplatten (etwa 1 m × 0,5 m),*
*16 Perlen, 1 m Draht oder 8 Büroklammern,*
*Schraubzwinge, Bleistift, Papier,*
*Laubsäge, Sandpapier, Schere, Angelschnur oder Kordel,*
*Handbohrer, Farbe, farblosen Lack, Verdünner,*
*evtl. 2 Stoffreste (etwa 0,30 m × 0,30 m),*
*Schrägband,*
*Nähnadel, Pinsel, Hammer, Zange, Schraubendreher, Lineal.*

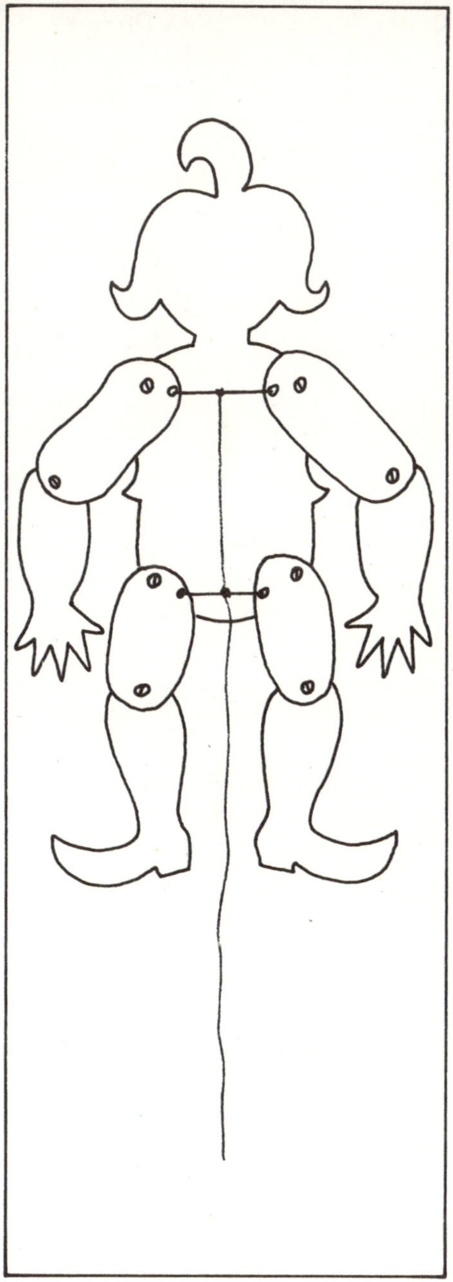

Zeichne alle einzelnen Teile der Figuren zuerst auf Zeichenpapier vor, schneide die Teile aus und übertrage deren Umrisse auf das Sperrholz. Achte dabei auf die Stellung der Hände und Füße: Daumen und Zehen müssen nach außen zeigen. Kennzeichne die Einzelteile auf der Rückseite mit Bleistift, das erleichtert den Zusammenbau. Säge die Teile aus und schleife die Ränder sorgfältig mit Sandpapier glatt. Kennzeichne nach der Abbildung die 21 Stellen für die Bohrungen. Bohre die Löcher und glätte die Bohrstellen mit Sandpapier. Bemale und lackiere die einzelnen Teile. Nach dem Trocknen legst du die zusammengehörigen Einzelteile an den Rändern so übereinander, daß du sie mit jeweils einem Stück Draht (aufgebogene Büroklammer) und 2 Perlen verbinden kannst. Biege die Drahtstücke nicht zu fest zusammen, damit sich Arme und Beine bewegen lassen.

Drehe die Figur um und verbinde die freigebliebenen Bohrlöcher an Oberarmen und Beinen jeweils mit Schnur oder Kordel, wie es die Abbildung zeigt. Mit einem weiteren Stück Schnur verbindest du abbildungsgemäß die beiden »Querverbindungen«. Wird an dieser Schnur gezogen, bewegen sich Arme und Beine. Probiere, ob du alles richtig gemacht hast.

Sollen Max und Moritz später deine Malutensilien oder dein Handwerkszeug aufbewahren, nähst du für beide eine Schürze mit Taschen oder Schlaufen. Durch das Loch oben am Kopf ziehst du noch eine Kordel, damit du Max und Moritz an die Wand hängen kannst.

# Sechs Kissen – eine Puppe

*Du brauchst dazu:*
*1,50 m × 1,40 m einfarbigen Stoff,*
*Stoff- oder Filzreste,*
*8 große Druckknöpfe, 1,60 m weißes Wäscheband,*
*Nähnadel, Nähgarn, Sicherheitsnadel, Stecknadeln, Schere, Zeichenpapier, Schneiderkreide,*
*1 kg Schaumstoffflocken.*

Zuerst sind ein rundes Kissen (Kopf), ein größeres rechteckiges Kissen (Körper), dann zwei Nackenrollen (Arme) und schließlich zwei schmale rechteckige Kissen (Beine) anzufertigen.
Lege den Stoff auf den Tisch, schlage eine Seite 35 cm breit nach innen ein und stecke sie fest. Auf diesen jetzt doppelt liegenden Stoff zeichnest du mit Schneiderkreide einen Kreis mit 35 cm Durchmesser (als Hilfsmittel kannst du eine Plastschüssel nehmen). Schneide die Kreisfläche aus. So erhältst du Vorder- und Rückseite des Kissens. Übertrage die Kissenform auf das Zeichenpapier. Auf dieser Kreisfläche entwirfst du das Gesicht. Wenn es dir gelungen erscheint, schneidest du Haare, Mund, Augen und Nase aus und überträgst die Formen auf die farblich entsprechenden Stoffreste. Schneide sie aus und lege sie probeweise auf die vordere Seite des Kissens. Gefällt dir die Anordnung, dann hefte die Teile auf und befestige sie mit der Nähmaschine im Zickzackstich oder mit dichten Schling- oder Langettenstichen (willst du leicht fransenden Stoff verwenden, wird *vor* dem Ausschneiden der Teile beschichtetes Retovlies aufgebügelt).
Lege Vorder- und Rückseite rechts auf rechts aufeinander, hefte sie ringsum zusammen, damit sie beim Nähen nicht verrutschen. Zusammengenäht wird mit der Nähmaschine oder mit einer Steppstichnaht; zum Füllen des Kissens bleiben etwa 10 cm offen. Das Kissen wenden und bügeln.
Schneide aus doppelt liegendem Stoff das Kissenteil für den Körper aus: 35 cm × 50 cm.

Lege die rechte Stoffseite nach innen und schließe die drei offenen Seiten mit der Nähmaschine oder einer Steppstichnaht; 10 cm bleiben offen.
Das übriggebliebene Stück Stoff wird halbiert. Dann legst du beide Hälften längs zusammen und halbierst diese noch einmal, so daß vier gleichgroße Teile entstehen.
Zwei davon, die Beine, fertigst du genauso wie das »Körperkissen«. Die beiden letzten Stoffteile, die Arme, werden nur an der Längsseite zusammengenäht. Oben und unten nähst du einen 2 cm breiten Saum; 1,5 cm bleiben offen. Ziehe mit der Sicherheitsnadel ein Stück Wäscheband durch alle vier Säume; aber nur jeweils eine Seite ziehst du fest zusammen und verknotest das Band.
Nun werden alle sechs Kissen mit Schaumstoffflocken gefüllt und die offengelassenen Nahtstücke mit kleinen dichten Handstichen geschlossen. An den beiden Schlummerrollen ziehst du die Bänder fest zusammen und verknotest sie.
Nähe nach unserer Skizze die Druckknopfhälften an, damit du die Kissen zur Puppe zusammenknöpfen kannst. Wie du sie einkleidest, bleibt dir überlassen; unsere Puppe hat die Konfektionsgröße 140, kann also auch deine Garderobe tragen!

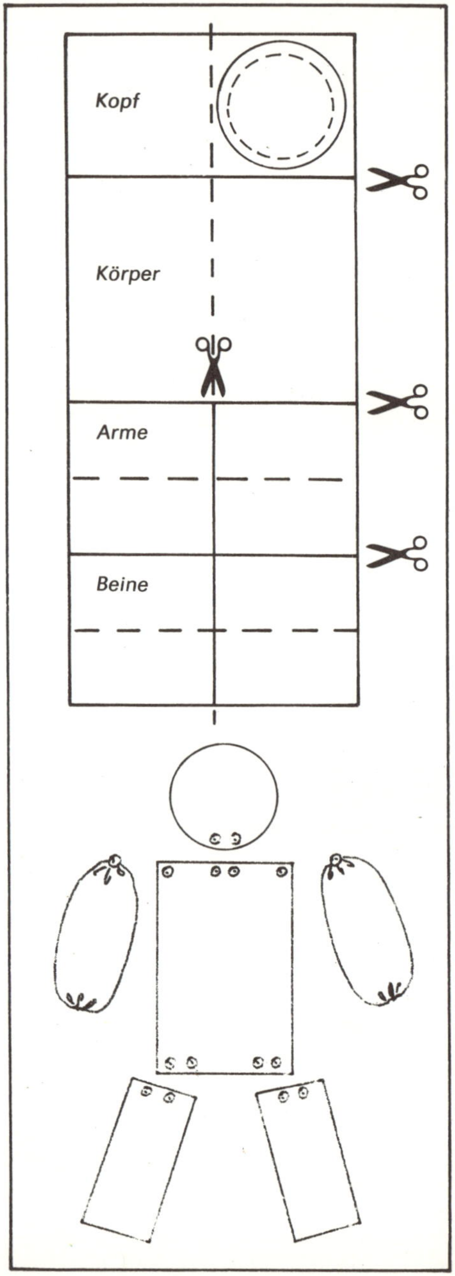

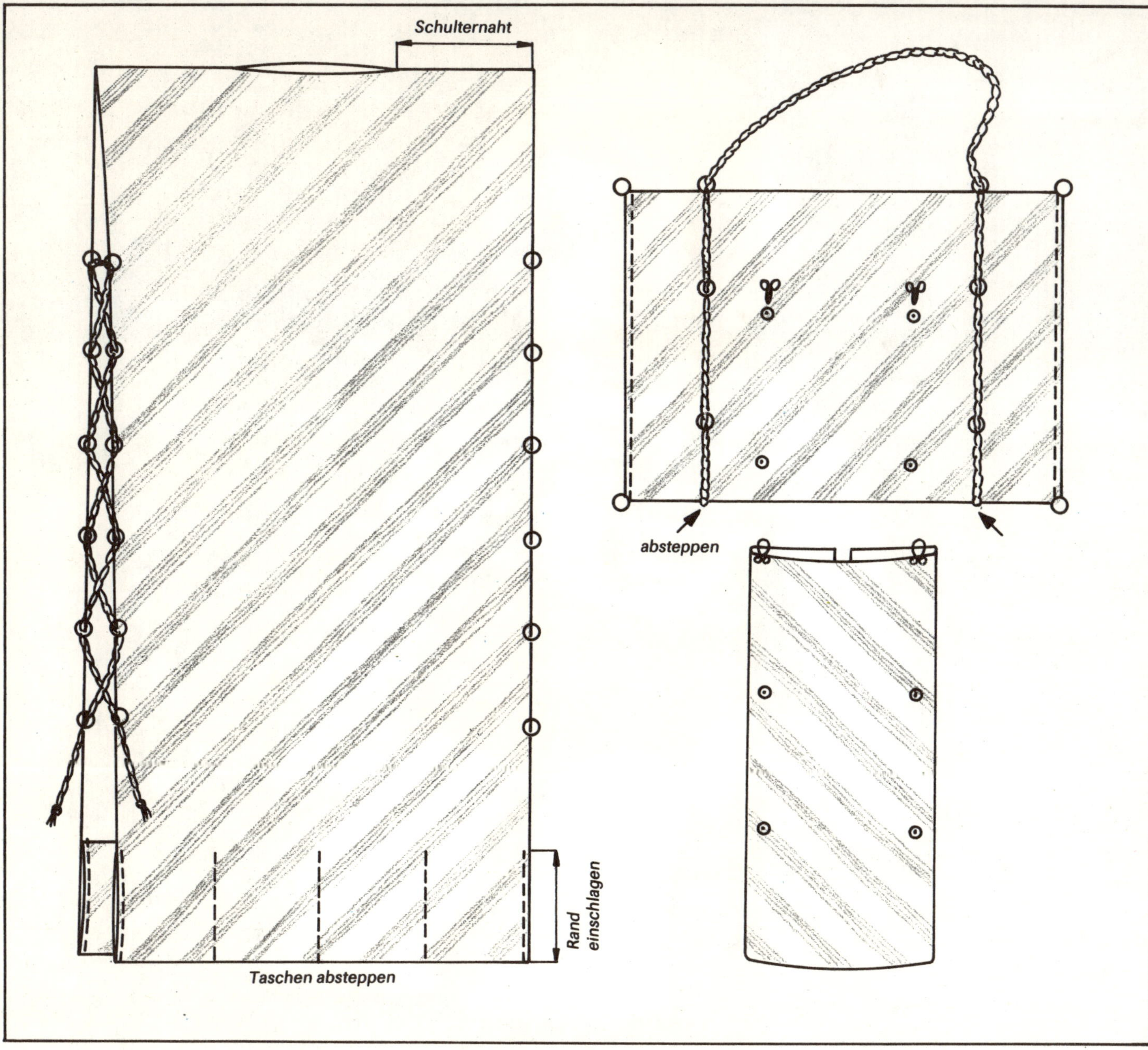
Schulternaht
absteppen
Rand einschlagen
Taschen absteppen

# Die wandlungsfähige Badetasche

*Du brauchst dazu:*
*3 gleichgroße, zusammenpassende Badetücher (0,80 m × 1,40 m),*
*28 Plast- oder Metallringe, 7 m Baumwollkordel,*
*5 m farbiges Leinenband,*
*Nähnadel, Nähgarn, Maßband.*

Wir nähen zuerst das »Strandkleid«, das zugleich als Umkleidekabine dient: Lege zwei Badetücher rechts auf rechts aufeinander und nähe eine der Schmalseiten von außen her je etwa 30 cm zusammen (Schulternähte). Prüfe, ob die Öffnung für den Kopf groß genug ist. Wende beide Teile nach rechts und lege sie wieder aufeinander. 30 cm unterhalb der Schulternähte nähst du am Vorder- und am Rückenteil links und rechts je einen Ring an. Von hier aus mißt du 13 cm nach unten und nähst vier weitere Ringe an usw., bis an den vier Kanten je 5 Ringe befestigt sind. Fädle je 2 m lange Kordelstücke, von oben beginnend, kreuzweise durch die Ringe und binde sie unten zusammen. Verknote die Kordelenden, damit sie nicht fransen. Den unteren Rand der Tücher schlägst du nach innen. Nähst du ihn mehrmals ab, ergeben sich kleine Taschen.
Schneide dann vom dritten Handtuch ein Drittel ab und säume die Schnittkanten an beiden Stücken. Lege das größere Teil rechts auf rechts zusammen und schließe die Seitenränder. Jeweils im Abstand von 13 cm, vom Rand aus gemessen, nähst du noch einmal von oben nach unten durch: Es entstehen zwei Seitentaschen, in denen du zum Beispiel Limonadenflaschen unterbringen kannst. Auf jeder Seite dieser Naht werden in gleichmäßigem Abstand zwei Ringe angenäht. Durch diese Ringe ziehst du das letzte Kordelstück und verknotest es. So kannst du die Tasche über die Schulter hängen.
Auf das übriggebliebene Handtuchdrittel nähst du das Band in Form der Linien auf dei-

nem Mühlebrett auf, so daß du am Strand mit Muscheln oder Steinen spielen kannst. Gleichzeitig dient das Handtuch zum Abtrocknen.
Strandkleid und Tasche werden zusammengenäht, wie es die Abbildung zeigt. Zusammengefaltet läßt sich das Strandkleid bequem in der Tasche unterbringen, die außerdem noch Raum für alle möglichen Utensilien bietet. Die Abbildungen zeigen, was du alles mit der Badetasche anfangen kannst: Sie ist zugleich Sonnenschutz, Liegefläche, Umkleidekabine und Transportmittel.

# Das Angelspiel

*Du brauchst dazu:*
*3 Stück Pappe (etwa 30 cm × 82 cm),*
*Lineal (30 cm), Falzbein oder Küchenmesser,*
*Bleistift,*
*Schere, Klebstoff, Velour- oder Buntpapier*
*oder Plakatfarben,*
*Büroklammern, 1 m Kordel, 1 Rundstab,*
*1 Magneten.*

Baue zuerst das zusammenlegbare Aquarium (Wenn dir das zu mühsam erscheint, kannst du auch aus einem Karton angeln!): Ziehe an einer der Pappen 2 cm vom Rand eine Linie; eine zweite Linie ziehst du genau in der Mitte der Pappe. Ritze diese Linien leicht ein, damit sich die Pappe falzen läßt. Am oberen Rand zeichnest du eine wellenförmige Linie und schneidest danach den Rand ab. Die zweite Pappe bereitest du ebenso vor. Klebe dann beide Pappen an einem Falz zusammen.
Jetzt wird der »Meeresgrund« gestaltet. Dafür nimmst du entweder Velour- oder Buntpapier, oder du zeichnest Pflanzen und Tiere mit Bleistift vor und malst sie dann mit Plakatfarben aus. Bei der »Klebemethode« mußt du die Kanten mit dem Falzbein nachziehen, damit sich eine saubere Falzlinie ergibt.
Klebe dann die offene Falzkante zu.
Auf die dritte Pappe zeichnest du alle möglichen Fische, Seepferde oder auch Meeresungeheuer und – als »Angelniete« – einen alten Schuh. Schneide die Formen aus und bemale sie von beiden Seiten (oder beklebe sie). Am Maul bohrst du ein Loch und befestigst darin eine Büroklammer. An den Magneten knotest du die Angelschnur, deren anderes Ende an den Angelstock.
Die Angler sitzen rund um das Aquarium. Ein richtiges Preisangeln kannst du veranstalten, wenn du auf jeden Fisch eine Zahl malst; die Werte der geangelten Fische werden dann addiert.

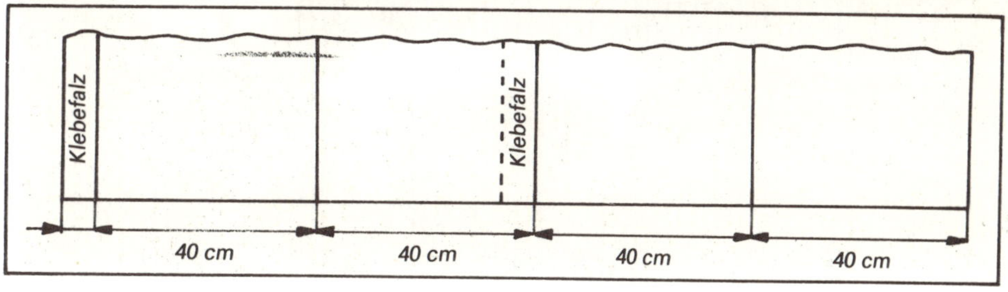

# Gewebte Minibilder

*Du brauchst dazu:*
*4 Streichhölzer für jedes Bild,*
*Alleskleber, Messer,*
*farbige Garne und Zwirne,*
*1 Stick- oder Stopfnadel,*
*Zeichenpapier, Bleistift, Buntstifte.*

Entferne mit dem Messer vorsichtig die Brennkuppen der Streichhölzer. Lege sie so, daß sie einen rechtwinkligen Rahmen ergeben. Gib je einen Tupfer Alleskleber auf die Berührungspunkte und drücke die Klebestellen fest zusammen. Wenn der Kleber trokken ist, umwickelst du die Klebestellen mit weißem Zwirn. Anfang und Ende des Fadens werden verknotet.
Auf dem Zeichenpapier entwirfst du mit Buntstiften das Webmuster, am besten in der Größe des Streichholzrahmens. Am einfachsten ist ein Streifenmuster; schwieriger sind Motive wie Landschaften oder Blumen.
Mit Zwirn werden die Kettfäden aufgebracht. Knote den Fadenanfang in der linken oberen Ecke fest und wickle dicht an dicht den Faden um das obere und um das untere Rahmenholz, so wie es die Zeichnung zeigt.
Beende die Umwicklung unten rechts und knote das Fadenende am Rahmen fest.
Mit der Stick- oder Stopfnadel werden nun die Schußfäden eingewebt. Wie beim Strümpfestopfen führst du die Nadel von rechts nach links durch die Kettfäden. Am Ende der Reihe führst du den Faden um das linke Streichholz herum und webst dann von links nach rechts weiter. Die Fadenenden verknotest du am Streichholzrahmen. Bei einem Bildmotiv, bei dem z. B. der farbige Hintergrund nur bis zur Bildmitte reicht, darf beim Hin- und Herweben der Faden nicht zu fest angezogen werden.
Mehrere solcher Miniaturbilder ergeben einen hübschen Wandschmuck; sie passen auch gut in die Fächer deines Setzkastens.

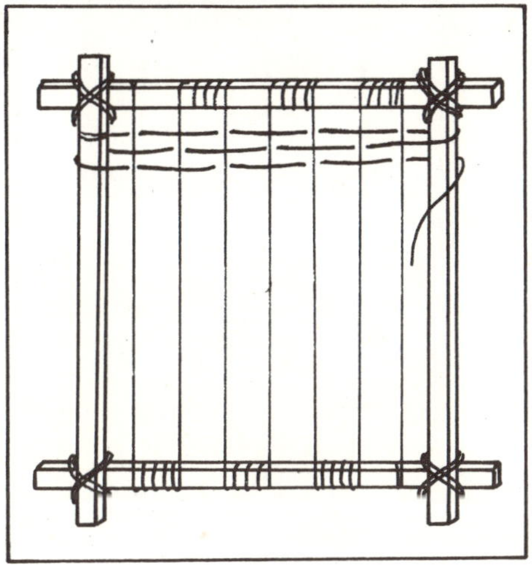

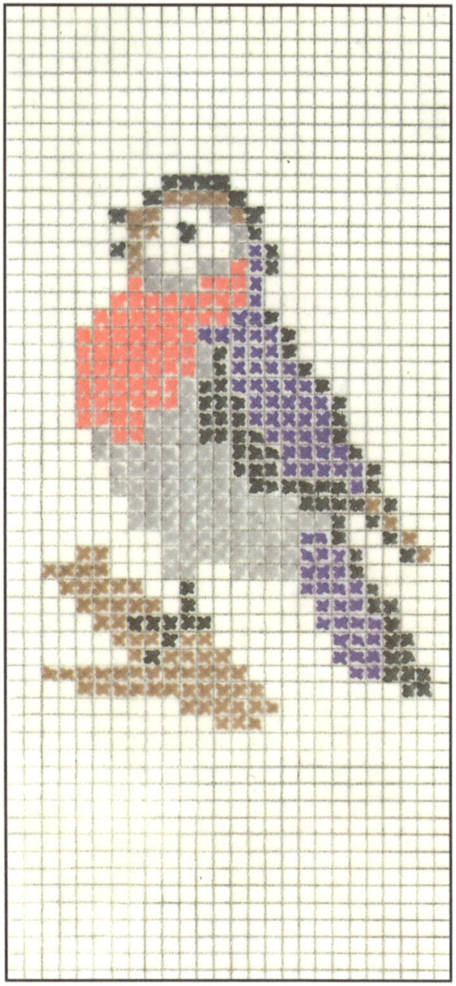

## Gestickte Glückwunschkarten

*Du brauchst dazu:*
*Zählbares Gewebe (etwa 11 cm × 14 cm), Stickgarn, Sticknadel, Stecknadeln, Nähgarn, kariertes Papier, Bleistift, Zeichenkarton.*

Entwirf auf kariertem Papier zunächst ein Kreuzstichmuster, das auf ein Postkartenformat paßt, am besten mit einem Rand, ebenfalls für Kreuzstich.
Sticke das Muster. Achte darauf, daß die Stiche stets in gleicher Richtung liegen.
Die fertige Stickerei legst du auf eine weiche Unterlage, die linke Seite nach oben, und spannst sie mit Stecknadeln exakt rechtwinklig. Bügle sie unter einem feuchten Tuch.
Schneide aus Zeichenkarton ein Rechteck (15 cm × 33 cm), falte es einmal. Befestige das Stickbild mit wenig sichtbaren Stichen auf der Vorderseite (Kleber würde durchschlagen).
Gerahmt ist solch ein gestickter Glückwunsch ein dauerhafter Wandschmuck.

# Schmuck für den Osterstrauß

*Du brauchst dazu:*
*Filzreste, Stickgarn, kleine Perlen,*
*Häkelnadel, Nähnadel, Nähgarn, Schere.*

Die Grundformen von Küken, Kakadu und Hase sind gleich. Du mußt nur passende Farben wählen und die Figürchen dann entsprechend gestalten.
Schneide Filzstreifen von 1 cm × 9 cm. Rolle von einem Ende her den Kopf, vom anderen Ende her den etwas größeren Körper zusammen. Nähe die Rollen fest. Nun schneidest du Schwanzfedern, Schnäbel, Flügel, Beine, Hahnenkamm und was sonst noch dazugehört aus Filz und nähst die Teile mit winzigen Stichen an der Grundform fest. Die Hasen erhalten schöne lange Ohren und ein Schwänzchen. Winzige schwarze Perlen nähst du als Augen an. Dem Kakadu kannst du zusätzlich noch einen Kopfschmuck aus bunten Perlen geben.
Unser Osterkörbchen zum Anhängen an den Frühlingsstrauß besteht aus zwei gleichen Korbteilen. Lege die Henkelenden und die Enden der Blumenstiele zwischen die beiden Korbteile, bevor du sie mit unsichtbaren Stichen zusammennähst. Als Blüten können winzige Kreisflächen gehäkelt werden. Ebenso passend sind aus Filz ausgeschnittene Blumen.
(Siehe Fotos und Zeichnung auf Seite 24.)

# Ein richtiger Osterhase

*Du brauchst dazu:*
*Stoff- und Filzreste,*
*Stick- und Nähgarn, Nähnadel, Stecknadeln, Schere, Papier, Bleistift.*

Fertige aus Papier zunächst die Grundformen an, wie es die Abbildung zeigt. Die Größe für den Hasen kannst du selbst festlegen; sie richtet sich auch danach, was er transportieren soll.

Lege den Stoff für die Grundform links auf links aufeinander. Wenn du genügend Stoff hast, schneidest du die Grundform zweimal aus doppeltem Stoff aus; sonst kannst du Vorder- und Rückenteil auch mit anderem Stoff abfüttern. Bevor die Grundformen zusammengenäht bzw. abgefüttert werden, ist auf die Vorderseite das Gesicht zu applizieren. Stecke die Teile für das Gesicht erst mit Stecknadeln fest, damit du den Gesichtsausdruck noch korrigieren kannst. Nähe dann die Teile auf die Grundform auf. Sticke die Barthaare mit Stielstich auf. Umsäume die Tasche und nähe sie auf. Lege die so vorbereitete Vorderseite rechts auf rechts auf den Futterstoff und nähe beide Teile zusammen; 3 cm bleiben zum Wenden offen. Die Nahtränder werden eingeschnitten. Wende das Vorderteil und bügle die Naht gut aus. So verfährst du mit dem Hasenrücken, dem du natürlich ein Schwänzchen aufgenäht hast. Stecke dann Vorder- und Rückenteil links auf links aufeinander, hefte sie zusammen und verbinde sie mit Langettenstichen von äußerer Ohrspitze bis zur anderen äußeren Ohrspitze. Nähe dann an beide Ohrspitzen ein Stück selbstgedrehte Kordel zum Zubinden.

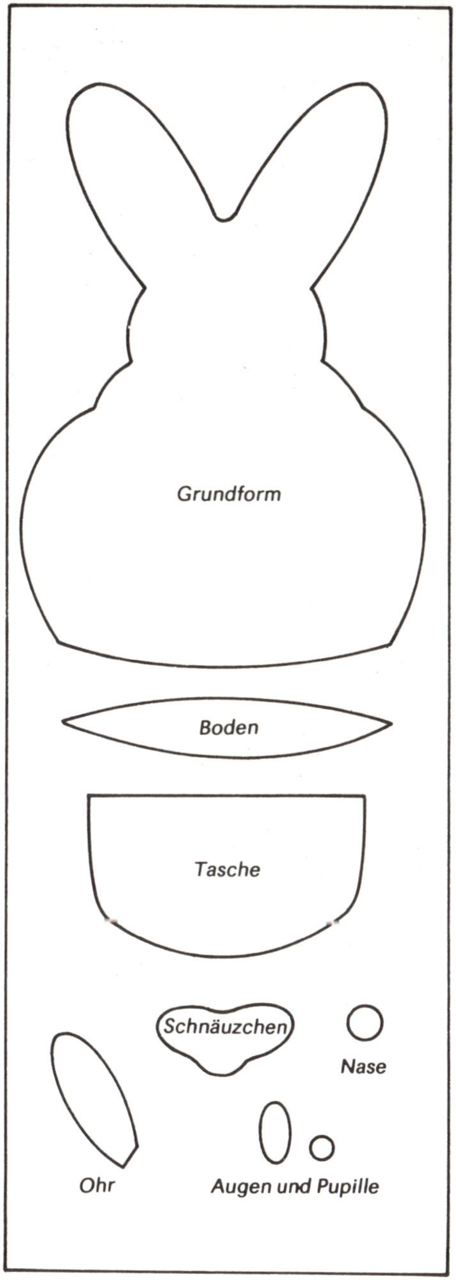
Grundform
Boden
Tasche
Schnäuzchen
Nase
Ohr
Augen und Pupille

# Duft- oder Stecknadelkissen

*Du brauchst dazu:*
*Einfarbige Stoffreste, farbiges Stickgarn oder winzige bunte Stoffreste, Spitzenreste, Kordel,*
*Nadel, Schere, Schneiderkreide, Zeichenpapier, Stecknadeln,*
*Bleistift und Duftkräuter.*

Zeichne die Grundform für das Duftkissen auf Papier vor, dazu ein Motiv, das du applizieren oder aufsticken möchtest. Schneide die Form aus und lege sie als Schnitt auf den rechts auf rechts zusammengelegten Stoff. Übertrage die Form mit Schneiderkreide und schneide sie mit einer Nahtzugabe von ringsum 2 cm aus. Willst du das Kissen mit einem Kreuzstichmotiv schmücken, solltest du zählbares Gewebe verwenden. Für eine Applikation ist nicht fransender Stoff zu empfehlen. Lege dann die beiden Stoffteile rechts auf rechts, stecke die Ränder mit Stecknadeln fest, hefte sie aufeinander und nähe sie mit kleinen Steppstichen zusammen, bis auf eine Öffnung von etwa 3 cm. Verschneide die Nahtzugabe und schneide sie an den Rundungen bis knapp an die Naht ein, damit sich der Stoff in den Rundungen besser legt. Wende das Kissen. Fülle es – als Nadelkissen – fest mit Watte oder kleingeschnittenen Schaumstoffflocken, als Duftkissen aber mit getrockneten Linden-, Lavendel- oder Jasminblüten, mit trockenen Veilchenblüten oder auch mit Rosenblättern.

# Liesel, Oma oder Seppl als Lesezeichen

*Du brauchst dazu:*
*Filz- oder Wollstoffreste,*
*Garn, Nähnadel, Schere,*
*Schneiderkreide, Stecknadeln,*
*Buntstifte, Alleskleber,*
*Lineal (30 cm), festen Zeichenkarton.*

Fertige zuerst die Grundfigur an: Für das Gesicht jeder Figur brauchst du zwei gleichgroße Kreisflächen in gleicher Farbe. Nimm einen Eierbecher, stelle ihn auf ein Stück Stoff, markiere ihn mit Schneiderkreide, so daß ein Kreis entsteht. Schneide dann die Kreisflächen aus. Mit Lineal und Schneiderkreide zeichnest du auf einem andersfarbigen Stoffstück 2 Streifen an: 1,5 cm breit und 25 bis 30 cm lang. Schneide die Streifen zu; sie ergeben die überlangen Beine des Lesezeichens, das zwischen die Buchseiten gelegt wird.
Schuhe, Stiefel oder Pantoffel schneidest du erst aus Zeichenkarton aus. Lege dann den Papierschnitt auf den Stoff und schneide die Schuhform aus. Für jede Figur brauchst du 4 Schuhformen, aber je einen linken und einen rechten Schuh. Lege alle Teile auf den Tisch; Kopf und Schuhe liegen doppelt. Zwischen Kopf- und Schuhteile schiebst du die Beinstreifen (etwa 1,5 cm tief). Stecke sie jeweils mit einer Stecknadel fest (↑ Abb.). Damit ist die Grundform fertig. Nun denkst du dir lustige Figuren aus, in die du die Grundform verwandelst. Wir haben Oma, Liesel und Seppl aus dem Kasperletheater gewählt; ebenso lustig wäre das Kasperle selbst, der Seeräuber, der gestiefelte Kater oder gar ein grimmiger Löwe …
Zeichne auf Zeichenkarton Kreise von etwa 4 cm Durchmesser und male die entsprechenden Gesichter auf. Aus Filz- oder Stoffresten schneidest du danach die Kopfform aus und all das, was du für deine Figur außerdem brauchst: Haar, Mütze, eine kesse Fliege oder einen Bart. Mit einem Tupfer Alleskleber klebst du die ausgeschnittenen

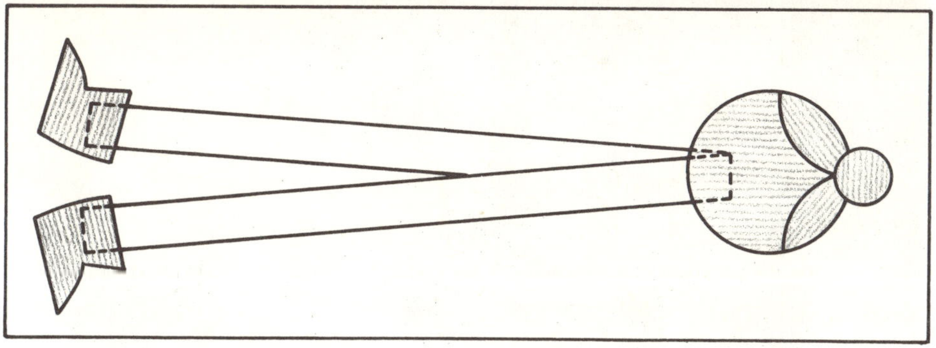

Teile auf die Kopfform aus Stoff. Danach umstichst du mit Langettenstichen Kopf und Füße und nähst zugleich auch die eingeschobenen Beinstreifen mit fest. Auch das Haarteil erfaßt du dabei mit.
Schließlich wird das Gesicht aufgestickt. Du kannst Augen, Mund und Nase auch aus Stoff ausschneiden und aufkleben. Achte darauf, daß du die ganze Fläche mit Kleber bestreichst, aber der Kleber nicht herausquillt. Unter einer Papierlage mußt du das Gesicht pressen, bis der Kleber getrocknet ist. Erst dann kannst du das Lesezeichen verwenden.

## Topflappenhandschuh mit Applikation

*Du brauchst dazu:*
*1 Stück dicken Mantelstoff, einige Filz- oder Stoffreste,*
*Näh- und Sticknadeln, Näh- und Stickgarn, Bleistift, Papier, Schere, Stecknadeln, Schneiderkreide, Häkelnadel.*

Solche Topflappen haben schon unsere Urgroßmütter genäht. Sie sind sehr praktisch. Da sie vorwiegend von Erwachsenen genutzt werden, bittest du Vater oder Mutter, die Hand auf das Papier zu legen, damit du mit dem Bleistift die Umrißlinie nachzeichnen kannst; sie entspricht der Form des Topflappens, wenn du ringsum noch 2 cm Nahtzugabe zugibst. Diese Form schneidest du aus und legst sie so auf den Stoff, wie es die Abbildung zeigt. Zeichne mit Schneiderkreide die Form nach und schneide danach die Handschuhteile aus. Auf einem Stück Zeichenpapier entwirfst du das Applikationsmotiv, überträgst es auf die Stoffreste und nähst es auf die beiden oberen Handschuhteile auf. Wähle ein einfaches Motiv. Lege dann die jeweils zusammengehörigen Teile links auf links aufeinander, stecke sie mit Stecknadeln fest und hefte sie sorgfältig, damit sie nicht verrutschen. Mit Stickgarn werden die beiden Teile im Langettenstich zusammengefügt. Auch den oberen Rand versäuberst du mit Langettenstichen.
Zum Schluß häkelst du eine etwa 1,5 m lange Schnur, deren Enden du an die Topflappen nähst. So kann man sie um den Hals hängen, damit sie beim Kochen immer zur Hand sind. Es genügt aber auch, kleine Schlaufen zum Aufhängen anzubringen.

# Pinnwand »Nicht vergessen!«

*Du brauchst dazu:*
*1 großen Bilderrahmen, verschieden dicke Korken,*
*Velourpapier, Küchenmesser, 1 Brettchen, Alleskleber,*
*Bleistift, Schere, 1 mittelgroßen Stein,*
*13 Reißzwecken, Farbe, Pinsel, Lösungsmittel,*
*alte Zeitungen, festen Karton.*

Lege den Bilderrahmen auf den Karton und zeichne den Umriß mit Bleistift nach. Schneide das Rechteck aus und probiere, ob es genau in den Rahmen paßt, sonst mußt du korrigieren. Lege das Kartonrechteck auf das Velourpapier und zeichne den Umriß nach. Schneide das Velourpapierrechteck aus und klebe es vollflächig auf das Kartonrechteck. Bedecke die Fläche mit Zeitungspapier und beschwere sie mit dicken Büchern. Schneide auf dem Brettchen als Unterlage die Korken in 0,7 bis 1 cm dicke Scheiben. Das Schneiden kannst du dir erleichtern, wenn du das Messer wie eine Säge handhabst. Durch die unterschiedliche Stärke der Korkscheiben erreichst du eine plastische Wirkung der Pinnwandfläche.
Sortiere die Korkscheiben in den Bilderrahmen ein. Um am Rahmen entlang eine möglichst geschlossene Fläche zu erreichen, halbierst du einige Scheiben und ordnest sie oben, unten und seitlich an. Ist die Fläche ausgefüllt, legst du die vorgefertigte Rückwand neben den Bilderrahmen. Klebe die Scheiben der Reihe nach in gleicher Ordnung auf dem Velourpapier fest. Beschwere die jeweils befestigte Scheibe bis zum Trocknen des Klebers mit dem Stein.
Mit Lackfarbe und dünnem Pinsel bemalst du die Reißzweckenköpfe. Damit sie beim Bemalen nicht verrutschen, pinnst du sie in eine mehrfach zusammengelegte Zeitung. Hast du Reißzwecken mit besonders großen Köpfen, kannst du diese in Blumen, Käfer oder Gesichter verwandeln.

Vergiß nicht, den Pinsel in Lösungsmittel zu säubern.
Die Reißzwecken verwendest du zum Anpinnen deiner Merkzettel. Vorher mußt du aber die Pinnwand im Rahmen befestigen. Schlage von hinten einige Stahlstifte schräg in den Rahmen, nachdem du die Rückwand eingelegt hast, und überklebe Rückwand und Rahmen ringsum mit Klebestreifen.

# Buchhülle mit Applikation

*Du brauchst dazu:*
*festen Stoff (etwa 40 cm × 60 cm),*
*farblich passenden Futterstoff*
*(40 cm × 60 cm),*
*einige Stoffreste, 50 cm Band,*
*Zwirn, Stickgarn, Retovlies zum Aufbügeln,*
*Nadeln, Schere, Packpapier,*
*Lineal, Bleistift.*

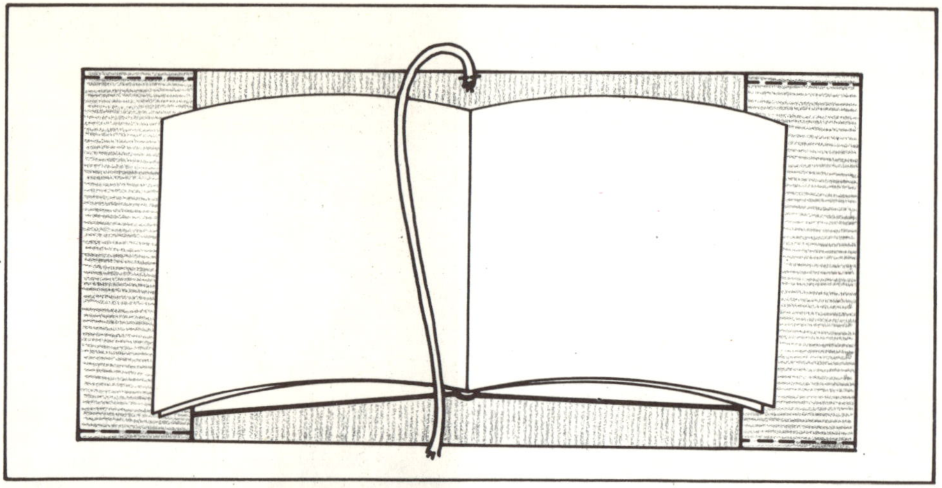

Buchhüllen lassen sich in jeder Größe anfertigen; sie sind auch praktisch für Notiz- oder Adreßbücher.
Zuerst fertigst du den Schnitt an: Lege das in der Mitte aufgeschlagene Buch auf das Packpapier. Zeichne mit Bleistift die Konturen nach. Gib oben und unten je 2 cm zu und links und rechts je 10 cm (bei sehr kleinen Buchhüllen entsprechend weniger). Schneide das angezeichnete Rechteck aus. Lege das Buch wieder auf den Schnitt und schlage den rechten und den linken seitlichen Rand in gleicher Breite nach innen ein. Markiere die Bruchlinien auf dem Schnitt. Probiere, ob das Buch den nötigen Spielraum beim Öffnen und Schließen hat.
Schneide nach diesem Schnitt den Stoff und den Futterstoff mit ringsum 1 cm Nahtzugabe zu. Schneide für Brille und Putztuch zwei kleine Taschen zu. Die Brillentasche bemißt du so reichlich, daß du noch einen 2 cm breiten Streifen abnähen kannst, in dem ein Stift Platz findet. Versäubere den oberen Rand der Taschen, hefte und nähe sie auf der Vorderseite der Buchhülle auf – entweder mit der Nähmaschine oder mit Zierstichen, z. B. Stepp- oder Schlingstich.
Nun wird die Buchhülle gefüttert. Am einfachsten ist es, wenn du Buchhülle und Futterstoff rechts auf rechts aufeinanderlegst und ringsum mit einer Maschinennaht verbindest. Zum Wenden muß ein Stück Naht (5 cm) offen bleiben. Nach dem Wenden wird die Naht gut gebügelt, die Buchhülle und die offen gelassene Naht von rechts mit kleinen Handstichen geschlossen. Schlage nun die beiden Seitenteile ein, stecke sie fest und probiere, ob das Buch gut hineinpaßt

und sich leicht öffnen und schließen läßt. Hefte die Seitenteile oben und unten fest und nähe sie mit der Nähmaschine oben und unten von rechts mit einer durchgehenden Naht fest. Mußt du die Näharbeiten mit der Hand ausführen, schlägst du beim Buchhüllenstoff und beim Futterstoff die Nahtzugabe ringsum nach links ein, steckst und heftest sie, legst Stoff und Futter links auf links aufeinander und nähst die beiden Stofflagen ringsum mit kleinen Stichen zusammen. Danach die Seitenteile einschlagen und oben und unten mit Handstichen festnähen.
Statt mit Taschen kannst du die Buchhülle auch mit applizierten Ornamenten schmükken. Auch das Monogramm bietet sich an; man kann es in Kreuzstich oder in Plattstich aufsticken.
Zum Schluß faltest du ein Band und nähst es genau in der Mitte des oberen Buchhüllenrandes als Lesezeichen fest.

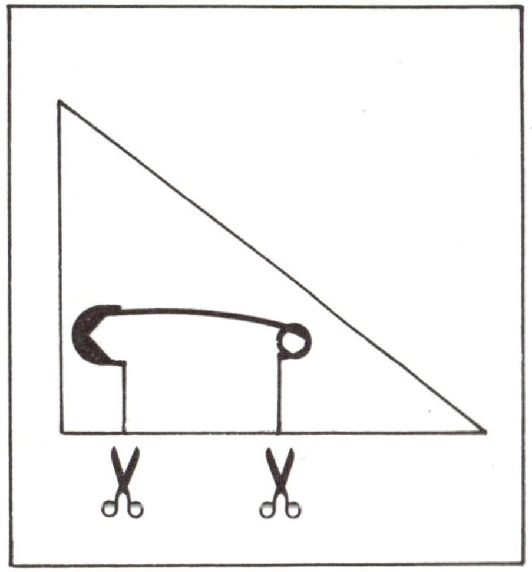

## aus Lederresten

*azu:*
*verschiedenen Farben,*
*rheitsnadeln, Alleskleber,*
*r.*

st du auf dem Zeichenblatt die muckstücke; du kannst auch verschiedene Formen miteinander kombinieren. Lege dann die Grundform als Schablone auf das Leder, zeichne die Konturen nach. Für jedes Schmuckstück benötigst du zwei gleiche, aber »spiegelverkehrte« Teile (↑ Abb.). Durchstich eines der Teile in der Mitte zweimal mit einer Sicherheitsnadel. Dann schneidest du jeweils von der Unterkante bis zur Einstichstelle ein, so daß eine Lasche für die Sicherheitsnadel entsteht.

Bestreiche beide Lederteile auf der Rückseite mit Alleskleber und presse sie aufeinander. Beschwere das Schmuckstück etwa 20 Minuten, bis der Kleber getrocknet ist.
Aus andersfarbigem Leder kannst du noch schmückende Motive ausschneiden und sauber aufkleben. Willst du den Lederanstecker mit Perlen oder ähnlichem schmücken, mußt du sie vor dem Zusammenkleben der beiden Lederteile befestigen.

## Die unzerbrechliche Eisenbahn

*Du brauchst dazu:*
*Filzreste in verschiedenen Farben,*
*Schere, Nähgarn und Nähnadel.*

Schneide vier Filzstreifen (3 cm × 9 cm), rolle sie einzeln zusammen und nähe das Streifenende an der Rolle fest.
Zwei gleichfarbige Rollen ergeben die Lokomotive, wenn du eine Rolle senkrecht stellst und die andere davorlegst und festnähst. Rollen in unterschiedlichen Farben werden zu Wagen. An die senkrechte Rolle der Lokomotive nähst du als Räder Kreisflächen aus Filz (1,5 cm Durchmesser), an die waagerechte Rolle noch vier Räder mit 1 cm Durchmesser. Jeder Wagen bekommt ebenfalls vier kleine Räder. Rolle aus einem schmalen kurzen Filzstreifen den Schornstein und nähe als Fenster kleine Rechtecke aus weißem Filz auf.
Ein paar Stiche mit festem Garn bilden die Kupplungen zwischen Lokomotive und Wagen.

## Ein Segelschiff

*Du brauchst dazu:*
*1 halbe Walnußschale,*
*2 Streichhölzer, 1 Holzperle,*
*Stoffreste, Farbe, Garn, Nadel,*
*Kleber.*

Schneide die Streichholzköpfe ab. Spitze ein Streichholz an und befestige auf der Spitze die Perle. Das ist der Mast. Schneide ein dreieckiges und ein quadratisches Segel zu (Seitenlänge etwa 3 cm). Klebe das zweite Streichholz oben auf das Stoffquadrat, wickle dieses einmal darum. Nähe das Stoffdreieck am Mast fest. Verbinde das Querholz am Mast. Fülle die Nußschale mit Knetmasse; stecke den Mast mit den Segeln hinein.

## Setzkasten aus Streichholzschachteln

*Du brauchst dazu:*
*1 Sperrholzplatte oder starken Karton,*
*1 Zeichenblatt A 2, Streichholzschachteln,*
*Alleskleber, Farbe und Verdünnung,*
*Pinsel, Bleistift,*
*Handbohrer, Säge, Schere, Lineal, Locher.*

Entferne die Hüllen von den Streichholzschachteln und ordne die Schachteln auf dem Zeichenblatt an. Beginne am unteren Rand und lege zunächst eine Reihe Schachteln senkrecht nebeneinander. Die darüberliegenden Reihen kannst du nach Belieben ordnen: waagerecht oder senkrecht. Größere Zwischenräume erreichst du, indem du die Breite (oder Höhe) von zwei Schachteln ausläßt. Beachte aber, daß am linken und rechten Rand eine geschlossene Schachtelreihe entsteht. Am oberen Rand des Zeichenblatts bleibt ein Rand von 3 cm frei. In diesen Rand stanzt du rechts und links im gleichen Abstand vom Rand je ein Loch; die Löcher dienen später zum Aufhängen.
Zeichne mit Bleistift der Reihe nach den Umriß jeder Schachtel auf das Zeichenpapier.



Damit hast du die Anordnung festgehalten. Reiße mit Lineal und Bleistift auf der Sperrholzplatte (dem starken Karton) die Größe des Zeichenblatts an und säge oder schneide diese Fläche aus. Bohre am oberen Rand die beiden Löcher.
Jetzt werden diese Grundfläche und jede einzelne Streichholzschachtel bemalt. Wähle dafür eine stumpfe Farbe, z. B. dunkelbraun oder dunkelgrün. Beachte bei der Farbwahl aber die Farbstimmung in deinem Zimmer.
Lege die bemalten Schachteln zum Trocknen auf eine Plastüte; dann kleben sie nicht an.
Die Farbe muß etwa 2 Tage trocknen. Den Pinsel säuberst du mit Lösungsmittel.
Klebe die Streichholzschachteln mit Alleskleber der Anordnung auf dem Zeichenblatt entsprechend auf die Grundfläche. Damit die jeweils benachbarten Seitenflächen fest aneinanderstoßen, bestreichst du auch diese Flächen mit Kleber und drückst sie fest aneinander.
Die Größe des Setzkastens kannst du selber wählen. Wichtig aber ist, daß du dir ein Muster der Anordnung anfertigst und auch den oberen Rand zum Aufhängen nicht vergißt.
Du kannst Streichholzschachteln unterschiedlicher Größe verwenden. Weiterhin gibt es die Möglichkeit, einzelne Schachteln mit Hülle waagerecht am Rand aufzukleben, so daß sie sich seitlich herausziehen lassen. Möchtest du solche »Geheimfächer« haben, mußt du Hülle *und* Schachtel bemalen.

## Schmuck

*Du brauchst d*
*Lederreste in*
*Schere, Siche*
*Bleistift, Papie*

Zuerst entwirf
Form der Sch

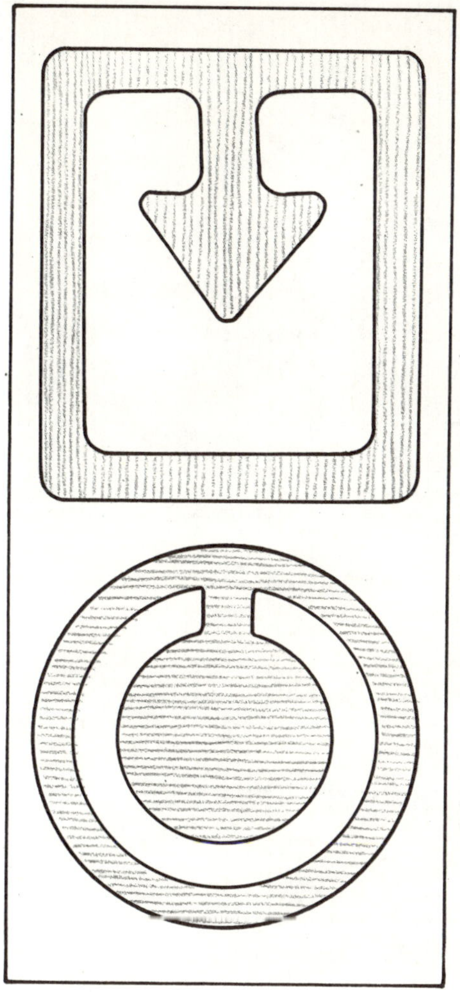

# Lesezeichen aus der Butterdose

*Du brauchst dazu:*
*Butter- oder Quarkbehälter aus Plast, Schere, Nitrofarbe und Verdünner, Pinsel, Kugelschreiber.*

Säubere die Dosen gründlich mit warmem Fit-Wasser und trockne sie ab. Verschneide die oberen Ränder und schneide so ein, daß du glatte Flächen erhältst. Zeichne die gewünschte Form mit Kugelschreiber auf. Deiner Phantasie sind dabei keine Grenzen gesetzt, aber du mußt beachten, daß jedes Motiv nur *oben* mit dem *geschlossenen* Außenrand verbunden bleibt. Diese Verbindungsstelle sollte 1 bis 1,5 cm breit sein. Die Motive schneidest du mit einer kleinen Schere sauber aus. Lege sie dann auf ein Stück Plast und bemale sie sauber. Säubere den Pinsel sofort mit Nitro-Verdünner. Sollte der erste Anstrich nicht genügend decken, muß er erst trocken sein, bevor du ihn übermalen kannst. Das Lesezeichen wird über die Buchseite geschoben, auf der weitergelesen werden soll.

# Vorweihnachtlicher Kalenderkranz

*Du brauchst dazu:*
*24 Streichholzschachteln,*
*24 Holzperlen,*
*starke Pappe (50 cm × 100 cm),*
*Zirkel, Schere, Kleber, Plakatfarbe,*
*Pinsel, Stopfnadel, Zwirn, Papier,*
*8 Nußschalenhälften.*

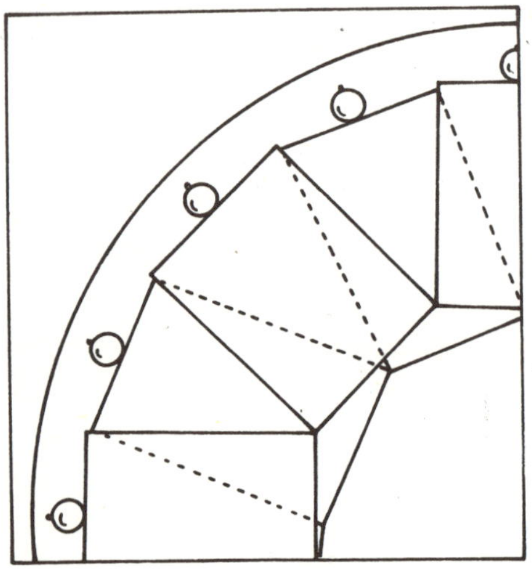

Reiße mit dem Zirkel auf der Pappe zwei Kreise mit je 50 cm Durchmesser an. Schneide die Kreisflächen aus und klebe sie aufeinander. Bemale sie deckend mit Plakatfarbe. Bemale dann die Hülsen der Streichholzschachteln und auch die Schachteln selbst, evtl. in einer anderen Farbe. Nach dem Trocknen nähst du an die Stirnseite eines jeden Kästchens eine Holzperle und steckst es in die Hülse zurück.

Auf der inzwischen getrockneten Pappkreisfläche ordnest du acht Streichholzschachteln im Kreis an und klebst sie fest. Beschwere sie etwas, damit sie gut haften. Die nächsten acht Schachteln klebst du als zweite Schicht versetzt auf den ersten Schachtelkreis auf (↑ Abb.). Mit den letzten acht Schachteln formst du den dritten Ring, den du – wiederum versetzt – auf die zweite Schachtelschicht klebst. Schneide 24 kleine Kreisflächen aus weißem Papier aus und klebe sie jeweils neben die Holzperlen auf die Schachtelstirnseiten. Beschrifte sie mit 1 bis 24.
In die durch das Versetzen der Schachteln entstandenen Zwischenräume steckst du kleine Tannenzweige. In die Zwischenräume des oberen Schachtelrings kannst du die halben Nußschalen kleben und kleine Kerzen hineinstellen. Das Loch in der Mitte nimmt eine große Weihnachtskerze auf.

# Unser Nikolausbeutel

*Du brauchst dazu:*
*1 Stück von einem Dederonstrumpf, Watte, Filz- und Stoffreste,*
*1 Reißverschluß (etwa 13 cm),*
*Näh- und Stopfnadel, Näh- und Stickgarn, Schere.*

Aus Watte formst du eine kleine Kugel, legst sie auf das Stück Dederonstrumpf und bindest mit Faden so ab, daß eine Knollennase entsteht. Nimm nun einen etwa faustgroßen Wattebausch und spanne den Strumpf straff darüber. Der Kopf muß ziemlich fest sein, bevor du den Hals zusammenbindest. Sticke Mund und Augen auf. Probiere vorher mit farbigen Stoffstückchen die richtigen Plätze aus, damit der Nikolaus ein freundliches Gesicht bekommt. Durch einen Ring aus Stepp- oder Stielstichen kannst du die Wangen noch plastisch hervorheben. Rings um den Mund stickst du als Bart lange Schlaufen, die du aufschneidest und dann mit der Schere in die richtige Bartform bringst. Auf gleiche Weise bekommt der Nikolaus sein Haar.
Aus doppelt liegendem Stoff schneidest du nach den Angaben der Abbildung den Körper aus, dazu den kreisförmigen Boden mit 15 cm Durchmesser. Mit aufbügelbarer Vlieseline kannst du Körper- und Bodenteile haltbarer machen. Nähe die Körperteile an einer Seite (hinten) zusammen. In die vorderen Ränder nähst du den Reißverschluß ein. Mit kleinen Stichen wird der Boden ringsum an den Körper genäht; danach wird der Kopf befestigt.
Zeichne für den Mantel zwei Kreislinien um einen Mittelpunkt (der innere Kreis hat 4 cm, der äußere 43 cm Durchmesser) auf Filz oder anderen nicht fransenden Stoff. Schneide die Mantelform aus. Bevor du dem Nikolaus den Mantel anziehst, hast du diesen mit Pelz besetzt und möglichst auch noch große Taschen aufgenäht. Schließlich bekommt der Nikolaus noch eine Mütze aus dem Mantelstoff aufgesetzt, die du aus einem Halbkreis zuschneidest und nach dem Anprobieren mit einer Naht schließt.

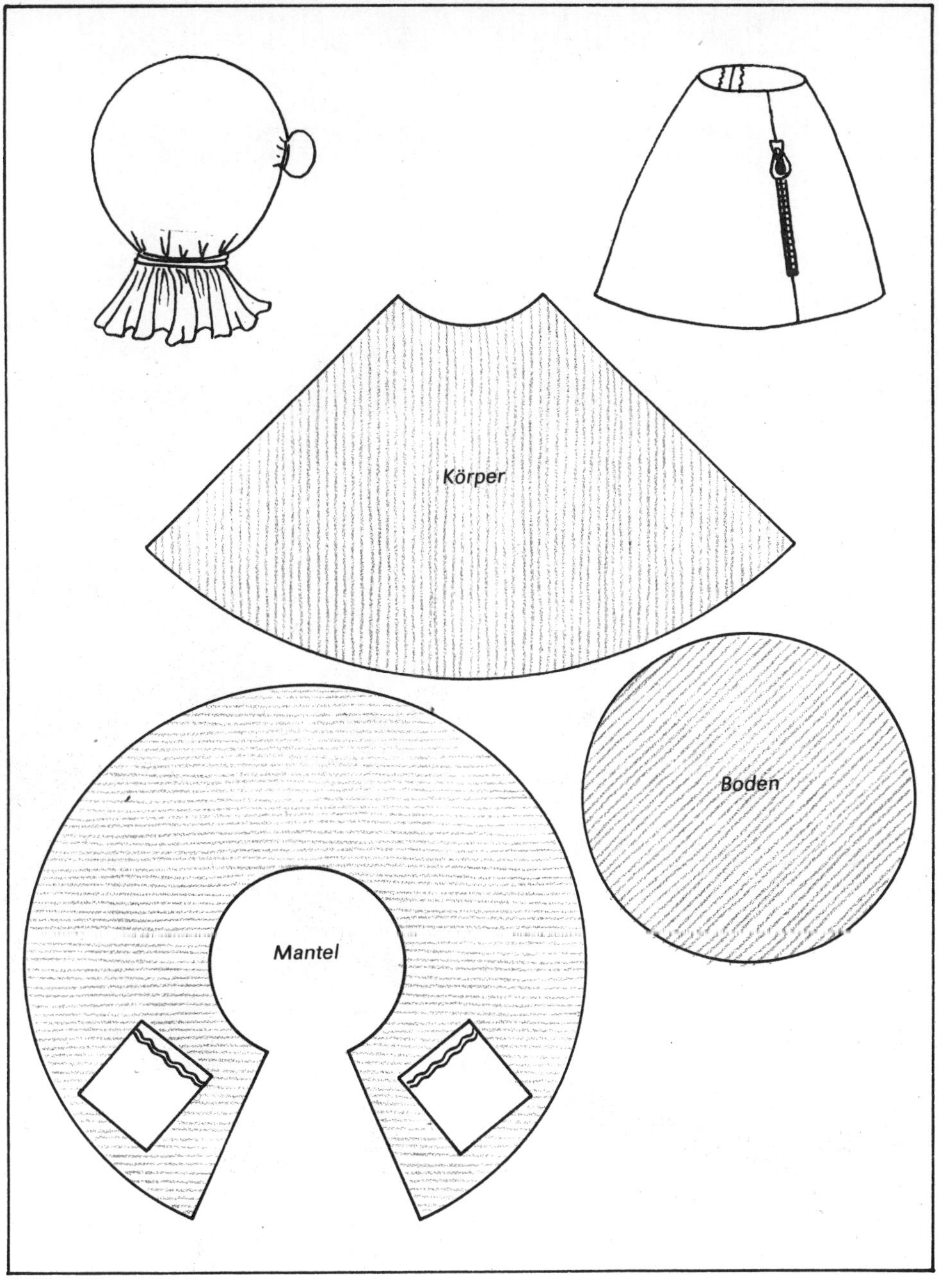

# Märchengestalten und Weihnachtsfigürchen

*Du brauchst dazu:*
*Filzreste in unterschiedlichen Farben, Stickgarn, Holzperlen, Nadel, Nähgarn, Bleistift, Kleber, Lineal.*

Schneewittchen, Zwerge und der Weihnachtsmann mit seinem Gefolge sind alle aus Filzstreifen gerollt. Für die Grundform fertigst du Schablonen in unterschiedlichen Größen an (↑ Abb.).
Nach der größeren Schablone haben wir die Filzstreifen für Weihnachtsmann und Schneewittchen zugeschnitten, nach der kleineren die für die Zwerge und die Engel.
Rolle die Streifen vom breiten Ende her fest zusammen und nähe das schmale Ende an. Der Körper muß stehen können!
Als Kopf nähst du eine Holzperle auf, feine Fäden werden als Haar aufgeklebt. Dann erhalten die Figürchen noch Zipfelmütze oder ein Perlenkrönchen und natürlich Umhang oder Spitzenkleid. Die Engelsflügel sind aus Silberpapier geschnitten.
Im Nacken der Figuren bringst du eine Fadenschlaufe an, damit sie dann den Weihnachtsstrauß oder den Weihnachtsbaum schmücken können.

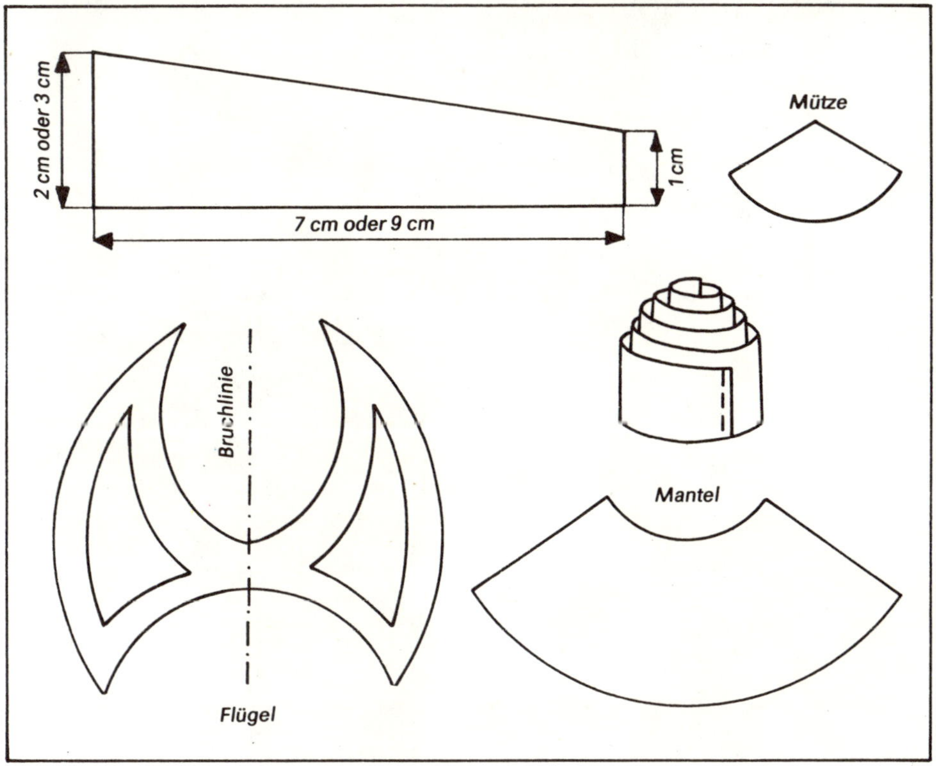

# Fensteraquarium

*Du brauchst dazu:*
*Filz- und Stoffreste (nicht fransend), Näh- und Stickgarn, Knöpfe oder Perlen, Nähnadel, Stecknadeln, Papier, Bleistift.*

Im Fensteraquarium schwimmen Fische unterschiedlichster Form und Farbe, Seepferdchen und Kraken. Zeichne die Formen erst auf Zeichenpapier auf. Dann überträgst du sie jeweils auf doppelt (rechts auf rechts) liegenden Stoff und schneidest sie sauber aus. Du kannst Details zusätzlich applizieren oder aufsticken. Lege dann die Formen links auf links aufeinander, hefte sie erst noch zusammen, bevor du sie ringsum mit Langettenstichen zusammenfügst. Mit unterschiedlich langen Fäden bindest du sie an eine dünne Leiste, die du mit Häkchen am Fensterrahmen befestigst.

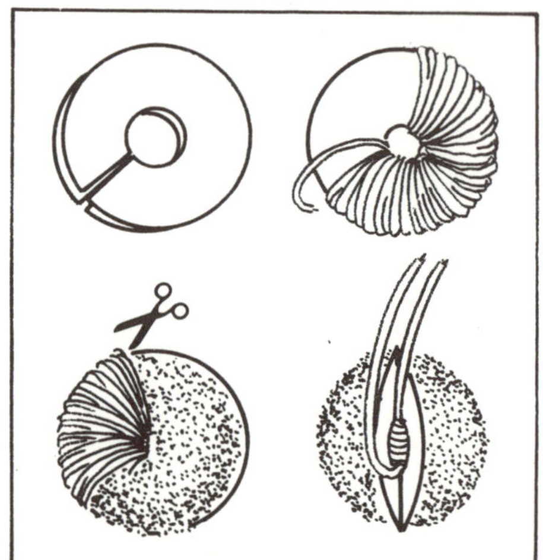

# Wachhund Waldi

*Du brauchst dazu:*
*»Teddy«-Stoff oder anderes flauschiges Gewebe (1 m × 1 m),*
*kleine Filzreste in Rot, Schwarz und Weiß,*
*Schere, Nähnadel, Nähgarn, Stecknadeln,*
*Schaumstoffflocken, Papier, Bleistift.*

Für »Waldi« mußt du zuschneiden: 2 Kopf-Rumpf-Teile, 1 Zwickel für das Gesicht, 8 Beinteile, 4 Ohrenteile, einen Schwanz, 2 Augen, 2 Pupillen, 1 Nase und 1 Zunge. Augen, Pupillen, Nase und Zunge schneidest du aus Filz, die anderen Teile aus dem flauschigen Stoff zu.
Vorher fertigst du von allen Teilen einen Schnitt aus Papier an, dessen Umrisse und die Markierungen 1 und 2 du auf den Stoff überträgst. Nähe zuerst den Zwickel zwischen die beiden Kopf-Rumpf-Teile. Lege dann die Teile rechts auf rechts, so daß die Markierungen 1 und 2 jeweils aufeinandertreffen. Stecke die Teile mit Stecknadeln fest und steppe sie an beiden Rändern zusammen. Nähe dann die beiden rechts auf rechts liegenden Kopf-Rumpf-Teile ringsum zusammen. An der Rumpfunterseite eine Öffnung zum Stopfen offenlassen.
Schneide an den Rundungen die Nahtzugaben vorsichtig mehrmals bis zur Steppnaht ein, damit die Nähte nicht spannen. Wende den Hundekörper und stopfe ihn mit Schaumstoffflocken locker aus. Stecke Augen, Pupillen, Nase und Zunge mit Stecknadeln an die richtigen Stellen und appliziere sie mit Langettenstichen auf.
Lege jeweils zwei Beinteile rechts auf rechts, steppe sie zusammen, wende sie und fülle sie ebenfalls. Hefte sie zuerst vorn und hinten an und nähe sie dann mit kleinen Stichen fest. Lege das Schwanzteil einmal längs zusammen, hefte es und steppe dann auf der Heftlinie entlang. Stopfe auch den Schwanz aus und nähe ihn am Rumpf fest.
Die Ohrenteile werden zusammengenäht, die Nahtzugaben eingeschnitten und nach dem Wenden (Nähte gut ausstreichen!) rechts und links am Kopf angenäht.

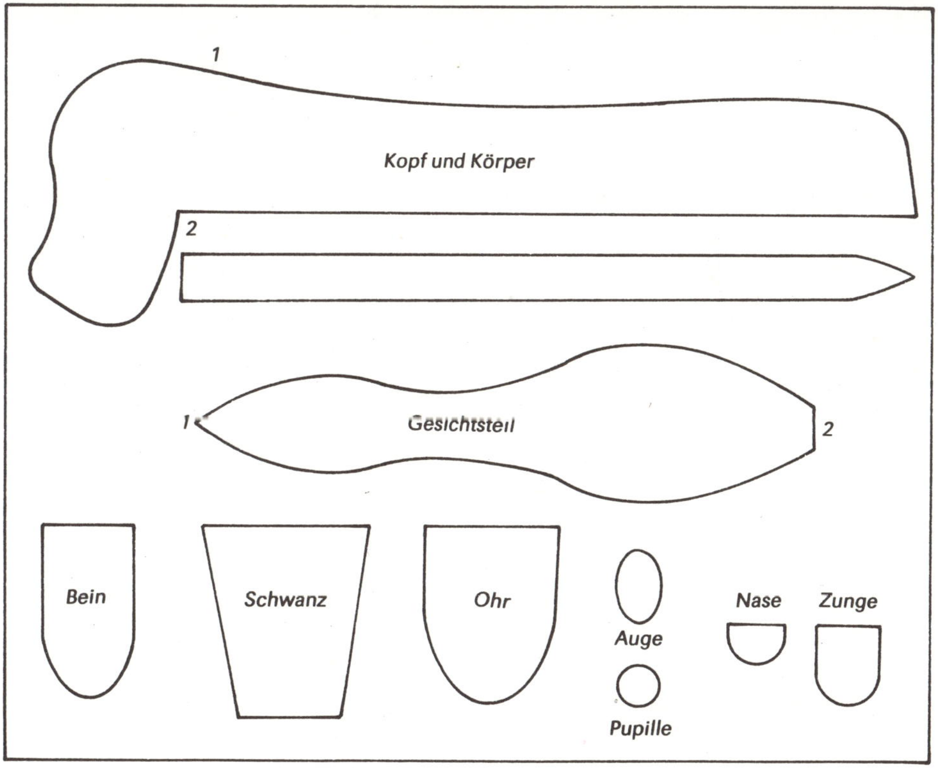

# Ein Teddybär

*Du brauchst dazu:*
*Flauschigen Stoff (etwa 20 cm × 65 cm),*
*2 Knöpfe oder Perlen, einen Kugelknopf,*
*Schere, Nähnadel, Näh- und Stickgarn,*
*Stecknadeln, Schneiderkreide, Papier,*
*Bleistift, Schaumstoffflocken.*

Fertige zuerst einen Schnitt aus Papier an. Schneide vom Stoffstück für die Schlaufe einen Streifen von 3 cm × 20 cm ab. Das übrige Stück legst du rechts auf rechts zusammen und trennst es entlang der Bruchlinie. Stecke den Schnitt auf, übertrage ihn mit Schneiderkreide auf den Stoff und schneide die Form zu. Hefte die Ränder zusammen und steppe sie dann mit kleinen Stichen im Nahtverlauf. Zwischen den Ohren bleibt eine Öffnung zum Stopfen. Die Nahtzugabe an den Rundungen öfter einschneiden und dann den Bären wenden. Stopfe ihn locker aus. Versäubere die beiden Längsseiten des Schlaufenstreifens, lege ihn zusammen und stecke die beiden Enden zwischen die Teddyohren. Beim Schließen der offengebliebenen Nahtstelle erfaßt du die Schlaufenenden mit. Sticke die Krallen auf und nähe die Perlen als Augen und Nase an.

# Unsere Kuschelschlange

*Du brauchst dazu:*
*Stoff- und Filzreste in verschiedenen Farben,*
*Nadel, Nähgarn, Schere, Stecknadeln,*
*Schaumstoffflocken oder Watte,*
*Schneiderkreide,*
*1 langen Holzstab.*

Schneide aus den Stoffresten Rechtecke von 15 cm × 30 cm. Lege jedes Rechteck einmal zusammen und kennzeichne den Bruch mit Schneiderkreide oder mit Heftstichen. Klappe das Rechteck auf und appliziere jeweils auf das linke Quadrat ein geometrisches Motiv aus Filz. Bereite so viele Rechtecke vor, bis sie aneinandergelegt die gewünschte Länge der Schlange ergeben. Lege sie so nebeneinander, daß die applizierten Motive alle auf einer Seite sind. Nähe die einzelnen Teile zusammen, indem du sie jeweils rechts auf rechts aufeinanderlegst. Zum Schluß nähst du als Schwanz ein Rechteck ohne Applikation an.
Für den Kopf nimmst du ein Rechteck aus einfarbigem Stoff (20 cm × 30 cm). Markiere in der Mitte die Bruchkante. Appliziere auf die eine Seite Augen und Maul und nähe abbildungsgemäß die lange Zunge an. Danach nähst du das Kopfteil an die Schlange. Nun wird der gesamte Stoffstreifen längs zusammengelegt, so daß alle Applikationen innen liegen. Stecke die Ränder fest und nähe sie zusammen – am besten mit der Nähmaschine. Kopf und Schwanz werden abgenäht, wie es die Abbildung zeigt, bis auf eine offene Stelle. Den überflüssigen Stoff abschneiden.
Nachdem die Schlange gewendet wurde, wird zuerst der Kopf ausgestopft, aber nicht zu prall. Die Schaumstoffflocken solltest du mit der Schere kleinschneiden, sonst sieht die Schlange nicht schön glatt aus. Abbildungsgemäß wird die Naht zwischen Kopf und erstem Schlangenglied genäht. Danach wird das zweite Schlangenglied gestopft und wieder abgenäht usw. Nach dem Füllen der Schwanzspitze ist nur noch das offene Nahtstück zu schließen.

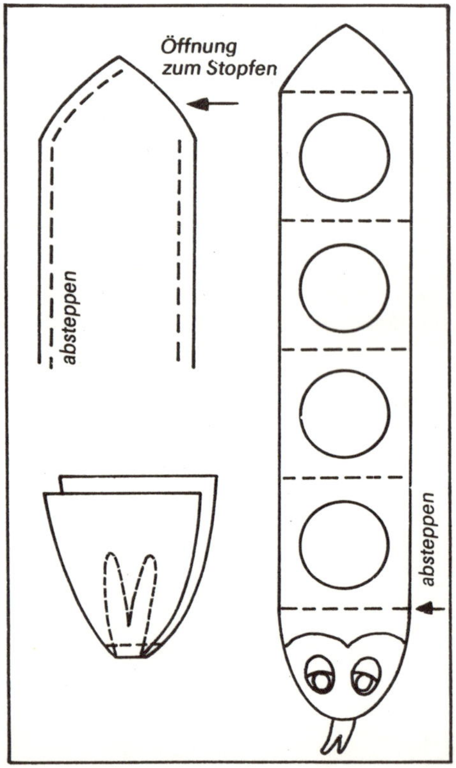

## Hausschuhe für Gäste

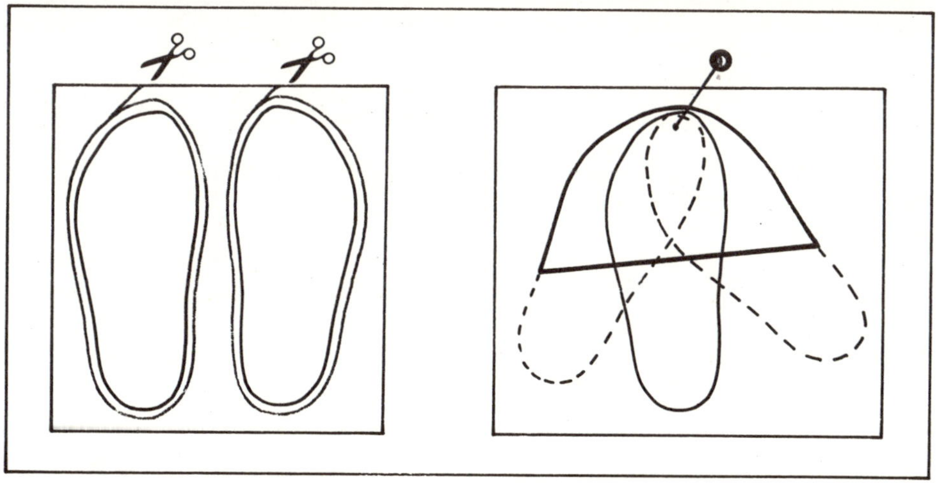

*Du brauchst dazu:*
*Wollstoff, Einlegesohlen (Gr. 38, 40, 42), Schulgarn in verschiedenen Farben, farbige Stoff- oder Filzreste, Stecknadeln, Nähnadel, Stopfnadel, Heftgarn, Schere, Schneiderkreide, Häkelnadel Nr. 2.*

Lege zwei Stoffteile passender Größe links auf links übereinander und lege ein Paar Einlegesohlen darauf. Übertrage deren Umrisse mit Schneiderkreide auf den Stoff; stecke die Stofflagen mit Stecknadeln gut fest und schneide die doppelt liegenden Sohlen mit einer Nahtzugabe von knapp 1 cm ringsum aus. Schiebe die Einlegesohlen zwischen die beiden Stofflagen und hefte sie ringsum zusammen. Mit Schulgarn im Schling- oder Langettenstich werden die Stofflagen zusammengefügt.

Nun brauchst du zwei Stoffrechtecke (25 cm × 30 cm), die du einmal zusammenlegst. Nimm die linke Sohle und stecke sie mit einer Stecknadel genau in der Mitte der Längskante des Rechtecks fest (die Bruchkante liegt unten). Die an der Nadel »bewegliche« Sohle führst du erst nach links und dann nach rechts und kennzeichnest mit Schneiderkreide jeweils die äußere linke bzw. rechte Sohlenkontur auf dem darunter liegenden Stoff. Lege dann die Sohle beiseite und schneide die so entstandene Form aus. Stecke die Stofflagen aufeinander fest, hefte sie und umstich dann im Langettenstich die offenen Ränder. Auf gleiche Weise wird mit der rechten Sohle das rechte Pantoffeloberteil fertiggestellt. Beide Oberteile kannst du besticken oder mit einer Applikation schmücken. Beachte dabei, daß es ein linker und ein rechter Pantoffel ist! Mit Schulgarn in passender Farbe verbindest du Sohlen und Oberteile mit dichten festen Maschen; vorn an der Spitze häkelst du mit drei Luftmaschen eine Öse zum Anhängen der Pantoffeln. Verstich die Fadenenden gut.

Beispiele zum Aufbewahren der Gästeschuhe zeigen die Bilder.

# Eine Badmatte

*Du brauchst dazu:*
*3 alte Kittelschürzen aus Dederon,*
*Häkelnadel Nr. 6, Schere, Nadel, Garn.*

Schneide zuerst die Dederonschürzen an den Nähten auf, so daß du Ärmel, Vorderteile und das Rückenteil flach hinlegen kannst. Alle Taschen, Schlaufen und Knöpfe sind abzutrennen. Nach den beiden Abbildungen kannst du jedes Teil in einen langen, etwa 2,5 cm breiten Streifen schneiden, z. B. einen Ärmel: Entweder schneidest du abwechselnd von oben und unten ein, jeweils bis 2,5 cm vor den gegenüberliegenden Rand – der Abstand der Einschnitte beträgt 2,5 cm –, oder du zerschneidest das Teil spiralförmig, wobei die Schnittlinie immer im Abstand von 2,5 cm verläuft. Der Pfeil zeigt den Beginn der Schnittlinie.
Die Enden der Stoffstreifen nähst du am besten zusammen. Dann werden die Streifen wie ein Wollknäuel aufgewickelt.
Häkle eine 50 cm lange Luftmaschenkette. Dann werden in hin- und hergehenden Reihen feste Maschen gehäkelt. Am Ende jeder Reihe wird mit einer Wendeluftmasche gewendet. Ist etwa noch ein faustgroßes Knäuel übrig, beginnst du, den Rand mit festen Maschen zu umhäkeln. In die Eckmaschen mußt du 3 bis 5 Maschen häkeln, damit sich der Rand nicht wölbt. Die Runde wird mit einer Kettmasche geschlossen.

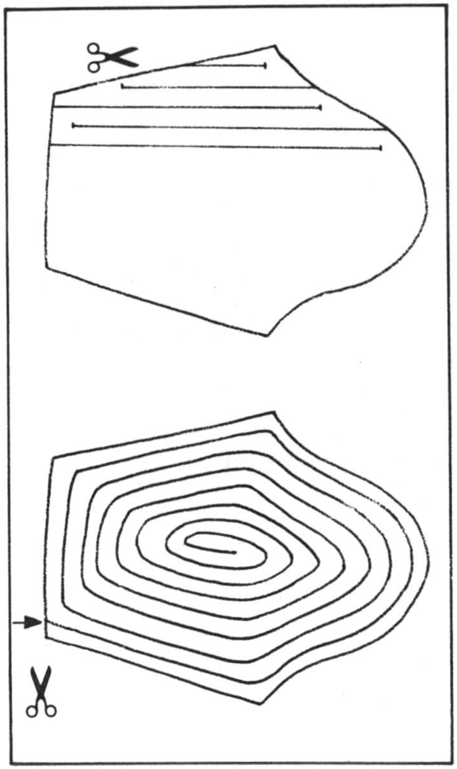

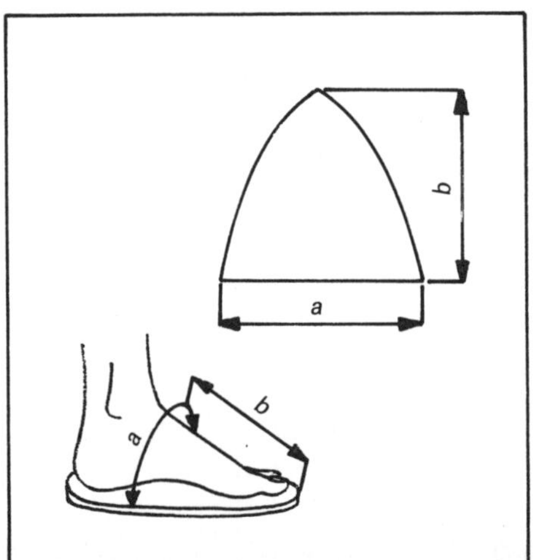


# Badepantoffeln

*Du brauchst dazu:*
*1 alte Dederonschürze,*
*Häkelnadel Nr. 6, Schere, Nähnadel,*
*Garn, Papier, Bleistift, Maßband.*

Bereite zum Häkeln 2,5 cm breite Streifen vor, so wie es im Beispiel »Badmatte« beschrieben ist.
Jeder Pantoffel besteht aus der Sohle und dem Blatt. Stelle deinen Fuß auf einen Bogen Zeichenpapier und umfahre ihn mit dem Bleistift. Gleiche diese Umrißlinie zu einem Oval aus. Länge und Breite des Ovals ergeben die Größe für die Pantoffelsohle.
Häkle eine Luftmaschenkette, halb so lang, wie die fertige Sohle sein muß. Diese Luftmaschenkette wird in Runden mit festen Maschen umhäkelt. In die erste und dann auch in die letzte Luftmasche häkelst du 3 feste Maschen; die Runde wird mit einer Kettmasche geschlossen. Auf diese Weise häkelst du 4 Runden feste Maschen. Hast du dann noch nicht die gewünschte Breite und Länge erreicht, mußt du noch eine weitere Runde häkeln. Nimm in den einzelnen Runden so viele Maschen zu, daß sich der Rand weder wellt noch zieht.
Stelle deinen Fuß auf die fertige Sohle und nimm das Maß für das Blatt ab, wie es die Abbildung zeigt. Häkle für das Blatt eine Luftmaschenkette in Länge der Strecke a. Der Form entsprechend häkelst du das Blatt mit festen Maschen weiter. Vergiß die Wendeluftmaschen am Ende der Reihen nicht. Damit das Blatt die richtige Form erhält, nimmst du links und rechts von der Mittellinie gleichmäßig ab.
Hefte Sohle und Blatt zusammen. Mit festen Maschen werden Pantoffelblatt und Sohle zusammengehäkelt. Beginne jeweils an der Spitze, damit das Blatt nicht verrutscht.

# Strickliesel – das Mädchen für alles

*Du brauchst dazu:*
*1 Strickliesel, 1 Häkelnadel,*
*mittelstarkes Wollgarn oder Schulgarn,*
*Nähnadel,*
*Baumwollstoff (etwa 50 cm × 50 cm).*

Seit Jahrzehnten stricken Kinder mit dem Strickliesel – nicht nur, wenn sie Langeweile haben: Aus den unendlich langen gestrickten Schlangen lassen sich Untersetzer, Schlenkerpuppen, Täschchen, Klingelschnüre, Stirnbänder und sogar Teppiche in allen möglichen Formen und Größen arbeiten – wenn man die nötige Geduld hat. Zum Stricken lassen sich alle möglichen Wollreste, auch »aufgedröselte« Wollgarne, gut verwenden.

Nimm das Strickliesel in die linke Hand und führe das Wollfadenende von oben nach unten durch das Loch in der Mitte. Wie beim Häkeln oder Stricken legst du den Faden um den Zeigefinger der linken Hand.

Um einen Haken des Strickliesels legst du eine Schlinge: Der Faden wird dazu von hinten nach vorn geführt. Dann legst du eine gleiche Schlinge um den Haken rechts daneben. Das wiederholst du noch zweimal, so daß um alle vier Haken je eine Schlinge liegt.

Führe den Faden vor den ersten Haken. Mit der Häkelnadel stichst du von unten in die Schlinge um den ersten Haken und hebst sie über den darüberliegenden Faden hinweg über den Haken. Ziehe dann das untere Fadenende fest, damit sich die anderen Schlingen straffen und nicht von den Haken rutschen. Den Faden führst du nun, indem du das Strickliesel ein wenig drehst, vor den nächsten linken Haken, hebst die Schlinge ebenfalls über den Faden und den Haken hinweg und bildest dadurch eine weitere Masche. Diesen Arbeitsschritt wiederholst du dann fortlaufend. Du mußt schon eine ganze Weile stricken, bis der Anfang der Schlange unten herausguckt!

Je nach Länge der Schlange kannst du wählen, wofür du sie weiter verarbeiten möchtest: Für einen Untersetzer muß die Schlange etwa 3 m lang sein. Er kann rechteckig, oval oder rund sein. Bringe die Schlange in die gewünschte Form, wie es die Abbildung zeigt. Nähe die Runden mit unsichtbaren dichten Stichen aneinander. Du kannst die Runden auch mit festen Maschen aneinanderhäkeln; dadurch wird der Untersetzer fester. Außerdem könntest du die Unterseite zusätzlich mit einem passenden Stück Baumwollstoff abfüttern.

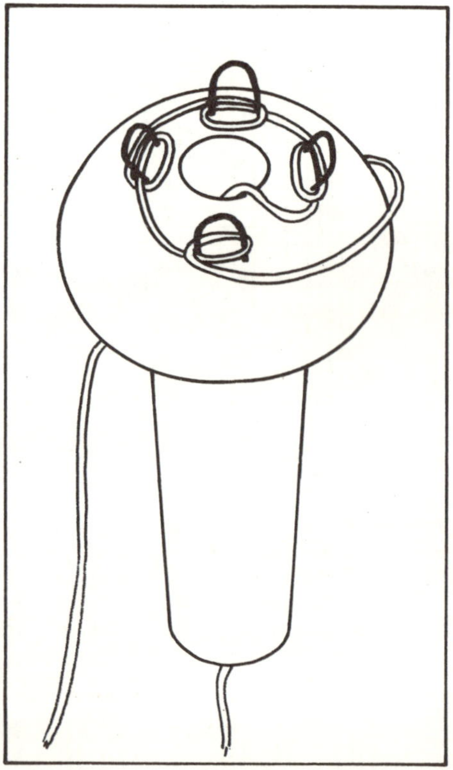

## dfadenteppich

*st dazu:*
*Bindfaden,*
*l Nr. 6, Schere,*
*farbe, dazu einen großen Topf,*
*nehr zum Kochen verwendet wird,*
*Holzstab.*

den Bindfaden in der Naturfarbe der ihn einfärben. Vielleicht färbst r einen Teil ein oder wählst unter- Farben. Vor dem Färben wickelst dfaden locker um eine Stuhllehne t die Wicklungen an vier Stellen Verwende die Textilfarbe nach Die Fadenlagen mußt du im Fär- wegen, damit sie gleichmäßig t werden. Hänge sie dann zum uf. Danach hängst du die Lagen die Stuhllehne und wickelst sie auf.
Luftmaschenkette von 60 cm jeweils einer Wendeluftmasche en in festen Maschen weiterge- Rippenmuster erhältst du, wenn ur in das hintere Maschenglied einstichst. Du kannst den Tep- ch in Stäbchenreihen häkeln. en beiden Knäueln umhäkelst du mit Runden aus festen Ma- en Ecken werden jeweils 3 bis hen in eine Einstichstelle gehä-

## Das Strickliesel-Schlenkerpüppchen

*Du brauchst dazu:*
*Wollgarnreste in unterschiedlichen Farben,*
*1 Stück weißen oder rosa Stoff*
*(8 cm × 20 cm), Strickliesel und Häkelnadel,*
*Nähnadel und Nähgarn,*
*Zirkel und Pappe.*

Stricke mit dem Strickliesel zwei Schnüre von 50 und 60 cm. Lege die Enden der längeren Schnur 3 cm um und nähe sie fest (Füße). Die Enden der kürzeren Schnur werden nur 2 cm umgelegt und dann festgenäht (Hände). Lege die Mitten der beiden Schnüre aufeinander und nähe sie an dieser Stelle zusammen.
Schneide aus dem Stoff zwei Kreisflächen mit etwa 7 cm Durchmesser. Sticke einer Fläche das Gesicht auf. Lege die Flächen rechts auf rechts aufeinander und steppe sie 1 cm vom Rand aus zusammen, bis auf eine kleine Öffnung. Schneide die Nahtzugabe an mehreren Stellen ein. Wende den Kopf und fülle ihn locker mit Watte. Schließe die Öffnung mit kleinen Handstichen. Umwickle einen 20 cm langen Pappstreifen mit Wollgarn. Nähe die Wicklungen in der Mitte Faden für Faden aneinander und streife sie von der Pappe. Schneide die Schlaufen auseinander, lege die Naht als Scheitel auf den Kopf und befestige die Frisur. Die zusammengenähten Stricklieselschnüre nähst du unten am Kopf fest.
Nun kannst du Röcke, Kleider, Blusen oder Jäckchen für das Schlenkerpüppchen nähen oder häkeln. In deinem Gepäck für eine Reise beansprucht eine solche Puppe nur ganz wenig Platz.

# Wollknäuelbehälter/ Strickzeugbehälter

*Du brauchst dazu:*
*festen Stoff (60 cm × 100 cm),*
*bunte Stoffreste,*
*verschiedenfarbiges Stickgarn, Nähgarn,*
*4 Reißverschlüsse, 25 cm lang, oder*
*2 Reißverschlüsse, 50 cm lang,*
*4 Ösen und Ösenzange oder*
*4 kleine Schlüsselringe,*
*Nähnadel, Stecknadeln, Schere,*
*Zeichenpapier, Bleistift, Buntstifte.*

In diesem Handarbeitsbehälter kannst du das Strickzeug aufbewahren, zugleich auch vier verschiedenfarbige Wollknäuel, ohne daß sie sich beim Stricken oder Häkeln miteinander verheddern. Wir haben den Behälter mit vier Applikationen geschmückt, um ihn zugleich als Wandschmuck verwenden zu können. Du kannst auf diese Applikationen auch verzichten oder andere Motive wählen. Wichtig aber sind die vier Öffnungen, durch die später die Arbeitsfäden laufen.
Zuerst schneidest du von der Schmalseite der Stoffbahn zwei 5 cm breite Streifen ab, die als Halterung gebraucht werden. Das verbliebene Stoffstück teilst du in zwei gleichgroße Quadrate (50 cm × 50 cm). Ein Quadrat faltest du zweimal und bügelst die Bruchkanten fest. Markiere sie zusätzlich mit Heftstichen.
Auf Zeichenpapier in Größe der markierten Quadrate entwirfst du vier Applikationsmotive, die du am besten farbig anlegst, um die Wirkung zu prüfen, z. B. Tierformen, Blüten oder einfache geometrische Formen. Schneide die Formen aus entsprechend farbigem Stoff zu und nähe sie mit dichten Langettenstichen oder im dichten Zickzackstich mit der Nähmaschine auf. Willst du leicht fransenden Stoff verwenden, bügelst du vor dem Ausschneiden beschichtetes Retovlies auf; dadurch erhältst du saubere Konturen.
Suche in den Applikationsmotiven jeweils eine passende Stelle für die Öse, durch die später die Fäden laufen können. Die Öse

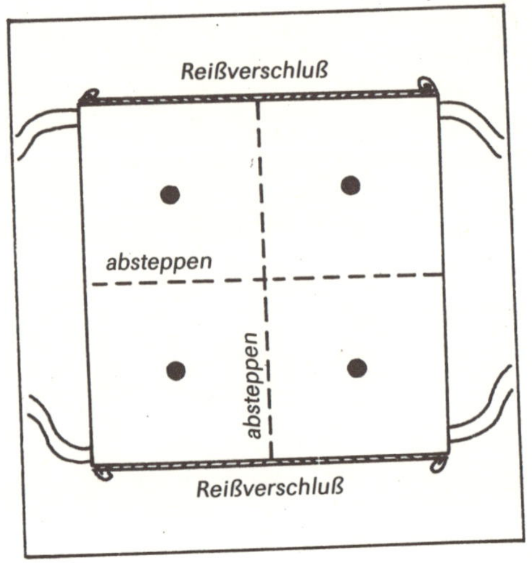


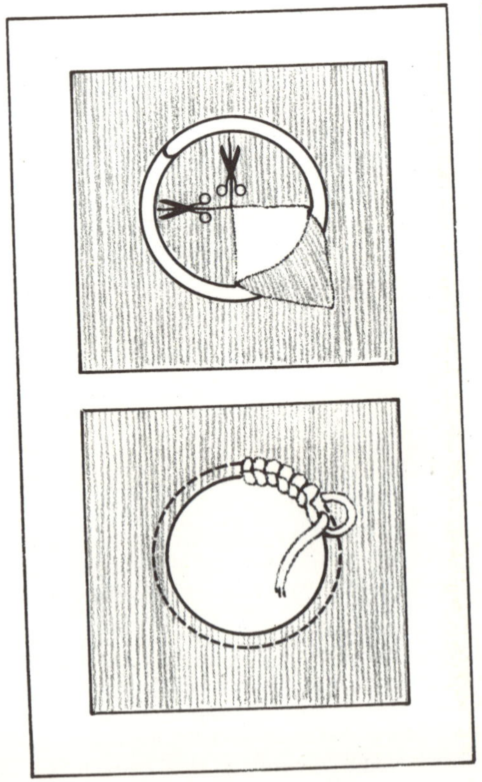

wird mit der Ösenzange befestigt. Du kannst aber an den betreffenden Stellen auch mit sehr dichten Langettenstichen kleine Schlüsselringe aufnähen. Der Stoff innerhalb der Ringe wird mit einer scharfen kleinen Schere (Nagelschere) erst über Kreuz und dann ringsum ausgeschnitten.
Lege nun das applizierte, mit Löchern versehene Stoffquadrat rechts auf rechts auf das zweite Stoffquadrat und nähe sie am oberen

und am unteren Rand mit Steppstich oder mit einer Nähmaschinennaht zusammen. Wende den »Schlauch« nach rechts und bügle die Nähte glatt. Links und rechts werden je zwei 25 cm lange oder ein 50 cm langer Reißverschluß eingenäht (vorher feststecken und sorgfältig heften!).
Das große Quadrat wird nun durch zwei Steppnähte entlang der markierten Linien in vier kleine Quadrate geteilt, so daß vier

»Kammern« für die Wollknäuel entstehen, die mit Reißverschluß zu schließen sind. Zum Stricken oder Häkeln werden die Enden der Arbeitsfäden durch die Öffnungen geführt.
Aus den beiden Stoffstreifen nähst du zwei Schläuche, wendest sie, teilst sie in je zwei gleichgroße Stücke, die an den vier Ecken festgenäht werden. Lege deine Handarbeit in die Mitte der Fläche, schlage das Quadrat zu-

sammen
kannst du
schmuck



## Der Bin

*Du brauch*
*13 Knäuel*
*Häkelnade*
*evtl. Texti*
*der nicht n*
*und einen*

Du kannst
belassen o
du auch nu
schiedliche
du den Bin
und bindes
zusammen.
Vorschrift.
bemittel be
durchgefärb
Trocknen a
wieder übe
zum Knäuel
Häkle eine
Länge. Nac
wird in Reih
häkelt. Ein
du immer n
der Vorreihe
pich aber au
Mit den letzt
den Teppich
schen. An d
5 feste Masc
kelt.

# Ein Schal, der auch die Hände wärmt

*Du brauchst dazu:*
*300 g mittelstarkes Wollgarn,*
*1 Paar Stricknadeln (Stärke 3 oder 4),*
*Stopfnadel, Häkelnadel, Stecknadeln,*
*Bindfaden, Schere.*

Zuerst solltest du ausprobieren, wie lang der Schal sein muß. Dazu legst du dir den Bindfaden locker um den Hals; die Enden müssen bis zur Mitte der Oberschenkel herabhängen. Diese Länge des Bindfadens ist das Maß für die Länge des Schals. Wir haben den Schal im Rippenmuster gestrickt, also Hin- und Rückreihen nur in rechten Maschen. Schlage 48 Maschen an; die letzte Masche jeder Reihe wird als Randmasche nur abgehoben. Hast du die benötigte Länge erreicht, kettest du alle Maschen ab Schlage die Schalenden 23 cm nach oben und stecke die Ränder mit Stecknadeln fest; danach häkelst du sie mit festen Maschen zusammen und verstichst die Fäden. Die Taschen sind fertig. Wenn du magst, kannst du die Öffnung mit einem Reißverschluß oder mit einem Holzknopf und einer Öse verschließen (↑ Abb. unten).

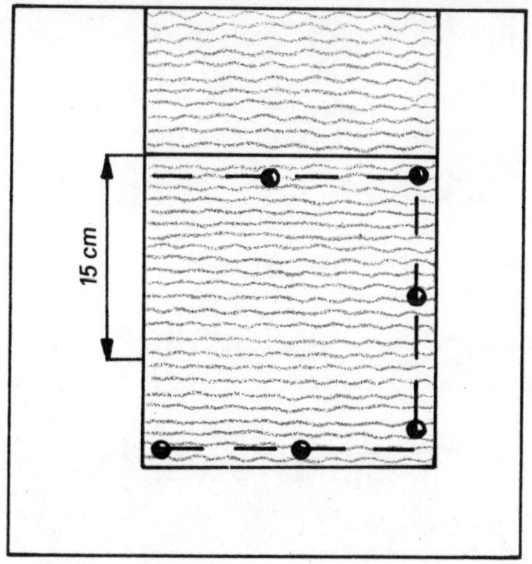


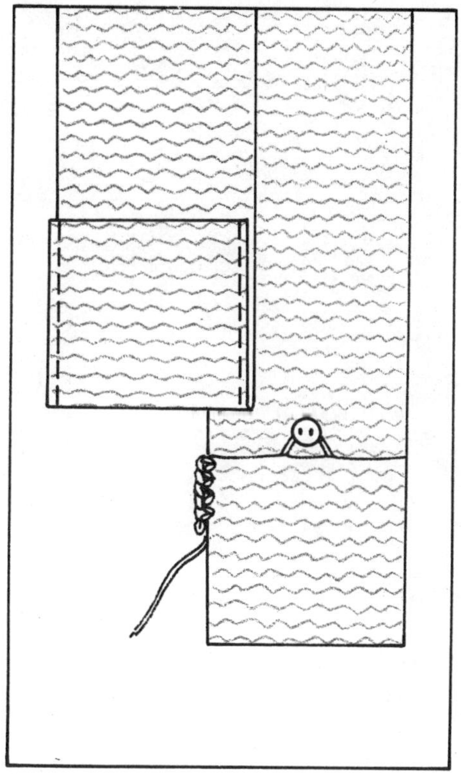

## Schal mit Mufftaschen

*Du brauchst dazu:*
*300 g mittelstarkes Wollgarn,*
*1 Paar Stricknadeln (Stärke 3 oder 4),*
*Stopfnadel, Stecknadeln, Häkelnadel,*
*Bindfaden, Schere.*

Die ersten Arbeitsschritte sind die gleichen wie beim vorigen Schal, also das Messen und das Maschenanschlagen. Wir haben diesen Schal glatt rechts gestrickt, also auf der rechten Seite rechte, auf der linken Seite linke Maschen. Bei diesem Gestrick rollen sich aber die Längsränder leicht ein.
Hat der Schal die richtige Länge, schlägst du die Enden 23 cm um und steckst sie mit Stecknadeln fest. Dann wird geheftet. Dabei mußt du jeweils am äußeren Rand 15 cm offen lassen, wie es die Abbildung zeigt. Das sind die »Muff-Eingriffe«. Der Umschlag wird ringsum mit festen Maschen angehäkelt – bis auf die Eingriffe, die wir so angebracht haben, daß sie gleichzeitig Taschen sind, aus denen nichts herausfallen kann (↑ obere Abb.).

# Schlangenschal

*Du brauchst dazu:*
*350 g mittelstarkes Wollgarn, möglichst in 7 unterschiedlichen Farben (je 50 g),*
*1 kurze Rundstricknadel (Stärke 3 oder 4),*
*3 Stricknadeln (Stärke 3 bis 4),*
*1 Reißverschluß (10 cm lang), Stopfnadel, Nähgarn, Stecknadeln, kleine Filzreste.*

Schlage mit zwei Stricknadeln fünf Maschen an. Stricke die erste Reihe links, die zweite rechts zurück, die dritte Reihe wieder links usw. Am Anfang und am Ende der dritten Reihe nimmst du jeweils eine Masche zu. Dann wird weiter in jeder dritten Reihe am Anfang und am Ende je eine Masche zugenommen, so lange, bis ein 6 bis 7 cm hohes Dreieck entstanden ist. Nimm die Maschen auf die Rundstricknadel auf. Stricke in der gleichen Weise noch ein zweites Dreieck.
Nimm dann auch die Maschen vom zweiten Dreieck auf die Rundstricknadel und stricke nur mit rechten Maschen in Runden weiter, bis du einen 8 bis 9 cm langen Schlauch fertig hast (↑ Abb.). Nun nimmst du die Hälfte der Maschen wieder auf eine gesonderte Stricknadel auf, so, daß sie genau mit der »Maulöffnung« übereinstimmt (↑ Abb.).
Stricke erst mit der einen und dann mit der anderen Hälfte der Maschen je ein 14 cm hohes Rechteck, und zwar auf der rechten Seite rechte, auf der linken Seite linke Maschen. Dann nimmst du alle Maschen wieder auf die Rundnadel und strickst mit einem andersfarbigen Wollgarn in Runden weiter, wieder etwa 14 cm. Danach geht es mit der nächsten Wollfarbe weiter. Du mußt auf diese Weise fünf bis sechs Abschnitte zu je 14 cm bis zum Schlangenschwanz stricken.
Damit die farbigen Abschnitte deiner Schlange schön plastisch werden, kannst du jeden in einem anderen kleinen Flächenmuster stricken, zum Beispiel im Perlmuster (abwechselnd 1 rechte und 1 linke Masche, die in jeder Reihe zu versetzen sind) oder in einem Karomuster: 2 rechte und 2 linke Maschen im Wechsel, jeweils in der 3. Reihe wird das Muster versetzt.

Für den Schwanz mußt du links und rechts gleichmäßig Maschen abnehmen, und zwar in jeder vierten Runde. In den Schwanz kannst du quer den Reißverschluß einarbeiten. Dazu mußt du in einer Runde die entsprechende Maschenanzahl – die der Länge des Reißverschlusses entspricht – abketten und in der nächsten Runde wieder aufnehmen.
Aus den Filzresten (oder aus entsprechenden gehäkelten Teilen) nähst du der Schlange ein Gesicht auf. Erst danach wird der Kopf an den Seiten zugenäht und dem Maul die geteilte Zunge eingefügt. Durch die Quernähte im Steppstich (nimm Wollgarn dazu) wird der Schlangenschal an drei Stellen abbildungsgemäß abgenäht: nach dem Kopf, nach dem Schlitz und vor dem Schwanz der Schlange.

Durch den Schlitz zwischen erster und zweiter Quernaht kannst du den Schwanz ziehen, damit der Schal schön am Hals anliegt. Das Täschchen am Schwanzende ist nützlich für Kleingeld und Fahrscheine.

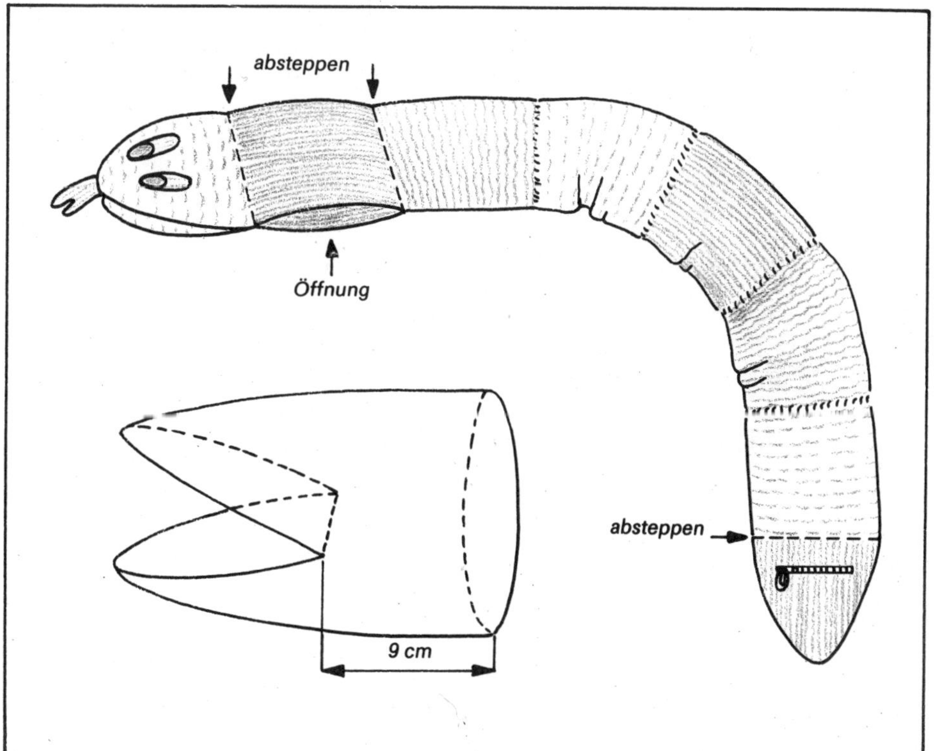

# Unsere Nähoma

*Du brauchst dazu:*
*Stoffreste, einfarbig und kleingemustert, verschiedene Garne, Spitzenreste, Bandreste,*
*Heftfaden, Knöpfe, Nadel,*
*Stecknadeln, Schere, Schneiderkreide,*
*Zeichenblock, Bleistift.*

Auf einem Blatt Zeichenpapier skizzierst du die Grundform der Oma. Denke bei deinem Entwurf daran, daß sie viele Taschen und Polster braucht, um die unterschiedlichsten Nähutensilien aufnehmen zu können. Schneide diese Grundform aus. Nun sortiere die Stoffreste möglichst in einer Farbrichtung, z. B. in blauen, braunen oder roten Tönen. Dem Format entsprechend solltest du neben einfarbigen nur kleingemusterte Stoffe verwenden.
Befestige die Grundform mit Stecknadeln auf dem Stück Stoff, das du für den Rock gewählt hast. Zeichne die Umrisse mit Schneiderkreide nach und schneide die »Oma« ohne Nahtzugabe aus. Nach dem Papierschnitt schneidest du aus einfarbigem Stoff die Form des Kopfes zu, ebenfalls ohne Nahtzugabe. Hefte den Kopf auf der Grundform fest. Schneide den Stoff für die »Frisur« zu und hefte sie dem Kopf auf. Mit Schling- oder Langettenstichen werden Haarteil und Kopf auf dem Untergrund befestigt. Bei fransendem Stoff müssen die Stiche dicht nebeneinanderliegen. Sticke nun das Gesicht auf; zwei Knöpfe sind die Augen, die du nicht zu weit oben festnähen solltest. Probiere den besten »Gesichtsausdruck« aus!
Aus farblich passendem Stoff schneidest du die Schürze zu und nähst Spitze oder breites Band so auf, daß viele kleine Taschen entstehen.
Lege den oberen Schürzenrand in Fältchen und nähe sie mit Steppstich fest.
Für die schmalen Täschchen am Rocksaum verwendest du ebenfalls Band oder Spitze. Sie nehmen die Garnrollen auf.
Nähe die Schürze an der Taillenlinie dem Rock auf.

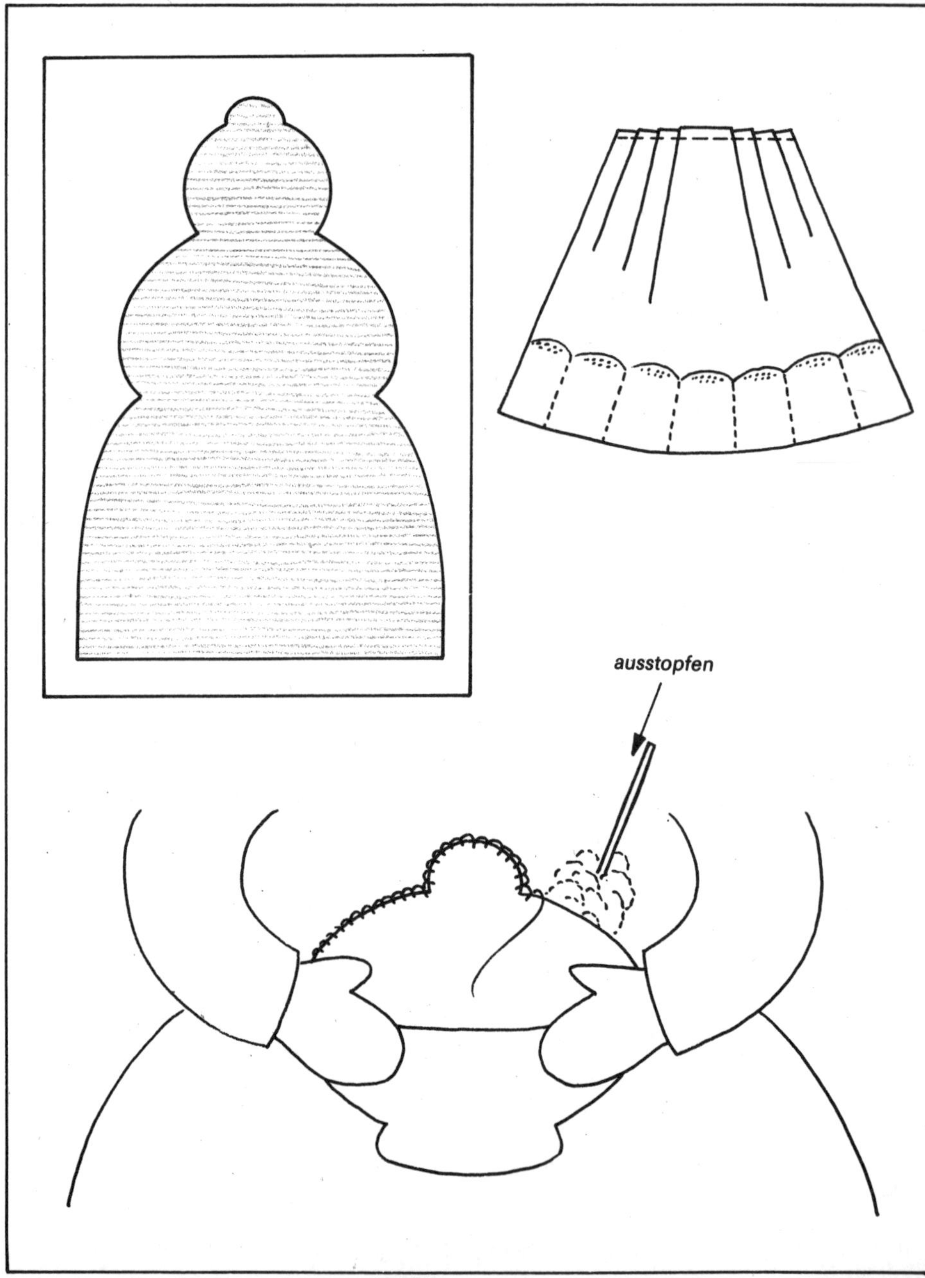

Schneide die Suppenterrine mit Deckel aus (ohne Nahtzugabe), befestige den Deckel mit Schlingstich auf der Terrine und die Terrine auf dem »Bauch« der Nähoma. 2 cm bleiben offen. Mit einer Stricknadel stopfst du die Terrine mit Watte schön fest aus und schließt danach die Naht; das Nadelkissen ist fertig. Sticke die Umrißlinien der Arme mit Stielstich auf. Die Hände werden aus einfarbigem Stoff ausgeschnitten und mit kleinen Langettenstichen aufgestickt. Links und rechts nähst du auf den Rock zwei weitere Taschen aus dem Rockstoff auf (6 cm × 3 cm). In diesen Taschen werden Schere und Bandmaß aufbewahrt.

Um der Nähoma den richtigen Halt zu geben, bügelst du auf die Rückseite beschichtetes, möglichst starkes Retovlies auf, das du sehr sorgfältig nach dem Schnitt der Grundform zugeschnitten hast. Oben am Kopf bringst du eine kleine Schlinge an, damit du die Nähoma an geeignetem Platz anhängen kannst.

# Der Nähwichtel

*Du brauchst dazu:*
*Filz- oder Mantelstoffreste,*
*Papier, Bleistift, Schneiderkreide,*
*Stecknadeln, 1 Druckknopf.*

Dieser Wichtel könnte dich auf der Reise oder ins Ferienlager begleiten, denn er enthält alles, was du für kleinere Reparaturen an deiner Kleidung benötigst. Wenn du an der Spitze seiner Kapuze eine Schlaufe anbringst, ist er auch zu Hause griffbereit zur Stelle.
Falte einen Bogen Papier (A 4) in der Mitte und übertrage die als Abbildungen wiedergegebenen Formen mit den angegebenen Maßen. Den Mantelschnitt überträgst du noch ein zweites Mal, aber an der äußeren Bogenlinie mit 1 cm Zugabe, wie es die gestrichelte Linie in der Abbildung zeigt.
Schneide die Mantelformen, das Kapuzenteil und den Stiefel aus. Stecke die Papierschnitte mit Stecknadeln auf den Stoff und schneide sie ohne Nahtzugabe zu. Die Stiefelform mußt du aus doppeltem Stoff ausschneiden. Mantel- und Kapuzenformen schneidest du ebenfalls aus doppelt liegendem Stoff zu und legst die »Bruchlinie« der Schnitte auf die Bruchlinie des Stoffes.
Lege die kürzere Mantelform mit der rechten Seite nach oben auf den Tisch; stecke die beiden Stiefelformen auf und nähe sie mit Steppstichen auf – wie aus der Abbildung ersichtlich.
Schließe die Kapuze hinten mit einer Steppstichnaht und nähe sie am oberen Rand zwischen die beiden Mantelteile. In der Kapuze bekommt der Fingerhut seinen Platz. Auf das größere Mantelteil kannst du noch Taschen nähen mit unterschiedlichen Knöpfen, die bei Bedarf einfach abgeschnitten werden. Vorn am Halsausschnitt wird der Mantel mit dem Druckknopf geschlossen.

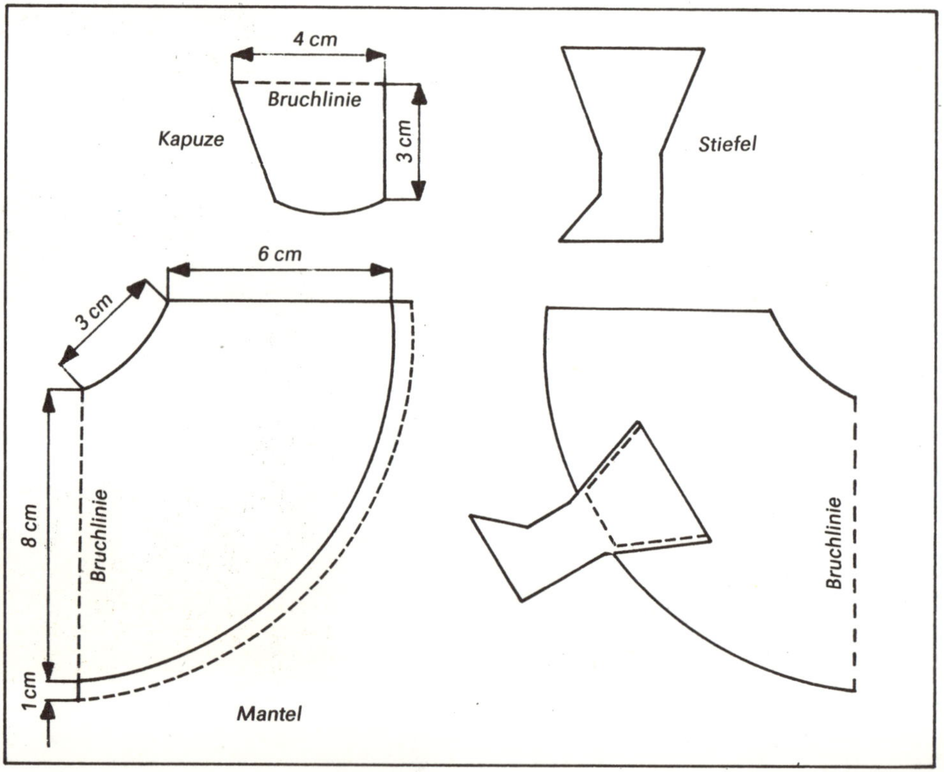

# Couchdecke fürs Jugendzimmer

*Du brauchst dazu:*
*1 einfarbige Wolldecke,*
*Baumwoll- oder Nesselstoff*
*(200 cm × 50 cm),*
*Nähnadel, Nähgarn, Litze, Bänder,*
*Stecknadeln, Schneiderkreide,*
*6 Schlüsselringe.*

Miß die Länge der Decke und übertrage sie auf den Stoffstreifen. Gib links und rechts je 2 cm Nahtzugabe zu. Umsäume den Stoffstreifen an allen vier Seiten. Falte ihn dreimal der Länge nach, so daß sich sechs gleichgroße Rechtecke ergeben. Markiere die Bruchstellen auf der rechten Seite mit Schneiderkreide. Nun kannst du die sechs Felder mit Litze, mit Bändern oder auch mit Applikationen schmücken.
Stecke den Stoffstreifen an einer Längsseite der Decke fest. Hefte ihn auf und markiere auch die Teilungsnähte für die einzelnen Taschen. Hefte sehr sorgfältig. Mit der Nähmaschine oder mit kleinen festen Handstichen nähst du den Stoffstreifen auf und bringst die Quernähte für die Taschen an. Schlage an der gegenüberliegenden Längsseite 13 cm nach innen um. Stecke den Umschlag mit Stecknadeln fest und unterteile ihn in viele kleine Fächer. Hefte und nähe sie ab und befestige den Umschlag links und rechts mit dichten Stichen. Diese kleinen Fächer liegen an der Innenseite der Decke: Es sind deine »Geheimfächer«.

Damit die Decke nicht verrutscht, nähst du innen an sechs markierten Punkten (↑ Abb.) je einen Schlüsselring an.
Bringe im gleichen Abstand an der Rückseite der Liege Nägel oder Haken an, in die du die Schlüsselringe einhängst.

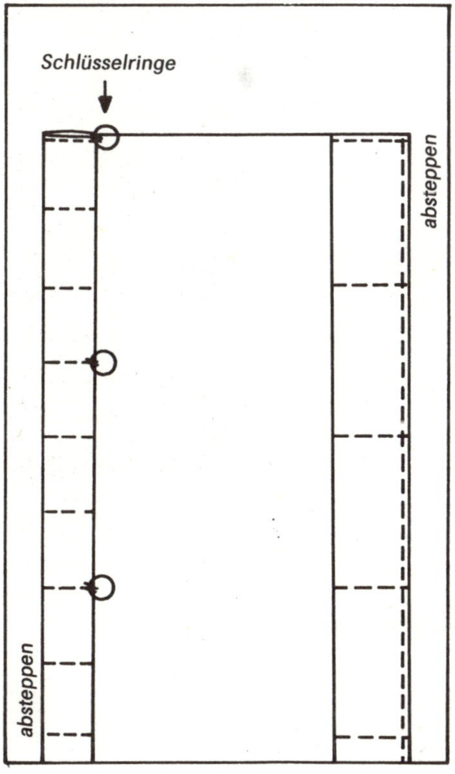

# Papierkorb – passend zum Zimmer

*Du brauchst dazu:*
*1 Pappeimer, einfarbige Stoffreste, Nähnadel, Nähgarn, Schneidermaß, Einziehgummi (30 cm), Kleber, Stecknadeln, Sicherheitsnadel, Schere.*

Miß den Umfang des Eimers. Teile das Maß durch die Anzahl der Stoffreste, die du verwenden möchtest (60 cm Eimerumfang ergeben z. B. bei 4 verschiedenen Farben je Stoffrest 15-cm-Streifen; bei 3 Farben sind es 20-cm-Streifen), immer mit Nahtzugabe. Miß die Höhe des Eimers, gib 15 cm zu. Dieses Maß entspricht der Höhe der Stoffstreifen.
Lege die Stoffstreifen rechts auf rechts aufeinander, stecke die Ränder mit Stecknadeln fest und nähe sie zusammen. Den letzten Streifen nähst du an den ersten, so daß sich ein Schlauch ergibt. Den unteren Rand schlägst du 2 cm nach innen um und nähst einen Tunnelsaum; 1,5 cm bleiben offen. Durch diese Öffnung wird ein Gummiband gezogen und zusammengenäht.
Stülpe den Schlauch über den Pappeimer; der Gummizug liegt unter dem Eimerboden.
Bestreiche den oberen inneren Eimerrand mit Kleber, schlage den überstehenden Stoffrand nach innen und drücke ihn fest an. Wenn möglich, solltest du Stoffarben wählen, die gut zur übrigen Einrichtung deines Zimmers passen.

# Ein Behälter für Zeichnungen und Plakate

*Du brauchst dazu:*
*1 Pappeimer,*
*1 Stück Stoff (0,90 m × 1,00 m),*
*Nähgarn, Schere, Stecknadeln, Sicherheitsnadel, Einziehgummi, Schneidermaß, Kleber.*

Wenn du Zeichnungen oder Plakate aufbewahren möchtest, ist ein solcher Behälter angebracht, mit einem Überzug, der in Farbe und Muster zur Einrichtung deines Zimmers paßt.
Miß Höhe und Umfang des Pappeimers. Schneide die Verkleidung zu: Umfang × Höhe des Pappeimers plus ringsum 2 cm Nahtzugabe.
Für die Taschen schneidest du das Stoffteil so zu: Höhe = zwei Drittel der Eimerhöhe; Breite = Eimerumfang + 50 cm. Versäubere den oberen und unteren Rand. Lege die Verkleidung mit der rechten Stoffseite nach oben. Stecke abbildungsgemäß das Taschenteil 10 cm vom unteren Rand entfernt auf und lege es dabei in gleichmäßige Falten, wie es die Abbildung zeigt. Steppe das Taschenteil auf. Lege danach den Überzug rechts auf rechts zusammen und schließe die Längsnaht. Bringe am unteren Rand einen 2 cm breiten Saum an; 1,5 cm der Saumnaht bleiben offen. Ziehe ein Gummiband ein und nähe dessen Enden zusammen. Stülpe den gewendeten Bezug über den Eimer. Er muß straff sitzen. Ziehe ihn so weit nach oben, daß der untere Rand der Taschen mit dem unteren Rand des Eimers abschließt.
Bestreiche den oberen inneren Rand des Eimers mit Kleber, schlage den überstehenden Stoffrand nach innen und drücke ihn ordentlich fest. Zusammengerollte Plakate und Zeichnungen kannst du sowohl in den Behälter als auch in die Taschen stecken und so ordentlich aufbewahren.

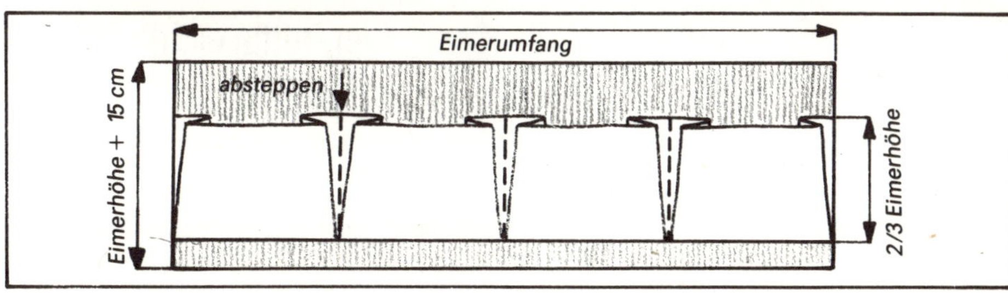

# Perlenbaum

*Du brauchst dazu:*
*Einfarbigen Stoff (Nessel, Leinen, etwa 20 cm × 30 cm),*
*Schnüre, Kordel, verschiedene Perlen,*
*Nadel, Schere, Stecknadeln, Nähgarn,*
*evtl. einen Bilderrahmen.*

Wähle für das Baummotiv ein Hochformat. Hast du keinen Bilderrahmen zur Verfügung, mußt du den Untergrundstoff ringsum mit einem exakten, nicht zu schmalen Saum versehen.
Schneide 25 bis 30 cm lange Schnurstücke und ordne sie als Baumform auf dem Untergrund an. Befestige sie mit Stecknadeln. Mit unsichtbaren Stichen werden die Schnüre festgenäht. Ordne in der Baumkrone die Perlen an. Bist du mit dem Eindruck zufrieden, nähst du sie fest. Besonders gut sieht das Baummotiv aus, wenn du Ton-in-Ton-Farben wählst, z. B. abgestufte Brauntöne.
In entsprechend kleinem Format, mit winzigen Perlen geschmückt, könnte der Baum auch als Glückwunschkarte dienen.

# Bäumchen, rüttle dich!

*Du brauchst dazu:*
*Einfarbigen Stoff (etwa 60 cm × 80 cm),*
*verschiedenfarbige Stoff- und Filzreste,*
*Schnüre,*
*Nähnadel, Stecknadeln, Garn, Schere,*
*Haken, Zeichenkarton,*
*1 Holzrahmen (Bilderrahmen).*

Ähnlich wie beim »Perlenbaum« applizierst du mit unterschiedlich starken Schnüren einen Baum auf den Untergrund, der den Maßen des Rahmens mit ringsum 3 cm Zugabe entsprechen sollte.
Aus den Stoff- und Filzresten schneidest du herzförmige oder ovale Blätter aus, deren Mittellinie etwa 10 cm lang ist. Fertige dir dafür aus Zeichenkarton eine Schablone an. Fransende Stoffe mußt du versäubern. Ordne die Blätter in der Baumkrone an und nähe sie so fest, wie es die gestrichelte Linie der Abbildung zeigt. Die Spitze wird nicht mit festgenäht, sondern nur nach oben geschlagen und festgesteckt. Auf dem Untergrund unter dieser Blattspitze wird jeweils ein Haken festgenäht. Befestige das Bild im Rahmen. Zum Schmuckbaum wird diese Applikationsarbeit erst, wenn du all deine Ket-

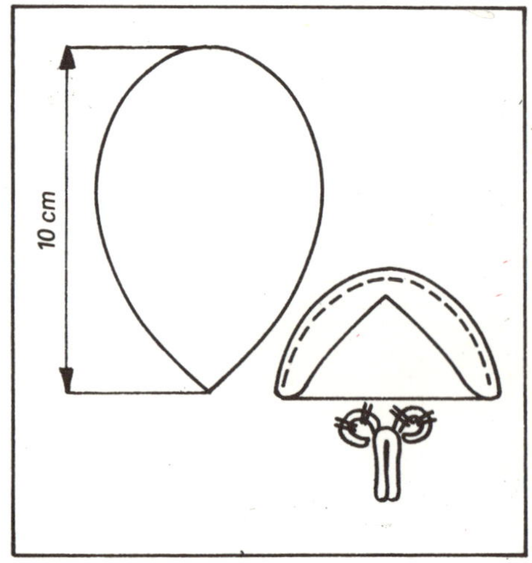


ten, Ohrgehänge, Ringe und Armbänder an den Haken unter den Blättern befestigt hast.

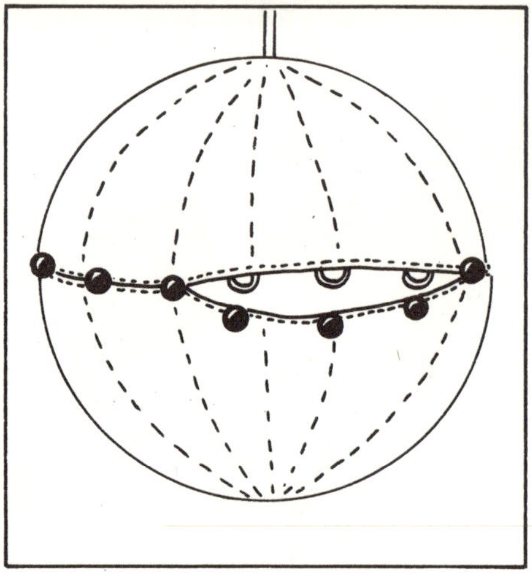

# Kugellampe

*Du brauchst dazu:*
*1 kugelförmiges Lampengestell,*
*2 gleichgroße runde Strickdecken (etwa 40 cm Durchmesser),*
*Nitrofarbe (weiß), Verdünner, Pinsel, Perlen, Nähnadel, Nähgarn.*

Säubere das Lampengestell und streiche es mit Nitrofarbe (Pinsel säubern!). Lege die beiden Decken (die auch unterschiedlich gemustert sein können) links auf links aufeinander. Ist das Muster am Rand sehr dicht, mußt du je eine Runde Luftmaschenbogen anhäkeln. Beide Decken werden so zusammengenäht, daß bei jedem Stich eine Perle mitgefaßt wird. Sind etwa zwei Drittel zusammengenäht, werden das Gestell, das Kabel mit Fassung und Glühlampe eingeschoben. 6 bis 8 cm über der Fassung muß ein Stopper befestigt sein. Das Kabel wird durch die Mitte der oberen Decke nach oben geführt. Dann wird weitergenäht, bis auf etwa 10 cm. Dieser letzte Abschnitt wird zum Knöpfen gearbeitet: Die Perlen werden an der einen Decke angenäht; die Bogen der anderen Decke sind die Knopflöcher. So kann die Glühlampe ausgewechselt werden.

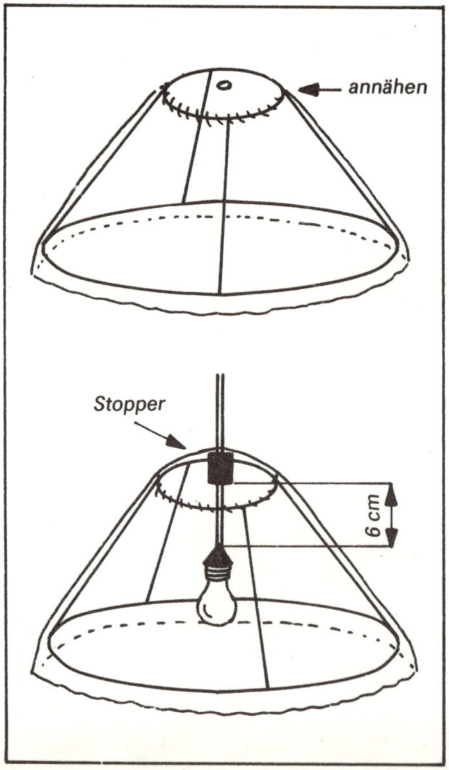


# Lampenschirm aus Spitze mit Perlenschmuck

*Du brauchst dazu:*
*1 Lampenschirmgestell in Kegelform,*
*1 runde gestrickte Decke oder ein Stück Spitzenstoff oder dünnen Baumwollstoff (etwa 60 cm Durchmesser),*
*Nitrofarbe (weiß), Verdünner, Pinsel, Perlen, Nähnadel, Nähgarn.*

Säubere das Lampengestell gründlich und streiche es mit Nitrofarbe. Bringe die Perlen ringsum in gleichmäßigen Abständen an der Decke an. Lege Decke oder Stoff so über das Lampengestell, daß Mittelpunkt auf Mittelpunkt liegt. Verwendest du Stoff, muß um den Mittelpunkt eine kleine Kreisfläche ausgeschnitten und der Rand mit Langettenstichen versäubert werden. Mit gleichmäßigen kleinen Stichen wird der Lampenbezug am oberen Ring des Gestells befestigt.
Das Lampenkabel wird von unten nach oben durch den Mittelpunkt geführt und der Schirm mit einem Stopper etwa 6 cm über der Lampenfassung so befestigt, daß die Glühlampe in der Mitte hängt und auch weit genug vom Schirm entfernt ist.

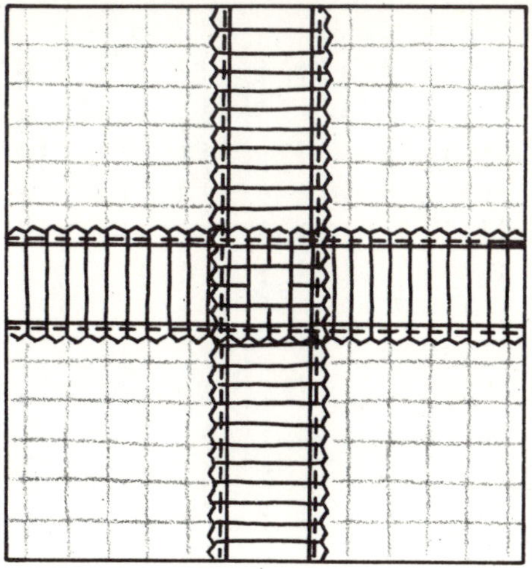

## Vier Taschentücher – ein Lampenschirm

*Du brauchst dazu:*
*1 kegel- oder halbkugelförmiges Lampenschirmgestell,*
*4 gleiche Taschentücher,*
*etwa 1,50 m Spitze,*
*Perlen aus Holz oder Glas,*
*Nähnadel, Näh- und Stickgarn,*
*Schneidermaßband, Schere, Stecknadeln.*

Lege die Taschentücher so, daß sie ein Quadrat bilden. Zwei Streifen Spitze werden – mit Nahtzugabe – so lang geschnitten, daß sie, über Kreuz gelegt, die vier Taschentücher miteinander verbinden können. Stecke die Spitzenstreifen zuerst mit Stecknadeln fest, wie es die Abbildung zeigt. Dann wird geheftet, und schließlich werden die Streifen mit kleinen Handstichen oder mit der Nähmaschine aufgenäht. Die Enden schlägst du zweimal um und nähst den Umschlag mit kleinen Stichen fest. In die vier Ecken des großen Quadrats können kleine Motive gestickt werden, am besten im gleichen Farbton. Wenn du magst, kannst du den Rand zusätzlich noch mit Perlen schmücken. Dieser Bezug wird einfach über das weiß gestrichene Lampengestell gelegt. Das Leuchtenkabel führst du durch die Mitte der sich kreuzenden Spitzenstreifen. Eventuell mußt du ein Loch schneiden, das du ringsum mit Langettenstichen versäuberst.
Möchtest du einen solchen Schirm für die Küchenlampe arbeiten, bieten sich karierte Taschentücher oder karierter Baumwollstoff an.

## Hängeleuchte in Halbkugelform

*Du brauchst dazu:*
*1 halbkugelförmiges Lampengestell,*
*1 gestrickte oder gehäkelte Decke oder ein Stück Baumwollstoff,*
*Nitrofarbe (weiß), Verdünner, Pinsel,*
*Schräg- oder Wäscheband,*
*Nähnadel, Nähgarn, Kordel, Schneidermaßband, Stecknadeln.*

Säubere das Lampengestell und streiche es mit Nitrofarbe. Umwickle den unteren und den oberen Ring mit Band, schlage die Bandenden ein und nähe sie fest.
Miß den Umfang des unteren großen Ringes und die Höhe der Strebe, die beide Gestellringe verbindet.
Decke oder Stoff müssen diesen Maßen entsprechen. Sehr einfach ist es, aus Schulgarn ein entsprechend großes Rechteck aus Stäbchen und Luftmaschen zu häkeln. Denkbar wäre auch, das Rechteck aus einem schön gemusterten Stück Baumwollstores zuzuschneiden. Wird Stoff verwendet, müssen ringsum 2 cm Nahtzugabe zugegeben und die Längsseiten versäubert werden. Das

Rechteck wird rechts auf rechts zusammengelegt und mit einer Naht geschlossen. Wird Baumwoll- oder Gardinenstoff verwendet, empfiehlt sich eine Kappnaht. Der Bezug muß am unteren Rand straff auf dem Gestell sitzen, und der Stoff darf sich beim Überstülpen nicht verziehen. Der untere Rand wird mit Stecknadeln am unteren Ring des Gestells so befestigt, daß die Spitzen der Nadeln nach oben zeigen. Mit kleinen Stichen wird der Stoff von rechts am umwickelten Ring befestigt. Durch den oberen Stoffrand wird eine Kordel gezogen und so fest zusammengeschnürt, daß der Rand den oberen Ring fest umschließt. Die Kordelenden werden verknotet, danach nähst du den oberen Stoffrand am oberen Ring fest. Ein Lampenschirm aus Gardinenstoff könnte am unteren Rand noch mit einer Fransenborte verziert werden.

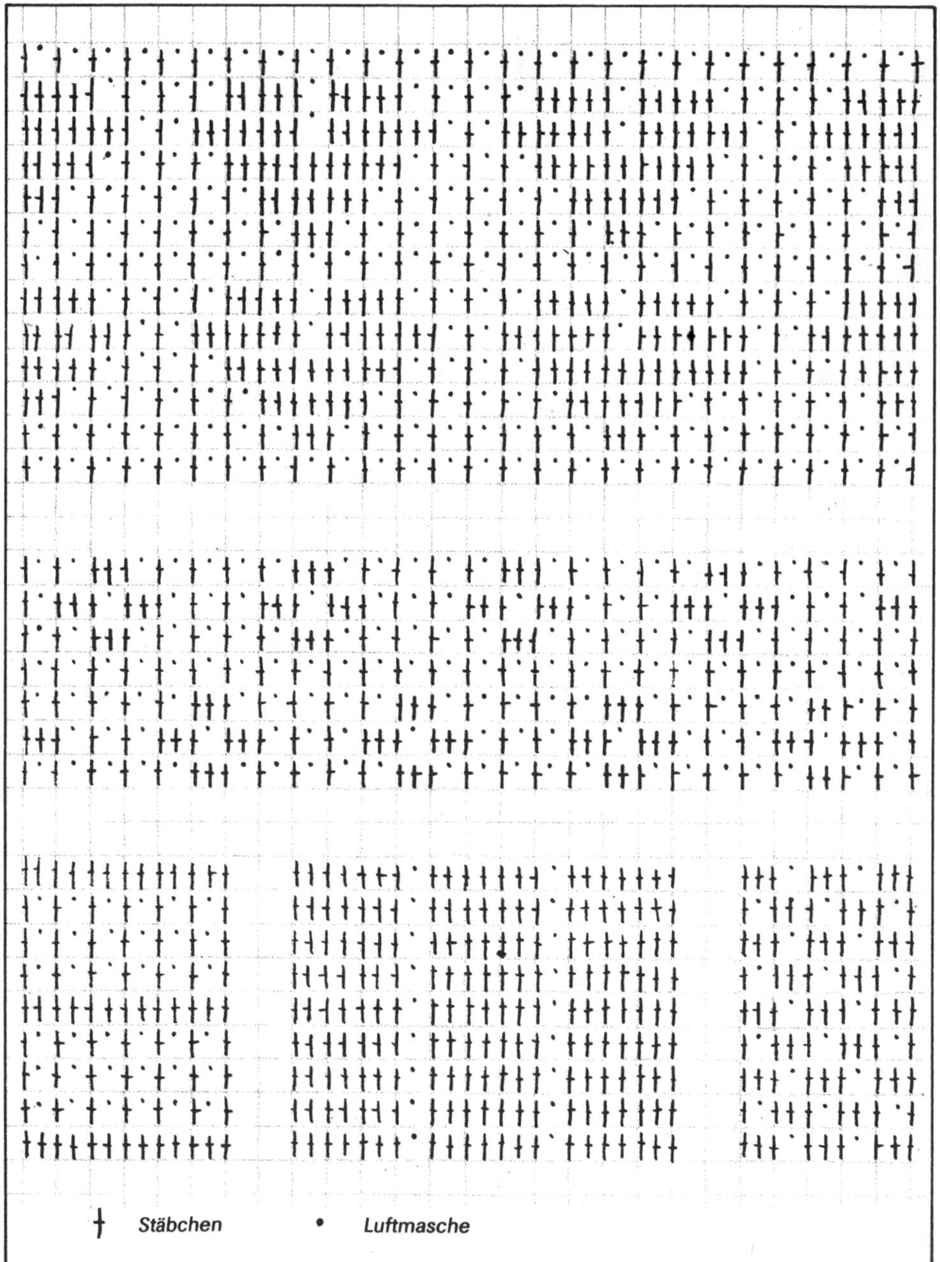

**Tips zum Nachschlagen**

**Zuschneiden:** Alle Stoffe werden vor dem Zuschneiden glattgebügelt.
Bei gemusterten Stoffen beim Auflegen der Schnitteile den Musterverlauf bedenken. Die Schnitteile fadengerade auflegen. Auf Nahtzugaben achten; bei stark fransenden Stoffen etwas mehr Nahtzugabe berechnen.

**Stecken und Heften:** Vor dem Nähen wird die Naht zusammengesteckt. Danach heftest du sie mit *Vorstichen.* Spare diesen Arbeitsgang nicht ein; denn sonst könnten sich beim Nähen die Stoffkanten verschieben. Auftrennen, besonders von Nähmaschinennähten, dauert meist länger als das Heften!

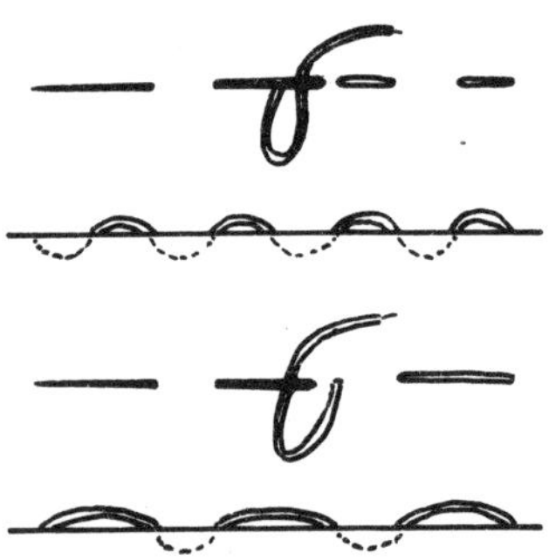

**Einreihen:** Mit kleinen Vorstichen wird eingereihen. Günstig ist es, zwei oder drei Reihfäden einzuziehen, weil sich dann die Reihfältchen besser verteilen lassen. Zum Einreihen mit der Nähmaschine wird die größte Stichlänge eingestellt und die Oberfadenspannung etwas gelockert.

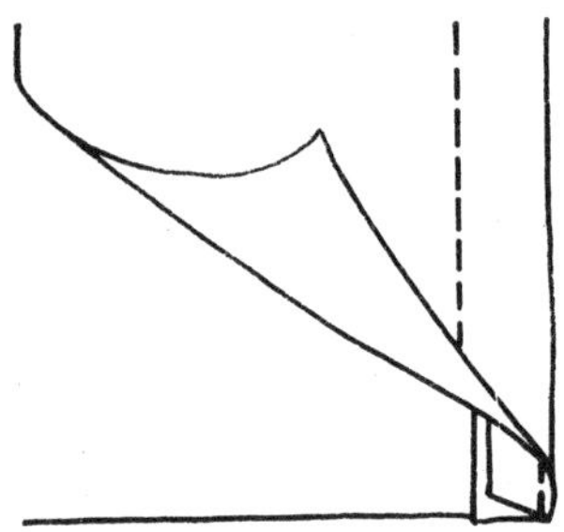

**Nähen:** Für einfache Handnähte verwendest du den *Steppstich*. Anschließend die Nähte breitbügeln und die Nahtränder mit *Überwendlichstichen* versäubern. Arbeitest du mit der Nähmaschine, dann versäuberst du die Nahtränder mit Zickzackstich. In dünneren Stoffen, z. B. in Baumwolle, kannst du auch *Rechts-Links-Nähte* (Doppelnähte) anwenden. Lege die Stoffteile links auf links aufeinander und nähe sie knappkantig zusammen (auf der rechten Seite!). Nahtränder ganz schmal verschneiden und breitbügeln. Die Arbeit wenden und genau in der Nahtlinie rechts auf rechts zusammenlegen, heften und nähen. Die Nahtränder liegen innerhalb der zweiten Naht.

**Säume:** In dicken, nicht fransenden Stoffen schlägst du den Saum nur einmal um und befestigst die Schnittkante mit *Hexenstichen.*
Bei dünneren Stoffen wird der Saum erst einmal schmal (etwa 1 cm) und dann noch einmal in gewünschter Saumbreite umgeschlagen und geheftet. Befestigt wird der Saum entweder mit der Nähmaschine oder mit *Hohlstichen*. Dazu legst du den Einschlag mit der linken Hand etwa ½ cm um und erfaßt beim Nähen abwechselnd jeweils ein bis zwei Gewebefäden vom Stoff und dann vom Einschlag. Die Saumstiche liegen »hohl« dazwischen.

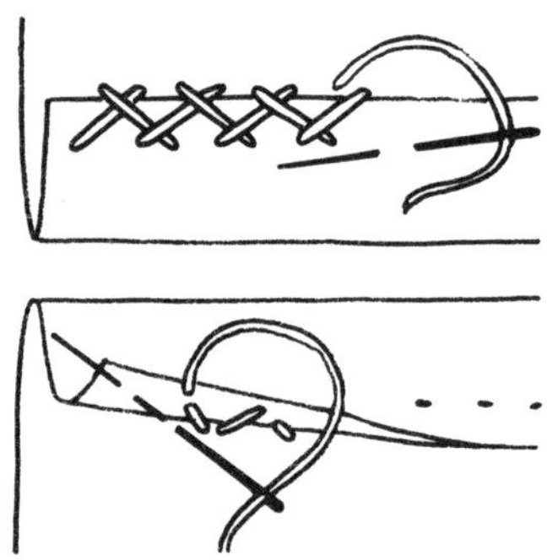

**Ecken:** Soll ein *schmaler Saum* um die Ecke geführt werden, heftest du erst die eine Saumkante, schlägst dann die zweite ein und heftest sie ebenfalls. Danach wird der Saum mit der Nähmaschine oder mit Hohlstichen befestigt.
Beim *breiten Saum* wird zuerst die Ecke abgenäht und abgeschnitten und die kurze Naht breitgebügelt. Danach wird der Saum eingeschlagen, geheftet und genäht.

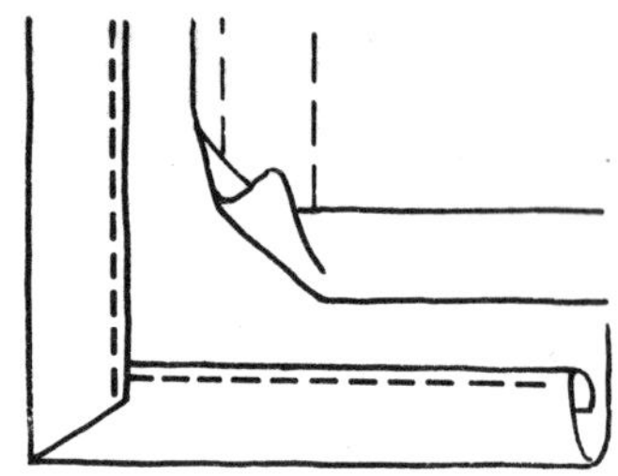

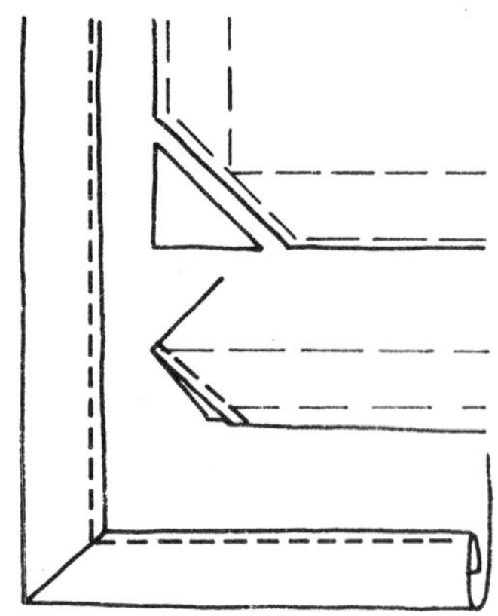

**Reißverschluß einnähen:** Zuerst die Schlitzränder nach innen einschlagen, heften und bügeln; nicht dehnen. Den Reißverschluß öffnen, die oberen Bandenden umschlagen. Eine Reißverschlußhälfte so unter den Schlitzrand legen, daß die Zähnchen nicht sichtbar sind, feststecken und heften; danach mit der anderen